UTB **8387**

Eine Arbeitsgemeinschaft der Verlage

Böhlau Verlag · Köln · Weimar · Wien
Verlag Barbara Budrich · Opladen · Farmington Hills
facultas.wuv · Wien
Wilhelm Fink · München
A. Francke Verlag · Tübingen und Basel
Haupt Verlag · Bern · Stuttgart · Wien
Julius Klinkhardt Verlagsbuchhandlung · Bad Heilbrunn
Lucius & Lucius Verlagsgesellschaft · Stuttgart
Mohr Siebeck · Tübingen
C. F. Müller Verlag · Heidelberg
Orell Füssli Verlag · Zürich
Verlag Recht und Wirtschaft · Frankfurt am Main
Ernst Reinhardt Verlag · München · Basel
Ferdinand Schöningh · Paderborn · München · Wien · Zürich
Eugen Ulmer Verlag · Stuttgart
UVK Verlagsgesellschaft · Konstanz
Vandenhoeck & Ruprecht · Göttingen
vdf Hochschulverlag AG an der ETH Zürich

Stefan Greif

Arbeitsbuch
Deutsche Klassik

Wilhelm Fink

Der Autor:
Stefan Greif ist Professor für Neuere deutsche Literatur an der Universität Kassel. Zu seinen Arbeitsschwerpunkten gehören die Literatur des 18. Jahrhunderts (Goethe, Herder), das Verhältnis von Literatur und bildender Kunst sowie Medientheorie und Popkultur.

Coverbild:
kolorierter Druck nach dem Gemälde „Weimar 1803" (1884) von Otto Knille (1832-1898). Goethe in der Mitte, zeigt das Bild eine idealische Zusammenkunft mit prominenten Zeitgenossen wie Schiller, Herder, den Brüdern Humboldt, Klinger, Schleiermacher und anderen.

Bibliografische Information der Deutschen Nationalbibliothek

Die Deutsche Nationalbibliothek verzeichnet diese Publikation in der Deutschen Nationalbibliografie; detaillierte bibliografische Daten sind im Internet über http://dnb.d-nb.de abrufbar.

© 2008 Wilhelm Fink GmbH & Co. Verlags-KG
(Wilhelm Fink GmbH & Co. Verlags-KG, Jühenplatz 1, D-33098 Paderborn)
ISBN 978-3-7705-4323-6

Internet: www.fink.de

Alle Rechte, auch die des auszugsweisen Nachdrucks, der fotomechanischen Wiedergabe und der Übersetzung, vorbehalten. Dies betrifft auch die Vervielfältigung und Übertragung einzelner Textabschnitte, Zeichnungen oder Bilder durch alle Verfahren wie Speicherung und Übertragung auf Papier, Transparente, Filme, Bänder, Platten und andere Medien, soweit es nicht §§ 53 und 54 URG ausdrücklich gestatten.

Printed in Germany.
Einbandgestaltung: Reichert
Herstellung: Ferdinand Schöningh, Paderborn

UTB-Bestellnummer: 978-3-8252-8387-2

Inhaltsverzeichnis

1	**Einleitung**	9
1.1	Forschungsüberblick	13
1.2	Begriffsgeschichte	16
1.3	Deutsche Klassiker als Vorläufer einer deutschen Klassik?	16
1.4	Das ‚klassische' Projekt	17
1.5	Zeitliche Eingrenzung	19
1.6	Klassik als Moderne	20
1.7	Die entseelte Gegenwart	23
1.8	„dem Ideale veredelter Menschheit" – der Weimarer Musenhof	24
	Fragen und Arbeitsaufgaben	28
2	**Soziokulturelle, politische und mediale Voraussetzungen**	31
2.1	Deutschland 1789 – 1815	34
2.2	Zeitungswesen und Buchmarkt	35
	2.2.1 Wochenschriften und Zeitungen	36
	2.2.2 Buchmarkt	39
	2.2.3 Literarische Salons, Lesegesellschaften und Leihbibliotheken	42
2.3	Theater, Museen und frühe Unterhaltungsmedien	43
	2.3.1 Theater	44
	2.3.2 Museen	46
	2.3.3 Frühe Unterhaltungsmedien	47
	Fragen und Arbeitsaufgaben	50
3	**Philosophische und anthropologische Voraussetzungen**	53
3.1	Was ist Aufklärung?	53
3.2	Kritik an Rationalismus und Wissenschaft	57
3.3	Anthropologie: Der Mensch ist der erste Freigelassene der Schöpfung	62
3.4	Das moderne Selbst und seine beunruhigende Freiheit	67
	Fragen und Arbeitsaufgaben	70
4	**Ästhetik**	72
4.1	Ästhetik im 18. Jahrhundert	72
4.2	Nachahmung	78
4.3	Kunstautonomie	82

4.4	Ästhetik der Sinne	84
4.5	„Der Mensch ist nur dort Mensch, wo er spielt."	85
4.6	Das ästhetische Subjekt	87
4.7	Klassik und Romantik	91
	Fragen und Arbeitsaufgaben	94

5 Poetik — 97

5.1	Urpoesie	98
5.2	Poetik des Naiven und Sentimentalischen	99
5.3	Gattungspoetik	105
5.4	Volks- und Nationalliteratur	109
	Fragen und Arbeitsaufgaben	113

6 Drama — 116

6.1	Illusionskunst und Ästhetik des Erhabenen	118
6.2	Goethes Dramatik	119
	6.2.1 *Iphigenie auf Tauris*	121
	6.2.2 Korrektur verteufelter Humanität	130
6.3	Schillers Theater des Erhabenen	132
	6.3.1 *Die Braut von Messina*	136
	6.3.2 Widerstand gegen das Leiden	145
6.4	Kleist und die Komödie des Schreckens	147
	6.4.1 *Amphitryon*	151
	Fragen und Arbeitsaufgaben	161

7 Epik — 165

7.1	Epik als ‚bürgerliche Epopee'?	166
7.2	Novelle und Versepos	172
	7.2.1 *Unterhaltungen deutscher Ausgewanderten*	175
7.3	Kalendergeschichten	180
7.4	Der klassische Roman als bürgerliche Desillusionierung	183
	7.4.1 „der Gott in uns ist immer einsam …" – *Hyperion oder der Eremit in Griechenland*	187
	Fragen und Arbeitsaufgaben	201

8 Lyrik — 204

8.1	Elegien, Epigramme und Xenien	207
8.2	Oden und Hymnen	212
8.3	Balladen	218
8.4	Lehrdichtung	224

8.5 Ausblick 230

Fragen und Arbeitsaufgaben 233

Anhang

Antwortteil 237

Glossar 246

Kurzbiografien.. 256

Siglenverzeichnis....................................... 260

Anmerkungen 261

Namensregister 263

Einleitung 1

1.1 Forschungsüberblick
1.2 Begriffsgeschichte
1.3 Deutsche Klassiker als Vorläufer einer deutschen Klassik?
1.4 Das ‚klassische' Projekt
1.5 Zeitliche Eingrenzung
1.6 Klassik als Moderne
1.7 Die entseelte Gegenwart
1.8 „dem Ideale veredelter Menschheit" – der Weimarer Musenhof

Abb. 1: Theobald von Oer: Der Weimarer Musenhof (1860)

Erklärung

Klassik: Traditionell bezeichnet der Begriff *Klassik* die griechische Antike und deren überzeitlich gültiges Schönheitsideal. Als klassisch gelten aber auch Epochen verschiedener Nationen, in denen Musik, Malerei, Bildhauerei, Architektur oder Literatur zur kulturellen Identitätsbildung beitragen und deren künstlerische Themen und Stilmittel später als ästhetische Norm bewundert werden. In der deutschen Literaturgeschichte sind es alle literarischen Werke aus dem weiteren oder engeren Umkreis Johann Wolfgang Goethes und Friedrich Schillers, die als klassisch gelten. Mit deutscher Klassik verbindet sich ferner das Bekenntnis zum vollkommenen

Menschen und zu gebildeter Humanität. Solche Engführungen gehen auf klassizistische und weltanschauliche Prämissen zurück, mit denen die klassische Epoche der eigenen Kulturgeschichte festgeschrieben wird. Von ihnen zu unterscheiden sind Meisterwerke, die frei von Epochengrenzen und nationalen Geschmacksmustern in den jeweiligen Künsten als mustergültig oder eben klassisch angesehen werden.

Klassiker Je nachdem, wie eng oder weit die Kriterien gefasst sind, mit denen einzelne Autoren oder Werke der deutschen Klassik zugerechnet werden, gehören entweder nur Goethe und Schiller zu den Hauptvertretern der Epoche oder auch Johann Gottfried Herder, Friedrich Hölderlin oder Johann Peter Hebel. Als Frühklassizisten gelten Johann Joachim Winckelmann, Gotthold Ephraim Lessing und Christoph Martin Wieland. Darüber hinaus werden einzelne Reisebeschreibungen (Georg Forster), theoretische Abhandlungen (Friedrich Schlegel), Romane (Jean Paul) und Dramen (Friedrich Maximilian Klinger) dem Bestand klassischer deutscher Literatur zugeordnet. Schon die Nennung Herders oder Jean Pauls hat indes in der Vergangenheit für Unmut gesorgt. Zu offenkundig widerspricht ihr ‚ungezügeltes' Denken und Schreiben sowohl der klassischen Formenstrenge als auch einem am Humanitätsgedanken geschulten Bildungsideal. Doch solche Grabenkriege um einzelne Namen und Werke werden in der aktuellen Literaturgeschichtsschreibung immer seltener geführt, wenngleich damit nicht behauptet werden soll, es herrsche heute Klarheit darüber, was die deutsche Klassik auszeichne oder wie sie historisch einzugrenzen sei. Reichen Goethes ‚klassische Wende' während seiner Italienreise (1786 – 1788) und der Hinweis auf Schillers Tod (1805) aus, um mit Hilfe zweier markanter Eckdaten den Beginn und das Ende der Epoche zu begründen? Gehören Werke Goethes, die nach 1805 entstehen, dann nicht mehr zur Klassik? Und wie verfährt man mit Autoren wie Jean Paul oder Heinrich von Kleist, die sich zumindest phasenweise an den Weimarer Klassikern orientieren?

Klassik und Weltanschauung Literaturwissenschaftliche Kriterien allein erfassen das Wesen der deutschen Klassik oder ihre ästhetischen Besonderheiten selten. Hinzu kamen und kommen bis heute weltanschauliche Wertungen und nationale Interessen, mit denen die Bedeutung der deutschen Klassik für die Literatur- und Landesgeschichte gewürdigt wird. Im emphatischen Sinn ist dann meist von ästhetischer Norm und literarischer Vollkommenheit die Rede. Gegner der deutschen Klassik, und dazu gehören nicht selten Künstler, die sich von solchen Hochschätzungen lossagen, machen demgegenüber seit zweihundert Jahren geltend, klassisches Regelmaß tauge nur bedingungsweise für eine sich wandelnde Gesellschaft.

Klassik als Konstrukt Deutsche Klassik impliziert als Epochenbegriff also stets mehr als die Namen und Werke einzelner Autoren. Als kulturpolitisches und idealisiertes Konstrukt knüpfen sich an sie Bildungserwartungen, soziale Lebensmodelle und politische Hoffnungen. Dass ein so exklusives Verständnis inzwischen obsolet wird, zeigt demgegenüber der in den letzten Jahren verschiedentlich erwogene Vorschlag, auf die Epochenbezeichnung Klassik zu verzichten. Einige Literaturgeschichten sprechen bezeichnenderweise nur von der deutschen Literatur zwischen Französischer Revolution und Restauration oder reflektieren die Literatur ‚um 1800' im Kontext einer historischen ‚Sattelzeit'. Solch eine neutrale Umschreibung erscheint sinnvoll, wenn mit ihr geltend gemacht werden soll, dass zwischen 1789 und 1830 ja nicht nur die Klassiker das literarische Leben prägen. Überdies haben sich Klassiker selbst keineswegs in der Rolle literarischer Vorreiter und literaturgeschichtlicher Ausnahmeerscheinungen gesehen. Auf die Epoche der *deutschen Klassik* gänzlich zu verzichten, bringt aber auch die Schwierigkeit mit sich, möglicherweise die ästhetischen, literarischen und kulturpolitischen Ausdifferenzierungen innerhalb der Moderne zu übergehen. Will man daher den teils genuinen, teils in anderen Epochen weiter reflektierten Antworten auf eine krisenhafte Gegenwartserfahrung gerecht werden, so bietet die Bezeichnung deutsche Klassik durchaus eine Orientierungshilfe. Statt also die Epoche der *deutschen Klassik* abzuschaffen, sollte sie nicht länger als ästhetische Norm oder weltanschaulicher Fluchtpunkt betrachtet werden. Vielmehr gilt es, Klassik als klassizistisches Konstrukt in gleichem Maße zu hinterfragen wie die später an sie geknüpften Erwartungen angesichts einer sich stetig verändernden Wirklichkeit. Befreit von den überzogenen Ansprüchen auf eine wie auch immer definierte Menschlichkeit, taugt die Literatur der deutschen Klassik fortan auch nicht mehr als Garantin einer evolutionär gedachten ‚Höhen-Kultur', vor der sich jede ‚primitivere' Kunst als minderwertig oder historisch überholt erweist. Ohne diese ihr von nachfolgenden Generationen angetragenen zunächst nationalstaatlichen, dann ‚kulturstiftenden' Identitätsmuster lassen sich prägnanter die Verbindungen zu anderen ästhetischen Projekten der Moderne sowie die eigene Positionierung in einem Diskurs herausarbeiten, in dem das Leben längst nicht mehr in Abhängigkeit von kulturellen Gründungsmythen oder Bildungsidealen, sondern als Kontingenzerfahrung reflektiert wird.

Um diesen Anspruch einzulösen, wird die deutsche Klassik im Folgenden als aufklärungskritische Moderne vorgestellt, die sich vom sinnesfeindlichen und normativen Rationalismus der Aufklärung abgrenzt. Wesentliche Einflüsse gehen dabei von der Literatur des Sturm und Drang aus, in der sich das einzelne Individuum gegenüber dem wachsenden Normenzwang zu behaupten versucht. Indem sie Lebenswirklichkeit als Anschauungsvielfalt begreifen, erscheinen auch den Klassikern die Vernunft- und Sittengesetze ungeeignet, um sich in der empirischen Realität orientieren zu können. Noch konsequenter jedoch als im Sturm und Drang wird der wissenschaftlichen Logik und ihren abstrakten Wahrheiten eine poetische Weltsicht entgegengestellt, in der das autonome und tendenziell vereinsamte Subjekt im Mittelpunkt steht. An dieser radikalen Kritik des aufgeklärten Systemdenkens bemisst sich die *Modernität* der deutschen Klassik. Dass sie gegen den Rationalismus ein ästhetisches Vermögen aufbietet, um sich in einem immer unwägbareren Dasein als Subjekt nicht gänzlich zu verlieren, charakterisiert die Epoche als *Klassik*.

Über die konkrete Auseinandersetzung mit der Aufklärung hinaus reagiert die Literatur der Klassik auf die Krisenerfahrungen, welche die Französische Revolution in den 1790er Jahren nach sich zieht. Weil Wissen jetzt

Klassik als Moderne

Das ästhetische Menschenbild

vermehrt kritisch reflektiert wird und soziale Verhaltensmuster an Plausibilität verlieren, beschäftigt sie sich mit einem ästhetischen Subjektbegriff, demzufolge sich Wahrnehmen und Erkennen von Mensch zu Mensch grundsätzlich unterscheiden. Jeder nimmt nämlich aktiv und gestaltend die ihn umgebende Wirklichkeit wahr. Wird diese kreative Distanz zu den Dingen unterschritten, verspielt der Einzelne seine sinnstiftende Autonomie. Gemäß dieser Abkehr vom moralischen und intellektuellen Rigorismus der Aufklärung tritt die Frage nach der Unbedingtheit, mit der humanitäre Ideale oder Sittenvorschriften zu erfüllen sind, in der klassischen Literatur entweder in den Hintergrund oder sie entlarvt das bürgerliche Ordnungs-Idyll als eine nur noch in der Kunstsphäre mögliche Scheinwelt.

> **Merksatz**
>
> Mit der Ablehnung des aufgeklärten Bestimmtheitsdenkens, das auch alltägliches Leben auf rationale Gesetzmäßigkeiten reduziert, reflektieren die deutschen Klassiker das Dasein als teils unwägbar, teils irrational. Im Gegenzug wird am modernen Subjekt veranschaulicht, dass sein Leben vermehrt von Unvorhersehbarem geprägt, gleichzeitig aber auch von institutionellen Zwängen reglementiert ist.

Aufklärung der Aufklärung

Die Aufwertung des Kontingenten, das im aufgeklärten Systemdenken weitgehend unberücksichtigt bleibt, grundiert die Moderne als aufklärungskritischen Diskurs. Wie auch das Beispiel der Romantik zeigt, distanziert sich Moderne allerdings nicht gänzlich von der Vernunftphilosophie, sondern klärt sie über ihre mythische Selbstbefangenheit auf. Im Unterschied zu nachmodernen Strömungen hält sie ferner am Ziel einer zukünftig freien und emanzipierten Menschheit fest. Um die Gemeinsamkeiten verschiedener moderner Krisenerfahrungen, vor allem aber die Nähe der Klassik zur Romantik verneinen zu können, wurde das Klassische in der Vergangenheit mit dem Ordnungsstiftenden und Humanen, die Romantik dagegen mit dem Irrationalen und Degenerativen gleichgesetzt. Wird Klassik jedoch von allen normativen Erwartungen frei gesprochen, dann erschließt sich auch der Blick auf eine Moderne, in der ‚grenzübergreifende' Sujet- und Stilexperimente ebenso legitim sind wie jenes ‚Schwanken' zwischen Klassik und Romantik, das Autoren wie Jean Paul, Heinrich von Kleist oder Wilhelm Heinse lange Zeit verdächtig machte. Wird der Klassik ferner zugestanden, dass sie nicht mit jedem literarischen Werk die jeweilige Gattungstypologie mustergültig vorprägt, dann lösen sich auch die Schwierigkeiten, die sich notwendigerweise einstellen, wenn es um die Einordnung verschiedener mystischer Gedichte oder Erzählungen Goethes und Schiller in den erzklassizistischen Kanon geht. Klassik als radikale Moderne definiert sich eben dadurch, dass sie ständig neue Anschlussmöglichkeiten an den modernen Diskurs sucht und deshalb bis heute das systemische Bestimmtheitsdenken in Frage stellt. Wer von ihr daher universale Sinnstiftungen oder humanitäre Antworten auf menschheitliche Konflikte erwartet, erliegt einem historisch nachgetragenen Ideal, von dem sich die Moderne schon um 1800 losgesagt hat.

Forschungsüberblick 1.1

Zu den prominentesten Kritikern der sogenannten Klassikerlegende gehört Friedrich Nietzsche. Schonungslos verhöhnt er in den *Unzeitgemäßen Betrachtungen* (1873ff.) alle Bildungsphilister, die deutsche Klassik als historisches Ereignis verehren, um ihrem eigenen Stand damit Würde und eine Zukunftsperspektive zu verleihen: „Um aber unsere Klassiker so falsch beurteilen und so beschimpfend ehren zu können, muß man sie gar nicht mehr kennen".[1] Solch ein Vorwurf mag überzogen erscheinen, das von Nietzsche konstatierte Vergessen der Klassiker setzt indes schon um 1800 ein. Gemessen am Erfolg der *Leiden des jungen Werthers* (1774), mit denen beispielsweise der junge Goethe zum ‚Star' der internationalen Literatur avanciert, genießen allenfalls einige klassische Balladen, von Beethoven oder Schaumann vertonte Lieder und ein Versepos wie Goethes *Hermann und Dorothea* (1797) öffentliches Interesse. Werke wie die beiden *Wilhelm Meister*-Romane (1795/96 und 1821) oder Hölderlins Gesamtwerk bleiben dagegen weitgehend unbekannt. Auch einige der heute zum klassischen Kanon gehörenden Dramen Schillers werden seinerzeit nur wenige Male aufgeführt. Andere Bühnenstücke dagegen, die sich als etwas originär ‚Deutsches' vereinnahmen ließen wie ausgerechnet der *Wilhelm Tell* (1804), stehen bis weit ins 20. Jahrhundert hinein hoch in der Publikumsgunst und prägen zumindest die landläufige Vorstellung des Klassischen.

Nietzsches Frage, ob der Begriff Klassik eher eine ästhetische Norm bezeichnet oder die künstlerischen Leistungen einer bestimmten Epoche, lässt sich im deutschen Sprachraum nur dahingehend beantworten, dass angesichts der politischen Zersplitterung bereits im 19. Jahrhundert stets beide Aspekte eng aufeinander bezogen werden. So steht das Klassische für den Literaturwissenschaftler Heinrich Laube, der 1839 erstmals für die Literatur von Lessing bis Goethe den Begriff Klassik prägt, sowohl für ästhetische Mustergültigkeit als auch für einen historisch bevorzugten Zeitraum. Erstmals nämlich, so führt Laube in seiner *Geschichte der deutschen Literatur* (1839/40) aus, habe eine in sich homogene Dichtergeneration die Nachahmung antiker Formgesetze für die Bildung einer zumindest literarisch geeinten Nation fruchtbar zu machen versucht. Da es solch eine ästhetische und politische Geschlossenheit unter Dichtern, Intellektuellen, Verlegern und Kritikern bislang nicht gegeben habe, besitzt das Klassische für Laube nicht nur eine literarisch wegweisende Vorbildfunktion. Angesichts der parteilichen, ideologischen und künstlerischen Differenzen nach 1830 kann er es auch in nationaler Hinsicht als ‚epochal' würdigen. In die gleiche Richtung argumentiert Wilhelm Scherer, der in seiner *Geschichte der deutschen Literatur* (1880/83) die Forderung nach einer ‚nationalen Ethik' mit dem sittlichen Wert klassischer Literatur begründet, diesen aber strenger als Laube am Dichterbund Goethes und Schillers festmacht.

Vergessene Klassik

Klassik als nationales Ethos

Klassikerverehrung Zu soviel würdevollem Andenken haben auch namhafte Vertreter der Literaturwissenschaft des frühen 20. Jahrhunderts beigetragen. Vollendung und Unendlichkeit heißen die Schlagworte, mit denen beispielsweise Fritz Strich das Klassische als das Humane, Rationale und Formgebende von der Romantik als einem christlich inspirierten Irrationalismus abgrenzt. Herrmann August Korffs Darstellung *Geist der Goethezeit* (1923ff.) signalisiert dann schon im Titel, welche überragende Bedeutung hier einem Literaten zugesprochen wird, an dessen genialischen Leistungen sich eine ganze Epoche messen lassen muss. Warum diese Blütezeit deutscher Literatur unerreicht bleiben soll, begründet Korff mit einen biologistischen Modell, demzufolge sich einer historischen Blütezeit gleich mehrere Epochen des Verfalls anschließen. Als Beleg für seine Ausführungen bemüht Korff den gewaltsam strebenden Faust. Indem er beide Teile des Dramas kurzerhand zur ‚Bibel der Deutschen' stilisiert, liefert er auch jene Argumente, an die eine nationalsozialistische Literaturwissenschaft nahtlos anschließen wird.

Goethezeit Werden die Philosophie, Literatur und Kunst des letzten Drittels des 18. Jahrhunderts unter den bis heute populären Begriff Goethezeit subsumiert, so darf nicht übersehen werden, dass sich hinter solchen Epochenkonzeptionen der Versuch versteckt, den ‚Deutschen Geist' von einer vor allem französisch geprägten Aufklärung abzugrenzen. Unter Berufung auf das Gefühl, den Irrationalismus und das Genialische reklamiert der Begriff ‚Goethezeit' einen erkenntnistheoretischen und literarischen Sonderweg für sich, der mit der Empfindsamkeit seinen Anfang nimmt, sich über den Sturm und Drang fortsetzt, um schließlich einzumünden in eine klassische und romantische Literatur, in der sich das nationale ‚Wesen', nur jeweils graduell verschieden, manifestieren soll. Dass sich keine der genannten literarischen Strömungen von der europäischen Aufklärung lossagt, sondern die Vernunftlehre aus der Perspektive des einzelnen Subjekts radikalisiert, dass sie also kein deutschtümelndes, ‚gesundes' Nationalpathos vorformulieren, wird dabei übersehen.

Warum sich die Forschung immer wieder zu solchen weltanschaulichen Polarisierungen verstiegen hat und der Rhetorik gefährlicher oder missverstandener Schlagworte erliegt, mit denen die Epoche der Klassik besetzt wird, dokumentieren auch die Forschungen ideengeschichtlich kritischer Autoren wie Georg Lukács. So exakt es ihm in seinen Untersuchungen zum bürgerlichen Roman gelingt, die Bedeutung des klassischen Bildungsromans für die Emanzipation des Bürgertums im 18. Jahrhundert nachzuweisen, so unbeirrt stempelt er die Romane und Romanfragmente der Romantiker als reaktionäre und fortschrittshemmende Fehlgriffe ab. Damit verkennt Lukács nicht nur, welchen Einfluss insbesondere die romantischen Romanexperimente für die Literatur des 20. Jahrhunderts haben. Unfreiwillig variiert er jenes üble Goethewort, das Klassische sei das Gesunde und das Romantische das Kranke.

Klassik nach 1945 Solchen Polarisierungen hat die ostdeutsche Literaturwissenschaft nach Kriegsende mit einer Reihe fundierter Romantiker-Ausgaben entgegengewirkt und mit der in Berlin und Weimar herausgegebenen Werkausgabe Goethes (‚Berliner Ausgabe') eine der bis heute historisch-kritisch verlässlichsten Editionen vorgelegt. In Westdeutschland behauptet sich demgegenüber bis in die 1960er Jahre hinein eine Klassikerverehrung, die nun freilich den Humanitätsgedanken beschwört. Stellvertretend für die kaum überschaubare Zahl an Einzeldarstellungen, Monographien und Spezialuntersuchungen sei summarisch auf die von Erich Trunz herausgegebene Goethe-Ausgabe (‚Hamburger Ausgabe') hingewiesen. In ihren Kommentaren ist nahezu durchgängig von der hohen Abkunft klassischer Ideale und vor allem von zeitlosen Werten die Rede. Solch ein Impetus vermag die herausgeberische Leistung nicht zu schmälern, dokumentiert aber aus ideologiekritischer Sicht, wie hier nach zwei Weltkriegen das ‚Klassische' für das *eigentlich* Deutsche in Anspruch genommen wird.

Mit den Hintergründen dieser restaurativen Philologie setzt sich erstmals Peter Szondi in seinen Abhandlungen und Vorlesungen zur klassischen und romantischen Poetik um 1800 auseinander. In ihnen weist er die Vielschichtigkeit des klassischen Modernitätsverständnisses nach. Gleichzeitig führt Szondi den Nachweis, wie sich die Klassiker historisch situieren und den Prozesscharakter ihres Subjektbegriffs betonen. Noch bevor sich Szondis Ansatz jedoch in der Literaturwissenschaft durchsetzen kann, wächst im Zuge der 1968er Studentenrevolte die Bereitschaft, dem Mythos Weimar ein Ende zu bereiten. Wo Goethe und Schiller für die nächsten Jahre nicht ganz aus der universitären Lehre verschwinden, dort versteht die Forschung das Klassische fortan im Kontext der europäischen Literatur des 18. Jahrhunderts.

Klassiker-revisionen

Unterstützt wird diese Revision durch die internationale Germanistik, die sich stets geweigert hat, die deutsche Klassik als nationales und singuläres Ereignis von der europäischen Romantik abzukoppeln. In diesen Kontext gehören die beiden Standardwerke *Die deutsche Literatur zwischen Französischer Revolution und Restauration* von Gerhard Schulz und *Klassik und Romantik. Deutsche Literatur im Zeitalter der Französischen Revolution 1789 – 1815* von Gert Ueding. Wie schon beide Titel nahelegen, verzichten die Autoren weitgehend auf die Separierung zweier geistesverwandter Epochen, schlagen indes noch nicht die Brücke zur Moderne als aufklärendem und dennoch aufklärungskritischem Diskurs. Dafür schafft erst die vor allem auf Michel Foucault zurückgehende Diskursanalyse der 80er und 90er Jahre des 20. Jahrhunderts die Voraussetzungen, indem sie die mentalen, medialen und soziokulturellen Umwälzungen des späten 18. Jahrhunderts in den Blick rückt. Um freilich solche Krisenerfahrungen vor dem Verdacht zu schützen, sie rechneten im Vorgriff auf die Philosophie der Postmoderne mit der gesamten Vernunftlehre ab, muss Moderne selbst als Diskurs verstanden und die Aufklärung als dessen unverzichtbare Referenz akzeptiert werden. In diese Richtung weisen die Untersuchungen Victor Langes, Hans-Joachim Simms, Dieter Borchmeyers und Werner Buschs. Eine philosophie- und literaturgeschichtliche Aufarbeitung einer Kritik des Bestimmtheitsdenkens, wie sie Gerhard Gamm und Albrecht Wellmer für Nietzsche, Wittgenstein und Adorno als radikal moderne Denker vorgeschlagen haben, steht mit Blick auf die deutsche Klassik bislang allerdings aus.

Aktuelle Klassikforschung

1.2 Begriffsgeschichte

Wortgeschichtlich leitet sich der Begriff ‚Klassik' vom Lateinischen ‚classis' her und bezeichnet ursprünglich die Gruppe steuerpflichtiger römischer Bürger. Aulus Gellius, ein römischer Grammatiker des zweiten nachchristlichen Jahrhunderts, verwendet den Begriff dann erstmals in den *Noctes Atticae* (um 170 n. Chr.), um den ‚scriptor classicus' von dem des ‚proletarius' abzugrenzen. Mit dieser Unterscheidung avanciert der Klassiker zu einem Autor von Rang, der sich nicht mit trivialen Gegenständen und populistischen Gestaltungsmitteln abgibt und aufgrund des normgebenden Niveaus seiner Werke ein Muster für heranreifende Schriftsteller bleibt. Allerdings gehören die Klassiker unter den Literaten für Aulus Gellius nicht notwendigerweise einer bestimmten Hochphase der Kulturgeschichte an, vielmehr verdankt sich ihre literarische Qualität dem Studium ‚überzeitlich' gültiger Stilgesetze.

Querelle des anciens et des modernes

Der Zusammenhang zwischen ästhetischer Norm und nationalen Vorbildern für die künstlerische Produktion nachfolgender Generationen wird in einem Ästhetikstreit diskutiert, der in der zweiten Hälfte des 17. Jahrhunderts in Frankreich beginnt und als *Querelle des anciens et des modernes* (Streit der Antiken und der Modernen) berühmt geworden ist. Mit Argumenten, die sich oft kaum voneinander unterscheiden, diskutieren namhafte Literaten und Kunsttheoretiker im Verlauf der nächsten einhundert Jahre die Frage, ob die strikte Nachahmung antiker Vorbilder für die Ausbildung eines nationalen Geschmacks tauglicher sei als die Beschäftigung mit modernen, also zeitgenössischen und eigenen kulturellen Sujets. Auch in Deutschland beteiligen sich verschiedene Dichter an diesem Disput. Doch da sich hierzulande die politischen Verhältnisse komplizierter gestalten, wird das Klassische bis ins 19. Jahrhundert mit einer idealisierten Antike und einem bislang nicht wieder erreichten Schönheitsempfinden gleichgesetzt. Der im 19. Jahrhundert geprägte Begriff *deutsche Klassik* muss dabei die resignative Einsicht kompensieren, dass einem politisch zerrissenen Staatenkonglomerat (s. Kap. 2), dem es an einer kulturell verbindenden Tradition fehlt, nur das Anknüpfen an die Leistungen des klassischen Griechenland bleibt. Wird fortan das ‚Modell Weimar' als nationaler Olymp verehrt, so verbindet sich damit die zumindest ästhetische Erfüllung eines politisch lange Zeit unerfüllten Traums.

1.3 Deutsche Klassiker als Vorläufer einer deutschen Klassik?

Deutsche Klassiker als Kritiker einer deutschen Klassik

In über dreihundert Staaten und Reichsstädte zersplittert, gibt es um 1800 weder eine gemeinsame Sprache, noch eine intellektuelle Schicht, aus der sich Künstler, Literaten oder Musiker hätten rekrutieren können. Schon aus diesen Gründen wehren sich die deutschen Klassiker am Ende des 18. Jahrhunderts dagegen, sich mit einem Shakespeare, Calderon, Racine oder Voltaire zu vergleichen, die in ihren Ländern als Kulturstifter verehrt werden. Ohne Nation, so drückt es Goethe in seiner Studie *Literarischer Sansculottis-*

mus (1795) aus, sei es ratsam, „die Ausdrücke: *klassischer Autor, klassisches Werk,* höchst selten [zu] gebrauchen. Wann und wo entsteht ein klassischer Nationalautor? Wenn er [...] selbst, vom Nationalgeiste durchdrungen, durch ein einwohnendes Genie sich fähig fühlt, mit dem Vergangnen wie mit dem Gegenwärtigen zu sympathisieren; wenn er seine Nation auf einem hohen Grade der Kultur findet" (GFA I 18, S. 320).

Mit Blick auf die *Querelle des anciens et des modernes* bezieht Goethe hier den Standpunkt der Modernen. Wie seinen Ausführungen zu entnehmen ist, bemisst sich klassische Literatur an der Fähigkeit, das Alte und das Neue gleichberechtigt zu behandeln. Solch eine Symbiose setzt jedoch eine Geschmackskultur voraus, über die Goethe in anderem Zusammenhang ausführt, vor allem die Italiener und Franzosen blickten auf einen lange etablierten öffentlichen Kunstdiskurs zurück und genössen insofern den Vorzug, dass Kunstliebhaber, Kritiker und Künstler in regem Austausch miteinander stehen. Vor allem jungen Literaten dürfte es deshalb Goethe zufolge nicht schwer fallen, sich ein genaues Bild über geltende ästhetische Regeln zu verschaffen und sich über jene aktuellen Themenvorlieben zu informieren, die ihren Werken auch das Interesse des Publikums garantieren. In Deutschland dagegen scheitere der intellektuelle Nachwuchs schon an der lästigen Pflicht des Broterwerbs. Solange es kein größeres Publikum mit gemeinsamen ästhetischen Vorlieben gebe, sei der Schriftsteller gezwungen, sich in bürgerlichen Berufen seinen Lebensunterhalt zu erwerben:

Klassiker ohne Nation

> Nirgends in Deutschland ist ein Mittelpunkt gesellschaftlicher Lebensbildung, wo sich Schriftsteller zusammen fänden und nach Einer Art, in Einem Sinne, jeder in seinem Fache sich ausbilden könnten. Zerstreut geboren, höchst verschieden erzogen, meist nur sich selbst und den Eindrücken ganz verschiedener Verhältnisse überlassen [...]. So findet sich der deutsche Schriftsteller endlich in dem männlichen Alter, [...] wo er oft mit dem traurigsten Gefühl durch Arbeiten, die er selbst nicht achtet, sich die Mittel verschaffen muß, dasjenige hervorbringen zu dürfen, womit sein ausgebildeter Geist sich allein zu beschäftigen strebt. (GFA I 18, S. 321f.)

Obwohl Goethe hier die Literatur als Prozess beschreibt, schließt dies nicht aus, dass er seinen eigenen dichterischen Beitrag gelegentlich selbstbewusst als Vorgriff auf eine deutsche Klassik würdigt. Dahinter versteckt sich allerdings die durchaus zutreffende Beobachtung, selbst zu den wenigen Autoren zu gehören, die unter relativ günstigen Bedingungen jene kulturellen Voraussetzungen mitgestalten, unter denen sich Literatur zu klassischer Vorbildlichkeit steigern kann.

Das ‚klassische' Projekt 1.4

Verstehen sich die deutschen Klassiker als Wegbereiter einer künftigen Klassik, so erfüllen ihre Werke einen doppelten Anspruch: Zum einen sollen sie über die zahlreichen innerdeutschen Ländergrenzen hinweg eine ästhetisch versierte Öffentlichkeit heranziehen. Zum anderen handelt es sich um literarische Experimente, mit denen ein zukünftiger Kanon klassischer The-

Klassik als Zukunft

men und Ausdrucksformen sondiert wird. Gerade später als Klassiker verehrte Autoren wie Goethe und Schiller sind sich des damit verbundenen Wagnisses bewusst und müssen immer wieder erleben, dass nur einzelne ihrer Dramen, Gedichte oder Romane öffentliche Beachtung finden, zahlreiche andere Arbeiten dagegen unbeachtet bleiben. Dies gilt vor allem für die bald schon berüchtigten Weimarer Preisaufgaben für bildende Künstler, mit dem die sogenannten Kunstfreunde erstmals einen klassizistisch engen Anspruch auf normative Vorbildlichkeit erheben (s. Kap. 4.2).

Erklärung

Die deutsche Klassik fragt nicht mehr nach *dem* Schönen, sondern beschäftigt sich mit kulturell differenzierten Schönheitsvorstellungen. Auf diese Bereitschaft, sich fremden Einflüssen zu öffnen, gehen innovative Beiträge zur deutschen Literaturgeschichte zurück wie die Romanze und das Sonett, das arabische Versmaß oder die Novelle. Gleichzeitig werden eigene literarische Traditionen wie die des Volkslieds oder Märchens wiederentdeckt.

Der ästhetische Mensch

Angesichts der blutigen Exzesse, zu denen sich die Französischen Revolutionäre mit Beginn der 1790er Jahre versteigen, und mit Rücksicht auf die politischen Bedingungen in Deutschland, entwickeln die Klassiker ein kulturpädagogisches Programm, das als ästhetische Erziehung des Menschengeschlechts bekannt geworden ist. Dahinter verbirgt sich ein tiefes Misstrauen in die Überzeugungskraft aufgeklärter Zukunftsversprechen, die im Munde der sich etablierenden Bürgerparteien mehr und mehr zu leeren Schlagworten verkommen. Es gebe, so schreibt Schiller im 23. Brief seiner 1795 erscheinenden Briefe *Über die ästhetische Erziehung des Menschen*, „keinen andern Weg, den sinnlichen Menschen vernünftig zu machen, als daß man denselben zuvor ästhetisch macht." (SNA 20, S. 383) Deutlicher auf die heimischen Verhältnisse übertragen, formuliert Schiller in der Rezension *Über Bürgers Gedichte* (1791), was unter ästhetischer Erziehung zu verstehen sei und welche Aufgabe dabei der Literatur zukommt: „Bei der Vereinzelung und getrennten Wirksamkeit unsrer Geisteskräfte, die der erweiterte Kreis des Wissens und die Absonderung der Berufsgeschäfte notwendig macht, ist es die Dichtkunst beinahe allein, welche die getrennten Kräfte der Seele wieder in Vereinigung bringt". Literatur dient folglich als Kommunikationsmedium gleichgesinnter, aber räumlich getrennter Intellektueller. Und sie vereint den geistigen und sinnlichen Menschen wieder mit sich selbst. Aus der Forderung nach dem „ganzen Menschen" resultiert drittens die zukunftsweisende Aufgabenstellung, das immer abstraktere Wissen der Gegenwart wieder poetisch mit „Leben und Fruchtbarkeit" zu füllen (SNA 22, S. 245f.).

Klassik als Norm?

Schillers Rezension *Über Bürgers Gedichte* fasst damit auf prägnante Weise das Programm der Klassik zusammen: Weiterhin dem Ziel einer allgemeinen Vernunftwerdung verpflichtet, trägt Literatur zur autonomen und ästhetischen Selbstbestimmung des Menschen bei. Ob diese Zielsetzung dem von Schiller ebenfalls erhobenen Anspruch auf literarische Vorbildhaftigkeit zuwider läuft – dürfte ohne weltanschauliche Begründungen schon deshalb schwierig zu entscheiden sein, weil Schiller sich nur zur Überwindung sozialer und anthropologischer ‚en' äußert. Über die Bedeutung einer aufklärungskritischen ‚Norm' für die nationale Bildung schweigt er sich dagegen aus, weshalb man allenfalls über den im 18. Jahrhundert noch neutraler gebrauchten Begriff ‚Volk' einen Rückschluss auf sein Verständnis nationaler Identität ziehen kann. In der klassizistischen Lesart des 19. Jahrhunderts wird dafür häufig der Hinweis zitiert, die zeitgenössische Literatur habe „geläutert und veredelt" ein ‚Muster für das Jahrhundert [zu] erschaffen" (SNA 22 S. 246). Im Dienste eines zeitlosen ästhetischen Regulativs gedeutet, bleibt das klassische Projekt dann allerdings nicht frei von gipsklassizistischen und chauvinistischen Dünkeln. Als Argument für einen sich situierenden Diskurs der Moderne gelesen, der sich nicht an Epochenschwellen festmachen lässt, radikalisiert Schiller demgegenüber den Projektcharakter des Klassischen zugunsten einer mythenfreien Aufklärung.

Zeitliche Eingrenzung 1.5

Epochengrenzen können nur Orientierungshilfen sein. Über tatsächliche Lesevorlieben einer Epoche – während der deutschen Klassik sind es Räuber- und Liebesromane – oder die öffentliche Präsenz jener ästhetischen Merkmale, die spätere Epochenzuschreibungen leiten, sagen sie wenig aus. Wenn im Folgenden daher die Jahre 1789 und 1815 als historische Rahmendaten gewählt werden, so geschieht dies, um den unübersehbaren Spuren gerecht zu werden, welche die Französische Revolution hierzulande im intellektuellen Bewusstsein hinterlässt. Auch die Napoleonischen Kriege, die am 18. Juni 1815 in Waterloo enden, sowie der zwischen September 1814 und Juni 1815 tagende Wiener Kongress schüren einerseits das Misstrauen in politische Herrschaftssysteme. Andererseits bestätigen die welthistorischen Ereignisse der Jahre 1789 bis 1815 jene Hoffnung, der Kunst sei es vorbehalten, soziale und kulturelle Konflikte zu lösen. Die zwischen 1813 und 1815 geführten Befreiungskriege gegen Napoleon und schließlich die Errichtung des Deutschen Bundes beenden dann allerdings das Bemühen der Klassiker, ihr Publikum von solchen ästhetischen Revisionen zu überzeugen.

Epochengrenzen dürfen freilich nicht übersehen lassen, dass auch die deutsche Klassik nicht voraussetzungslos beginnt. Ob als Reibungsfläche oder Fluchtpunkt beherrscht die Auseinandersetzung mit dem Klassischen bereits während des gesamten 18. Jahrhunderts den ästhetischen Diskurs in ganz Europa. In Deutschland sind es Winckelmann, Lessing, Karl Philipp Moritz und Wieland, die sowohl in theoretischer Absicht als auch literarisch an diesem Streit über das Antike und Moderne partizipieren und damit dem Selbstverständnis der deutschen Klassiker vorarbeiten. So legt Lessings Bemühen um eine deutsche Nationalbühne mit bürgerlichen Bühnenstücken den Grundstein für das klassische Drama. Die von Moritz entwickelte Seelenerfahrungskunde schafft schließlich die anthropologischen Vorausset-

1789 – 1815

Alternative Datierungsmöglichkeiten

zungen für die Bestimmung autonomer und ästhetischer Existenz. Den Grundstein für das spätere ‚Modell Weimar' legt Wieland. Seine Anstellung am Weimarer Hof verdankt er seinen frühklassischen Romanen der 1760er Jahre, die ihn in den Augen der Herzogin Anna Amalia für die Aufgaben eines Fürstenerziehers prädestinieren. Wieland wird es schließlich auch sein, dem Goethe seine Berufung nach Weimar verdankt. Doch die genannten Autoren stehen gleichzeitig noch in einer sehr viel stärkeren Abhängigkeit von der Aufklärung als die Klassiker. Will man daher auf terminologische Hilfskonstrukte wie die des Frühklassizismus verzichten, die überdies nur die historische Strahlungskraft und insofern wieder die Dominanz der Klassik unterstreichen würden, so bietet es sich an, von vorklassischen Impulsen zu sprechen, die dann nach 1789 unter Bedingungen der Moderne weitergedacht werden.

Für das Ende der deutschen Klassik ist verschiedentlich der 9. Mai 1805, Schillers Todestag, vorgeschlagen worden. Doch solch ein Datum beendet nicht schlagartig einen literarästhetisch komplexen Diskurs. Außerdem ist nicht einzusehen, warum sich Klassik nur auf die Freundschaft zwischen Goethe und Schiller beschränken soll. Selbst also für den Fall, dass sich Goethe mit dem Jahr 1805 vom klassischen Projekt distanzieren sollte, darf nicht übersehen werden, dass beispielsweise Hölderlin und Johann Peter Hebel noch weiter Gedichte, Übersetzungen oder Kalendergeschichten publizieren, die deutlich klassische Bezüge aufweisen. Gleichwohl bleibt anzumerken, dass sich in den Jahren zwischen Schillers Tod und dem Wiener Kongress allmählich der Ausklang der deutschen Klassik abzeichnet. Während Hölderlin erkrankt, wird Hebel zunehmend von seinen öffentlichen Ämtern beansprucht. Und Jean Paul, der sich im Frühwerk an der Klassik orientierte, schreibt nun aus dem Gefühl einer eher romantisch inspirierten Weltverachtung. Der von den Weimaranern zunächst bespöttelte Heinrich von Kleist nimmt sich 1811 das Leben.

1.6 Klassik als Moderne

Der Begriff ‚Klassik' konkretisiert im Folgenden ein erkenntnistheoretisches und literarisches Projekt, das zur Gründungsphase der Moderne in Deutschland gehört. Unter Moderne wird dabei ein epochenübergreifender Diskurs verstanden, der auf politische, soziale und intellektuelle Umbrüche reagiert, die im logischen Welt- und Fortschrittsmodell der Aufklärung nicht vorgesehen sind. Hinsichtlich der Berücksichtigung kontingenter Lebensvielfalt und einer Ablehnung ‚selbstverschuldeter Vormundschaften' weist die Klassik zu ‚sentimentalen' Vorläufern wie der Empfindsamkeit ebenso wichtige Parallelen auf wie zum Individualitätskonzept des Sturm und Drang oder zur Wissenschaftsskepsis der Romantik. Doch ihr aufklärerisches Gegenwartbewusstsein erhält entscheidende Impulse von der Französischen Revolution. Mit Beginn des Pariser ‚Terreurs' radikalisiert Klassik als Moderne den in der Vernunftphilosophie entwickelten Freiheitsbegriff, indem sie an die Stelle universal gültiger Bestimmtheitskategorien und Wertsetzungen das einzelne Subjekt treten lässt. An dessen Wahrnehmungsvielfalt und Chancen, in einem Dasein voller Möglichkeitsentwürfe eigene Identität auszubilden, muss sich fortan die Tragfähigkeit aufklärerischen Denkens bemessen.

Darin unterscheidet sich Klassik als Moderne von vernunftskeptischen Gegenbewegungen zur Aufklärung: Trotz ihrer Vorbehalte gegenüber einer Spätaufklärung, die sich nur halbherzig vom rationalistischen Vernunftdogmatismus verabschiedet, trotz ihrer Widerlegung absoluter Wahrheiten, erschließt sie sich eine Wirklichkeit, über die sich jenseits aller ‚Dinge an sich' schon deshalb etwas aussagen lässt, weil sich Realität in der Erfahrungswirklichkeit des Einzelnen konstituiert und deshalb transindividuell kommuniziert werden muss. Die Spätaufklärer um Immanuel Kant verlagern diesen Aspekt wechselweiser Aufklärung in eine politisch regulierte Öffentlichkeit. Die deutschen Klassiker setzen demgegenüber auf einen ästhetisch reflektierten, aber nur über Subjektimpulse in Gang zu haltenden Dialog.

Am Ende des 18. Jahrhunderts hat die aufgeklärte Philosophie die Theologie als akademische Leitdisziplin abgelöst. Indem sie den Menschen als Vernunftwesen bestimmt, unterstellt sie sein Denken einer strengen Logik. Diese Ausklammerung alles Irrationalen beschleunigt den Aufstieg der Naturwissenschaften, für die sich alles organische Leben auf einen elementaren Code zurückführen lässt. Darüber hinaus bestätigt die immer gründlichere Erkundung des Mikro- und Makrokosmos mit Hilfe optischer Instrumente, dass der menschlichen Wahrnehmung Grenzen gezogen sind, die zu einem Misstrauen in ihre Leistungsfähigkeit berechtigen. Im Zuge dieser kopernikanischen Wende (Kant) reagieren die Menschen verunsichert. Soeben von einer altbewährten religiösen Weltanschauung entbunden, verschwindet das singuläre und sinnliche Subjekt mitsamt seiner empirischen Erfahrungswirklichkeit zunehmend aus dem Fokus des wissenschaftlichen Interesses. Als dann der blutige Verlauf der Französischen Revolution deutlich macht, dass historische Prozesse keineswegs rational verlaufen, wächst auch unter den Intellektuellen der Zweifel am rationalen Welt- und Fortschrittsmodell. Von der Beobachtung ausgehend, dass jedes einzelne Subjekt angesichts der Unwägbarkeiten des Daseins in zunehmendem Maße als sinnstiftende und handelnde Instanz herausgefordert wird, etabliert sich über die Kritik an einer abstrakten Verstandeslogik der Diskurs der Moderne. Ebenso energisch wird auch eine Sittenlehre hinterfragt, in der kein persönlicher oder situativer Handlungsspielraum vorgesehen ist. Im *Wilhelm Meister* drückt Goethe das Gemeinte mit den Worten aus: „die Summe unsrer Existenz" allein „durch Vernunft dividiert", gehe „niemals rein" auf: wir können daher „nicht immer das Tadelnswerte vermeiden" (GFA I 9, S. 634 u. 845).

Kopernikanische Wende

Merksatz
Was klassische Kunst um 1800 grundiert, kann als Aufforderung zum Mut beschrieben werden, sich eine eigene ästhetische Existenz zu gestalten. Sinnstiftend soll sie zwischen andrängender Gegenwart und einer zukünftig emanzipierten Menschlichkeit vermitteln.

Kritik an der Wahrheit

Um nun die Aufklärung hinsichtlich ihrer kategorialen Weltfremde aufklären zu können, erweitern die Klassiker ihren Fokus auf das sinnlich wahrnehmende Subjekt um den drohenden Anschauungsverlust des Menschen. Denn in gleichem Maße, wie Aufklärung und Wissenschaft sich vom einzelnen Selbst zurückziehen, wird es von einer ebenfalls logisch disponierten und sozial normierenden Weltaneignung vereinnahmt. Gegen diese rigoristisch geballte Verachtung des empirischen Lebens bietet die klassische Literatur um 1800 vermehrt Protagonisten auf, die entweder an hohen Idealen und abstrakten Moralvorschriften scheitern oder sich widerstrebend auf ein bürgerliches Dasein einlassen, das ihren subjektiven Vorstellungen widerspricht. Diesen Antihelden korrespondiert der aufklärungskritische Vorwurf, wissenschaftliche Formeln und sittliche Handlungsanweisungen verdankten sich einem einseitigen Abstraktionsprozess, der schon deshalb als spekulativ anzusehen sei, weil es ihm an empirischer Wahrhaftigkeit mangele. Über dieses „spekulativische Zeitalter" schreibt Schiller am 9. Juli 1796 an Goethe, mit *Wilhelm Meister* habe er einen Menschen mit vielfältigen, aber nicht erfüllten „Bedürfnissen" in die Literatur eingeführt:

> Ich bin überzeugt, daß dieses bloß der *aesthetischen Richtung* zuzuschreiben ist, die Sie in dem ganzen Roman genommen. Innerhalb der aesthetischen Geistesstimmung regt sich kein Bedürfniß nach jenen Trostgründen, die aus der Speculation geschöpft werden müssen [...]: nur wenn sich das Sinnliche und das Moralische im Menschen feindlich entgegen streben, muss bei der reinen Vernunft Hülfe gesucht werden. Die gesunde und schöne Natur braucht, wie Sie selbst sagen, keine Moral, kein Naturrecht, keine politische Metaphysic [...], sie braucht keine Gottheit, keine Unsterblichkeit, um sich zu stützen und zu halten. Jene drei Punkte, um die zuletzt alle Speculation sich dreht, geben einem sinnlich ausgebildeten Gemüth zwar Stoff zu einem poetischen Spiel, aber sie können nie zu ernstlichen Angelegenheiten und Bedürfnißen werden. (SNA 28, S. 258f.)

Ästhetische Existenz

Mit diesen Ausführungen wird umschrieben, was Klassik als Moderne auszeichnen soll: Einerseits setzt sie die Erkenntnis voraus, dass der vernünftige, aber gleichzeitig subjektive Mensch weder von der Philosophie noch von Religion oder Wissenschaft hinreichende Orientierungshilfen erwarten darf. Im Gegenzug muss er eine ästhetische Existenz ausformen, die ihn vor verallgemeinernden Erklärungen und abstrakten Geboten schützt. Entscheidenden Beistand leistet ihm dabei andererseits die klassische Literatur. Sie nämlich entlarvt die erkenntnistheoretischen Voraussetzungen der Wissenschaft und deren Wahrheiten als geoklimatisch bedingte Setzungen. Eine so außerordentliche Bedeutung für das Leben ist der Kunst nur selten zugesprochen worden.

Antik und modern

Als Korrektiv des akademischen Weltmodells öffnet sich die Klassik zeitgenössischen Themen und einer ihr angemessenen Darstellungsweise. Warum sie sich fortan nicht mehr auf das Postulat der Nachahmung griechischer Kunstwerke berufen kann, dieser Beweis wird mit der Grundlegung der klassischen Anthropologie geliefert. Ursprünglich zur Kunst geboren, so führt stellvertretend Hölderlin in seinem um das Jahr 1799 zu datierenden Entwurf *Der Gesichtspunct aus dem wir das Altertum anzusehen haben* aus, lehne es der Mensch eigentlich ab, sich mit vorgefertigten Weltentwürfen und hergebrachten Schönheitsvorschriften aufzuhalten. Unter Berufung auf die sinnlich gestaltende Wahrnehmung des Subjekts und seine moderne Autonomie lehnt Hölderlin daher auch jede Form von Nachahmung als ästhetische Selbstbescheidung ab:

> Das schwerste dabei scheint, daß das Altertum ganz unserem ursprünglichen Triebe entgegenzuseyn scheint, der darauf geht, das Ungebildete zu bilden, das Ursprüngliche Natürliche zu vervollkommen, so daß der zur Kunst geborene Mensch natürlicher weise und überall sich lieber mehr das Rohe, Ungelehrte, Kindliche, holt, als einen gebildeten Stoff, wo ihm, der bilden will, schon vorgearbeitet ist. Und was allgemeiner Grund vom Untergang der Völker war, nemlich, daß ihre Originalität, ihre eigene lebendige Natur erlag unter den positiven Formen und unter dem Luxus, den ihre Väter hervorgebracht hatten, das scheint auch unser Schiksaal zu seyn (Hö 2, S. 62f.).

Die entseelte Gegenwart | 1.7

Zu den Wegbereitern der modernen Aufklärungskritik gehört Johann Gottfried Herder. Noch während seiner Studienjahre bei Immanuel Kant meldet er Zweifel an einer Philosophie an, die weder die vielgestaltige Natur noch die Subjektivität des Menschen ernst nimmt. Im *Journal meiner Reise im Jahr 1769* führt Herder erstmals den Nachweis, die zeitgenössische „Logik" sei nichts anderes „als eine ExperimentalSeelenlehre der obern Kräfte". Demgegenüber stehe der Mensch einem „Abgrund von Erfahrungen" gegenüber, dem „die kleine elende A.b.c. Tafel die unsre Logik enthält", nicht gerecht wird: „unsre Logik tut das Gegenteil, nichts als lehren tut sie und siehe! sie lehrt trocken und erbärmlich." (HFA 9/2, S. 49f.) Um diesem Missstand abzuhelfen, führt Herder das aktuelle Wissen in allen philosophischen Teildisziplinen auf den einzelnen Menschen zurück. Unter den Bedingungen einer radikal gedachten Moderne impliziert dies methodisch, von universal gesetzten Wesenskategorien abzusehen und die möglichst umfassende Kenntnis anderer Formen der Wahrheitsfindung zu berücksichtigen: „Das Menschliche Geschlecht hat in allen seinen Zeitaltern, nur in jedem auf andre Art, Glückseligkeit zur Summe [...]. Alles im Gesichtspunkt der Menschheit – und hieraus Lehren für Toleranz" (ebd., S. 30 u. 35.).

Herders Kritik an Kant

Für die Seelenlosigkeit der Gegenwart, ihre ‚Austrocknung' auf dürre Regeln macht Herder im *Journal meiner Reise* vor allem Kants Behauptung verantwortlich, auf das Schöne sei angemessen nur mit interesselosem Wohlgefallen zu reagieren. Eine so spröde Bestimmung des Verhältnisses von Kunst und Publikum basiert nach Herder aber nicht allein auf einem Menschenbild, das Aspekte wie das sinnliche Empfinden der Kunst unberücksichtigt lässt. Eine Philosophie, die den Kunstgenuss vor Begeisterungsfähigkeit oder Spontaneität schützt, muss die natürliche Empfindungsart des Menschen zuvor diszipliniert haben. Ihr korrespondiert nach Herder ein hoch differenzierter Kunstbetrieb, der sich auf die Illustration bürgerlicher Sittsamkeit beschränkt.

Entseelte Gegenwart

Aufklärung als Mythos

In seinem ersten klassischen Gedicht *Die Götter Griechenlands* (1788, zweite Fassung 1793) hat Schiller diese Argumentation aufgegriffen und mit Blick auf die „entgötterte Natur" dargelegt, sie diene nur noch „knechtisch dem Gesetz der Schwere". Seit „nur das entseelte Wort" und die Herrschaft des „Verstandes" über die Wirklichkeit regiere, potenziere sich freilich auch die Tragik des modernen Menschen (vgl. SNA 1, S. 290f.): Von Selbsthass gequält, ist er nicht mehr in der Lage, die *„eigenen Mängel"* als einzige *„Hoffnung"* anzunehmen.[2] Mit den Folgen der unbedingten Verstandesherrschaft für das zwischenmenschliche Zusammenleben setzt sich Schiller in seinen *Briefen über Don Karlos* (1788) auseinander. Im elften Brief führt er den Nachweis, die „praktischen Gesetze" für das „moralische Handeln" seien zu einseitig auf ein *„zu erreichendes Ideale von Vortrefflichkeit"* hin ausgelegt worden. Statt Toleranz und Freiheit zu etablieren, forderten sie gleichsam blindwütig die „Vollkommenheit" des sittlichen Menschen. Weshalb sich die Aufklärung auf diese neuerlich selbstverschuldete Unmündigkeit versteifen konnte, begründet Schiller mit dem ironischen Hinweis, nach ihrem Aufstieg zur wissenschaftlichen Leitdisziplin hätten sich die Vertreter der Vernunftlehre prompt als „Ordensstifter" installiert und wachten ebenso unnachgiebig über ihre Wahrheiten und Sittengesetze. Unter solch einer Ägide charakterisiert sich das aufgeklärte Bürgertum durch „Herrschsucht", „Eigendünkel und Stolz". Einer Sekte nicht unähnlich, wächst gleichzeitig – „bei den reinsten Zwecken und bei den edelsten Trieben" – die Intoleranz Andersdenkenden gegenüber. Dazu gesellen sich eine „Willkürlichkeit in der Anwendung" von Gleichheitsrechten und die *„Gewalttätigkeit"* gegen fremde Freiheit" (vgl. SNA 22, S. 171).

1.8 „dem Ideale veredelter Menschheit" – Der Weimarer Musenhof

Atempause der Versöhnung?

Als deutscher Parnass und nationale Gedenkstätte scheint Weimar schon um 1800 der Modernität deutscher Klassik gründlich zu widersprechen. Seit Goethes Anstellung geben sich für die nächsten Jahrzehnte zahllose Künstler, Gelehrte, Politiker im Haus am Frauenplan die Klinke in die Hand, um dem berühmten Dichter ihre Aufwartung zu machen. Zu dieser Stilisierung des Musenhofes haben die in Weimar ansässigen Klassiker freilich selbst schon beigetragen. In seinem Einladungsschreiben zur Mitarbeit an der Zeitschrift *Die Horen* (1795-97) wählt Schiller eine Sprache, mit dem das thüringische Städtchen bis heute als Hort reiner Intellektualität und als weltanschauliches Asyl im bisweilen chaotischen Gang der Geschichte verehrt wird. Geht es darum, Weimars Geistesleben im ausgehenden 18. und beginnenden 19. Jahrhundert gebührend zu würdigen, so ist noch immer gern von einer „Atempause der Versöhnung" die Rede.[3] Doch mit der Bewunderung des Musenhofes wird die politische Realität Weimars zur Zeit Goethes weitgehend ausgeklammert. Wohl aufgrund dieser idealischen Projektion können sich in den nächsten zweihundert Jahren die unterschiedlichsten ideologischen Strömungen mit dem „Modell Weimar" identifizieren.

1.8 | „dem Ideale veredelter Menschheit" – Der Weimarer Musenhof

Den Grundstein für den Weimarer Musenhof legt die Herzogin Anna Amalia. Unter ihrer Regierung nimmt das städtische Kulturleben seit Mitte der 1760er Jahre seinen Aufschwung, denn nach und nach holt Anna Amalia bedeutende Gelehrte, Künstler, Architekten und Schauspieler an ihren Hof, sichert sie mit Ämtern finanziell ab und fordert von ihnen im Gegenzug, Weimar zu einem intellektuellen Zentrum auszubauen. Zu den ersten literarisch Prominenten der Zeit, die in Weimar eine Anstellung finden, gehört Christoph Martin Wieland, der 1772 zum Prinzenerzieher berufen wird. Zwei Jahre später gewinnt man mit Karl Ludwig von Knebel einen weiteren renommierten Gelehrten, der sich mit Übersetzungen antiker Dichtungen und als Herausgeber des Göttinger Musenalmanachs bereits einen Namen gemacht hatte und nun die humanistische Bildung des Prinzen Karl August übernimmt. Mit der Anstellung beider Männer verbindet sich auch die Hoffnung, den Weg Weimars in ein aufgeklärt-liberales Staatssystem zu ebnen.

Anna Amalia

Nach der Amtsübernahme setzt Karl August als Herzog von Sachsen-Weimar die Bemühungen seiner Mutter fort und holt 1775 mit Goethe einen Dichter an den Hof, dessen Briefroman *Die Leiden des jungen Werthers* ein Jahr zuvor erschienen war und in Europa eine „Werthermania" ausgelöst hatte. Obwohl Goethe zunächst nur besuchsweise im November nach Weimar reist und in den nächsten Monaten mit dem jungen Herzog nicht nur in Sachsens Wäldern auf die Jagd geht, sind seine Ratschläge in Staatsangelegenheiten schon bald gefragt. Noch bevor er selbst ein öffentliches Amt in Weimar bekleidet, verschafft Goethe dann 1776 Herder die Stelle des Generalsuperintendenten. Kurz darauf, im Juni des Jahres wird Goethe zum Geheimen Legationsrat ernannt und Mitglied des Geheimen Konsiliums, dem engsten Beraterstab des Herzogs. Fortan übernimmt er zahlreiche weitere Ämter, so die Oberaufsicht über das Ilmenauer Bergwerk, ferner die Posten des Direktors der Kriegskommission und des Wegebaus. Als Leiter des Schauspielhauses inszeniert Goethe ab 1778 eigene und fremde Bühnenwerke, ferner vermittelt er für sechs Jahre der Schauspieltruppe von Joseph Bellomo eine Festanstellung, so dass jetzt drei wöchentliche Aufführungen den Hof unterhalten.

Goethe

1787 kommt Schiller das erste Mal nach Weimar, um Goethe kennenzulernen. Da dieser sich aber noch auf der Rückreise aus Italien befindet, wartet Schiller zehn Monate vergebens, knüpft in dieser Zeit aber Beziehungen zu Herder und Wieland. 1789 wird er zum Professor der Geschichte an die Universität Jena berufen, wohin er im gleichen Jahr übersiedelt. Weiterhin schwierig gestalten sich dagegen die Versuche, mit Goethe in einen engeren Kontakt zu treten. Vor allem seine Amtsgeschäfte (darunter die Teilnahme am Feldzug gegen Frankreich und der Belagerung von Mainz), aber auch eine gewisse Zurückhaltung seitens Goethes belassen den bis 1794 gepflegten Briefwechsel im Unverbindlichen. Berühmt geworden ist dann der sogenannte „Geburtstagsbrief" vom 23. August 1794, in dem Schiller seine Bewunderung für den „nordischen Künstler" offen zum Ausdruck bringt und ihn ermuntert, auf „einem rationalen Wege ein Griechenland" wiederzugebären (SNA 27, S. 26).

Schiller

> **Merksatz**
>
> Der Weimarer Musenhof und die zehnjährige Freundschaft Goethes und Schillers gelten als Vorbild intellektuellen Austauschs, zeitloser Humanität und apolitischer Größe. Mit dieser Hochschätzung konnte sich vom Kaiserreich bis zur Weimarer Republik, vom Nationalsozialismus bis zum SED-Staat bislang jede politische Fraktion arrangieren.

Die Horen   Gemeinsam mit der Einladung, an den *Horen* mitzuarbeiten, und der Ankündigung der Zeitschrift am 10. Dezember 1794 in der *Allgemeinen Literatur-Zeitung* wird der Geburtstagsbrief heute „als Magna Charta der deutschen Klassik angesehen". Erstmals proklamiert Schiller eine „ästhetische Erziehung des Menschen durch eine autonom gedachte Poesie"[4] (s. Arbeitstext III) und fordert die späteren Beiträger auf, sich nicht länger in den „Kampf politischer Meinungen und Interessen" zu verstricken. Ob Schiller damit die Ästhetik einer banalen Alltagswelt enthebt, darf allerdings bezweifelt werden. Zwar lädt Schiller Leser und Autoren „zu einer Unterhaltung von ganz entgegengesetzter Art" ein. Aber die Ermunterung, „sich alle Beziehungen auf den *jetzigen* Weltlauf und auf die *nächsten* Erwartungen der Menschhei" zu verbieten, darf nicht übersehen lassen, dass im gleichen Atemzug sehr genau ausgeführt wird, wovon sich die *Horen* distanzieren sollen: „Staatsreligion", das „nahe Geräusch des Kriegs" sowie der „Dämon der Staatskritik" sollen ausgespart werden, weil sie dem „Ideale veredelter Menschheit" widersprechen (SNA 22, S. 103 u. 106). Moderne Themen wie die Aufklärungskritik, das Subjekt oder die Schaffung einer zumindest kulturellen Identität – und das sind in Deutschland um 1800 noch eminent tagesaktuelle Fragestellungen – werden hingegen nicht ausgeschlossen und bestimmen fortan die klassische Literatur.

Kunst oder Wahrheit?   Mit seinen Ermahnungen, dessen war sich Schiller bewusst, würde er eine langlebige Debatte über das Verhältnis von Kunst und Politik in Gang setzen, die letztlich nicht über die Darlegung weltanschaulicher Positionen hinauskommt. Denn ob der Verzicht auf politische Stellungnahmen nicht doch politischer Natur sein kann, oder ob das Schweigen so viel bewirkt wie Literatur, die sich offen für oder gegen Staatsreligionen oder Staatskritiken ausspricht, dies zu entscheiden, hängt von den Ansprüchen ab, die an Dichtung herangetragen werden. Wer daher gelten lässt, das die Zuschauer den Tyrannenmord im *Wilhelm Tell* selbstverständlich als historisch verbrämte Anspielung auf die Freiheitsrechte des Menschen auch in politischen Extremsituationen wahrgenommen haben, rezipiert die Klassik als Zeugnis jener existentiellen Widersprüche, die sich insbesondere in einer blutigen Gegenwart mehren. Die „wahre Verbesserung des gesellschaftlichen Zustandes" gibt es eben auch aus radikal moderner Perspektive nicht (SNA 22, S. 107). Für sie schwärmt nur der Klassizist, dem mit Blick auf den Weimarer Musenhof entgeht, mit wie viel Unbedingtheit Wahrheiten, Humanität und höhere Ordnung im Lauf der Geschichte eingefordert wurden und einander abwechselten.

1.8 | „dem Ideale veredelter Menschheit" – Der Weimarer Musenhof

Zusammenfassung

Lange Zeit wurde mit dem Begriff „deutsche Klassik" eine nationale ästhetische Norm festgeschrieben, an deren Unerreichbarkeit sich nachfolgende Dichtergenerationen messen lassen mussten. Zuschreibungen, denen zufolge die Klassik einem hohen Bildungsideal und der Veredelung der Menschheit vorarbeitet, sind Ergebnis einer klassizistisch enggeführten Verehrung der zwischen 1789 und 1815 vor allem in Weimar ansässigen Autoren. Als Epochenbegriff reduziert sich die deutsche Klassik traditionell auf das so genannte klassische Jahrzehnt der Dichterfreundschaft zwischen Goethe und Schiller. Doch auch solch eine bedingungslose Hochschätzung, die ihren Anfang im 19. Jahrhundert nimmt, bleibt nicht frei von Widersprüchen: Einerseits sollte sie sich politisch als verdächtig anbiederungsfähig erweisen; andererseits lässt ein so andächtiger Fokus übersehen, dass um 1800 nicht nur von den Klassikern künstlerische oder weltanschauliche Impulse ausgehen.

In Abgrenzung von diesen ideologisch und national gefärbten Lesarten setzt sich allmählich eine wertfreiere Betrachtungsweise durch. Ihr zufolge gehört die Klassik neben angrenzenden literarischen Strömungen in den Kontext der Aufklärung und einer sich davon abgrenzenden Moderne. Unter Moderne wird dabei ein aufklärungskritischer Diskurs verstanden, der sich von einer mythisch gewordenen Vernunftphilosophie ebenso distanziert wie vom logischen Bestimmtheitsdenken und einem rationalistischen Weltmodell. Trotz dieser Vorbehalte all jenen Setzungen und Urteilskategorien gegenüber, die zur Unmündigkeit des sich emanzipierenden Menschen beitragen, radikalisiert die deutsche Klassik die Forderung nach dem ästhetischen Subjekt und rückt dessen Kontingenzerfahrungen in den Mittelpunkt. Auf diese Weise versucht sie aufklärerisch wieder einzulösen, wovon die Aufklärung ursprünglich ausgegangen war: die Emanzipation jedes einzelnen Menschen zur Freiheit in der Vernunft.

Literatur

Grimm, Reinhold u. Hermand, Jost (Hg.), *Die Klassiklegende*, Frankfurt am Main, 1971.

Burger, Heinz Otto (Hg.), *Begriffsbestimmungen der Klassik und des Klassischen*, Darmstadt, 1972.

Szondi, Peter, „Poetik und Geschichtsphilosophie", in: ders., *Studienausgabe der Vorlesungen in fünf Bänden*, hg. v. Jean Bollack u. a., Frankfurt am Main, 1974ff., Bd. 1 u. 2.

Conrady, Karl Otto, „Anmerkungen zum Konzept der Klassik", in: ders., *Deutsche Literatur zur Zeit der Klassik*, Stuttgart, 1977, S. 7 – 29.

Borchmeyer, Dieter, *Die Weimarer Klassik. Eine Einführung*, 2 Bde., Königstein, 1980.

Blumenberg, Hans, *Die Genesis der kopernikanischen Welt*, 3 Bde., Frankfurt am Main, 1981.

Müller-Seidel, Walter, *Die Geschichtlichkeit der deutschen Klassik. Literatur und Denkformen um 1800*, Stuttgart, 1983.

Schulz, Gerhard, *Die deutsche Literatur zwischen Französischer Revolution und Restauration*, 2 Bde., München, 1983 (= Geschichte der deutschen Literatur von den Anfängen bis zur Gegenwart. Band 7).

Wellmer, Albrecht, *Zur Dialektik von Moderne und Postmoderne. Vernunftkritik nach Adorno*, Frankfurt am Main, 1985.

Ueding, Gerd, *Klassik und Romantik. Deutsche Literatur im Zeitalter der Französischen Revolution 1789 – 1815*, 2 Bde., München u. Wien, 1988 (= Hansers Sozialgeschichte der deutschen Literatur. Band 4).

Lange, Victor, *„Weimarer Klassik". Epochenbezeichnung oder originäre Denkform?*, in: Schiller-Jahrbuch 32 (1988), S. 349 – 357.

Simm, Hans-Joachim (Hg.), *Literarische Klassik*, Frankfurt am Main, 1988.

Gamm, Gerhard, *Flucht aus der Kategorie. Die Positivierung des Unbestimmten als Ausgang aus der Moderne*, Frankfurt am Main, 1994.

Cassirer, Ernst, *Die Philosophie der Aufklärung*, Hamburg, 1998.

Koopmann, Ernst (Hg.), *Schiller-Handbuch*, Stuttgart, 1998.

Oellers, Norbert u. Steegers, Robert, *Treffpunkt Weimar. Literatur und Leben zur Zeit Goethes*, Stuttgart, 1999.

Alt, Peter-André, *Aufklärung*. 2. durchges. Aufl., Stuttgart, 2001.

Kreuzer, Johann (Hg.), *Hölderlin-Handbuch. Leben – Werk – Wirkung*, Stuttgart u. Weimar, 2002.

Schulz, Gerhard u. Doering, Sabine, *Klassik. Geschichte und Begriff*, München, 2003.

Witte, Bernd u.a. (Hg.), *Goethe-Handbuch*, 6 Bde., Stuttgart, 2004.

Luserke-Jaqui, Matthias (Hg.), *Schiller-Handbuch. Epoche – Werk – Wirkung*, Stuttgart, 2005.

Selbmann, Rolf (Hg.), *Deutsche Klassik. Epoche – Autoren – Werke*, Darmstadt, 2005.

Fragen

1. Worin unterscheidet sich der Begriff ‚Klassik' von dem des ‚Klassizismus'?
2. Was ist unter Moderne zu verstehen? In welchem Verhältnis steht sie zur Aufklärung?
3. Welche Gründe sprechen dafür, sich mit der deutschen Klassik im Kontext der Moderne zu beschäftigen?
4. Was unterscheidet die deutsche Klassik von verwandten literarischen Strömungen der Moderne?
5. Was ist unter ‚Veredelung' der Menschheit zu verstehen?

Arbeitsaufgaben

Arbeitstext I

> aus: Johann Wolfgang Goethe: *Wilhelm Meisters Lehrjahre* (1795/96)
> Es muß also in dem Begriff des Menschen kein Widerspruch mit dem Begriff der Gottheit liegen, und wenn wir auch oft eine gewisse Unähnlichkeit und Entfernung von ihr empfinden, so ist es doch um desto mehr unsere Schuldigkeit, nicht immer wie der Advokat des bösen Geistes nur auf die Blößen und Schwächen unserer Natur zu sehen, sondern eher alle Vollkommenheiten aufzusuchen, wodurch wir die Ansprüche unsrer Gottähnlichkeit bestätigen können. [...] Des Menschen größtes Verdienst bleibt wohl, wenn er die Umstände soviel als

möglich bestimmt und sich so wenig als möglich von ihnen bestimmen läßt. Das ganze Weltwesen liegt vor uns wie ein großer Steinbruch vor dem Baumeister, der nur dann den Namen verdient, wenn er aus diesen zufälligen Naturmassen ein in seinem Geiste entsprungenes Urbild mit der größten Ökonomie, Zweckmäßigkeit und Festigkeit zusammen stellt. Alles außer uns ist nur Element, ja ich darf wohl sagen, auch alles an uns; aber tief in uns liegt diese schöpferische Kraft, die das zu erschaffen vermag, was sein soll [...]. Sie, liebe Nichte, [...] haben Ihr sittliches Wesen, Ihre tiefe liebevolle Natur mit sich selbst und mit dem höchsten Wesen übereinstimmend zu machen gesucht, indes wir andern wohl auch nicht zu tadeln sind, wenn wir den sinnlichen Menschen in seinem Umfange zu kennen und tätig in Einheit zu bringen suchen. (GFA I 9, S. 776f.)

Aufgabe:

Das Gespräch aus *Wilhelm Meisters Lehrjahre* führt der Oheim mit seiner Nichte, der schönen Seele. Dabei prallen zwei verschiedene Weltansichten aufeinander: die eine könnte als die klassische, die andere als eine aufgeklärt-sittliche bezeichnet werden. Warum erweist sich die klassische Sicht als dem Gott im Menschen würdiger als der strenge Dogmatismus einer „schönen Seele"? Was könnte den Oheim bewogen haben, sich nicht nur mit den „Schwächen" der Menschen aufzuhalten?

Arbeitstext II

aus: Friedrich Schiller: *Über Bürgers Gedichte* (1791)
Bei der Vereinzelung und getrennten Wirksamkeit unsrer Geisteskräfte, die der erweiterte Kreis des Wissens und die Absonderung der Berufsgeschäfte notwendig macht, ist es die Dichtkunst beinahe allein, welche die getrennten Kräfte der Seele wieder in Vereinigung bringt, welche Kopf und Herz, Scharfsinn und Witz, Vernunft und Einbildungskraft in harmonischem Bunde beschäftigt, welche gleichsam den *ganzen Menschen* in uns wieder herstellt. Sie allein kann das Schicksal abwenden, das traurigste, das dem philosophierenden Verstande widerfahren kann, über dem Fleiß des Forschens den Preis seiner Anstrengungen zu verlieren und in einer abgezognen Vernunftwelt für die Freuden der wirklichen zu ersterben. [...] Dazu aber würde erfodert, daß sie selbst [die Dichtung, stg.] mit dem Zeitalter fortschritte, dem sie diesen wichtigen Dienst leisten soll; daß sie sich alle Vorzüge und Erwerbungen desselben zu eigen machte. Was Erfahrung und Vernunft an Schätzen für die Menschheit aufhäuften, müßte Leben und Fruchtbarkeit gewinnen und in Anmut sich kleiden in ihrer schöpferischen Hand. Die Sitten, den Charakter, die ganze Weisheit ihrer Zeit müßte sie, geläutert und veredelt, in ihrem Spiegel sammeln (SNA 22, S. 245f.).

Aufgabe:

Programmatisch fasst Schiller die Gründe zusammen, die für eine literarische Beschäftigung moderner Stoffe sprechen. Welche Aufgabe trägt er der Literatur an und warum kann die Philosophie nichts zur Verwirklichung des „ganzen Menschen" beitragen?

Arbeitstext III

aus: Schillers Brief an Goethe vom 23. August 1794
Sie suchen das Nothwendige der Natur, aber Sie suchen es auf dem schweresten Wege, vor welchem jede schwächere Kraft sich wohl hüten wird. Sie nehmen die ganze Natur zusammen, um über das Einzelne Licht zu bekommen, in der Allheit ihrer Erscheinungsarten suchen Sie den Erklärungsgrund für das Individuum auf. [...] Wären Sie als ein Grieche, ja nur als ein Italiener gebohren worden, und hätte schon von der Wiege an eine auserlesene Natur und eine idealisierende Kunst Sie umgeben, so wäre Ihr Weg unendlich verkürzt, vielleicht ganz überflüßig gemacht worden. Schon in die erste Anschauung der Dinge hätten Sie dann die Form des Nothwendigen aufgenommen, und mit Ihren ersten Erfahrungen hätte sich der große Styl in Ihnen entwickelt. Nun da Sie ein Deutscher gebohren sind, da Ihr griechischer Geist in diese nordische Schöpfung geworfen wurde, so blieb Ihnen keine andere Wahl, als entweder selbst zum nordischen Künstler zu werden, oder Ihrer Imagination das, was ihr die Wirklichkeit vorenthielt, durch Nachhülfe der Denkkraft zu ersetzen, und so gleichsam von innen heraus und auf einem rationalen Wege ein Griechenland zu gebären. [...] Jetzt mußten Sie die alte, Ihrer Einbildungskraft schon aufgedrungene schlechtere Natur nach dem beßeren Muster, das Ihr bildender Geist sich erschuf, corrigieren, und das kann nun freilich nicht anders als nach leitenden Begriffen von Statten gehen. (SNA 27, S. 25f.)

Aufgabe:

Schiller anerkennt in seinem Brief, dass Goethe sich als Genie nicht nur auf die Schönheitsideale der Antike beruft. Was könnte der nordischen Natur im Unterschied zur griechischen fehlen, um die Erfahrung des heranwachsenden Dichters positiv zu prägen? Und wie ist es Goethe gelungen, sich von diesen negativen Erlebnissen zu distanzieren?

Soziokulturelle, politische und mediale Voraussetzungen 2

2.1 Deutschland 1789 – 1815
2.2 Zeitungswesen und Buchmarkt
2.2.1 Wochenschriften und Zeitungen
2.2.2 Buchmarkt
2.2.3 Literarische Salons, Lesegesellschaften und Leihbibliotheken
2.3 Theater, Museen und frühe Unterhaltungsmedien
2.3.1 Theater
2.3.2 Museen
2.3.3 Frühe Unterhaltungsmedien

Abb. 2: Georg Melchior Kraus: Abendgesellschaft der Herzogin Anna Amalia (um 1795)

Zwei Ereignisse – die Unabhängigkeitserklärung der Vereinigten Staaten von Amerika am 4. Juli 1776 und die Abschaffung der absoluten Monarchie im Verlauf der Französischen Revolution – verändern das politische Bewusstsein im Europa des ausgehenden 18. Jahrhunderts. Wenn auch nur unter erbitterten Kämpfen werden in Nordamerika und Frankreich die ersten demokratischen Staatssysteme auf der Grundlage moderner Menschenrechte errichtet. Nicht mehr die soziale Herkunft soll in Zukunft darüber entscheiden, wem die Macht gebührt. Durch die Einführung eines freien Wahlrechts sollen vielmehr alle Stände an der politischen Mitsprache beteiligt werden. Da die Grundrechte beider Demokratien die Freiheit und Gleichheit aller Menschen festschreiben, werden die Bürger vor staatlichen Übergriffen geschützt und dürfen in Öffentlichkeit oder Presse frei ihre Meinung äußern. Eine von der Regierung unabhängige Rechtsprechung sorgt dafür, dass alle Bürger auch vor dem Gesetz gleich behandelt werden. Ferner garantiert die Verfassung Gewerbefreiheit, freie Berufswahl und ein allgemeingültiges Steuerrecht. Damit werden erstmals politische Forderungen umgesetzt, wie sie die Aufklärung bereits seit Jahrzehnten erhebt.

Über das Interesse, mit dem die Menschen im weiterhin meist absolutistisch regierten Europa diese historischen Umwälzungen verfolgen, kann man sich heute nur noch ein eher unscharfes Bild machen. Intellektuelle, Journalisten und Gelehrte reisen scharenweise nach Paris, um sich vor Ort über den Fortschritt der Revolution zu informieren. Zeitgleich entstehen in vielen europäischen Städten mehr oder minder konspirative Jakobinerzirkel, in denen revolutionäre Umsturzpläne und die tagespolitischen Meldungen aus dem Nachbarland diskutiert werden. In Flugblättern und revolutionären Streitschriften wirbt man um die politische Mitwirkung der Bevölkerung. Wie engagiert sich angesehene Gelehrte und Literaten an der öffentlichen Diskussion beteiligen, zeigt das Beispiel Wielands, in dessen *Teutschem Merkur* anfänglich Aufsätze erscheinen, in denen die Pariser Ereignisse begrüßt und gegen reaktionäre Einwände verteidigt werden (s. Arbeitstext I).

Mainzer Republik Die Situation verschärft sich, als 1793 unter dem Schutz der französischen Revolutionstruppen in Mainz die erste demokratische Republik in Deutschland ausgerufen wird und öffentliche Umfragen deutlich machen, dass zwei Drittel der deutschen Bevölkerung eine Staatsordnung nach französischem Vorbild befürworten (s. Arbeitstext II). Als die deutschen Koalitionstruppen unter preußischer Führung die Gegenden um Mainz und schließlich die Stadt einnehmen, beginnt die Hatz auf alle ‚klubistischen' Umtriebe. Berufs- und Redeverbote sowie die Verfolgung und Misshandlung deutscher Jakobiner durch staatliche Behörden gehören zu den drakonischen Maßnahmen, mit denen die weitere Verbreitung revolutionären Gedankenguts erschwert wird.

Terreur Doch auch ohne drakonische Maßnahmen sinkt hierzulande die öffentliche Teilnahme an der Revolution. Als die Revolutionäre nach der Hinrichtung Ludwig XVI. im Januar 1793 den ‚Krieg gegen die Feinde der Freiheit' ausrufen und unter Robespierre alle antirevolutionären Bestrebungen systematisch verfolgen, beginnen blutige Säuberungswellen, die als Terreur bezeichnet werden und in Deutschland eine heftige Diskussion über die Frage auslösen, inwieweit die Dezimierung politischer Gegner im Geiste der Freiheit zulässig ist. So begrüßt Schiller, der 1792 zum Bürger der französischen Republik ernannt worden war, in einem Brief vom 13. Juli 1793 (s. Arbeitstext II) einerseits den Mut, sich für die „heiligen Menschenrechte einzusetzen" (SNA 26, S. 262). Andererseits zeigt er sich darüber enttäuscht, mit welcher Blindwütigkeit inzwischen Menschlichkeit und Gleichheit erkämpft werden. Auch Immanuel Kant, der die Revolution zunächst als rechtmäßiges Mittel zur Abschaffung von Unrechtsverhältnissen akzeptiert hatte, erwähnt den gewaltsamen Umsturz in seiner 1794 veröffentlichten Abhandlung *Der Streit der Fakultäten* nur noch als Experiment innerhalb der zum Besseren fortschreitenden Menschheitsgeschichte.

Napoleon

Mit dem Ausbruch der Pariser Terrorherrschaft schwindet allmählich auch die Hoffnung, französische Revolutionsarmeen würden Europa langfristig vom Joch des Feudalismus befreien. Zwar wird unter Napoleon 1796 Italien von den Österreichern befreit und aus vielen kleineren Monarchien entstehen größere Republiken nach französischem Vorbild. Ferner gründet Napoleon 1806 aus ihm ergebenen deutschen Staaten den Rheinbund mit ebenfalls moderner Verfassung. Doch als sich der Feldherr durch den Staatsstreich vom 18. Brumaire VIII (9. November 1799) zum ersten Konsul der Republik ernennt, ist das Ende der Revolution besiegelt. Zahlreiche Kriege erschüttern in den nächsten Jahren Europa, bis Napoleon nach Siegen über Österreich, Russland und Großbritannien schließlich 1815 von den Koalitionsstaaten bei Waterloo geschlagen wird.

Merksatz

Von zahlreichen Menschen in ganz Europa euphorisch begrüßt, endet die Französische Revolution in Terror und Krieg. Der Wiener Kongress regelt 1815 die politische Neuordnung Europas, lässt das alte Feudalsystem jedoch weitgehend unangetastet.

Befreiungskriege

Die Unterwerfung Preußens im Jahre 1806 verändert auch das politische Klima in Deutschland: Da die Niederlagen, die Napoleon auf dem Durchmarsch nach Moskau den Preußen beibringt, als Schmach empfunden werden, wächst nach 1807 auch in der führenden Bildungsschicht die Bereitschaft zur patriotischen Befreiung des Landes. Beredtes Zeugnis dafür legt der Berliner Aufklärungsphilosoph Johann Gottlieb Fichte ab. In Reden und Predigten wendet er sich an die noch immer territorial zersplitterte Nation und macht ihre politische Einheit von einem Sieg über die französischen Truppen abhängig. Auch prominente Dichter wie Joseph von Eichendorff oder Friedrich de la Motte Fouqué melden sich als Kriegsfreiwillige, treten Freischärlerkorps bei und kämpfen auf Seiten der europäischen Koalitionspartner gegen Napoleon.

Wiener Kongress

Mit dem Wiener Kongress beginnt eine restaurative Epoche. Unter der Leitung des Fürsten von Metternich bemühen sich die Vertreter von zweihundert europäischen Ländern vom Spetember 1814 bis zum Juni 1815 um die Neugliederung des Kontinents nach dem Prinzip der rechtmäßigen Staatsgewalt. Die alten Herrschaftsstrukturen bleiben jedoch prinzipiell unangetastet. So verringert sich in Deutschland zwar die Zahl der Territorialstaaten erheblich, außerdem schließen sich die verbleibenden Mächte zum Deutschen Bund zusammen. Doch werden nationale, liberale und demokratische Bestrebungen in den nächsten Jahren massiv unterdrückt. Mit der so genannten kleindeutschen Lösung, die sich bereits 1806 andeutet, als der letzte deutsche Kaiser, Franz II, als Herrscher über das Heilige Römische Reich Deutscher Nation zurücktritt, konstituieren sich die beiden mächtigsten deutschen Reiche, Österreich und Preußen, als unabhängige Nationen. Zum Zwecke der neuen mitteleuropäischen Sicherheitspolitik schließen sich beide auf dem Wiener Kongress einer Heiligen Allianz mit Russland an. Innenpolitisch sollen jetzt Reformen im Bildungswesen die Missstände vor allem in den niederen Schichten beheben und den Anschluss der deutschen Staaten an die Industrialisierung sichern.

2.1 Deutschland 1789 – 1815

Kleinstaaterei

Am Ende des 18. Jahrhunderts ist Deutschland in mehr als dreihundert Staaten, kleinere Fürstentümer, freie Rittergüter und unabhängige Reichsstädte zersplittert. Weder gibt es eine einheitliche Sprache oder Kultur, noch entwickelt sich der lose Staatenverbund, der unter dem Namen Heiliges Römisches Reich Deutscher Nation seit dem 10. Jahrhundert die Untertanen vor Willkür und Obrigkeit schützen soll, zu einem geeinten Rechtsstaat moderner Prägung. Zu eigenwillig betreiben die zahlreichen Duodezfürsten ihre eigene Interessenpolitik. Innerstaatlich geht sie zu Lasten des dritten Standes, der mittels hoher Abgaben und Steuern das meist kostspielige Leben seiner Potentaten finanzieren muss. Zahlreiche Zollschranken, die ebenfalls zur Finanzierung des Hoflebens errichtet werden, erschweren den zwischenstaatlichen Handel. Über dieses absolutistische Herrschaftssystem hält Immanuel Kant noch am Ende des 18. Jahrhunderts fest, die regierenden Fürsten betrachteten „die Untertanen als unmündige Kinder, die nicht unterscheiden können, was ihnen wahrhaftig nützlich oder schädlich ist, sich bloß passiv zu verhalten genötigt sind, um, wie sie glücklich sein *sollen*, bloß von dem Urteile des Staatsoberhaupts, und, daß dieser es auch wolle, bloß von seiner Gütigkeit zu erwarten."[5]

Aufgeklärter Absolutismus

Dass diese Einschätzung keineswegs die sozialen Verhältnisse überzeichnet, daran ändert auch der aufgeklärte Absolutismus des preußischen Königs Friedrich II wenig. Obwohl er das Wirtschafts- und Bildungswesen verbessert, leben Ende des Jahrhunderts noch 80% der Bevölkerung in großer Armut und sind des Lesens und Schreibens unfähig. Nur 10% besuchen gelehrte Schulen. Um aber später an einer Universität studieren zu können, benötigen junge Menschen vermögende Gönner, die frühzeitig das Talent ihrer Schützlinge erkennen und bereit sind, eine akademische Karriere zu fördern. Solche Chancen eröffnen sich allerdings nur Männern. Noch lange auf ihre traditionellen Aufgabenbereiche verpflichtet, bleibt die Mehrheit der Frauen bis weit ins 19. Jahrhundert hinein vom Recht auf Bildung ausgeschlossen.

Merksatz

Im ausgehenden 18. Jahrhundert setzt sich Deutschland aus mehr als dreihundert, meist absolutistisch regierten Staatsgebilden zusammen. Um das absolutistische Herrschaftssystem zu finanzieren, muss der dritte Stand hohe Abgaben leisten. Kaum 10% der Bevölkerung sind des Lesens und Schreibens fähig.

Angesichts dieser politischen, wirtschaftlichen und kulturellen Schranken entwickelt sich das öffentliche Leben nur mühsam. Sowohl in den unteren als auch in den mittleren bürgerlichen Schichten gelten oft noch mittelalterliche Zunft- und Ständegesetze, die eine freie Berufswahl verbieten. Gebildete Bürger, die ebenfalls dem dritten Stand angehören, stehen als Theologen, Mediziner, Lehrer oder Juristen dagegen meist in direkter Abhängigkeit von den herrschenden Kreisen. Reiche bürgerliche Kaufleute gibt es erst, seit sich die territorialstaatliche Politik dem Merkantilismus öffnet, um Außenhandel und Industrialisierung in Schwung zu bringen.

Der dritte Stand

Die politische Konsolidierung des Bürgertums vollzieht sich entsprechend langsam, zumal zwischen den einzelnen deutschen Staaten erhebliche wirtschafts- und bildungspolitische Unterschiede herrschen. Vor diesem Hintergrund müssen beispielsweise Klopstocks Bemühungen um eine länderübergreifende ‚Gelehrtenrepublik' gesehen werden – einer Art intellektuellem Idealstaat jenseits der drückenden Verhältnisse, in dem man sich mit Hilfe von Büchern und Zeitschriften austauscht oder sich im hofunabhängigen Theater zur ‚Ruhe im Leiden' (s. Kap. 4) erziehen lässt. Aufgrund der mangelnden Bildung in weiten Bevölkerungskreisen können solche Entwürfe freilich nur mühsam die Resignation über die Einsicht kaschieren, dass es vielerorts nur einigen Pastoren oder Lehrern möglich ist, die Menschen mit den Ideen der Aufklärung vertraut zu machen.

Gelehrtenrepublik

2.2 Zeitungswesen und Buchmarkt

In der Literaturgeschichte wird die Entstehung eines modernen Buch- und Zeitungswesens meist mit der Französischen Revolution in Zusammenhang gebracht. Diese Initialwirkung scheint plausibel, wenn man sich vergegenwärtigt, dass die sich überschlagenden Ereignisse im Nachbarland mit großem Interesse verfolgt werden und die Zeitungen jetzt täglich aus Paris berichten. Zu der wachsenden Zahl an Zeitungsneugründungen kommen politische Kampfschriften und Flugblätter, in denen sich unterschiedliche bürgerliche Interessenvertretungen engagieren. Gleichwohl sollte der politische Impuls nicht mit mediengeschichtlichen Kommunikationsprozessen verwechselt werden: Schon weit früher im 18. Jahrhundert gehören Zeitung und Buch zu den wichtigsten Verständigungsmedien des noch heterogenen Bürgertums.

Zu den Vorläufern der Tages- und Wochenzeitungen gehören Intelligenzblätter und moralische Wochenschriften nach britischem Vorbild. In der Frühphase des aufstrebenden Bürgertums wenden sie sich zunächst an eine kleine Adressatengruppe, ermöglichen aber als ‚Netzwerk' den Informationsfluss über die vielen Staatsgrenzen hinweg. Gleichzeitig sichern sie zwischen den Lesern einen regen Gedankenaustausch. Auf diesem Fundament baut der Buch- und Zeitungsmarkt auf, als sich das Bürgertum gegen Ende des Jahrhunderts als Führungsschicht zu positionieren beginnt und mit der innersozialen Ausdifferenzierung neue Lesergruppen hervorbringt. Jean Pauls Bemerkung in den *Dämmerungen für Deutschland* (1809), erst gegen Ende des 18. Jahrhunderts habe sich der Einfluss des Buchdrucks auf den Fortschritt gezeigt, fasst diese Entwicklung konzis zusammen: Verlagsneugründungen und ein sich spezialisierender Buchmarkt reagieren jetzt verstärkt auf die unterschiedlichen Bildungsniveaus und Lesevorlieben des Bürgertums und versuchen zugleich, dessen soziokulturellen und politischen Zusammenschluss zu fördern.

2.2.1 Wochenschriften und Zeitungen

Wochenschriften

Die deutschsprachigen Wochenschriften des ersten Jahrhundertdrittels signalisieren bereits mit ihren Titeln (*Der Biedermann, Der Weltbürger*), dass sie als Organ der Aufklärung konzipiert sind und sich um eine sittlich-lehrhafte Volksbildung bemühen. Erbauliche und belehrende Geschichten, Fabeln, Briefe oder Satiren sollen eine enge Leserbindung erzielen, wobei der Aspekt abwechslungsreicher Unterhaltung durchaus schon eine wichtige Rolle spielt. In dieser Tradition stehen auch noch die Wochenschriften des letzten Jahrhundertdrittels, die sich allerdings an ein breiteres Publikum wenden. Thematische Schwerpunkte sind Bildungs- und Erziehungsfragen. Ihr jeweiliger literarischer Zuschnitt lässt den Adressatenkreis deutlich erkennen: So wendet sich die von 1771 an erscheinende *Wochenschrift zum Besten der Erziehung und Jugend* an ein jüngeres Publikum aus besser gestellten Kreisen, wohingegen Sophie von La Roches 1783 erstmals erscheinende *Pomona für Teuschtlands Töchter* gebildete weibliche Leserinnen erreichen will. In den letzten Jahrzehnten des 18. Jahrhunderts gesellen sich zu den Wochenschriften sogenannte ‚Not- und Hülfsbüchlein' oder Kalender, die für verschiedene Berufsgruppen (Handwerker, Bauern) gedacht sind. Sowohl vom Aufbau her als auch mit Rücksicht auf den unterschiedlich strukturierten Tages- und Jahreszeitenablauf genießen die handwerklichen Ratschläge, die religiösen Sprüche und unterhaltsam belehrenden Geschichten hohe Popularität. Rudolph Zacharias Beckers *Noth- und Hülfsbüchlein für Bauersleute* (1788) und Johann Peter Hebels für den *Rheinländischen Hausfreund* zwischen 1803 und 1811 verfassten *Kalendergeschichten* (s. Kap. 7) oder seine *Biblischen Geschichten. Für die Jugend bearbeitet* (1824) stehen der deutschen Klassik nahe und vermitteln deren ästhetisches Ideengut bisweilen sogar in Dialektform einer regional begrenzten Leserschaft.

> **Merksatz**
> Ihre Beliebtheit verdanken die moralischen Wochenschriften und Kalendergeschichten der Mischung aus konkreten Ratschlägen, unterhaltsamen Geschichten und Kalendern, die auf den Arbeitsrhythmus der Adressaten zugeschnitten sind.

Für das 18. Jahrhundert sind mehr als viertausend moralische Wochenschriften belegt, die das aufgeklärte Bildungsgut nach dem Prinzip der Streuung verbreiten. Dass sie stets von mehreren Lesern bzw. Zuhörern rezipiert werden und demgemäß ein größeres Publikum erreichen, dokumentieren die Klagen über eine immer weiter verbreitete ‚Lesewut'. Hinter solchen Bedenken versteckt sich der Verdacht, übermäßiges Lesen isoliere den Rezipienten. Immerhin setzt ein genaues und gründliches Lesen ja Zeit und Muße voraus, wohingegen das Bürgertum auf dem politischen Modell des geselligen Austauschs und kritischen Räsonnements aufbaut. Trotz solcher Widersprüche und Einwände verändert sich das Leseverhalten im Verlauf des 18. Jahrhunderts. Aus intensiven Lesern entwickeln sich extensive, die ‚massenhaft' rezipieren und gleichzeitig immer speziellere Leseinteressen ausbilden. Viele Autoren verlegen sich daher auf Frauen-, Kinder- oder Abenteuerliteratur, um mit solch absatzorientierten Werken ihr finanzielles Auskommen zu sichern. Zeitgenössische Sittenwächter begründen ihre Vorbehalte solchen Kommerzialisierungen gegenüber mit dem Hinweis, Frauen, Kinder oder ländliche Leser verfügten über eine zu unkritische Lebenserfahrung, um sich der konsumistischen Attacken auf Moral und Anstand zu erwehren. In seiner bis heute bekannten Abhandlung *Über den Umgang mit Menschen* (1788) hat Adolph Freiherr Knigge in diesen öffentlichen Streit eingegriffen. Um Vermittlung bemüht, führt er über „die Schriftstellerey in unsern Zeiten" aus, sie sei längst als „schriftliche Unterredung mit der Lesewelt" anzusehen und setze deshalb wie jedes „freundschaftliche Gespräch" neben „Weisheit, Witz, Scharfsinn" auch „Gelehrsamkeit" voraus. Aus der Tatsache, dass die literarische Kommunikation dennoch meist eher einseitig geführt wird, leite sich aber auch das hohe Maß an Verantwortung ab, das der Dichter seinen Lesern gegenüber wahrnimmt:

Lesewut

> Ich meine daher, alles, was das Publicum von einem Schriftsteller, der ohne zu weit getriebne Ansprüche auftritt, fordern kann, ist, daß er durch seine Werke nichts dazu beytrage, Sitten-Verderbnis, Dummheit und Unduldsamkeit zu verbreiten. Alles Übrige: Beruf zu schreiben, Wahl des Gegenstands, Einkleidung, Ansprüche auf Ruhm, Beyfall und Lob, zu stiftender Nutzen; einzunehmender Gewinn; Hoffnung auf Unsterblichkeit – das alles ist *seine Sache*, und es geht auf seine Gefahr, wenn er sich dem Schimpfe aussetzt, entweder in der Stille zu Fuße vom Parnasse wieder herunterschleichen zu müssen oder von der Meute der Recensenten parforce gejagt zu werden.[6]

Die Entwicklung des Zeitungswesens in Deutschland geht auf das 17. Jahrhundert zurück, und wie das Beispiel des in Hamburg erscheinenden *Nor-*

Zeitungen

dischen Mercurius zeigt, weisen diese zunächst noch regional erscheinenden Blätter bereits auf noch heute bekannte Präsentationsformen voraus. So wird zwischen politischen und regionalen Nachrichten unterschieden, daran schließen sich sittlich-belehrende Berichte und Diskussionen an, denen dann der Abdruck von Anzeigen oder amtlichen Bekanntmachungen folgt. Ferner werden schon Fortsetzungsgeschichten abgedruckt, die eine überzeugende Mischung aus anspruchsvoller Berichterstattung und Unterhaltung bieten. Mitte des 18. Jahrhunderts nutzen junge Gelehrte wie Lessing solche tagesaktuellen Organe, um mit ersten literarischen Erzeugnissen zu reüssieren oder sich als Berichtschreiber zu verdingen.

Wandsbecker Bote

Zu den Vorbildern der späteren staatspolitischen Journale, die dann auch überregional vertrieben werden, gehört die erste deutsche Volkszeitung, die von Matthias Claudius seit 1771 besorgt wird und unter dem Namen *Wandsbecker Bote* bekannt geworden ist. Wie viele Zeitungsverleger des 18. Jahrhunderts gehört Claudius zu einer politisch aktiven, aufgeklärten Intellektuellenschicht und sieht seine Aufgabe in der öffentlichen Meinungsbildung. Für den literarischen Teil seines *Boten*, der im wesentlichen dem Aufbau des *Nordischen Mercurius* folgt, gewinnt er in den 70er Jahren mit Lessing, Klopstock, Herder, Goethe und anderen die literarisch führenden Köpfe seiner Zeit.

> **Merksatz**
>
> Auch die deutschen Klassiker schätzen die großen Gelehrtenanzeigen und Intelligenzblätter, veröffentlichen in ihnen kleinere Arbeiten, weisen auf das Erscheinen eigener Bücher hin oder rezensieren die Werke anderer Autoren.

Gelehrtenanzeigen und Intelligenzblätter

Mit der Forderung, moderne Zeitungen sollten sich um eine sachliche und journalistisch genau recherchierte Berichterstattung bemühen, zieht Karl Philipp Moritz in seinem *Ideal einer vollkommenen Zeitung* (1784) erstmals einen scharfen Trennstrich zwischen tagespolitisch aktuellen Zeitungen und dem ‚moralischen Geschwätz' der Wochenschriften. Mit diesem Hinweis reagiert Moritz auf die Beobachtung, dass die staatspolitischen Journale im Zuge der fortschreitenden Parteienbildung als Medien der Machtgewinnung fungieren. Von ihnen sind die Gelehrtenanzeigen und Intelligenzblätter zu unterscheiden, die sich an ein akademisches Fachpublikum oder literarisch Interessierte wenden. Zu den berühmtesten Anzeigenblättern gehören die *Göttingischen Gelehrte Anzeigen* (seit 1753), in denen Lessings und Wielands Werke rezensiert werden, und die *Frankfurter Gelehrten Anzeigen* (1772 – 1790), in denen zahlreiche Buchbesprechungen aus der Feder des jungen Goethe erscheinen. Für die Zeit der deutschen Klassik werden Wielands *Teutscher Merkur* (1773 – 1810) und die in Jena erscheinende *Allgemeine Literatur-Zeitung* (von 1785 – 1803 unter diesem Namen, ab 1804 dann *Jenaische Allgemeine Literatur-Zeitung*) bedeutend. Während die *Allge-*

meine Literatur-Zeitung den Klassikern die Möglichkeit bietet, andere literarische Strömungen mal wohlwollend, mal ablehnend zu kommentieren, führt der *Teutsche Merkur* als Modell eines gehobenen Verständigungsmediums führende Autoren zusammen, um neben poetologischen Themen auch philosophische, historische und politische Fragestellungen zu diskutieren. Welchen intellektuellen Anspruch der *Teutsche Merkur* damit vertritt, lässt sich Wielands 1785 publiziertem Aufsatz *Über die Rechte und Pflichten der Schriftsteller* entnehmen. Alle Autoren, die für den *Teutschen Merkur* schrieben, so heißt es, trügen in „größern oder kleinen Bruchstücken" zu einer „Philosophie der Menschen-Geschichte" bei:

> Insonderheit ist jeder Nation – also auch ganz vorzüglich der unsrigen, deren Staatskörper eine so sonderbare Gestalt hat, [...] daran gelegen, ihren gegenwärtigen Zustand so genau als möglich zu kennen; und jeder noch so geringe Beitrag, der [...] über die Stufe der Kultur, Aufklärung, Humanisierung, Freiheit, Tätigkeit und Emporstrebung zum Bessern [...] einiges Licht verbreitet, jeder solche Beitrag ist schätzbar, und verdient unsern Dank.⁷

Den Schritt zur reinen Literaturzeitschrift vollziehen die deutschen Klassiker und Romantiker, so Schiller mit seinen *Horen* (1795 – 1797), die schon in der Ankündigung den Verzicht auf tagespolitische Themen einfordern, und Goethe mit den *Propyläen* (1798 – 1800). Zu nennen sind ferner das *Athenaeum* (1798 – 1800) der Brüder August Wilhelm und Friedrich Schlegel, Herders *Adrastea* (1800 – 1803) sowie das vom Verleger Johann Friedrich Cotta herausgegebene *Morgenblatt für gebildete Stände* (1807 – 1865). Sie alle sind Vorläufer heutiger Kunstzeitschriften, wobei Cottas schöngeistiges Journal diesem Vergleich am ehesten standhält, da er neben literarischen Texten auch Reisebeschreibungen, Rezensionen und kulturgeschichtliche Abhandlungen abdruckt, die sich nicht mehr nur an ein ‚verbündetes' Publikum wenden, sondern auf hohem Niveau auch breitere Leserkreise erreichen sollen. Die klassischen und romantischen Zeitschriften dienen demgegenüber der Verbreitung eigener ästhetischer, philosophischer und poetischer Ideale und wählen daher nur ausgesuchte Beiträger.

Literarische Zeitschriften

Buchmarkt 2.2.2

Literatur, die sich an einen größeren und damit weitgehend unbekannten Leserkreis wenden soll, erfordert vom Dichter, sich sein eigenes Publikum heranzubilden. Dies kann geschehen, indem man sich literarischen Trends anschließt oder selber versucht, ästhetische Vorlieben zu wecken. Erfolgversprechend ist auch die Spezialisierung auf noch recht junge Gattungen wie die Reisebeschreibung oder das Kinderbuch. Die Idee, sich mit anspruchsvoller Literatur auf dem Buchmarkt zu etablieren, setzt indes eine marktwirtschaftlich komplexere Strategie voraus. Friedrich Schiller hat sie in seiner Einladung zur Mitarbeit an den *Horen* folgendermaßen umschrieben:

Dichter und Publikum

> Jeder Schriftsteller von Verdienst hat in der lesenden Welt seinen eigenen Kreis, und selbst der am meisten gelesene hat nur einen größern Kreis in derselben. So weit ist es noch nicht mit der Kultur der Deutschen gekommen, daß sich

das, was den Besten gefällt, in jedermanns Händen finden sollte. Treten nun die vorzüglichsten Schriftsteller der Nation in eine literarische Assoziation zusammen, so vereinigen sie eben dadurch das vorher geteilt gewesene Publikum, und das Werk, an welchem alle Anteil nehmen, wird die ganze lesende Welt zu seinem Publikum haben. (SNA 22, S. 104)

Was Schiller hier einfordert, ist auch Werbung in eigener Sache: Indem befreundete und nahestehende Autoren dazu eingeladen werden, ein neues literarisches Konzept zu realisieren, dürfen sie auch den Anspruch erheben, sich von bereits etablierten literarischen Strömungen abzugrenzen. Treten sie als geschlossene Gruppe auf, so signalisiert dies darüber hinaus, dass mehrere namhafte Autoren erkannt haben, dass sich im Literaturbetrieb etwas Neuartiges durchsetzt. Wenn man so will, verbindet Schiller insofern die aufklärerische Hoffnung auf literarische Streuungseffekte mit einer werbewirksamen Ankündigung avantgardistischer Kunst.

Buchmarkt   Solch eine Selbstorganisation der Literaten erklärt sich auch aus der Umstrukturierung des Verlagswesens nach marktwirtschaftlichen Gesichtspunkten. Ihren Anfang nimmt sie in der Frühaufklärung, als sich der deutschsprachige Buchmarkt allmählich vom lateinischsprachigen Gelehrtenbuchmarkt ablöst. Üblicherweise werden jetzt Bücher in Selbstverlagsprojekten bei einem Buchhändler verlegt, der über enge Kontakte zu seinen Kunden den Absatz solcher Neuerscheinungen gewährleistet. Dieser Typus des Selbstverlags behauptet sich bis in die Zeit der deutschen Klassik hinein und bringt es mit sich, dass der Autor in höherem Maße als heute für seine Werke werben muss. Hier erweisen sich die überregionalen Intelligenzblätter oder literarischen Referatenorgane als hilfreich.

Verlagsgründungen   In der zweiten Hälfte des 18. Jahrhunderts gründen dann aufgeklärte Persönlichkeiten wie Johann Friedrich Cotta oder Georg Joachim Göschen ihre Verlagshäuser und forcieren damit die marktwirtschaftliche Organisation des Buchmarktes. Wurden die Druckbögen bis dahin auf den bedeutenden Buchmessen in Frankfurt oder Leipzig zwischen den Buchhändlern getauscht, so bildet sich jetzt ein modernes Vertriebsnetz aus. In ihm fungieren Sortimenter als Bindeglied zwischen Verlag und Buchhandel und sorgen damit für den überregionalen Verkauf der Ware ‚Buch'. Darüber hinaus entwickeln sich im Zusammenspiel zwischen Buchmarkt, Verlagen und Literaturkritik neue Marketingstrategien, die nicht zuletzt auch das Verhältnis zwischen Autor und Verleger sowie die Honorarangelegenheiten beeinflussen.

> **Merksatz**
>
> Der deutsche Buchmarkt des 18. Jahrhunderts leidet unter Raubdrucken und einem fehlenden Urheberrecht. Mit Hilfe von Subskriptionslisten und aufwendigen Gesamtausgaben versuchen die Verleger solche finanziellen Verluste einzudämmen.

Verlags- und Urheberrecht   Die Umstrukturierung des Buchmarkts setzt eine allmähliche Öffnung der zahlreichen Zollgrenzen voraus, die lange Zeit den freien Handel zwischen den deutschen Staaten blockiert haben. Neben dem wirtschaftlichen Aufschwung begünstigen auch modernere Drucktechniken und besser organisierte Handelsabkommen zwischen Druckerei und Verlag die Etablierung des warenökonomischen Buchmarkts. Um solche Geschäftsbeziehungen juristisch abzusichern, versuchen die Verleger in Absprache mit ihren Landesherren renommierte Drucker innerhalb der eigenen Landesgrenzen anzusiedeln. Während oft nur wenige Kilometer entfernt in einer freien Reichsstadt oder einem angrenzenden Kleinstaat andere (und bisweilen willkürliche) Gesetze gelten, unterstehen sie damit einer gemeinsam bindenden Rechtsprechung. Zu den wirtschaftlich schwerwiegenden Risiken gehören freilich noch immer der Raubdruck und ein fehlendes Urheberrecht. Im Unterschied etwa zu England, wo die Statute of Anne seit 1710 nur dem Autor das Recht zuspricht, seine Werke zu vervielfältigen und es für einen geregelten Zeitraum an seinen Verleger abzutreten, müssen die preußischen Schriftsteller bis 1837 auf den Schutz ihres geistigen Eigentums warten. Im gleichen Jahr beschließt der Deutsche Bund eine entsprechende Schutzfrist, die dann auch 1871 in die Verfassung des Deutschen Reichs eingeht und damit erstmals länderübergreifend wirksam wird.

Bis zur Einführung des Urhebergesetzes in einigen deutschen Staaten werden erfolgreiche Bücher allerorten und zum Teil mit erheblichem wirtschaftlichen Gewinn nachgedruckt und vertrieben (s. Arbeitstext III). Die Verleger versuchen dieses Unwesen einzudämmen, indem sie mit Hilfe von Subskriptionslisten einen Kundenstamm aufbauen. Ihm werden Vorzugspreise oder Sonderausgaben gewährt. Ein anderes wirksames Mittel, um Raubkopien vorzubeugen, sind mehrbändige und aufwendig hergestellte Gesamtausgaben eines Autors, die schon zu dessen Lebzeiten erscheinen und nur unter höherem Risiko und Aufwand nachgedruckt werden können.

Mit der Konsolidierung des Bürgertums erweitert sich das literarische Spektrum. Angesichts immer höher spezialisierter Wissensbestände wächst beispielsweise das Bedürfnis, es in verständlicher und lexikalisch übersichtlicher Form zugänglich zu machen. Das im 1805 gegründeten Verlag F. A. Brockhaus erscheinende *Conversations-Lexikon* (1809) gehört bis heute zu den bekanntesten Verlagsprojekten, die solch einem aufgeklärten Interesse nachkommen. Im Zuge der Verbreitung der Romanliteratur wächst in größeren Bevölkerungskreisen außerdem der Wunsch nach Privatbibliotheken, in denen die bedeutendsten Werke der in- und ausländischen Literatur stets griffbereit sind. Preisgünstige Klassikerausgaben oder gründlich edierte und doch bezahlbare Einzelwerke von Rang sind das erklärte Ziel Anton Philipp Reclams, der 1828 seinen ersten Verlag gründet und die bis heute bekannte Universalbibliothek auf den Markt bringt.

Im Zuge der Pluralisierung und Demokratisierung des Buchmarktes bilden die Verlagshäuser eigene literarische Profile aus. Gleichzeitig versuchen sie, die Bindung zu kompetenten Autoren sowohl rechtlich als auch finanziell zu verbessern. So werden meist mehrjährige Projekte realisiert, oder es werden oft nicht unbedeutende Vorschüsse gewährt, um Schriftsteller zumindest vorübergehend wirtschaftlich abzusichern. Wichtige Verlegerper-

Bürgerliche Leseinteressen

Verlagsprofile

sönlichkeiten haben hier mit hohem Engagement die nicht immer glücklichen Karrieren vieler Dichter zu befördern versucht, und dies im Wissen, dass es praktisch keinem Autor des 18. Jahrhunderts gelingt, sich als freischaffender Literat zu behaupten. Von Herder ist bekannt, dass die Familie nach seinem Tode dessen Privatbibliothek, die seinerzeit zu den größten und bedeutendsten gehört, fast vollständig verkaufen muss, um entsprechende Verbindlichkeiten zu tilgen.

Auf der anderen Seiten setzt das sich spezialisierende Verlagswesen die Schriftsteller einem gewissen Konkurrenzdruck aus, so dass nicht wenige über die Beschneidung ihrer ästhetischen Autonomie klagen. Im 12. Buch seiner Autobiografie *Aus meinem Leben. Dichtung und Wahrheit* (1811ff.) erinnert sich Goethe, seine frühesten Arbeiten habe er auf eigene Kosten drucken lassen und sie anschließend einer Buchhandlung zur weiteren Verwendung übergeben. Über die Abhängigkeit des Lohnschriftstellers von seinem Verleger heißt es:

> Die Produktion von poetischen Schriften aber wurde als etwas Heiliges angesehn, und man hielt es beinah für Simonie, ein Honorar zu nehmen oder zu steigern. Autoren und Verleger standen in dem wunderlichsten Wechselverhältnis. Beide erschienen, wie man es nehmen wollte, als Patrone und als Klienten. Jene, die, neben ihrem Talent, gewöhnlich als höchst sittliche Menschen vom Publikum betrachtet und verehrt wurden, hatten einen geistigen Rang und fühlten sich durch das Glück der Arbeit belohnt; diese genügten sich gern mit der zweiten Stelle und genossen eines ansehnlichen Vorteils [...]. Wechselseitige Großmut und Dankbarkeit war nicht selten: Breitkopf und Gottsched blieben lebenslang Hausgenossen; Knickerei und Niederträchtigkeit, besonders der Nachdrucker, waren noch nicht im Schwange. (GFA I 14, S. 563)

2.2.3 Literarische Salons, Lesegesellschaften und Leihbibliotheken

Literarische Salons   Zu den Vorläufern der literarischen Salons gehören oft geheime Zirkel, in denen ähnlich wie in den Freimaurerlogen neue Möglichkeiten des gesellschaftlichen Austauschs erprobt werden. Über ganz Europa verstreut, können sie als Keimzellen der Aufklärung angesehen werden. Da in den politischen Salons keine Standesgrenzen gelten, kommunizieren alle Mitglieder gleichberechtigt miteinander. Zu den bedeutenden literarischen Salons gehören um 1800 die von Rahel Varnhagen und Henriette Herz. Auch hier treffen sich hochrangige Mitglieder des Königshauses mit bürgerlichen Intellektuellen und Beamten, Schauspielern, Musikern und Poeten, um fernab von religiösen oder nationalen Vorurteilen über kulturelle und öffentliche Angelegenheiten zu debattieren. Rahel Varnhagens erster Salon gehört zwischen 1790 und 1806 zu einem der wichtigsten Zentren der Romantik, doch steht hier die Diskussion der neuesten Werke Goethes ebenso regelmäßig auf dem Programm wie mit Wilhelm von Humboldt in diesem Kreis ein Gast verkehrt, der in direktem Kontakt zu den Weimarer Persönlichkeiten steht.

Zu den wichtigsten Vermittlungsformen von Literatur gehören im 18. Jahrhundert die literarischen Salons und Lesegesellschaften. Da Literatur noch in weitaus stärkerem Maße als heute gesellschaftlich und gesellig rezipiert wird, treffen sich hier Mitglieder verschiedener Stände, Politiker, Gelehrte und Künstler, um gemeinsam zu lesen, künstlerische Trends zu diskutieren oder an der Lesung eigens eingeladener Poeten teilzunehmen. Die Leihbibliotheken stellen eine kostengünstige Alternative zur Anschaffung teurer Bücher dar und werden nicht selten in ländlichen Regionen und Kleinstädten als Foren der literarischen Kommunikation genutzt.

> **Merksatz**
>
> Die literarische Salonkultur in Weimar geht auf die Tischgesellschaften der Herzogin Anna Amalia zurück, in der Goethe immer wieder aus seinen Werken vorliest.

In Weimar geht die Salonkultur auf die zweimal wöchentlich zusammentreffende Tischgesellschaft der Herzogin Anna Amalia zurück. In diesem Zirkel werden kulturpolitische Entscheidungen erörtert, die Weimars Zukunft als Musenhof betreffen. Hinzu kommen Gespräche über aktuelle Theaterinszenierungen oder Konzerte und Lesungen. Zahlreiche Werke Goethes werden hier erstmals einem literarisch versierten Publikum vorgestellt. Im Jahre 1806 eröffnet Johanna Schopenhauer ihren öffentlichen Salon in Weimar. Als eine der ersten Frauen, die von ihrer Schriftstellerei leben können, genießt sie den Ruf einer weltoffenen Gesellschafterin. Entsprechend rasch gehört ihr Salon zu den angesehensten gesellschaftlichen Ereignissen der Stadt, dem bisweilen auch der Weimarer Hof und Goethe ihre Aufwartung machen. *Weimarer Salons*

Um das Lesen zu fördern, schließen sich bürgerliche Gelehrte, Beamte oder Pädagogen schon im 17. Jahrhundert zu Lesegesellschaften zusammen. Demokratisch organisiert, schaffen sie teure Bücher, Wochenschriften und Fachjournale an, die dann entweder gemeinsam gelesen oder gegen eine geringe Gebühr an Mitglieder verliehen werden. Solche Lesegesellschaften gibt es im 18. Jahrhundert in hunderten deutscher Städte. Prinzipiell ähnlich aufgebaut sind privatwirtschaftlich betriebene Leih- und kommerzielle Stadtbibliotheken, die vor allem in der zweiten Hälfte des 18. Jahrhunderts allerorten ihre Pforten öffnen. Soweit noch vorhandenen, bieten ihre Bestände und Ausleihverzeichnisse heute einen guten Überblick über die soziale Herkunft der Bibliotheksbesucher, ihre literarischen Vorlieben sowie ihr Leseverhalten. *Lesegesellschaften*

Theater, Museen und frühe Unterhaltungsmedien 2.3

Im 18. Jahrhundert ist den wenigsten Menschen Kunst öffentlich zugänglich. Bis in die 70er Jahre hinein gibt es kaum staatlich subventionierte Theater oder Opernhäuser mit einem breiter gestreuten Programm. Wo also *Kunst als Privileg*

Theater gespielt wird, dort geschieht es meist an den Höfen vor adligen Zuschauern. Die Aufführungen umherziehender Schauspieltruppen, sogenannter ‚englischer Komödianten', gleichen dagegen einem eher uninspirierten Improvisationstheater und dienen der allgemeinen Volksbelustigung. Da sich auch die meisten bedeutenden Gemälde und Plastiken im Besitz adliger Sammler befinden, werden Kupferstiche und Holzschnitte in Umlauf gebracht. Statt sich eine möglichst authentische Wiedergabe farbiger Gemälde zu erlauben, beschränken sie sich auf die Wiedergabe der Figurenkompositionen, wobei die Graveure oft noch redigierend in das zu reproduzierende Bild eingreifen. Bei kunstinteressierten Liebhabern stehen Kupferstiche und Holzschnitte dennoch hoch im Kurs, zumal vielen die europäische Bildungsreise nach dem Vorbild heranwachsender Aristokraten verwehrt bleibt.

2.3.1 Theater

Theatergründungen

Welchen Einfluss eine öffentliche Bühne auf den Zeitgeist und den Geschmack nehmen kann, zeigt das Beispiel des französischen Staatstheaters im Hôtel de Bretagne: die 1680 von Ludwig XIV gegründete Comédie Française mit einem fest engagierten Schauspielerensemble und mehrmals wöchentlich wechselndem Programm. Fast alle französischen Klassiker beginnen hier ihre Karriere und sichern sich dank des nationalen Einflusses der Comédie die Option, dass ihre Stücke auch anderswo zur Aufführung gelangen. Weil die meisten provinziellen Landesherren das Theater nur als sporadische Kurzweil pflegen, eröffnet Lessing in Deutschland 1767/69 in Hamburg das erste privatwirtschaftliche und von der Hofgunst unabhängige Nationaltheater. 1775 gründet Goethe das Gothaer Theater, ein Jahr später folgt das Wiener Burgtheater und schließlich 1777 das Mannheimer Nationaltheater, das eng mit Schillers Karriere verknüpft ist. Alle diese Gründungen gehen auf den Wunsch zurück, über freie Bühnen das bürgerlich-aufgeklärte Ideengut zu verbreiten und zur sittlich-ästhetischen Bildung des Publikums beizutragen. Von Anfang stellt sich ihnen jedoch das Problem, Zugeständnisse an einen noch nicht besonders anspruchsvollen Publikumsgeschmack machen zu müssen. Auch die Tatsache, dass die eigenen finanziellen Mittel der Theaterbetreiber nur eng bemessen sind, setzt ihnen ästhetische und programmtechnische Grenzen.

Was kann eine gute stehende Schaubühne ...?

Um diesem Dilemma zu entgehen, wirbt Schiller beim ‚Gesetzgeber' mit klugen Argumenten um finanzielle Zuwendungen. Seine Vorlesung *Was kann eine gute stehende Schaubühne eigentlich wirken?* (1785) stellt den Fürsten aber nicht nur den langfristigen sittlichen Nutzen des Theaters vor Augen: „Wer also unwidersprechlich beweisen kann, daß die Schaubühne Menschen- und Volksbildung wirkt, hat ihren Rang neben den ersten Anstalten des Staats entschieden." Über den Vergleich zwischen Bühne und Schule legt Schiller den Landesherren auch den finanziellen Vorteil offen, den eine feststehende Bühne bewirken kann: Als „Schule der praktischen Weißheit" bereitet das Theater nämlich besser auf das „bürgerliche Leben" vor als „Verordnungen zu Papier" und „gelehrte Tagelöhnerei" (SNA 20, S. 88 u. 95).

2.3 | Theater, Museen und frühe Unterhaltungsmedien

Medienästhetisch erfordert Schillers Bildungsanstalt einen anderen Bühnenraum als die nebeneinander liegenden Schauplätze der so genannten Architekturbühne, die seit der Renaissance überliefert ist. Gemeint ist die Guckkastenbühne, die sich im 18. Jahrhundert durchsetzt. Indem die Aufführung in geschlossene Räume verlegt und der Bühnen- vom Zuschauerraum getrennt wird, ermöglicht sie einen neuen Illusionismus.* Gesteigert wird er durch Kulissen an den Seitenwänden und im Hintergrund, so dass der Zuschauer unmittelbar Einblick in den Guckkasten nehmen kann. Wie ein geheimer Beobachter nimmt er an einem Geschehen teil, das sich scheinbar gar nicht vor seinen Augen abspielen soll. Die sich mit dieser außerordentlichen Wirkung einstellenden Probleme haben vor allem unter den Klassikern die Frage aufgeworfen, inwieweit sich sittliche Belehrung mit solch bewegenden Theatereffekten vertragen (s. Kap. 6.1).

Guckkastenbühne

und betont d. Voyeurismus

Merksatz

Als ‚moralische Anstalt' soll die bürgerliche Bühne aufgeklärtes Ideengut verbreiten und zur ästhetischen Bildung des Publikums beitragen. Unter medientechnischen Gesichtspunkten kommt die Guckkastenbühne diesem Anspruch nach, da sie den Zuschauer sehr viel intensiver am Geschehen teilhaben lässt. Medienästhetisch korrespondieren ihr dramatisch bewegte Stücke, die auf illusionssteigernde Effekte setzen.

Wie ernst der Erziehungsauftrag der Nationalbühnen genommen wird, dokumentieren zwei weitere Aspekte klassischer Bühnenkunst, die in engem Zusammenhang mit der Guckkastenbühne stehen: Um die Illusion zu steigern, bedarf es versierter Schauspieler, die sich so gekonnt auf der Bühne bewegen, dass ihr Handeln und ihr Sprechen zu keinem Zeitpunkt aufgesetzt oder gekünstelt wirkt. Mit diesem Problem beschäftigt sich Goethe in einer Reihe theaterpraktischer Schriften. In den *Regeln für Schauspieler* (1803) ermahnt er beispielsweise die Schauspieler, „mit Angewohnheiten des Dialekts zu kämpfen" oder „aus mißverstandener Natürlichkeit unter einander [zu] spielen, als wenn kein Dritter dabei wäre". Daneben finden sich zahlreiche Hinweise auf schauspielerische Fahrlässigkeiten, die den Weimarer Theaterdirektor zur Verzweiflung gebracht haben: „Die neumodische Art, bei langen Unterkleidern die Hand in den Latz zu stecken, unterlassen sie gänzlich."(GFA I 18, S. 861 u. 857f.)

Regeln für Schauspieler

Als Weimarer Theaterdirektor spricht Goethe hier unmittelbar aus der Praxis. Weitere Schwierigkeiten im Umgang mit den Wünschen des Publikums hat er in ein berühmtes Gespräch zwischen Wilhelm und Serlo in *Wilhelm Meisters Lehrjahre* einfließen lassen. Während Wilhelm die Position des Theaterenthusiasten vertritt, argumentiert Serlo als Pragmatiker. Beide Argumente zusammengenommen machen deutlich, dass sich ästhetische Ideale unter marktwirtschaftlichen Zwängen immer mehr der Kaufkraft des Publikums beugen müssen. Denn wer „das Geld bringt, kann die Ware nach

Publikumsgeschmack

seinem Sinne verlangen." Ferner hat das Publikum „eine eigene Art, gegen öffentliche Menschen von anerkannten Verdienste zu verfahren: es fängt nach und nach an, gleichgültig gegen sie zu werden, und begünstigt viel geringere aber neu erscheinende Talente, es macht an jene übertriebene Forderungen, und läßt sich von diesen alles gefallen." (GFA I 9, S. 682 u. 714)

2.3.2 Museen

Sammeln

Das Sammeln von Preziosen und archäologischen Fundstücken lädt die gehorteten Gegenstände mit einer besonderen Bedeutung auf. Auf diese Weise erhalten Werkzeuge aus der Antike oder Kultgegenstände fremder Kulturen einen symbolischen Sinn, der ihren ursprünglichen Gebrauchswert übersteigt. Als Bedeutungsträger sind die gesammelten Objekte damit von einer Aura umgeben, die in privaten Sammlungen einerseits die ‚Verfügungsmacht' des Sammelnden hervorhebt: Wie ein Schöpfer kreiert er eine kleine, hermetisch abgeschlossene Welt, die neben ihrem finanziellen Wert auch das gestalterische Potential ihres Besitzers unterstreicht. Andererseits erklärt diese auratische Wirkung, warum Überreste und Abgüsse antiker Kunst im 18. Jahrhundert so begehrt sind und von den Betrachtern andächtig angestaunt werden. Erst kunsthistorisches oder ethnographisches Wissen weckt nämlich auch die Bereitschaft seitens des Publikums, einem ausgestellten Artefakt mit entsprechendem Interesse zu begegnen.

Andächtige Schaulust

Zwischen Sammelobjekten, ihrer Aura und dem Kontext, in dem sie ausgestellt werden, flottiert ein komplexes Spiel von Bedeutungen, das nicht frei bleibt von weltanschaulichen oder moralischen Zwecksetzungen. Wahrscheinlich nirgends in der Museumsgeschichte des späten 18. und frühen 19. Jahrhunderts wird dies deutlicher, als der britische Earl of Elgin Teile des Athener Parthenon-Tempels abmontiert und nach England bringt. Während die ‚kunstsinnige' Öffentlichkeit diese *Elgin Marbles* in klassizistischer Manier feiert und eher skrupellos geltend macht, unter der türkischen Fremdherrschaft drohten die antiken Denkmäler unterzugehen, spricht Lord Byron, der zu Elgins schärfsten Kritikern gehört, öffentlich von einem Kunstraub, der Griechenland um seine bedeutendsten Kunstschätze bringe. Aus dieser Perspektive betrachtet, verraten die Museumsgründungen des 18. Jahrhunderts auch viel über die Widersprüche eines Begriffes wie dem des Klassischen. Denn das Museum avanciert zu einem wichtigen Verständigungsort der bürgerlichen Öffentlichkeit. Und weil hier nur ausgestellt wird, was sich mit dem bürgerlichen Sittenkodex und Kunstprogramm verträgt, sehen die Besucher in den Exponaten ihre eigene, kulturell überlegen gedachte Weltanschauung bestätigt. Ähnlich dokumentieren auch die naturwissenschaftlich-technischen Museen des 19. Jahrhundert das Leistungspotential des Bürgertums und unterstreichen den Status der Naturbeherrschung. In den großen Völkerkundemuseen, in denen phasenweise lebende Menschen aus fremden Kulturen in möglichst ‚authentischer' Umgebung zu sehen sind, wird neben der Neugier auch das eurozentrische Selbstbewusstsein des Publikums befriedigt. Vor allem hier erfüllt sich das Streben nach „zeitlicher und räumlicher Universalität".[8]

> **Merksatz**
>
> In den Museen des 18. Jahrhundert illustrieren und bestätigen die gesammelten Exponate das bürgerliche Wissen.

Zu den ersten Museumsgründungen des 18. Jahrhunderts gehört die Öffnung des Museo Capitolino in Rom (1734). Mit dem bis heute verfolgten Anspruch, die Geschichte der Menschheit optisch vor Augen zu führen, wird 1753 das British Museum in London gegründet. Gemeinsam mit den vatikanischen Sammlungen beherbergen beide Museen heute fast 20 Millionen Ausstellungsstücke, wobei die Antiken nach wie vor zu den wertvollsten Exponaten gehören. Die heute größte Gemäldesammlung der Welt im Pariser Louvre gehörte zunächst den französischen Königen und wurde für Generationen auch von ihnen bewohnt. Im Zuge der französischen Revolution wird das Gebäude 1791 enteignet. Drei Jahre später wird das Musée du Louvre als Frankreichs erstes öffentliches Museum der Öffentlichkeit zugänglich gemacht. In den nächsten Monaten und Jahren erhält Napoleon den ausdrücklichen Befehl, auf seinen Feldzügen berühmte Kunstwerke zu ‚beschlagnahmen' und nach Paris zu bringen. Zu den ersten deutschen Museumsgründungen gehört Mitte des 18. Jahrhunderts die Eröffnung des von Carl I. von Braunschweig-Wolfenbüttel angelegten Kunst- und Naturalienkabinetts. Ihm folgen weitere Neueröffnungen, zu deren bedeutendsten die Berliner Antikensammlung und die Gemäldegalerie gehören. Die dort seit 1830 gezeigten Kunstschätze stammen aus den Sammlungen der brandenburgischen Kurfürsten und preußischen Könige des 17. und 18. Jahrhunderts.

Museumsgründungen

Welche Bedeutung diesen Museen beigemessen wird, zeigen zahlreiche Berichte über Gemälde- und Antikensammlungen. Wie Goethes, Schillers, Friedrich Schlegels oder Wilhelm Heinses Kunstbeschreibungen zeigen, stehen solche Ekphrasen im Kontext des aktuellen Kunstdiskurses, gleichzeitig müssen sie kompensieren, was die zur Verfügung stehenden Reproduktionsmittel (Nachzeichnungen, Kupferstiche) nur ungenügend vermitteln können.

Frühe Unterhaltungsmedien 2.3.3

Im ausgehenden 18. Jahrhundert konkurrieren verschiedene optische Instrumente um die Beliebtheit beim Publikum. Meist auf Jahrmärkten zu sehen, gelten sie heute als Vorläufer der ‚bewegten Bilder'. Zu ihnen gehört die schon seit einhundert Jahren bekannte Laterna magica. Allerdings werden die mit Lampen und Linsen erzeugten Bilder jetzt auf eine Art Nebelwand projiziert, so dass sich bei entsprechenden Bildvorlagen der Eindruck einstellt, als bewegten sich die dargestellten Figuren. Von solch einer popu-

Bewegte Bilder

lären Apparatur angeregt, erwägt Goethe vorübergehend ihren Einsatz für die Inszenierung des Helena-Akts aus dem *Faust II* (1832). Daneben gibt es Guckkästen, in denen überlappende Bilder so angeordnet sind, dass sie sich beim Blick durch die Sammellinse zu einem virtuellen Bild zusammensetzen. Mit ihnen verwandt ist das Zoetrop, ein auch als Wundertrommel bekannter Hohlzylinder mit Sehschlitzen. In seinem Inneren werden so genannte Phasenbilder angebracht. Dreht sich diese Walze, so entstehen beim Betrachten bewegte Nachbilder. Als außerordentliche Publikumsattraktion erweisen sich die erstmals 1789 in London ausgestellten Panoramabilder, großformatige Rundumansichten, die in Panoramen genannten Gebäuden ausgestellt werden. Im Unterschied zum virtuellen Nachbild ist es hier jedoch der Betrachter, der sich drehen muss, will er den Gesamtprospekt erfassen. Das erste deutsche Panorama eröffnet 1800 in Berlin. Von den Panoramen in London, Paris und Berlin ist überliefert, das mehrere Millionen Menschen dieses Vergnügen genossen haben.

> **Merksatz**
>
> Die Vorläufer der ‚bewegten Bilder' genießen um 1800 einen regen Zuspruch. In der zeitgenössischen Literatur verändern solche Augentäuschungen das Realitätsbewusstsein der Handlungsträger.

Augentäuschungen

Der wesentliche Unterschied zwischen den bewegten Bildern und dem sich bewegenden Zuschauer führt mitten hinein in einen Diskurs, an dem sich die Klassiker und Romantiker gleichermaßen fasziniert und irritiert beteiligen. In Goethes *Wilhelm Meister*-Romanen oder in E.T.A. Hoffmanns Erzählungen tragen optische Instrumente zu den Krisen und Erschütterungen der Protagonisten bei. Und wenn sich Jean Paul erzählerisch mit Apparaturen, Hohlspiegeln und Fernrohren beschäftigt, so droht die burleske Welt während des angestrengten Schauens durch Linsensysteme ebenfalls aus dem Blick zu geraten. Zwei Beobachtungen verunsichern die Dichter: Zum einen üben die virtuell erzeugten Nachbilder eine solche Faszination aus, dass die Betrachter ihnen zu erliegen scheinen und sich nur widerwillig auf das natürliche Sehen besinnen. Nathanael in Hoffmanns *Der Sandmann* (1817) mag hier als bekanntestes Beispiel genügen. Zum anderen wird an den optisch bewegten Bildern offenkundig, wie leicht das menschliche Auge zu betrügen ist. Ein Anfang der 30er Jahre des 19. Jahrhunderts entwickeltes Gerät, das die spätere Nipkow-Scheibe, also den Vorläufer des Fernsehens, vorwegnimmt, trägt bezeichnenderweise den Namen Phänakistiskop, was soviel wie Augentäuschung bedeutet.

Kopernikanische Wende

Nun ließe sich einwenden, Augentrügereien habe es in der bildenden Kunst schon immer gegeben. Schließlich eröffnen perspektivisch angelegte oder mit Hilfe der Camera obscura gemalte Bilder auch Ausblicke, die das menschliche Auge in dieser Form nicht wahrnehmen kann. Außerdem war das Fernrohr schon Anfang des 17. Jahrhunderts und das Mikroskop einhundert Jahre später erfunden worden. Doch erst im Zeitalter der aufstrebenden Naturwissenschaften eröffnen sie Einsichten in Sphären, die der natürlichen Wahrnehmung verschlossen bleiben. Und diese mediale Schärfung des natürlichen Auges erschüttert sowohl das Vertrauen in den göttlich geordneten Kosmos als auch in die Wahrnehmungsfähigkeit der menschlichen Sinne. Auf diese kopernikanische Wende (Kant) reagiert Goethe in der *Farbenlehre* und in den *Wanderjahren* mit einer immer schärferen Kritik an optischen Instrumenten. Begründet wird sie am Beispiel der so genannten Nachbilder. Weil sie keine ‚Form' sind, die vom Menschen erzeugt wird, unterlaufen sie die wahrnehmungsästhetische Autonomie des Menschen. Gleichzeitig forcieren sie, was Jahrhunderte zuvor schon Religion und Kirche den Menschen gelehrt hatten: das Misstrauen in Körper und Sinne (s. Arbeitstext IV).

Zusammenfassung

Politisch, sprachlich und wirtschaftlich zersplittert, kann sich das deutsche Bürgertum nur schwer als kritisch reflektierende Öffentlichkeit organisieren. Um das Ideengut der Aufklärung verbreiten und sich von den Herrschaftsverhältnissen weltanschaulich, moralisch und ästhetisch abgrenzen zu können, tauscht man sich im 18. Jahrhundert vermehrt über Zeitschriften und Zeitungen aus. Nach europäischem Vorbild wenden sich auch Wochenschriften und Kalender an ein sozial heterogenes Publikum. Auf unterschiedliche Bildungsvoraussetzungen zugeschnitten, verbinden sie Belehrung mit Anschaulichkeit und den Anspruch auf Sittlichkeit mit einem geschlechter- oder standesspezifischen Unterhaltungswert. Die deutschen Klassiker kommunizieren über verschiedene Gelehrtenanzeigen und Intelligenzblätter. In ihnen kündigen sie neue literarische Projekte an oder besprechen aktuelle Buchpublikationen.
Im Verlauf des 18. Jahrhunderts wächst auch der Buchmarkt beträchtlich. Dazu trägt sowohl der Stellenwert bei, den das Bürgertum dem Lesen einräumt, als auch ein immer ausdifferenzierteres Verlagsprofil. Bedeutende Verlegerpersönlichkeiten organisieren ihre Verlage vermehrt nach marktwirtschaftlichen Prinzipien, gleichzeitig fördern sie in nicht unerheblichem Maße zahlreiche Autoren, denen es kaum möglich ist, sich als freie Schriftsteller zu behaupten.
Von hohem gesellschaftlichen Stellenwert sind die literarischen Salons, in denen sich Künstler, Intellektuelle und Gelehrte einfinden, um sich über politische Ereignisse und ästhetische Inhalte auszutauschen. In den Lesegesellschaften und Leihbibliotheken treffen sich literarisch oder wissenschaftlich Interessierte, die nach gemeinsamer Lektüre über das Gelesene diskutieren. Auch das Theater avanciert im 18. Jahrhundert zu einem Ort aufgeklärter Bildung. Als ‚moralische Anstalt' werden in verschiedenen Städten Schaubühnen gegründet, die nach dem wirkungsästhetischen Modell der Guckkastenbühne konzipiert sind und mit einem fest engagierten Ensemble aufwarten. In den ebenfalls europaweit neu gegründeten Museen versichert sich das Bürgertum seines eigenen Weltwissens und macht dieses zugleich einem größeren Kreis zugänglich.

Literatur

Habermas, Jürgen, *Strukturwandel der Öffentlichkeit. Untersuchungen zu einer Kategorie der bürgerlichen Gesellschaft*, Darmstadt u. Neuwied, 1962.

Schenda, Rudolf, *Volk ohne Buch. Studien zur Sozialgeschichte der populären Lesestoffe 1770 – 1910*, München, 1977.

Bürger, Christa u. Peter (Hg.), *Aufklärung und literarische Öffentlichkeit*, Frankfurt am Main, 1980.

Schön, Erich, *Der Verlust der Sinnlichkeit und die Verwandlungen des Lesers. Mentalitätswandel um 1800*, Stuttgart, 1987.

Lankheit, Klaus, *Revolution und Restauration. 1785 – 1855*, Köln, 1988.

Kleinspehn, Thomas, *Der flüchtige Blick. Sehen und Identität in der Kultur der Neuzeit*, Reinbek, 1989.

Koopmann, Helmut, *Freiheitssonne und Revolutionsgewitter. Reflexe der Französischen Revolution im literarischen Deutschland zwischen 1789 und 1840*, Tübingen, 1989.

Selbmann, Rolf, *Dichterberuf. Zum Selbstverständnis des Schriftstellers von der Aufklärung bis zur Gegenwart*, Darmstadt, 1994.

Burckhardt, Martin, *Metamorphosen von Zeit und Raum. Eine Geschichte der Wahrnehmung*. Frankfurt am Main u. New York, 1994.

Köhler, Astrid, *Salonkultur im klassischen Weimar. Geselligkeit als Lebensform und literarisches Konzept*, Stuttgart u. Weimar, 1995.

Pomian, Krzysztof, *Der Ursprung des Museums. Vom Sammeln*, Berlin, 1998.

Jütte, Robert, *Geschichte der Sinne: von der Antike bis zum Cyberspace*, München, 2000.

Fragen

6. Wie lässt sich die politische und kulturelle Situation Deutschlands im ausgehenden 18. Jahrhundert skizzieren?
7. Welche unmittelbaren und mittelbaren Auswirkungen hat die Französische Revolution in Deutschland?
8. Wie versucht sich das Bürgertum medial von der traditionellen Ständeherrschaft zu emanzipieren?
9. Welche Vorzüge werden Printmedien dabei eingeräumt?
10. Worin unterscheiden sich Lesegesellschaften und literarische Salons?

Arbeitsaufgaben

Arbeitstext I

aus: Georg Forster: *Brief an Christan Gottlob Heyne vom 5. Juni 1792*
Ich kann gern zugeben, daß keine Partei in Frankreich, sie heiße wie sie wolle, fehlerfrei handelt, – denn es sind *Parteien* und sie müssen heftig aneinander gerathen, alles ist ein gespannter, leidenschaftlicher Zustand. [...] Und von einem solchen gewaltsamen Zustande, wo jeder, der nicht Freund seyn will, Feind ist, fordert man bloße kalte Vernunftschlüsse! [...] Das Volk kann man nicht zügeln, wenn es einmal in Bewegung ist – und doch hat die Freiheit keine andere Stütze in diesem Augenblick. Wie sehr wird man sich irren! Aus dem zerstückelten Frankreich wird eine *Republik*, aber niemals eine Monarchie![9]

aus: Christoph Martin Wieland: *Betrachtungen über die gegenwärtige Lage des Vaterlandes* (1793)
[...] wo ist ein Volk in Europa das sich einer nähern Angabe zu immer zunehmender Verbesserung seines Zustandes, eines größern Flors der Wissenschaften, mehrerer, oder vielmehr, so vieler und so gut eingerichteter öffentlicher Erziehungsanstalten, Schulen und Universitäten, einer größern Denk- und Preßfreiheit, und, was eine natürliche Folge von diesem allem ist, einer hellern und ausge,breitetern Aufklärung zu rühmen hätte, als die Teutschen im Ganzen genommen?[10]

Aufgabe:

Im Abstand von sechs Monaten beurteilen Forster und Wieland die französischen Revolutionsereignisse heterogen. Warum könnte Forster sich über den ‚Terreur' hinweg noch immer für die radikale Machtverschiebung im Nachbarland aussprechen, und welche Position bzw. Hoffnung vertritt Wieland?

Arbeitstext II

aus: Friedrich Schiller: *Brief an den Herzog Friedrich Christian von Augustenburg vom 13. Juli 1793*
Der Versuch des französischen Volks, sich in seine heiligen Menschenrechte einzusetzen, und eine politische Freiheit zu erringen, hat bloß das Unvermögen und die Unwürdigkeit desselben an den Tag gebracht, und nicht nur dieses unglückliche Volk, sondern mit ihm auch einen beträchtlichen Theil Europas, und ein ganzes Jahrhundert, in Barbarey und Knechtschaft zurückgeschleudert. Der Moment war der günstigste, aber er fand eine verderbte Generation, die ihn nicht werth war, und weder zu würdigen noch zu benutzen wußte. Der Gebrauch, den sie von diesem großen Geschenk des Zufalls macht und gemacht hat, beweißt unwidersprechlich, daß das Menschengeschlecht der vormundschaftlichen Gewalt noch nicht entwachsen ist, daß das liberale Regiment der Vernunft da noch zu frühe kommt, wo man kaum damit fertig wird, sich der brutalen Gewalt der Thierheit zu erwehren, und daß derjenige noch nicht reif ist zur *bürgerlichen* Freiheit, dem noch so vieles zur *menschlichen* fehlt. (SNA 26, S. 262)

Aufgabe:

Warum unterscheidet Schiller in seinem Brief zwischen bürgerlicher und menschlicher Freiheit? Gibt es dennoch Gemeinsamkeiten zwischen Forsters Revolutionsverständnis (s. Arbeitstext I) und dem Schillers?

Arbeitstext III

aus: Gotthold Ephraim Lessing: *Leben und leben lassen. Ein Projekt für Schriftsteller und Buchhändler* (um 1773)
Daß dem Verleger auf das Buch, welches er mit Genehmhaltung des Verfassers drucken läßt, ein Eigentum zustehe, halte ich für unerwiesen. Wenigstens kann das Eigentum des Verlegers nicht größer, und von keiner andern Natur sein, als das Eigentum des Verfassers war. [...] Daß der Nachdruck unbillig sei, daß der Nachdrucker sich schämen sollte, zu ernten, wo er nicht gesäet hat [...]: wer leugnet das? Aber hilft das, dem Nachdruck zu steuern? Freilich, wenn Deutschland unter Einem Herren stünde, welcher der natürlichen Billigkeit durch positive Gesetze zu Hülfe kommen könnte und wollte! Aber bei dieser Verbindung unter Deutschlands Provinzen, da die menschlichsten das Principium haben, des baren Geldes so wenig als möglich aus ihren Grenzen zu lassen: wer wird ihren Finanzräten begreiflich machen, daß man allein den Buchhandel unter dieses Principium nicht ziehen müßte?[11]

Aufgabe:

Warum muss und wie kann geistiges Eigentum Lessing zufolge vor dem Verleger und dem Raubdrucker geschützt werden?

Arbeitstext IV

aus: Johann Wolfgang Goethe: *Wilhelm Meisters Wanderjahre* (1821ff.)
[...] ich habe im Leben überhaupt und im Durchschnitt gefunden, daß diese Mittel, wodurch wir unsern Sinnen zu Hülfe kommen, keine sittlich günstige Wirkung auf den Menschen ausüben. Wer durch Brillen sieht, hält sich für klüger als er ist, denn sein äußerer Sinn wird dadurch mit seiner innern Urteilsfähigkeit außer Gleichgewicht gesetzt; es gehört eine höhere Kultur dazu, deren nur vorzügliche Menschen fähig sind, ihr Inneres, Wahres mit diesem von außen herangerückten Falschen einigermaßen auszugleichen. So oft ich durch eine Brille sehe, bin ich ein anderer Mensch [...]; ich sehe mehr, als ich sehen sollte, die schärfer gesehene Welt harmoniert nicht mit meinem Innern [...]. Der Mensch an sich selbst, insofern er sich seiner gesunden Sinne bedient, ist der größte und genaueste physikalische Apparat, den es geben kann; und das ist eben das größte Unheil der neuern Physik, daß man die Experimente gleichsam vom Menschen abgesondert hat und bloß in dem, was künstliche Instrumente zeigen, die Natur erkennen, ja, was sie leisten kann, dadurch beschränken und beweisen will. (GFA I 10, S. 384 u. 760)

Aufgabe:

Warum kann Goethe das durch optische Instrumente Wahrgenommene als falsch bezeichnen? Welchen Zusammenhang stellt er zwischen apparativem Schauen und seinen Vorbehalten gegenüber der ‚neuern Physik' her?

Philosophische und anthropologische Voraussetzungen 3

3.1 Was ist Aufklärung?
3.2 Kritik an Rationalismus und Wissenschaft
3.3 Anthropologie: Der Mensch ist der erste Freigelassene der Schöpfung
3.4 Das moderne Selbst und seine beunruhigende Freiheit

Abb. 3 Daniel N. Chodowiecki: Frontispiz zu J. F. Blumenbachs Beiträge zur Naturgeschichte. Erster Teil, 1787.

Was ist Aufklärung? 3.1

Der Begriff Aufklärung bündelt verschiedene philosophische Strömungen der europäischen Philosophie des 17. und 18. Jahrhunderts. Was sie miteinander verbindet, ist die Grundannahme, der Mensch werde nicht von mythischen Mächten regiert. Hat er seine Freiheit von solchen Abhängigkeitsverhältnissen erst einmal erkannt, dann ist er kraft seines Verstandes in der Lage, sich von den Ursachen seiner Knechtschaft und Unmündigkeit zu emanzipieren. Dazu gehören auch soziale Herrschaftssysteme und eine inhumane Unterdrückungspraxis, die während der Aufklärung den Nimbus einer gottgewollten Gesellschaftsordnung endgültig verlieren.

Emanzipation des Verstandes

Wie sich die Abschaffung traditioneller Herrschaftssysteme historisch gestalten soll, diese Frage wird von den britischen, französischen oder deutschen Aufklärern ebenso unterschiedlich diskutiert wie die Behauptung, der Mensch sei von Natur aus gut oder verdorben. Einigkeit herrscht dahingehend, dass allein die Emanzipation des Verstandes den Weg in eine demokratische, egalitäre und friedvolle Zukunft ebnen kann. Das hohe Vertrauen in die menschlichen Geisteskräfte dokumentiert auch das Symbol der Aufklärung: das Licht. Weil nur der Verstand in der Lage ist, dunkle Abhängigkeitsverhältnisse zu erhellen und den Menschen über sich selbst aufzuklären, wird das Zeitalter der Aufklärung in England als *age of enlightenment* und in Frankreich als *siècle des lumières* bezeichnet.

Kant

Den einzelnen Menschen, dem es schwer fällt, „sich aus der ihm beinahe zur Natur gewordenen Unmündigkeit herauszuarbeiten", rückt auch der deutsche Aufklärer Immanuel Kant in den Mittelpunkt seiner Philosophie. In seiner Preisschrift *Beantwortung der Frage: Was ist Aufklärung?* (1784) unterscheidet er zwischen zwei Formen von Unmündigkeit: Konkrete Machtstrukturen können es unterdrückten Menschen unmöglich machen, sich ihres eigenen Verstandes zu bedienen. Diese Unmündigkeit ist unverschuldet, denn der „Schritt zur Mündigkeit" wird von der „Oberaufsicht" mittels physischer Repressalien verhindert. „Schüchtern" sehen die künstlich dumm Gehaltenen von jedem Aufbegehren ab. Verwerfliche Züge nimmt Unmündigkeit dagegen an, wenn das Recht auf Freiheit längst erkannt ist, aber Faulheit oder Feigheit ihren Gebrauch vereiteln. Um solche Missstände abzuschaffen, definiert Kant die Aufklärung mit den berühmten Worten:

> *Aufklärung ist der Ausgang des Menschen aus seiner selbst verschuldeten Unmündigkeit. Unmündigkeit* ist das Unvermögen, sich seines Verstandes ohne Leitung eines anderen zu bedienen. *Selbstverschuldet* ist diese Unmündigkeit, wenn die Ursache derselben nicht am Mangel des Verstandes, sondern der Entschließung und des Mutes liegt, sich seiner ohne Leitung eines anderen zu bedienen. Sapere aude! Habe Mut dich deines *eigenen* Verstandes zu bedienen! ist also der Wahlspruch der Aufklärung.[12]

Merksatz

Aufklärung ist nach Kants berühmter Definition der Ausgang des Menschen aus selbstverschuldeter Unmündigkeit.

Gehorsam, Trieb und Neigung

Dass Menschen freiwillig ihre Unmündigkeit akzeptieren, stellt die aufgeklärte Philosophie vor ein anthropologisches und ein historisches Problem. Denn Aufklärung kann nach Kant gar nicht anders als progressiv und weltumspannend gedacht werden. Demzufolge verhindern unaufgeklärte Europäer, dass sich andere Kulturen von Unrecht und Unterdrückung lossagen. Ebenso blockiert ein irgendwo in der Welt begangenes Unrecht den allgemeinen Fortschritt zum Guten. Warum sich der Mensch dennoch weiterhin passiv verhält, erklärt sich nach Kant aus einem offensichtlich elementaren Glaubensbedürfnis, mit dem man sich zum absoluten Gehorsam gegenüber jenseitigen Mächten verpflichtet. Aber auch niedere Triebe und Neigungen verhindern den freien Verstandesgebrauch. Um beide Formen der Unmündigkeit als freiwilligen und bequemen Verzicht auf die eigenen Geisteskräfte zu entlarven, billigt Kant dem Menschen nur dann Freiheit und Sittlichkeit zu, wenn er es gelernt hat, in Rücksicht auf das Menschheitsganze verantwortlich zu handeln. Meine „äußere (rechtliche) Freiheit", so heißt es in der Abhandlung *Zum ewigen Frieden* (1795), „ist die Befugnis, keinen äußeren Gesetzen zu gehorchen, als zu denen ich meine Beistimmung habe geben können."[13] Gesetze, die demgegenüber Sittlichkeit, Freiheit und Verantwortung zuwiderlaufen, sind illegal. Solche Vorschriften sind notwendig, weil der Mensch von Natur aus träge ist und sich nur unter der Leitung strenger Vernunftgesetze aus dem Zustand der passiven Unmündigkeit oder eines triebhaften Eigennutzes erhebt. Dass Gesetze nur dann Gültigkeit erlangen, wenn sie das Freiheitsrecht anderer Menschen berücksichtigen, hat Kant mit seiner Herleitung des Kategorischen Imperativs gezeigt. Übertragen auf das Zusammenleben der Nationen, hält Kant den ewigen Frieden nur dort für erreichbar, wo der „Friedenszustand unter Menschen" als ein „Weltbürgerrecht", dem alle Staaten unterstehen, *„gestiftet"* wird.[14]

So zweifelsfrei sich Schillers ästhetisches Erziehungsprogramm der intensiven Lektüre von Kants Vernunftlehre verdankt und so wohlwollend sich Goethe über die von ihm gelesenen Schriften des Königsberger Denkers äußert, so wenig darf aus der Perspektive einer eben auch aufklärungskritischen Moderne übersehen werden, dass Kants Philosophie unter den deutschen Klassikern differenziert betrachtet wird. So teilt Schiller in *Über Anmut und Würde* (1793) zwar die Ansicht, der Mensch könne sich dank der sittlichen Würde seines Verstandes über die Natur erheben:

Kant und die Klassiker

> Der Mensch aber ist zugleich eine *Person*, ein Wesen also, welches *selbst* Ursache, und zwar absolut letzte Ursache seiner Zustände seyn, welches sich nach Gründen, die es aus sich selbst nimmt, verändern kann. [...] Wäre der Mensch bloß ein Sinnenwesen, so würde die Natur zugleich die *Gesetze* geben und die *Fälle* der Anwendung bestimmen; jetzt theilt sie das Regiment mit der Freyheit, und obgleich ihre Gesetze Bestand haben, so ist es nunmehr doch der Geist, der über die Fälle entscheidet. (SNA 20, S. 262)

Im Unterschied zu seinem Lehrer macht Schiller indes den Neigungen und Emotionen des Menschen verschiedene Zugeständnisse. Ohne „Leidenschaft", so führt Schiller aus, könne sich der Einzelne nämlich nicht für die Ideale der Aufklärung engagieren oder den Triumph der Sittlichkeit über seine unwürdige Selbstsucht genießen. Mit dieser Grundlegung seiner klassischen Ästhetik zieht Schiller auch die Grenze zwischen Klassik als Moderne und der Aufklärung. Zur Begründung führt er an, wenn Sittlichkeit „die Sinnlichkeit zur Ruhe" bringe, deformiere sie den Menschen zu einem unnatürlichen Verstandeswesen (ebd., S. 272 u. 274).

Schiller Teilt Schiller darüber hinaus die Ansicht, dass der Mensch nie ein vollkommenes Wesen sein wird, so gesteht er dem Menschen gleichzeitig auch zu, dass er an den ‚Dunkelkräften' des Lebens scheitern kann. Wirkliche Freiheit findet er bis auf weiteres ohnehin nur im Reich der Kunst:

> Es ist dem Menschen zwar aufgegeben [...], immer ein harmonirendes Ganze zu seyn, und mit seiner vollstimmigen ganzen Menschheit zu handeln. Aber diese Charakterschönheit, die reifste Frucht seiner Humanität, ist bloß eine Idee, welcher gemäß zu werden, er mit anhaltender Wachsamkeit streben, aber die er bey aller Anstrengung nie ganz erreichen kann. (SNA 20, S. 289)

Kleist Auch Heinrich von Kleist macht sich intensiv „mit der neueren sogenannten Kantischen Philosophie bekannt". Die Folgen dieser Lektüre sind dramatisch. Da sie das Weltbild des Vierundzwanzigjährigen in Frage stellt, spricht die Forschung von einer Kant-Krise. Für Jahre sieht sich Kleist von nihilistischer Perspektivenlosigkeit bedroht, irrt in Europa umher, stürzt sich in kriegerische Abenteuer und beendet sein Leben schließlich freiwillig. Nun wäre es übertrieben, diese Verzweiflung allein mit dem Studium der Schriften Kants in Verbindung zu bringen. Was Kleist bis zu seinem Tod durchleidet, spiegelt in kondensierter Form die Krisenerfahrung des modernen Menschen wieder. Dafür spricht auch der Brief an seine ‚Herzens-Wilhelmine', in dem Kleist sein bisheriges Gottvertrauen mit der Erkenntnis konfrontiert, dass es im irdischen Leben keine Gewissheiten gebe und der Tod nicht nur das Ende des physischen Menschen besiegelt: „Ich glaubte, daß wir einst nach dem Tode von der Stufe der Vervollkommnung, die wir auf diesem Sterne erreichten, auf einem andern weiter fortschreiten würden, u daß wir den Schatz von Wahrheiten, den wir hier sammelten, auch dort einst brauchen könnten." (KFA 4, S. 204f.)

Glaube und Vernunft Einen solchen Beweis hat Kant freilich niemals erbracht, aber Kleists Argumentation zielt auf ein Problem im Verhältnis von Aufklärung und christlichem Denken, mit dem sich auch der Königsberger Philosoph schwer tut: Wenn sich der Einzelne im Leben schrittweise vervollkommnet, wenn er sich ferner so verhält, dass jede seiner Handlungen als Gesetz dienen könnte, dann leistet er einen ähnlich abstrakten Dienst an der Menschheit wie der Christ, der nicht an sich denkt, sondern auf die gerechte Erlösung aller guten Seelen im Jüngsten Gericht hofft. Solch ein Streben wird im Wortgebrauch des 18. Jahrhunderts mit der Erkenntnis der Wahrheit gleichgesetzt und bietet dem ‚selbstlosen' Menschen insofern eine Orientierung, als er die letzten, vollkommenen Wahrheiten ebenso wenig begreifen kann wie das göttliche Verständnis von Gerechtigkeit. Die Wahrheit entpuppt sich damit bei genauerer Betrachtung als Hoffnung – und da ihr in letzter Konsequenz ein irrationales Moment innewohnt, Menschen aber nach Sicherheiten verlangen, sammeln sie ‚Wahrheiten', um daraus einen Anspruch auf Erlösung geltend zu machen.

Was ist Wahrheit? Kant erkennt dieses Problem in seinen religionstheoretischen Schriften sehr genau, beschränkt sich aber darauf aufzuzeigen, wie sich Wahrheiten im Laufe der Zeit verändern. Sind Wahrheiten aber nur relativer Natur, dann können sie, wie Kleist kritisch ergänzt, auch nur geglaubt werden. Um seiner

Verlobten diese Erkenntniskrise anschaulich zu erklären, greift Kleist ein Beispiel auf, dass direkt ins Zentrum der modernen Anthropologie und Wissenschaftskritik führt: die Erfahrung, dass der moderne Mensch seiner eigenen Wahrnehmung nicht mehr vertrauen kann. Kleist veranschaulicht das Gemeinte am Beispiel optischer Dispositionen, die über Qualität und Auswahl visueller Reize mitentscheiden. So sieht der Betrachter beispielsweise nur Dinge, die er aufgrund kultureller Vorschriften wahrnehmen oder als wahr erkennen soll. Schon aus diesem Grund kann es nach Kleist keine universalen Wahrheiten geben. Darüber können auch die von Kant geforderten Vernunftoperationen nicht hinwegtäuschen. Im Gegenteil: Wahrheit wird nicht erkannt oder wahrgenommen. Sie wird willkürlich bestimmt:

> Wenn alle Menschen statt der Augen grüne Gläser hätten, so würden sie urtheilen müssen, die Gegenstände, welche sie dadurch erblicken, *sind* grün – und nie würden sie entscheiden können, ob ihr Auge ihnen die Dinge zeigt, wie sie sind, oder ob es nicht etwas zu ihnen hinzuthut, was nicht ihnen, sondern dem Auge gehört. So ist es mit dem Verstande. Wir können nicht entscheiden, ob das, was wir Wahrheit nennen, wahrhaft Wahrheit ist, oder ob es uns nur so scheint. Ist das letzte, so *ist* die Wahrheit, die wir hier sammeln, nach dem Tode nicht mehr – u alles Bestreben, ein Eigenthum sich zu erwerben, das uns auch in das Grab folgt, ist vergeblich – (KFA 4, S. 205).

Mit dieser Schlussfolgerung entlarvt Kleist das aufgeklärte Denken als Glaubenssache. Leiten nämlich schon die Sinne zweifelhafte Informationen an die Erkenntniskräfte weiter, dann basieren auch die Sittlichkeitsgebote und Vernunftmaximen trotz aller Stringenz in der Beweisführung auf vagen Voraussetzungen. Wird diese erkenntnistheoretische Willkür durchschaut, so schwindet auch das Vertrauen in eine rationale Logik, deren Gesetzmäßigkeiten sich einem erkenntnisleitenden Interesse verdanken. Solche Setzungen von Wahrheiten mögen sich unter bestimmten Bedingungen als zweckhaft und sinnvoll erweisen. Doch schon der Anspruch, Wahrheiten in einem globalen Kontext zu reflektieren, muss an den möglicherweise völlig divergenten Wahrheiten anderer Kulturen scheitern. [Erkenntnis und Interesse]

Mit dieser radikalen Kritik an den erkenntnistheoretischen Voraussetzungen und der abstrakten Logik der Vernunftphilosophie überführt Kleist die Aufklärung als Verstandesmythos, der nicht im Ergebnis, wohl aber von seinen Voraussetzungen her den theologischen Glaubenssätzen nahesteht. Den Verlust an subjektiver Gewissheit gestaltet Kleist in seinen Erzählungen und Dramen mit dem gleichen Rigorismus nach, mit dem Kant auf der Notwendigkeit des sittlichen Handelns insistiert – nur dass der Dichter seinem Publikum keinerlei anschauliche, sinnstiftende Erklärungen mehr anbietet. [Verlust objektiver Wahrheit]

Kritik an Rationalismus und Wissenschaft 3.2

Der Rationalismus ist eine der beiden Hauptströmungen der Aufklärung. Im Unterschied zum Empirismus erkennen seine Vertreter nur die menschliche [Rationalismus]

Vernunft als Mittel der Erkenntnis an. Der sinnlichen Wahrnehmung wird mit der Begründung misstraut, ihre subjektive Befangenheit boykottiere die Formulierung universaler Gesetzmäßigkeiten. Mit dieser Annahme prägt die rationalistische Aufklärung den Wissenschaftsbetrieb des 18. Jahrhunderts. Von der Philosophie als neuer akademischer Leitdisziplin übernehmen die Wissenschaften aber nicht nur ein reduktionistisches Menschenbild. Paradoxerweise liegt ihnen ein latent natur- und menschenfeindliches Denken zugrunde. Gemessen an der Präzision innovativer wissenschaftlicher und technischer Instrumente, erweist sich der natürliche Mensch jetzt nämlich als ein zu optimierendes Mängelwesen.

Herders Kritik am Rationalismus

Als sich in der zweiten Hälfte des 18. Jahrhunderts eine rationalistisch begründete Hierarchie der Sinne durchsetzt, als ferner technischen Apparaturen mehr Zuverlässigkeit als den menschlichen Wahrnehmungsorganen zugesprochen wird, entlarvt der junge Herder den Zusammenhang zwischen der bürgerlich-aufgeklärten Disziplinierung der Sinne und jenem Rigorismus, mit dem wissenschaftliche Erkenntnisse fernab von allen empirischen Grundlagen erworben werden. Von dieser Beobachtung ausgehend, legt er den Grundstein für eine moderne Kritik an der Vormachtstellung des rationalistischen Bestimmtheitsdenkens (s. Arbeitstext I). Nicht ohne Verve führt er in *Vom Erkennen und Empfinden der menschlichen Seele* (1775) den Nachweis, „das Geschwätz von Worterklärungen und Beweisen" sei nur „ein Brettspiel, das auf angenommenen Regeln und Hypothesen ruhet" (HFA 4, S. 330). Wie Herder 1800 in der *Kalligone* präzisiert, mündet solch eine „freiwillige Lossagung von allen Datis der Erfahrung" in die „Transzendental-Ideen und Spekulationen" der Aufklärung und der Wissenschaften. Ihr „Reich unendlicher Hirngespinste, *blinder Anschauungen, Phantasmen, Schematismen, leerer Buchstabenworte*" verdankt sich aber nicht nur der Leugnung empirischer Vielfalt (HFA 8, S. 644). Indem alle rational nicht erklärbaren Möglichkeitserfahrungen als Untersuchungsgegenstand negiert werden, bieten Vernunftlehre und abstraktes Wissen dem Menschen keine Orientierung mehr.

> **Merksatz**
>
> Herders Kritik an der Aufklärungsphilosophie und am zeitgenössischen Wahrheitsbegriff prägt die Ästhetik, Anthropologie und Philosophie der deutschen Klassik ebenso nachhaltig wie seine Ermunterung, wissenschaftliche Erkenntnisse und Gesetzmäßigkeiten wieder zu poetisieren.

Wissenschaft als Religion

Dass Herder hier unverkennbar gegen seinen früheren Lehrer Kant polemisiert, hat ihn rasch ins Abseits der philosophiegeschichtlichen und kulturwissenschaftlichen Forschung manövriert. Ob es aber nur seine scharfen Invektiven und polemischen Anfeindungen sind, die ihn akademisch diskreditieren, bleibt schon deshalb zweifelhaft, weil Herder der universitären Lehre und Forschung gewissermaßen unbotmäßig nachweist, als „*Stiftung* und *Versammlung* (ecclesia)" entziehe sie sich der öffentlichen Kontrolle

(HFA 10, S. 44). Schützt sie sich außerdem mit einer komplexen Systematik und unverständlichen Fachterminologie vor laienhaftem Widerspruch, so blockiert sie nach Herder auch den aufgeklärten Demokratisierungsprozess. Unter den deutschen Klassikern wird diese Enttarnung eines neuen Herrschaftsinstruments ebenso begrüßt wie Herders Hoffnung, der modernen Kunst obliege es, die Erforschung abstrakter Wahrheiten wieder transparent zu machen und damit den Weg in eine herrschaftsfreie Kultur zu ebnen: „Auch *wissenschaftlicher* Systeme", so führt Herder in der *Adrastea* aus, wird sich die „Verskunst" bemächtigen. Nur sie nämlich veranschaulicht die „Natur der Dinge" und ihre Beziehung untereinander angemessen: „Ist Dichtung die reinste, vollste Darstellung der Wahrheit: so muß sie jede Wahrheit darstellen können, nicht nur in den kräftigsten Worten, sondern auch in ihrem tiefsten Grunde, mit inniger Zusammenstimmung und Wirkung." (Ebd., S. 230ff.)

Aus dem Nachweis, die Wissenschaften glichen trotz ihres Fortschrittsoptimismus einem neuzeitlichen Religionsersatz, zieht Herder weitreichende Schlussfolgerungen für den kulturgeschichtlich begrenzten Horizont des aufgeklärten Rationalismus. Am Beispiel der Sprache und der frühen Kunst legt er dar, im Verlauf der Geschichte differenzierten sich Kulturen zu komplexen arbeitsteiligen Gesellschaftssystemen. Da sie an der Ausbildung neuer und immer exakterer Wissenskategorien beteiligt sind, entfalten sich im Verlauf dieses Prozesses auch die Bezeichnungsqualitäten der Sprache. Ebenso teilen sich die Künste in ein streng gegliedertes System, das jedem Genre genaue Gattungsgrenzen zieht und dessen Ausdrucksmittel festlegt. Mit dieser wachsenden Spezialisierung der Sprache und der Künste schwindet allerdings auch ihre ursprüngliche Expressivität. So notwendig es daher für frühe Kulturen auch gewesen sein mag, Techniken der Naturbeherrschung und -darstellung auszubilden, so weit entfernt sich der analytische Verstand als Grundlage des Wissens dann schrittweise von der Natur. Ist der Mensch schließlich endgültig vernünftig und sinnlich diszipliniert, dann fehlt es sowohl seiner Sprache als auch der Kunst an Anschaulichkeit. Die Exaktheit der Naturkenntnis und Ausdrucksmittel verhindert jetzt die sinnlich-lebensvolle, vor allem aber die kreative Auseinandersetzung mit den Dingen.

Anschauungsverlust

Um erklären zu können, warum sprachliche und ästhetische Normen nur das Bedürfnis nach einer möglichst genauen, differenzierten Betrachtungsweise erfüllen, vergleicht Herder den ursprünglichen Menschen mit einem Künstler, der sich intuitiv und gestaltend der umgebenden Natur zuwendet. Statt sie zu beschreiben, ‚malen' seine ersten Worte das Wahrgenommene. Gleichzeitig drückt er singend und tanzend seine Freude über die ihm verliehene Freiheit von allen Naturzwängen aus. Solche ästhetischen ‚Urworte' stiften dank ihrer ‚multimedialen' Expressivität das Gemeinschaftsgefühl in einem Maße, wie es in zivilisierten und spezialisierten Kulturen undenkbar ist. Während hier also jedes Gesellschaftsmitglied die Sittsamkeit, den Ordnungswillen und die Genauigkeit der Regelbefolgung seiner Mitmenschen überwacht, steht am Anfang der Kulturgeschichte noch die gemeinsam und mit allen Sinnen gefeierte „*Freiheitsliebe*": „Alle unpolicirte Nationen sind

Zur Kunst geboren

singend und, wie denn auch nun ihr Gesang sei, er *ist*, und ist meistens ein Sammelplatz all ihrer *Wissenschaft, Religion, Bewegung* der Seele, *Merkwürdigkeiten* der Vorwelt, *Freuden* und *Leiden* ihres Lebens."(HFA 3, S. 60)

<small>Fortschritt als Rückschritt</small>

Gemessen an dieser Naturnähe, erweist sich Fortschritt für Herder als historische ‚Polizierung' des Menschen und als Verlust menschlicher Kompetenzen. Somit verhindert die wachsende Naturbeherrschung sowohl die zwischenmenschliche Kommunikation als auch den kreativen Austausch zwischen Kunstwerk und Publikum. Denn kultureller Fortschritt, so ergänzt Herder am Beispiel der Dichtung, diszipliniert den einzelnen Menschen solange, bis ihm die Fähigkeit abhanden kommt, sich individuell mit Natur und Kunst auseinanderzusetzen. Empfindungslos steht er ihnen mit nicht nur normativen, sondern ebenso normierenden Kategorien des Beschreibens und Darstellens gegenüber. Das elaborierte System der Sprache und der Kunst erweist sich damit als ungeeignet, um die natürlichen Erfahrungsangebote zu erklären. Fehlt es dann noch am Mut, sich neben des eigenen Verstandes auch der eigenen Sinne zu bedienen, so vermag sich der Mensch auch nicht mehr von seinen Gesetzen und Regeln zu emanzipieren:

> Wer sieht hieraus nicht die Ursache, warum die Poesie stets sinken *muß* von der goldnen Höhe ihres Ursprunges gerechnet: Je mehr sich die Gegenstände erweitern, die menschlichen *Geistes*kräfte sich entwickeln<,> desto mehr ersterben die Fähigkeiten der sinnlichen Tierseele. Die Ausbreitung der Wissenschaften verengert die Künste<,> die Ausbildung der Poetik die Poesie; endlich haben wir Regeln, statt poetischer Empfindungen (HFA 1, S. 85).

<small>Goethes Wissenschaftskritik</small>

An diesem Punkt setzen auch Goethes Überlegungen zur diskursiven Wissenschaftspraxis an. In dem wahrscheinlich 1792/93 verfassten Aufsatz *Der Versuch als Vermittler von Objekt und Subjekt* führt Goethe den von Herder monierten Verlust an Naturnähe auf die Tatsache zurück, dass der Mensch sich ursprünglich nur ästhetisch zur Natur verhalten kann. Sobald er aber über die „Gegenstände der Natur [...] in ihren Verhältnissen unter einander" nachzudenken beginnt, lege er diesen anschaulich-aneignenden „Maßstab des Gefallens und Mißfallens" ab. Mit der Formulierung rationaler „Hypothesen" setzt sich schließlich ein Fortschrittsbewusstsein durch, welches sich zum Selbstzweck wird und deshalb den menschlichen Geist hemmt (s. Arbeitstext I u. II). Aus dieser selbstherrlichen Naturentfremdung erklärt sich für Goethe auch, warum zum Schutze wissenschaftlicher Systeme alles daran gesetzt wird, ihre Bedeutung für das allgemeine Leben nicht hinterfragen zu können: „Der Mensch erfreut sich nämlich mehr an der Vorstellung als an der Sache [...]. Es entstehen durch eine solche Bemühung meistenteils Theorien und Systeme, die dem Scharfsinn des Verfassers Ehre machen, die aber [...] dergestalt die Oberhand [gewinnen], daß man für frech und verwegen gehalten würde, wenn man an ihr zu zweifeln sich erkühnte." (GFA I 25, S. 26 u. 31f.)

<small>Farbenlehre</small>

In der *Farbenlehre* (1810) veranschaulicht Goethe diesen Anschauungsverlust ebenfalls am Beispiel der Sprache. Schärfer noch als Herder hinterfragt er sie als das in der Aufklärungsphilosophie entscheidende Medium der Vernunft. Da Sprache von allem Individuellen oder Besonderen abstrahiert und Naturwahrnehmung auf wenige allgemeinverbindliche Merkmale reduziert, eignet sie sich zwar für das wissenschaftliche Naturmodell. Aufgrund ihrer vermeintlichen Objektivität verführt sie aber nach Goethe auch zu folgenschweren Fehlurteilen:

> Jedoch wie schwer ist es, das Zeichen nicht an die Stelle der Sache zu setzen, das Wesen immer lebendig vor sich zu haben und es nicht durch das Wort zu töten. Dabei sind wir in den neuern Zeiten in eine noch größere Gefahr geraten, indem wir aus allem Erkenn- und Wißbaren Ausdrücke und Terminologie herübergenommen haben, um unsre Anschauung der einfacheren Natur auszudrücken. Astronomie, Kosmologie, Geologie, Naturgeschichte, ja Religion und Mystik werden zu Hülfe gerufen; und wie oft wird nicht das Allgemeine durch ein Besonderes, das Elementare durch ein Abgeleitetes mehr zugedeckt und verdunkelt, als aufgehellt und näher gebracht. (GFA I 23, S. 245)

Die Hoffnung der Aufklärung, Licht in das Irrationale und Unwägbare zu bringen, erweist sich damit als hermetische ‚Dunkelschöpfung', die weder dem Menschen als betrachtendem Subjekt noch der Natur als Ganzem gerecht wird. *Subjektive Weltaneignung*

Im 19. Jahrhundert sind diese Ausführungen Goethes belächelt und auf sein ‚poetisches' Naturverständnis zurück geführt worden. Doch über seine Kritik an einer rationalistischen Wissenschaft hinaus legt er in der *Farbenlehre* und anderen naturwissenschaftlichen Studien dar, dass der ausschließliche Fokus auf den Vernunftmenschen unendliche Möglichkeiten subjektiver Weltaneignung zugunsten einer formalistischen Theorie aufopfert. Mit welchen Repressalien solch eine anthropologische Reduktion verteidigt werden muss, diesen subtilen Beweis führt Goethe, indem er die lichtbringende Aufklärung in ihrer gegenwärtigen Ausprägung auf eine Stufe mit den eifernden Wächtern über Religion und Mythos stellt. Sich gleichsam als Ketzer überführend, der sich einer arkanen wissenschaftlichen Leitdisziplin verweigert, heißt es demgemäß über den Wahlspruch der Aufklärung:

> Hiebei bekenn ich, daß mir von jeher die große und so bedeutend klingende Aufgabe: *erkenne dich selbst*, immer verdächtig vorkam, als eine List geheim verbündeter Priester, die den Menschen durch unerreichbare Forderungen verwirren und von der Tätigkeit gegen die Außenwelt zu einer innern falschen Beschaulichkeit verleiten wollten. Der Mensch kennt nur sich selbst, insofern er die Welt kennt, die er nur in sich und sich nur in ihr gewahr wird. Jeder neue Gegenstand, wohl beschaut, schließt ein neues Organ in uns auf. (GFA I 24, S. 595f.)

Herders und Goethes Engagement für eine ‚intuitive' Anschauung haben in der Forschung die bisweilen nicht ohne Häme diskutierte Frage aufgeworfen, ob sich hinter ihren Vorbehalten nicht eigenes wissenschaftliches Unvermögen verberge. Man wird aber nicht übersehen dürfen, dass beide die ‚*analogische Erfindungskraft*' konsequent im Lichte der Freiheit jedes Menschen erwägen. Um sich daher von auferlegten Objektivitätszwängen lossagen zu können, wird ihm das Recht zugestanden, logische Erkenntnis um den Aspekt ‚poetischer' Schlussfolgerungen zu ergänzen. Darüber hinaus gleicht für Herder und Goethe jede Form des Denkens einem subjek- *Klassische Wissenschaftslehre* tiven Deutungsverfahren.¹⁵ Lässt man daher die Annahme gelten, dass sich auch abstrakteste Formeln und Gesetzmäßigkeiten entweder empirischen Erfahrungen oder einem erkentnnisleitenden Interesse verdanken, dann wird auch ersichtlich, dass die ‚klassische' Wissenschaftslehre nicht auf einem trivialen Subjektivismus gründet, sondern auf einem modernen, mithin einem im Dienste des Subjekts aufklärerischen, hinsichtlich aller normierenden Vernunftuniversalien dagegen aufklärungskritischen Freiheitsbegriff. Auf die Wissenschaft als Herrschaftsinstrument angewendet, entpuppen sich die Abstraktionsregeln und hermetischen Deutungsmuster, mit denen Erkenntnis und Wahrheit vor möglichen Einwänden geschützt werden, als so exklusive wie machtkonstitutive Mythen. Darauf weist Herder seine Leser in der Vorrede seiner *Ideen zur Philosophie der Geschichte der Menschheit* (1784 – 1791) explizit hin – woraufhin er von Kant in einer wenig freundlichen Rezension des akademischen Feldes verwiesen wird: „Der da schrieb, war Mensch und du bist Mensch, der du liesest. Er konnte irren und hat vielleicht geirret: du hast Kenntnisse, die jener nicht hat und haben konnte; gebrauche also, was du kannst und siehe seinen guten Willen an; laß es aber nicht beim Tadel, sondern beßre und baue weiter." (HFA 6, S. 14)

3.3 Anthropologie: Der Mensch ist der erste Freigelassene der Schöpfung

Anthropologie beschäftigt sich mit dem Wesen des Menschen, gleichzeitig betrachtet sie ihn im Kontext der Kultur und Menschheitsgeschichte. Die heute übliche Unterscheidung zwischen kulturwissenschaftlicher Anthropologie, die sich auf den Menschen an sich und seine Sitten konzentriert, und pädagogischer Anthropologie, die von der Notwendigkeit menschlicher Erziehung ausgeht, ist in dieser Form im letzten Drittel des 18. Jahrhunderts noch nicht üblich. Mit Rücksicht auf ihre unterschiedlichen Wissenschaftskonzepte formulieren die aufgeklärte und die moderne Anthropologie zwei verschiedene Auffassungen vom Menschen. Ihnen zufolge muss er entweder im Dienste der Vernunftentwicklung seine Triebe und Neigungen streng beherrschen. Oder der Mensch wird, wie Herder gegenüber seinem Lehrer Kant formuliert, als geoklimatisch mitbestimmtes Wesen begriffen, das schon aufgrund seiner regionalen Begrenztheit nur zu ‚provinziellen' Wahrheiten gelangt, die dafür aber umso energischer als etwas Allgemeingültiges verteidigt werden.

Kants Anthropologie — In seiner *Anthropologie in pragmatischer Hinsicht* (1798) beschäftigt sich Kant mit dem Charakter der Völker und Rassen. Dabei distanziert er sich nachdrücklich von einer älteren Forschung, die der Frage nachgegangen war, „was die *Natur* aus dem Menschen macht". Eine solche Betrachtung räumt der Natur nicht nur eine Vorrangstellung vor dem Menschen ein, sie unterschätzt nach Kant, dass der Mensch als ein „mit Vernunft begabtes" und „als freihandelndes Wesen" alles aus „sich selber macht". Da es Kant um die „Erkenntnis des Menschen als *Weltbürgers*" geht, rückt er folgerichtig den Gedanken in den Vordergrund, wie Menschen dazu bewogen werden, aus sich selbst das zu machen, was sie sein *sollen*.¹⁶ Diesem sittlichen Anspruch gemäß, spielen in Kants erzieherischer Anthropologie ästhetisch-sinnliche Erfahrungen als Grundlage menschlicher und kultureller Wissensbildung keine Rolle. Indem er auch alle psychologischen und empirischen Einwände strikt zurückweist, gründet seine Anthropologie auf einer Vernunftlehre, die sich nicht mit seelischen Befindlichkeiten oder milieutheoretischen Abhängigkeiten aufhält, sondern den menschlichen Erkenntniskräften den Willen zur Freiheit übereignet:

> Wer den Naturursachen nachgrübelt, [...] kann über die im Gehirn zurückbleibenden Spuren von Eindrücken, welche die erlittenen Empfindungen hinterlassen, hin und her [...] vernünfteln, muß aber dabei gestehen: daß er in diesem Spiel seiner Vorstellungen bloß Zuschauer sei, und die Natur machen lassen muß.¹⁷

Eine solche Hochschätzung der menschlichen Vernunft ist einzigartig in der Philosophie des 18. Jahrhunderts. Kein Zeitgenosse hat daher ernsthaft versucht, die These Kants zu widerlegen, nur einer kritischen Vernunfttätigkeit erschließe sich die Dimension menschlicher Freiheit. Selbst Kants schärfster Kritiker Herder lässt keinen Zweifel daran, dass das Ziel menschlichen Strebens eine in weltbürgerlicher Absicht vereinte Menschheit sein muss. Allerdings bestreitet er in den *Ideen zur Philosophie der Geschichte der Menschheit* zwei zentrale Hypothesen seines ehemaligen Lehrers: zum einen lehnt Herder es ab, von der Hautfarbe eines Menschen auf dessen Kultivationsfähigkeit zu schließen – in diesem Punkt gelangt Kant zu einer Reihe übler Ergebnisse. Zum anderen gibt er noch einmal zu bedenken, dass klimatische und geographische Lebensbedingungen die Entwicklung des Menschen ähnlich intensiv beeinflussen wie seine Sinnesorgane. Den Vorwurf, mit solchen Voraussetzungen die freie Vernunfttätigkeit zu blockieren, weist Herder mit dem Argument zurück, gerade die Fähigkeit, sowohl über Erfahrungen als auch über Freiheitsrechte reflektieren zu können, demonstriere die wahre Leistungsfähigkeit der Erkenntniskräfte.

Herders Kritik

Merksatz

Aufgeklärte und ‚klassische' Anthropologie unterscheiden sich von ihren Voraussetzungen her: Während die Aufklärung vom Menschen als Vernunftwesen ausgeht, der seine Triebe und Sinne im Dienste der Freiheit regulieren muss, führt Herder den Nachweis, dass Klima und Geographie neben der Wahrnehmung auch die Sprache, Künste und Wissenschaften einer Kultur prägen.

Dass der kulturelle Fortschritt abhängig von den klimatischen und lokalen Bedingungen sei, diesen Gedanken hat Winckelmann in die deutsche Nachahmungsdebatte eingebracht und vom heiteren Klima in Griechenland auf die Normativität der antiken Künste geschlossen (s. Kap 4.1). Herder übernimmt diese Perspektive nicht vorbehaltlos, zumal die Ausschließlichkeit, mit der Winckelmann die mediterranen Verhältnissen von den mitteleuropäischen abgrenzt, die Vorstellung eines kulturell kaum zu überwindenden Defizits voraussetzt. Außerdem lässt sie übersehen, dass in allen Weltteilen Sprache, Künste und Wissenschaften zu finden sind. Deren Niveau erweist sich freilich nur dann als minderes, wenn sie so rigoristisch mit den als zeitlos geschätzten Schönheitsidealen der Antike verglichen werden.

Warum sich der Mensch allerorten kultiviert, setzt aber noch eine weitere Grundannahme voraus. Herder entlehnt sie der Biologie und beweist am menschlichen Körperbau, dass dieser verglichen mit der physischen Beschaffenheit der Tiere einige Vorteile aufweist. Ohne sie könnte der Mensch weder Erfahrungen sammeln noch Wissen erwerben:

> Eben weil der Mensch alles lernen muß, ja weil es sein Instinkt und Beruf ist, alles, wie seinen geraden Gang zu lernen: so lernt er auch nur durch Fallen gehen und kömmt oft nur durch Irren zur Wahrheit [...]. Der Mensch hat den Königsvorzug, mit hohem Haupt, aufgerichtet weit umher zu schauen [...]. Das Tier ist nur ein gebückter Sklave; wenn gleich einige edlere derselben ihr Haupt empor heben oder wenigstens mit vorgerecktem Halse sich nach Freiheit sehnen. [...] Der Mensch ist der erste *Freigelassene* der Schöpfung; er stehet aufrecht. Die Waage des Guten und Bösen, des Falschen und Wahren hängt in ihm: er kann forschen, er soll wählen. (HFA 6, S. 145f.)

Instinktfreiheit Mit diesen berühmten Sätzen leitet Herder die Vernunft des Menschen aus dessen fehlenden Instinkten ab. Während sich das Tier mit ihrer Hilfe zielsicher bewegt, allerdings an eine bestimmte *Umwelt* gebunden bleibt, verfügt der Mensch über *Welt*. Allein diese Unabhängigkeit von Instinkten eröffnet ihm die Freiheit, sich unterschiedliche Lebensbereiche zu erschließen und dort seine Vernunft als Orientierungshilfe auszubilden. Diese Freiheit behält der Mensch grundsätzlich. Ohne sie könnte er nach Herder auch keine Kontakte zu anderen Weltgegenden und Kulturen knüpfen. Gleichwohl prägen die spezifischen Bedingungen seiner Herkunft das kulturelle Wissen, die Sprache und die jeweiligen Wahrheiten. Allesamt verdanken sie sich sehr regionalen Erfahrungen und verlieren deshalb unter anderen klimatischen und geographischen Bedingungen ihre Gültigkeit. Warum sich solch ein latenter Provinzialismus einer bestimmten Weltanschauung auch zu Zeiten wachsender Weltkenntnisse weiter behauptet, erklärt sich nach Herder aus dem Umstand, das Menschen im Lauf der Kulturgeschichte zur Verabsolutierung eigener Sichtweisen neigen und gerade in so genannten hoch entwickelten Kulturen keine Hinterfragung ihres logischen Systems tolerieren.

Ästhetische Anschauung In seinen Schriften zum Volkslied und in der *Kalligone* zieht Herder die ästhetischen Konsequenzen aus der Freiheit des Mensch von Natur und Instinkten. Dazu geboren, sich mit seiner Umwelt kreativ und subjektiv auseinanderzusetzen, bedarf der Mensch der Freiheit als ästhetisch notwendiger Distanz zu den Wahrnehmungsobjekten. Mit dieser anthropologisch begründeten Wahrnehmungslehre prägt Herder das Menschenbild der Klassik in zweifacher Hinsicht: Erstens wertet sie das einzelne Subjekt im ästhetischen Diskurs auf; zweitens erlaubt es Herders kulturgeschichtliche Betrachtung der Menschheit, den Verlust eigener ästhetischer Kompetenzen aufklärungskritisch zu hinterfragen (s. Kap. 4). Anthropologisch wird dafür geltend gemacht, dass der Mensch nicht am Ursprung der Kultur zu ‚tierischer Rohheit' neigt, sondern erst in einer Zivilisation, die sich sozial ausdifferenziert hat und dementsprechend einseitige Erwartungen an den Einzelnen heranträgt.

Diese kulturskeptische Perspektive wird auch in den theoretischen und poetischen Schriften Hölderlins und Kleists (*Penthesilea*) diskutiert. So schreibt Hyperion in Hölderlins gleichnamigem Roman über den zivilisatorisch verschuldeten Niedergang der Künste:

,Klassische' Anthropologie

> wo ein Volk das Schöne liebt, wo es den Genius in seinen Künstlern ehrt, da weht, wie Lebensluft, ein allgemeiner Geist, da öffnet sich der scheue Sinn, der Eigendünkel schmilzt [...]. Wo aber so belaidigt wird die göttliche Natur und ihre Künstler, ach! da ist des Lebens beste Lust hinweg, und jeder andre Stern ist besser, denn die Erde. Wüster immer, öder werden da die Menschen, die doch alle schöngeboren sind" (Hö I, S. 757).

Gemessen an der dieser melancholisch eingeforderten Präsenz künstlerischer Schönheit, herrschen in der eigenen Gegenwart vor allem „Knechtsinn" und „Zwietracht" (ebd.). Mit diesem Befund entlarvt Hyperion jeden optimistisch versimplifizierten Fortschritt als schrittweise Barbarisierung des Menschen. Gleichzeitig schlägt er ein Thema an, das neben der Anthropologie des 18. Jahrhunderts auch die Ästhetik beherrscht: die von Rousseau aufgeworfene Frage, ob der Weg zurück in die paradiesische Natur einer verrohten Kultur noch offen stehe. Hölderlin beurteilt diese Möglichkeit abschlägig, räumt allerdings der ästhetischen Erziehung des ‚ganzen Menschen' die Chance ein, den Zustand apathischer Subordination und sklavischer Erniedrigung zu überwinden (s. Kap. 7.4.1). Um diese letzte verbleibende Hoffnung in einer ansonsten trostlosen Gegenwart begründen zu können, wird der Einzelne nicht als grundverdorben oder genuin böse beschrieben. Was dem Menschen selbst im Zustand rationaler Verwahrlosung und zivilisierten Eigensinns bleibt, ist ein den Künsten zugängliches, niemals gänzlich verderbtes Regenerationsvermögen. Mit dieser Aussicht auf die Überwindung einer kulturell verschuldeten Selbstentfremdung formuliert Hölderlin den Kerngedanken des modernen Kunstdiskurses. Von hier aus betrachtet, mag nun auch nachvollziehbar werden, warum Klassik als anthropologisches Remedium nicht mit einer apolitischen Flucht ins Reich zeitloser Schönheitsideale verwechselt werden kann: So umfassend sie sich in ‚klassischer' Absicht mit der ästhetischen Subjektwerdung des einzelnen Rezipienten beschäftigen mag, so entschieden muss die moderne Kunst überhaupt die Folgen einer vermeintlich vernünftigen Fortschrittlichkeit mitsamt ihren Herrschaftsmythen offenlegen.

Doch was ist nun mit dem ‚ganzen Menschen' gemeint – eine Formulierung, die an esoterische Ganzheitserfahrungen des 20. Jahrhunderts erinnert, faktisch aber zu einer der wesentlichen Grunderfahrung der frühen Moderne gehört? Wenn im Sprachgebrauch der Klassiker immer wieder auf die ‚Zerstückung' des zeitgenössischen Menschen hingewiesen wird, so gilt

Der ‚ganze Mensch'

diese Beobachtung in erster Linie der erkenntnistheoretisch begründete Unterscheidung zwischen dem Vernunftwesen und dessen ‚niederen' Sinnen. Gemeint ist aber auch jener öffentliche Normenzwang, den Schiller in seiner Rezension *Über Bürgers Gedichte* für das Scheitern zahlreicher Intellektueller verantwortlich macht. Denn aus den Verstandesprämissen der Aufklärung und in Abgrenzung von einem als dekadent empfundenen Adel entwickelt das Bürgertum Moralvorstellungen, die streng befolgt werden, um den ‚Dienst' zum Wohle der Menschheit auch nach außen hin zu demonstrieren. Parallel beginnt sich unter dem Einfluss der Industrialisierung die Gesellschaftsstruktur zu ändern. Neue Berufe und Schichten entstehen, ferner oktroyieren bald schon Maschinen den Menschen ein neues Zeitgefühl. Schillers berühmte Formulierung vom Einzelnen als Rädchen in einem kaum noch überschaubaren Getriebe fasst die Folgen dieser ‚technischen Revolution' treffend zusammen. Dem dafür von ihm geprägten Begriff der ‚Zerrüttung' liegt die Erfahrung zugrunde, dass gesamtgesellschaftliche und wirtschaftliche Prozesse vom Einzelnen nur noch partiell überblickt bzw. gar nicht mehr durchschaut werden können.

Von solchen sozialen Veränderungen bleiben die Künste nicht unberührt. Aber solange ihre Unabhängigkeit von gesellschaftlichen und technischen Umwälzungen gewahrt wird, solange kann ihnen aus klassischer Sicht auch die Möglichkeit eingeräumt werden, den sinnlich und denkend zerrissenen Menschen wieder mit sich selbst zu vereinen (s. Kap. 1.3.4).

Merksatz

> Der ‚ganze Mensch' umschreibt in der Anthropologie der Klassik ein ursprünglich sinnlich und intellektuell begabtes Wesen. Im Laufe des wissenschaftlichen und technischen Fortschritts verliert sich dieses für die Einforderung der eigenen Freiheit unabdingbare Zusammenspiel der Erkenntniskräfte zuungunsten eines vernunfthörigen, ‚zerstückten' Menschseins. Was dem Einzelnen indes bleibt, ist ein kulturell niemals gänzlich verrohtes Bedürfnis nach einem ästhetischen ‚Selbstsein'. Auf dieser anthropologischen Bestimmung des modernen Subjektbegriffs gründet die klassische Kunstlehre.

Anthropologie des Selbstseins
Abstrakte Verhaltensmaßstäbe werden selten komplexen Handlungssituationen gerecht. Goethe entwickelt aus diesem Kerngedanken seiner Wissenschaftskritik eine Anthropologie des Selbstseins, die sowohl den subjektiven Erfahrungen des Einzelnen als auch seinen intellektuellen Möglichkeiten gerecht zu werden versucht. Hinsichtlich der prägenden Außeneinflüsse heißt es, der einzelne Mensch habe seine Lebensumstände zunächst einmal zu akzeptieren. Dass er ihnen nicht passiv erliegt, dafür sorgen seine Wahrnehmungsorgane im Zusammenspiel mit der Vernunft (s. Kap. 4). Wird diese Befähigung zum Selbstsein, mithin das Recht, sich die Welt kreativ und gestaltend anzueignen, disziplinierenden Vorschriften und Wahrheiten

aufgeopfert, dann entdeckt der Mensch auch nicht seine Freiheit von den Dingen – eine Freiheit, die nach Goethe jeder politischen Lehre oder aufgeklärten Utopie vorausgesetzt werden muss:

> Des Menschen größtes Verdienst bleibt wohl, wenn er die Umstände so viel als möglich bestimmt und sich so wenig als möglich von ihnen bestimmen läßt. Das ganze Weltwesen liegt vor uns wie ein großer Steinbruch vor dem Baumeister, der nur dann den Namen verdient, wenn er aus diesen zufälligen Naturmassen, ein in seinem Geiste entsprungenes Urbild mit der größten Ökonomie, Zweckmäßigkeit und Festigkeit zusammen stellt. (GFA I 9, S. 777)

Was Goethe hier formuliert, diente in klassizistischer Perspektive dazu, ein hohes Bildungsideal und die Hoffnung einer in der Kunst befriedeten Zukunft zu legitimieren. Vor allem nach 1945 wurde Goethes Formulierung von der ‚Selbstbegrenzung' gern bemüht, um das bessere deutsche Erbe, nämlich eine der Menschheit verpflichtete Humanität, hervorzukehren. Im Kontext einer modernen Anthropologie wird jedoch ersichtlich, dass die Ausbildung des eigenen Selbst für Goethe die Bereitschaft einschließt, solch idealischen Phrasen, fest umrissenen Weltanschauungen und betont apolitischen Rechtfertigungen zu ‚entsagen'. Ihre Stelle sollte eine panoramatische Weitsicht einnehmen, die mit einem kontemplativen oder gar weltverachtenden Lebensmodell nichts gemeinsam hat. Verglichen mit Herders, Schillers und Hölderlins kultur- und wissenschaftskritischen Ausführungen über den ‚ganzen Menschen', geht es Goethe also nicht um eine gehorsame, duldsame Unterordnung unter eine wie auch immer geartete ‚höhere Vernunft'. Mit Rücksicht auf das Selbst und den ganzen Menschen stellt er vielmehr die Behauptung auf, der sinnlich und vernünftig mit sich selbst einige Mensch schöpfe unter günstigen Umständen das ganze individuelle Potential seiner kreativen Anschauung aus. Ohne damit allein die Vorrechte ‚genialischer' Naturen zu verteidigen, heißt es über den ursächlich freien Menschen:

> Nur alle Menschen machen die Menschheit aus, nur alle Kräfte zusammengenommen die Welt. [...] Jede Anlage ist wichtig, und sie muß entwickelt werden. Wenn einer nur das Schöne, der andere nur das Nützliche befördert, so machen beide zusammen erst einen Menschen aus. [...] Der Mensch ist nicht glücklich, als bis sein unbedingtes Streben sich selbst seine Begrenzung bestimmt. (Ebd., S. 932ff.)

Entsagung?

3.4 | Das moderne Selbst und seine beunruhigende Freiheit

Das Selbst oder autonome Subjekt ist in der Moderne Ausgangspunkt aller anthropologischen und ästhetischen Überlegungen. Begriffe wie Selbsteinschätzung oder Selbstkontrolle umschreiben dabei nur unzutreffend, was unter dem Subjekt verstanden wird. Wieder veranschaulicht die Auseinandersetzung mit Kant auf prägnante Weise, dass sich auch der Subjektbegriff der Klassiker logisch-formalen Verallgemeinerungen entzieht und den ein-

Das autonome Subjekt

zelnen Menschen in den Mittelpunkt rückt. In seiner *Metaphysik der Sitten* (1797) führt Kant über ein vernunftkonformes Pflichtbewusstsein aus, verantwortliche Handlungen setzten den Willen voraus, im zwischenmenschlichen Kontakt von allen privaten Neigungen und dem subjektiven Streben nach Glückseligkeit abzusehen. Dieser Wille kann als gut bezeichnet werden, solange er individuelles Handeln an der Pflicht zur Uneigennützigkeit orientiert. Solch ein sittlich reflektiertes Handeln kann nach Kant keine schlechten Wirkungen nach sich ziehen.

Nun gibt es aber Formen der Uneigennützigkeit, die sehr wohl im Gegenüber fatale Reaktionen auslösen oder sogar dessen Schädigung billigend in Kauf nehmen. Vor allem Ideologien machen sich diesen blinden Fleck im Pflichtbewusstsein zunutze. So kann Freiheit zu den erklärten Zielen politischer Kämpfe gehören, ferner wurde und wird die Aufopferung von Menschenleben mit dem Hinweis zurückgewiesen, die einzelne Greueltat diene einem höherwertigen Menschheitszweck. Um solche Behauptungen kreisen im öffentlichen Leben des ausgehenden 18. Jahrhunderts die Debatten über das Recht auf gewalttätigen Widerstand gegen den Staat sowie die Folgen der Französischen Revolution. Warum aber lässt sich der ursächlich ‚gute Wille' als Ausdruck einer freiheitlich orientierten Vernunft so leicht hintergehen? Für Friedrich Schiller beantwortet sich diese Frage aus der falschen Disposition des Handelnden gegenüber seinen Mitmenschen. Denn so konsequent er auch das Ziel einer freien Menschheit vor Augen haben mag, so gefährlich blendet ihn diese Zukunftsperspektive für die aktuellen Belange und das Rechtsbewusstsein seiner Nahwelt. Eine Utopie und die Freiheit zum aktuell verantwortungsvollen Handeln lassen sich folglich nur mühsam aufeinander abgleichen. Ebenso wenig lassen sich Verhaltensvorschriften aus der übergeordneten Prämisse einer globalen Menschlichkeit ableiten. Stets geraten dabei das freie Subjekt und das Spektrum seiner alltäglichen Handlungsanforderungen aus dem Blick. Demgegenüber misst die moderne Anthropologie um 1800 die schrittweise Emanzipation von Aberglaube und tradierten Herrschaftsverhältnissen an den Freiheitsspielräumen des einzelnen Subjekts.

Schöpfer seiner selbst

Während die rationalistische Aufklärung sich nur mit dem Wesen des Menschen an sich auseinandersetzt, erhebt Schiller in *Über Anmut und Würde* den Anspruch, das anschauende Vermögen habe sich „einzig nur an die Art des Erscheinens" zu halten, und zwar „ohne auf die logische Beschaffenheit seines Objekts die geringste Rücksicht zu nehmen." (SNA 20, S. 256) Den Unterschied zwischen beiden Perspektiven erhellt Schiller am Beispiel zwischenmenschlicher Kommunikationsprozesse: Wird im Gegenüber nur der abstrakte Begriff des Menschseins wahrgenommen, dann beurteilt der Betrachter seinen Mitmenschen mit Hilfe von Zwecken, missachtet aber dabei notwendigerweise dessen Individualität. Prompt entgeht ihm, dass kein Mensch bloß ein „Geschöpf", sondern vielmehr „Schöpfer", ein „Selbsturheber seines Zustandes" ist (vgl. ebd., S. 277). Weder fügt sich seine eigene ‚Weltanschauung' in verallgemeinernde Kategorien noch lassen sich mit ihnen komplexe Erfahrungen und Wissensbestände, über die sich ein Subjekt identifiziert, verstehen. Dass die Mehrheit aus Gründen der

Bequemlichkeit einen schlichteren Umgang mit sich selbst und ihrer Umwelt bevorzugt, bleibt für Schiller allerdings unzweifelhaft:

> Dagegen zeigen uns jene zugestutzten Zöglinge der *Regel* [...] nichts, als den Finger der Natur. Die geschäftslose Seele ist ein bescheidener Gast in ihrem Körper und ein friedlicher stiller Nachbar, der sich selbst überlassenen Bildungskraft. Kein anstrengender Gedanke, keine Leidenschaft greift in den ruhigen Takt des physischen Lebens [...], nie die Vegetation durch die Freyheit beunruhigt. (Ebd., S. 274)

Zusammenfassung

Aufklärung ist nach Kants berühmter Definition der Ausgang des Menschen aus einer Unmündigkeit, die ihm zur zweiten Natur geworden ist. Wird der Mensch indes nur als moralisch integres und fortschrittliches Vernunftwesen gedacht, dann verschuldet der ‚kategorische Despotismus' der Aufklärung den Verlust an subjektiver Anschauungsvielfalt. Gleichzeitig, so ergänzen Herder, Goethe und Kleist, entpuppt sich der soziale und technische Fortschritt, auf den das aufgeklärte Zivilisationsmodell abhebt, als folgenschwerer Rückschritt. Denn die aufgeklärte Philosophie und Anthropologie gehen von universal gültigen Bestimmungen der Sprache oder Kultur aus und leugnen demgemäß, dass Kultur und Kunst von geoklimatischen Bedingungen mitbestimmt werden. Dass sie stattdessen westliche Erkenntnisinteressen und Formen der Wissensaneignung streng verabsolutieren, ohne dem Selbstverständnis anderer Kulturen gerecht werden zu können, motiviert im modernen Diskurs des ausgehenden 18. Jahrhundert eine aufklärungskritische Anthropologie, die den Menschen zwar weiterhin als ersten Freigelassenen der Schöpfung begreift, ihm als zur Kunst Geborenen aber die Notwendigkeit anträgt, sich im Dienste einer nicht länger von hierarchischen Setzungen bestimmten Menschheit immer wieder seiner eigenen ‚urpoetischen' Anfänge versichern zu müssen. Auf dieser Grundlegung des ‚klassischen' Menschenbildes baut die Ästhetik des Selbstseins auf: Dem logischen Bestimmtheitsdenken und rationalistischen Wahrheiten gegenüber kritisch eingestellt, erkennt der Mensch seine angestammte Freiheit und erschließt sich damit ein ästhetisches, Sinne und Intellekt gleichermaßen einforderndes Dasein. Was die moderne Anthropologie und mit ihr die klassische Literatur freilich auch nicht verschweigen, ist die Erfahrung, dass ein Leben ohne ewig gültige Werte und Wahrheiten für den Einzelnen eine wachsende Verunsicherung mit sich bringen kann. Um ihr zu entgehen, muss sich die subjektive Autonomie nötigenfalls im Widerstand gegen konformistische Normen und Vernunftgesetze behaupten.

Literatur

Gamm, Gerhard, *Wahrheit als Differenz. Studien zu einer anderen Theorie der Moderne*, Frankfurt am Main, 1986.

Brummack, Jürgen, „Herders Polemik gegen die Aufklärung", in: *Aufklärung und Gegenaufklärung in der europäischen Literatur, Philosophie und Politik von der Antike bis zur Gegenwart*, hg. v. Jochen Schmidt, Darmstadt, 1989, S. 277–293.

Adler, Hans: *Die Prägnanz des Dunklen. Gnoseologie – Ästhetik – Geschichtsphilosophie bei Johann Gottfried Herder*, Hamburg, 1990.

Pütz, Peter, *Die deutsche Aufklärung*, Darmstadt, 1991.
Heinz, Marion, *Sensualistischer Idealismus. Untersuchungen zur Erkenntnistheorie des jungen Herder (1763-1778)*, Hamburg, 1994.
Bahr, Erhard (Hg.), *Was ist Aufklärung? Thesen und Definitionen. Kant, Erhard, Hamann, Herder, Lessing, Mendelssohn, Riem, Schiller, Wieland.* Stuttgart, 1996.
Kondylis, Panajotis, *Die Aufklärung im Rahmen des neuzeitlichen Rationalismus*, Hamburg, 2002.

Fragen

11. Was sind die zentralen Forderungen und Ziele der deutschen Aufklärungsphilosophie?
12. Welche Ursachen führen den Menschen nach Kant in die Unmündigkeit?
13. Welche Vorbehalte formulieren die deutschen Klassiker der Aufklärung gegenüber?
14. Was charakterisiert den Mensch als ‚ersten Freigelassenen der Schöpfung'?
15. In welchem Verhältnis stehen menschliche Freiheit und deutsche Klassik als Moderne?

Arbeitsaufgaben

Arbeitstext I

aus: Johann Gottfried Herder: *Auszug aus einem Brief über Ossian und die Lieder alter Völker* (1773)
[...] je wilder, d.i. je lebendiger, je freiwirkender ein Volk ist (denn mehr heißt dies Wort doch nicht!), desto wilder, d.i. desto lebendiger, freier, sinnlicher, lyrisch handelnder, müssen auch, wenn es Lieder hat, seine Lieder sein! Je entfernter von künstlicher, wissenschaftlicher Denkart, Sprache und Letternart das Volk ist: desto weniger müssen auch seine Lieder fürs Papier gemacht, und tote Lettern Verse sein: vom lyrischen, vom lebendigen [...] des Gesanges [...] – davon, und davon allein hängt das Wesen, der Zweck, die ganze wundertätige Kraft ab, <die> diese Lieder haben, die Entzückung, die Triebfeder, der ewige Erb- und Lustgesang des Volks zu sein! [...] Sie lachen über meinen Enthusiasmus für die Wilden [...]: Glauben Sie nicht, daß ich deswegen unsre sittlichen und gesitteten Vorzüge, worin es auch sei, verachte. Das menschliche Geschlecht ist zu einem Fortgange von Szenen, von Bildung, von Sitten bestimmt: wehe dem Menschen, dem die Szene mißfällt, in der er auftreten, handeln und sich verleben soll! Wehe aber auch dem Philosophen über Menschheit und Sitten, dem Seine Szene die Einzige ist, und der die Erste immer, auch als die Schlechteste, verkennet! Wenn alle mit zum Ganzen des fortgehenden Schauspiels gehören: so zeigt sich in jeder eine neue, sehr merkwürdige Seite der Menschheit (HFA 2, S. 452 u. 456).

Aufgabe:
Welche Gründe lassen den Aufklärer und Aufklärungskritiker Herder am rationalistischen Zivilisationsmodell zweifeln? Zu welchem Fortschritt trägt auch der vermeintlich ‚Wilde' bei?

Arbeitstext II

aus: Johann Gottfried Herder: *Abhandlung über den Ursprung der Sprache* (1772)
[...] *die Empfindsamkeiten, Fähigkeiten und Kunsttriebe der Tiere nehmen an Stärke und Intensität zu, im umgekehrten Verhältnisse der Größe und Mannigfaltigkeit ihres Würkungskreises.* [...] *Der Mensch hat keine so einförmige und enge Sphäre, wo nur Eine Arbeit auf ihn warte: eine Welt von Geschäften und Bestimmungen liegt um ihn –* [...] Der Mensch beweiset Reflexion, wenn die Kraft seiner Seele so frei würket, daß sie in dem ganzen Ozean von Empfindungen, der sie durch alle Sinne durchrauschet, Eine Welle [...] absondern, sie anhalten, die Aufmerksamkeit auf sie richten, und sich bewußt sein kann, daß sie aufmerke. [...] Er beweiset also Reflexion, wenn er nicht bloß alle Eigenschaften, lebhaft oder klar erkennen; sondern eine oder mehrere als unterscheidende Eigenschaften bei sich *anerkennen* kann: der erste Aktus dieser Anerkenntnis giebt deutlichen Begriff; es ist das Erste Urteil der Seele – (HFA 1, S. 713 u. 722).

aus: Johann Wolfgang Goethe: *Der Versuch als Vermittler zwischen Subjekt und Objekt* (um 1792/93)
Sobald der Mensch die Gegenstände um sich her gewahr wird, betrachtet er sie in Bezug auf sich selbst, und mit Recht. Denn es hängt sein ganzes Schicksal davon ab, ob sie ihm gefallen oder mißfallen, ob sie ihn anziehen oder abstoßen, ob sie ihm nutzen oder schaden. [...] Ein weit schwereres Tagewerk übernehmen diejenigen, deren lebhafter Trieb nach Kenntnis die Gegenstände der Natur an sich selbst und in ihren Verhältnissen unter einander zu beobachten strebt: denn sie vermissen bald den Maßstab der ihnen zu Hülfe kam, wenn sie als Menschen die Dinge in Bezug auf *sich* betrachteten. (GFA I 25, S. 26)

Aufgabe:

Herders und Goethes Ausführungen fassen noch einmal die erkenntnistheoretischen und ästhetischen Vorbehalte gegenüber den universalen Wahrheitsansprüchen der Aufklärung zusammen. Inwieweit deckt sich Herders These über das ‚Seelen-Urteil' mit Goethes Kritik an einer ‚göttlichen' Wissenschaft?

4 Ästhetik

4.1 Ästhetik im 18. Jahrhundert
4.2 Nachahmung
4.3 Kunstautonomie
4.4 Ästhetik der Sinne
4.5 „Der Mensch ist nur dort Mensch, wo er spielt."
4.6 Das ästhetische Subjekt
4.7 Klassik und Romantik

Abb. 4: Laokoon

4.1 Ästhetik im 18. Jahrhundert

Im 18. Jahrhundert etabliert sich die Ästhetik als Teildisziplin der Philosophie. Anders als im bisherigen Sprachgebrauch wird sie jetzt nicht mehr nur als Lehre vom Schönen definiert. Auch die Gründe, warum und wie etwas als schön wahrgenommen und beurteilt wird, sowie die Frage nach dem Wesen der Kunst gehören seit der zweiten Jahrhunderthälfte zum Gegenstandsbereich der Ästhetik. Als Theorie der Kunst und der sinnlichen Anschauung entwickelt sie sich aus einem kontrovers geführten Diskurs, der so genannten *Querelle des anciens et des modernes*. In ihrem Verlauf erörtern Vertreter der ‚antikisierenden' und der ‚modernen' Kunst die Frage, ob sich das Schöne an ewig gültigen Normen und Idealen, wie sie bereits in der frühen griechischen Kultur entwickelt sein sollen, oder an jeweils kulturspezifischen, im Gang der Geschichte variierenden Geschmacksvorlieben bemisst. Um diese rivalisierenden Argumente historisch absichern zu können, bemühen die ‚Antiken' und ‚Modernen' zwei unterschiedliche Geschichtsmodelle. Für die Verehrer antiker Kunst endet die Hochphase der Kunstgeschichte mit der Wiederentdeckung des Klassischen in der Renaissance. Gemäß diesem degenerativen Verständnis der Kunstgeschichte genügen Artefakte späterer Epochen nicht mehr den Ansprüchen idealer Schönheit. Für die ‚Modernen' kann demgegenüber nur das immer wieder Originäre, das sich zu allen Zeiten und in unterschiedlichen Kulturen durchsetzt, als schön bezeichnet werden.

Die Ästhetik der deutschen Klassik vermittelt zwischen beiden Positionen. Sich an Johann Joachim Winckelmann orientierend, lässt sie einerseits die Vorbildfunktion antiker Kunst gelten. Allerdings begründet sie diese nicht mit Hilfe eines biologistischen Verfallsmodells, sondern mit Rücksicht auf einen aufgeklärten Fortschritt, der das Geschmacksempfinden und ästhetische Beurteilungsvermögen zunehmend korrumpiert. Andererseits setzt sie das ästhetisch autonome Subjekt voraus, das wieder dazu befähigt werden muss, sich *selbstständig* auf das Schöne einzulassen. Dazu bedarf es aktiver Sinnesorgane und einer Kunst, an welcher sich die Geschmacksurteile heranbilden.

Vorrangig geht es im Kunstdiskurs des 18. Jahrhunderts um das antike Schönheitsideal und seine Vorbildfunktion für die zeitgenössische Kunst. Geführt wird diese Debatte auf gesamteuropäischem Niveau. Ihren Anfang nimmt sie 1687 in Frankreich, als der Märchendichter Charles Perrault in seinem Verstraktat *Le Siècle de Louis XIV* die Überlegenheit seiner Epoche über die Antike behauptet. Die sich hieran entzündende *Querelle des anciens et des modernes* währt mehr als hundert Jahre, wobei die antikisierenden Kunsttheoretiker zeitgenössischere Themen und Gestaltungsmittel ablehnen. Ihre Gegenspieler weisen demgegenüber darauf hin, jede Epoche und Kultur entwickle ihre eigenen ästhetischen Interessen und könne sich deshalb nicht mehr an überkommenen Normen orientieren.

Der europäische Kunstdiskurs

Für den deutschen Kulturraum Mitte des 18. Jahrhunderts lassen sich die – gelegentlich marginalen – Differenzen beider Parteien an Winckelmann und Lessing festmachen. Mit seiner erstmals in den *Gedanken über die Nachahmung der griechischen Werke in der Malerei und Bildhauerkunst* (1755) formulierten These, das „allgemeine vorzügliche Kennzeichen der griechischen Meisterwerke" sei sowohl „in der Stellung als im Ausdrucke" eine „edle Einfalt und stille Größe", bezieht Winckelmann den Standpunkt der französischen Klassizisten. Gleichzeitig bietet er das antike Streben nach unverspielter und doch ästhetisch wirkmächtiger Formenstrenge auf, um sich energisch vom überladenen Dekor der Barock- und Rokokokunst zu distan-

Winckelmann

zieren. Begründet wird diese Vollendung im künstlerischen Ausdruck mit dem Hinweis auf die klimatischen Vorzüge Griechenlands. Sie gestatteten es den Malern und Bildhauern beispielsweise, unter freiem Himmel nackte Athleten zu studieren und diese Kenntnis durchtrainierter Körper in die Gestaltung mythischer Sujets einfließen zu lassen. Dass sie in freier Konkurrenz zueinander so makellose wie stilbildende Kunstwerke hervorbringen, dafür sorgen allerdings auch, wie Winckelmann nicht ohne Seitenhieb auf die politischen Zustände in Deutschland ergänzt, die demokratischen Verhältnisse in den antiken Stadtstaaten.

Nachahmung Obwohl diese ästhetische Vorbildlichkeit nur noch in Museen und Kunstsammlungen nachlebt, empfiehlt Winckelmann den zeitgenössischen Malern und Bildhauern, sich an der unerreichten Größe der griechischen Kunst zu orientieren. Nur die Nachahmung solcher Schönheitsideale garantiere der deutschen Kunst zukünftig wieder Maß und Stilsicherheit. Des Widerspruchs, dass sich die Künstler hierzulande sowohl klimatisch als auch politisch mit weitaus ungünstigeren Bedingungen arrangieren müssen, ist sich Winckelmann dabei bewusst. Mit dem Zusatz, jede Nachahmung könne nur als ‚kunstwollende', also nicht allein von der Natur inspirierte Auseinandersetzung mit den antiken Kunstwerken eingefordert werden, trägt Winckelmann der ‚modernen' Lebenswelt insofern Rechnung, als er die Antike als unwiederbringliche Epoche sieht und die Neuzeit demgemäß in die Pflicht nimmt, ihre ästhetische Autonomie zu überwinden, um sich fortan im Dienste künstlerischen Normstrebens mit der griechischen Kunst auseinanderzusetzen. Verdeutlicht wird diese klare Absage an das jeweils klimatisch und ästhetisch als natürlich Empfundene am Beispiel der Laokoon-Gruppe. Hielten sich die europäischen Maler und Bildhauer der letzten zwei Jahrhunderte mit dem ‚Weichlichen' und der Wiedergabe ‚heftiger' und ‚flüchtiger' Empfindungen auf, so führt Winckelmann über die berühmte Plastik in den Vatikanischen Museen aus:

> So wie die Tiefe des Meers allezeit ruhig bleibt, die Oberfläche mag noch so wüten, eben so zeiget der Ausdruck in den Figuren der Griechen bey allen Leidenschaften eine grosse und gesetzte Seele. Diese Seele schildert sich in dem Gesicht des Laocoons, und nicht in dem Gesicht allein, bey dem heftigsten Leiden. Der Schmerz, welcher sich in allen Muskeln und Sehnen des Cörpers entdecket [...]; dieser Schmertz, sage ich, äussert sich dennoch mit keiner Wuth in dem Gesichte und in der gantzen Stellung. Er erhebet kein schreckliches Geschrey [...]. Laokoon leidet, aber er leidet wie des Sophocles Philoctetes: sein Elend gehet uns bis an die Seele; aber wir wünschten, wie dieser grosse Mann, das Elend ertragen zu können.[18]

Lessing In der damit auch in Deutschland eröffneten Laokoon-Debatte bezieht Lessing den Standpunkt der ‚Modernen'. Warum weder der moderne Rezipient noch der moderne Künstler in der Lage sind, sich mit dem Geschmack der Antike zu identifizieren, begründet Lessing in *Laokoon oder Über die Grenzen der Malerei und Poesie* (1766) mit dem Argument, ein rationales Weltmodell habe die griechische Mythologie als Verständigungshorizont der antiken Kunst abgelöst. Aus diesem Grund empfinde der zeitgenössische Betrachter das Schreien eines mit Seeungeheuern kämpfenden Priesters auch als peinlich. Da der antike Bildhauer aber darauf verzichte, das mythische Motiv gar zu detailgetreu wiederzugeben und stattdessen einen ‚fruchtbaren Augenblick' des Gesamtgeschehens festhalte, welcher der Einbildungskraft des Betrachters genügend Freiräume lässt, sehe das zeitgenössische Publikum des mittleren 18. Jahrhunderts in der dargestellten männlichen Figur keinen mit dem Schicksal ringenden Heroen, sondern einen um das Leben seiner Kinder ringenden Vater.

Mit dieser Beweisführung widerlegt Lessing nicht nur die von Winckelmann vorgeschlagene Nachahmung griechischer Schönheitsvorschriften. Am Beispiel eines mythisch unbefangeneren Kunstschaffens führt er des Weiteren aus, dass sich originäre Kunst wie die eines Shakespeares gleichberechtigt neben den antiken Werken zu behaupten vermöge. Nicht die peinlich genaue Orientierung an überkommenen ästhetischen Normen befördert also den zeitgenössischen Kunstbetrieb. Vielmehr ist es die Bereitschaft, sich auf kulturell eigene und den Zeitläufen adäquate Themen und Motive einzulassen, die es Künstlern ermöglicht, die wirkungsästhetischen Grenzen ihrer jeweiligen Ausdrucksformen immer wieder neu abzustecken.

Mit seiner kritischen Würdigung der Malerei und Poesie im Kontext der Laokoon-Debatte leistet Lessing für den ästhetischen Diskurs der zweiten Hälfte des 18. Jahrhunderts zweierlei: Zum einen greift er dem im Sturm und Drang geforderten Selbstverständnis des Künstlers vor, der unabhängig von Geschmacksdoktrin seinem eigenen schöpferischen Vermögen vertraut; zum anderen beschreibt Lessing die Künste als je eigene Medien, deren Wirkungspotential sich nicht über den lange Zeit üblichen Vergleich mit verwandten Kunstformen erschließt. In der Bildhauerei ist es beispielsweise jener schon angedeutete ‚Augenblick' aus einem größeren Gesamtgeschehen. Wird er nicht illustrativ gewählt, sondern solchermaßen ‚lebendig', dass der Betrachter das Dargestellte auch unabhängig von mythischen oder literarischen Vorlagen miterleben kann, so enthebt der Künstler sein Werk aus der Gemengelage modischer Geschmacksvorlieben oder zeitverhafteter Rezeptionsperspektiven. Noch Goethe widmet sich 1798 in seinem Aufsatz *Über Laokoon* diesem dem Medium Bild und Plastik eigenen Vermögen, das ‚Momenthafte' so zu gestalten, dass es „Millionen Anschauern immer wieder neu lebendig" wird (GFA I 18, S. 493).

Lessings Grenzziehungen zwischen sogenannten ‚Schwesterkünsten' wie der Malerei und der Literatur beantworten freilich noch nicht die später im 18. Jahrhundert immer dringlicher diskutierte Frage nach dem Wesen der Kunst. Zum besseren Verständnis dieser Bestimmung dessen, was alle Künste miteinander verbindet, bleibt zu berücksichtigen, dass in einer noch vorwiegend aristokratisch geprägten Gesellschaft, in der Kunst eine unterhaltende oder dekorative Funktion inne hat, am Wesen der Kunst sowohl ihr Stellenwert innerhalb der Kultur als auch die ihr vom Bürgertum angetragenen Erziehungsaufgaben aufgewiesen werden kann. Was also allen Künsten ästhetisch zugrunde liegt, entscheidet aus bürgerlicher Perspektive auch über das soziale Emanzipationsstreben des Standes mit. Die Frage nach dem Wesen der Kunst steht deshalb nicht im Widerspruch zu den vielfältigen Bemühungen, die Grenzen zwischen den Künsten zu bestimmen. Im Gegenteil: je genauer die sozialpolitischen und medialen Wir-

Wesen der Kunst

kungsmöglichkeiten der Musik, Malerei oder Literatur ausgelotet werden, desto exakter lässt sich ein alle verbindender Kunstbegriff herleiten, an dem sich die kulturelle Souveränität des Bürgertums demonstrieren lässt. Aus den gleichen Überlegungen erklären sich auch die hierarchischen Systeme, mit denen das Verhältnis zwischen einer Leitkunst und den ihr untergeordneten Gattungen festgeschrieben wird. Denn ähnlich wie mit der Nomenklatur der Naturwissenschaften streben die bürgerlichen Gelehrten nach einem aufgeklärten System der Künste, deren genaue Bestimmung einerseits ihr historisches Werden und ihre Funktion im Prozess der Aufklärung erkennen lässt und damit andererseits den libertinären Umweg, wie ihn der Adel mit den Künsten pflegte, unterbindet. Obwohl diese Hierarchie der Künste im Verlauf des 18. Jahrhunderts variiert – für Lessing ist die Literatur unbestrittene Leitkunst, in der Klassik werden es das Drama und die Plastik sein, während die Romantik die Musik allen anderen Gattungen voranstellt –, setzt sich als Ergebnis all dieser Konsensbemühungen Anfang des 19. Jahrhunderts die Anschauung durch, jedes vollkommene Kunstwerk trage das Wesen der Kunst in sich. Jenseits von allen historischen Kontexten behaupte es sich als autonomes, nur aus sich selbst heraus verständliches Artefakt.

Aufwertung der Sinnesorgane

Mit der Funktion der Sinne im ästhetischen Rezeptionsprozess setzt sich erstmals umfassend Alexander Baumgarten in seiner 1750/58 in zwei Bänden erscheinenden *Aesthetica* auseinander. Seine grundlegende Abhandlung etabliert die Ästhetik als philosophische Disziplin, die sich mit der sinnlichen Erkenntnis beschäftigt (scientia cognitionis sensitivae). Gleichzeitig wertet Baumgarten die bisher als unzuverlässig geltenden Wahrnehmungsorgane mit der These auf: „Nihil est in intellectu, quod non fuerit in sensu" (Nichts ist im Verstand, was nicht im Sinne war). Um jedoch die rationalen Geisteskräfte mit sinnlichen Informationen versorgen und das Schöne inmitten einer unwirtlichen Dingwelt überhaupt entdecken zu können, müssen die Sinne nach Baumgarten geschult werden. Nur wenn sie also ihrerseits in der Lage sind, das Schöne als etwas vernünftig Strukturiertes zu erkennen, dann erfüllen die Sinne auch den Zweck, ästhetisch vorselektierte Wahrnehmungsdaten an den Verstand weiterzuleiten. Folgerichtig bestimmt Baumgarten die sinnliche Anschauung als Kunst des schönen Denkens (ars pulcre cogitandi).

Kunst des schönen Denkens

Solch eine Aufwertung der Sinne scheint der bürgerlichen Leibfeindlichkeit ebenso zu widersprechen wie der These, der Körper diene der Vernunft wie eine Maschine (Descartes). Allerdings klingt auch in Baumgartens Kunst des schönen Denkens die Verachtung der materialen Wirklichkeit an. Einerseits schließt Baumgarten nämlich alles potentiell Unschöne von der sinnlichen Anschauung aus. Andererseits befassen sich sowohl die rationalisierten Sinne als auch der Verstand nur mit den immateriellen Abbildern des Wirklichen. Solchermaßen von allem ‚Erdenrest' gereinigt, kann das Schöne als wahr und gut erkannt werden. Kant wird diesen Gedanken später aufgreifen und dem Schönen attestieren, es wirke auf den Rezipienten, ohne seine Anschauungsorgane ‚sinnlich' zu tangieren. Solch ein ‚reiner' Genuss reduziert indes die Wahrnehmungsorgane zu teilnahmslosen Kanälen, durch die das interesselos Wohlgefällige ungehindert seinen Weg zu den Verstandeskräften nimmt.

Von dieser Entsinnlichung der ästhetischen Anschauung grenzen sich die deutschen Klassiker vehement ab. Vom gestalterischen Anteil des autonom wahrnehmenden Subjekts ausgehend, macht Herder in der *Kalligone* (1800) geltend, zwar habe Kant darlegen wollen, dass ein Kunstwerk die „kleinliche Rückkehr auf mich" verhindert. Doch indem er Schönheit auf intellektuelle Anschauung reduziere, unterschätze er die Rolle der Sinne im Umgang mit den ‚ansprechenden' Dingen. Um seinen Einwand begründen zu können, beschreibt Herder den Kontakt zwischen Wahrnehmungsobjekt und Wahrnehmendem als materialen Austausch: Zunächst ‚treffen' Informationen auf die Sinne, welche dann ihrerseits entscheiden, mit welchen Informationen sie sich kreativ weiterbeschäftigen. Ohne diese Sinnestätigkeit würde das Schöne also gar nicht registriert: „nichts kann ohne Interesse gefallen, und die Schönheit hat für den Empfindenden gerade das höchste Interesse. [...] Interesse ist quod mea interest, *was mich angeht*. Betrifft eine Sache mich nicht, wie könnte ich an ihr Wohlgefallen finden? Um zu gefallen muß der Dichter, der Künstler, ja die Natur selbst uns zuerst *interessant* werden" (HFA 8, S. 675 u. 730).

Ästhetik der deutschen Klassik

> **Merksatz**
>
> Im Unterschied zur älteren Wirkungsästhetik setzt die Ästhetik der deutschen Klassik einen aktiven Rezipienten und die Mitarbeit der Sinne im Anschauungsprozess voraus.

Auf diese von Herder bereits in den 1770er Jahren entwickelte Wahrnehmungslehre gründet die Autonomie des einzelnen Subjekts (s. Kap. 3). Hatte Baumgarten angenommen, die Sinne filterten nur rationale Schönheitsimpulse aus der komplexen Dingwelt, so bestimmt Herder jede Form von sinnlicher Wahrnehmung als sinnstiftend. Jeder qualitativen Beurteilung von Sinnesimpulsen geht also eine *aisthetische*, mithin die sinnlich wahrnehmende Beschäftigung mit ihnen voraus. In deren Verlauf wird entschieden, ob etwas als interessant oder weniger ansprechend erlebt wird. An solche prärationalen Erfahrungen schließt sich die *ästhetische*, also die gleichsam künstlerisch kreative Gestaltung des Interessanten an, wobei das Subjekt eigenständig das Wahrgenommene mit anderen Sinneseindrücken vergleicht und es phantasievoll gestaltet. Je nach sinnlich-intellektueller Veranlagung, aber auch aufgrund lokaler oder klimatischer Besonderheiten unterscheiden sich solche Wirklichkeitsimpressionen von Mensch zu Mensch. Da aisthetische Erfahrungen außerdem nicht auf die Wahrnehmung des Vollkommenen beschränkt bleiben, sondern die Erkundung des logisch Diffusen, des Hässlichen oder Unwägbaren einschließen, erwirbt jedes ästhetische Subjekt ein individuelles Potential an Anschauungen, ja eine eigene Welt-Anschauung, welche in die sinnstiftende Auseinandersetzung mit der Kunst einfließt.

Aisthesis und autonomes Subjekt

4.2 Nachahmung

> **Hinweis**
>
> **Mimesis:** Mit dem Begriff *Mimesis* wird seit Aristoteles die künstlerische Nachahmung von Handlungen oder Personen bezeichnet. Die deutsche Übersetzung trifft die ästhetiktheoretische Tragweite des Mimetischen aber nur ungenau, denn für Aristoteles verbindet sich mit ihm das Bedürfnis des Menschen nach einer gestalterischen Darstellung mythischer Heldentaten. Dabei obliegt es dem Künstler, diese Sujets so zu arrangieren, dass die Rezipienten sich mit den Protagonisten identifizieren und im intensiven Miterleben von angestauten Affekten befreien. Mimesis verpflichtet insofern zur Einhaltung mythischer Motive, räumt dem Künstler aber gleichzeitig die Freiheit ein, je nach Situation darüber zu entscheiden, mit welchen Gestaltungsmitteln er sein Publikum in den Bann zieht.

Karl Philipp Moritz — Der Nachahmung antiker Kunstwerke haftet schon aus Sicht der ‚Modernen' eine gipsklassizistische Pedanterie an. Dennoch werden angehende Künstler schon im 18. Jahrhundert während ihrer akademischen Ausbildung dazu angehalten, griechische Vorbilder möglichst genau nachzugestalten. Dass solch ein Kopieren die intellektuelle und ästhetische Stagnation der Künste verschuldet, diesen Gedanken diskutiert auch Karl Philipp Moritz in seiner für die Klassik wegweisenden Abhandlung *Über die bildende Nachahmung des Schönen* (1786): „Wir sehen also aus dem Sprachgebrauch, daß *Nachahmen*, im edlern moralischen Sinn, mit den Begriffen von Nachstreben und Wetteifern fast gleichbedeutend wird". Andernfalls, so ergänzt Moritz, höre „das eigentliche Denken, welches nun einmal im Unterscheiden besteht", auf. Um nun das Wesen der Kunst vom traditionellen Nachahmungspostulat zu unterscheiden, führt Moritz über das Schöne aus, es enthalte sein je eigenes Ideal in sich und könne nur mit diesem Maßstab beurteilt werden. Jede plumpe Nachgestaltung eines Kunstwerks muss an dieser Unvergleichbarkeit scheitern, denn vollendete Kunst ist „*über die Bildung selbst*" erhaben. Dem unselbstständigen Kopisten des Schönen mangelt es dagegen an der Fähigkeit, das Ideal eines Kunstwerks zu erkennen.[19]

Kritik am Nachahmungspostulat — Vom Mimesisprinzip hatten sich zuvor schon die Stürmer und Dränger mit dem Argument distanziert, jedem ‚Original-Genie' stehe es frei, seine eigenen Erlebnisse und Weltansichten ästhetisch, vor allem aber künstlerisch autonom auszugestalten. Jede Regelpoetik bevormunde demgegenüber die eigenen ästhetischen ‚Kräfte' und reduziere die sinnlich-emotionale Naturaneignung auf die domestizierte Nachgestaltung gängiger Geschmacksnormen. Was jedoch die Abkehr des Original-Genies vom Mimetischen von den ebenfalls skeptischen Vorbehalten auf Seiten der deutschen Klassiker unterscheidet, ist die bei Herder und Hölderlin anthropologisch begründete Übertragung der ästhetischen Autonomie auf den Menschen an sich (s. Arbeitstext I). Was für die Künstler des Sturm und Drang gelten soll, avanciert in der deutschen Klassik mithin zu einer Art ästhetischem Grundrecht: Da jeder Mensch ursprünglich zum ‚Künstler' geboren ist, nimmt er unter günstigen Bedingungen aktiv und kreativ wahr. Demgemäß widerstrebt es ihm nicht nur, sich vorgegebenen Schönheitsidealen unterzuordnen. Vielmehr sieht er in seiner ästhetischen Autonomie das vollgültigste Argument, die zum Maßstab des Schönen erhobene Kunst der Antike endgültig der Geschichte zu überantworten. Damit verliert sich nicht ihre kunsthistorische Bedeutung. Wohl aber tritt sie hinter die Forderung zurück, gewandelte Gesellschaftsbedingungen verlangten eine je eigenständige ästhetische Auseinandersetzung mit der Gegenwart. Ihren gebührenden Nachdruck erhält diese Relativierung des Antiken, wenn Herder – bezeichnenderweise mehrfach in seinen Schriften zum Volkslied – an die fortschrittliche Denkungsart seiner Leser appelliert und sie ermuntert, ihren weltumspannenden Wissenshorizont mit dem früherer Epochen zu vergleichen:

> Man hat von einem kleinen Erdstriche, den wir erleuchtet nennen, *Proben, Muster, Meisterstücke, Regeln* des Geschmacks fast in allen Arten der Literatur, Dichtkunst und Menschenbildung erhalten, denen man *mit Ausschließung alles andern* folgt. Sehr gut! denn diese Erdstriche waren würklich von feiner Bildung und sehr glücklicher Lage! Aber auch nicht sehr gut! wenn man *dumm* folgt! [...] Nicht gut endlich! wenn dabei Alles *Nationale*, woraus doch *unsre* Kraft und Natur besteht, so ganz verwischt und verdämmet wird, daß jeder sich schämt, das zu sein, was er ist: und kann doch nicht, was er nicht ist, werden. (HFA 3, S. 63f.)

Goethe und Schiller haben sich verhaltener und bisweilen auch widersprüchlich zur Mimesislehre geäußert. So arbeitet Schiller in seiner Abhandlung *Über naive und sentimentalische Dichtung* (1795) heraus, dass sich mit der Abschaffung einer klassizistisch regelkonformen Nachahmungsdoktrin auch jenes organologische Geschichtsmodell überholt, demzufolge Zeiten blühender Schönheit notwendigerweise der ästhetische Niedergang folgt. Ganz ähnlich hatte zuvor schon Winckelmann argumentiert und die möglichst getreue Nachahmung antiker Kunstwerke empfohlen, um auf diesem Wege einer neuen künstlerischen Vollendung vorzuarbeiten. Doch für den in Rom angestellten Archivar impliziert Nachahmung auch stets die Abkehr von einer zügellosen Natur. Aus deren vielfältigen Erscheinungsformen mussten sich die antiken Künstler erst idealische Gestaltungsmuster ableiten, um ihren Kunstwerken jene edle Einfalt und stille Größe anzuverwandeln, die Winckelmann an der Laokoon-Plastik so rühmt. Mit der Abkehr vom mimetischen Kunstbegriff und von Winckelmanns skeptischer Kunstgeschichtsschreibung rückt für den Aufklärer Schiller indes wieder eine Natur in den Vordergrund, deren Vernunftordnung das stete Fortschreiten der Kultur und Kunst zu allgemeiner Freiheit nachgerade festschreibt. Außerdem findet der seinen Erkenntniskräften vertrauende Künstler in ihr auch jene artifiziellen Gestaltungsmittel, die er sich ansonsten im Studium antiker Werke erschließen müsste.

Ob Schiller mit diesem Kompromissangebot doch ein klassizistisches Bekenntnis zu Winckelmanns Nachahmungslehre formuliert oder ob er lediglich den Begriff der Mimesis einer vernünftigen Naturanschauung anträgt und sich damit auf die Seite der ‚Modernen' stellt – diese Frage beantwortet sich, wenn jene ‚naive', von modernen Widersprüchen noch gänzlich

Klassik contra Klassizismus

unverdorbene Kunst der Antike insofern endgültig der Vergangenheit überantwortet wird, als der bürgerliche Künstler in Schillers Sicht die mythische Naturfurcht seiner griechischen Vorläufer längst hinter sich gelassen hat: „Jene Natur, die du dem Vernunftlosen beneidest, ist keiner Achtung, keiner Sehnsucht werth. Sie liegt hinter dir, sie muß ewig hinter dir liegen." (SNA 20, S. 428) Mit Rücksicht auf die praktischen Ergebnisse der bürgerlichen Aufklärung muss sich die zeitgenössische Kunst demgemäß auch jenen inneren und sozialen Spannungen stellen, die Schiller unter den Begriff des ‚Sentimentalischen' subsumiert. Inwieweit diese ‚unnatürliche Zerrissenheit' idealisch überwunden werden kann, reflektiert Schiller im Kontext seiner Poetologie (s. Kap. 5.2) und Dramenlehre (s. Kap. 6.3). Für die Bestimmung des Mimetischen in der Kunst bleibt festzuhalten, dass der ästhetischen ‚Nachahmung' des modernen Menschen und seines Verhältnisses zur Natur auch ein progressives Moment innewohnt. Frei von mythischen Themen und Gestaltungsspielräumen, findet der Künstler nämlich im Unterschied zu vergangenen Kulturen in sich und in der Außenwelt jene Freiheit vom „ruhigen Naturglück" (vgl. ebd.), ohne die es nach Schiller kein zukunftsorientiertes Selbstbewusstsein geben kann (s. Arbeitstext II).

> **Merksatz**
>
> Für die Klassiker verstellt die Nachahmung des Antiken den Blick für zeitgenössische künstlerische Leistungen oder die anderer Kulturen.

Nachahmung, Manier, Stil

Zum Nachahmungsklassizismus hat auch Goethe verschiedentlich Stellung genommen. In der 1789 erscheinenden Studie *Einfache Nachahmung der Natur, Manier, Stil* wird das Nachahmen empfohlen, wenn die technischen Fertigkeiten eines Künstlers verbessert werden sollen. Allerdings weist Goethe eindringlich darauf hin, auf diesem Wege ließe sich „eine zwar fähige", ansonsten aber nur „beschränkte Natur" ausbilden. Zur Begründung macht er geltend, „einfache Nachahmung" beruhe „auf dem ruhigen Dasein und einer liebevollen Gegenwart", wohingegen die ‚Manier' schon eine individuelle Sicht auf die Dinge verrät. Ein eigener ästhetischer Stil setzt nach Goethe indes die „tiefsten Grundfesten der Erkenntnis" voraus.[20] Wer daher über Stil verfügt, muss sich nicht mit der Nachahmung oder dem Versuch aufhalten, eine private Sichtweise ästhetisch zu kommunizieren. Denn im künstlerischen Stil dokumentiert sich für Goethe die Fähigkeit, frei von fremden Normen und gar zu subjektivistischen Impressionen das Wesen der Anschauungsobjekte reflektieren zu können.

Weimarische Kunstfreunde

Einen Gegenentwurf zu dieser mimesiskritischen Stillehre stellen die von den Weimarischen Kunstfreunden Goethe, Schiller und dem Maler Heinrich Meyer initiierten Preisaufgaben dar, mit denen man Maler und Graphiker ermuntern wollte, Szenen aus Homers *Ilias* und der *Odyssee* nachzugestalten. Veröffentlicht werden diese Preisaufgaben zwischen 1798 und 1800 in einer wenig erfolgreichen Zeitschrift, die sich *Propyläen* nennt und damit schon im Titel programmatisch an den Eingangsbereich griechischer Heiligtümer erinnert. Wenngleich sich die Kunstfreunde alsbald genötigt sehen, das Missverständnis zu zerstreuen, sie verwendeten sich in ihren Beiträgen für ein unzeitgemäßes, gipsklassizistisches Nachahmungspostulat, so darf doch nicht übersehen werden, dass sich die Preisaufgaben und die nicht minder bemühten Begründungen der Preisvergaben im aktuellen Kunstbetrieb des ausgehenden Jahrhunderts völlig antiquiert ausnehmen.

Wie sehr die Weimarischen Kunstfreunde mit ihren Preisaufgaben, die bezeichnenderweise kaum Anklang unter Künstlern finden, hinter die kulturhistorisch längst eingeforderte Autonomie des Künstlers zurückfallen, unterstreicht noch einmal Goethes 1815 erscheinender Aufsatz *Shakespear und kein Ende!* Nicht von ungefähr erinnert dessen Titel an jene berühmte Rede zum Shakespeare-Tag, mit der der junge Stürmer und Dränger mehr als vierzig Jahre zuvor die Freiheit von vermeintlich ewigen, aber dem eigenen kulturellen Geschmack widersprechenden Schönheitsidealen einklagt hatte. Noch einmal den eigenen Stilbegriff bemühend, widmet sich Goethe jetzt allerdings dem aus moderner Sicht komplexen Verhältnis von Glauben, Kunstautonomie und subjektivem Wollen: Weil die Antike noch eine gemeinsame Mythologie akzeptierte, unterstanden die in den Künsten thematisierten Helden einem strengen Gesetz des Sollens. Werden sie von den Göttern herausgefordert, so müssen sie diesen Kampf annehmen und ihre Niederlage hinnehmen. Der moderne Mensch hat indes die Freiheit, sich solchen Pflichten zu entziehen. Aus dieser Unabhängigkeit von religiösen Vorschriften erklärt sich auch seine ihm eigene Tragik. Denn mit der erlangten Freiheit proklamiert der moderne Mensch auch das Recht, sich hochgesteckte Ziele zu setzen, und übersieht dabei im Überschwang, dass es ihm bisweilen verwehrt bleibt, die ihm auf diesem Weg gestellten Hürden zu meistern: „ein Wollen, das über die Kräfte eines Individuums hinausgeht, ist modern." Dieses Missverhältnis zwischen Freiheit und subjektiver Selbstüberschätzung läuternd zu hinterfragen, gehört für Goethe zu den drängenden Aufgaben zeitgenössischer Kunst. Statt sich also auf die Nachgestaltung antiker Themen und Formen zu verlegen, die nolens volens an jene „Notwendigkeit" erinnern, „die, mehr oder weniger, oder völlig, alle Freiheit ausschließt" (GFA I 19, S. 644), muss sie dem Publikum verdeutlichen, dass keine willkürlichen Götter das Schicksal lenken. Dafür aber reicht es nicht allein aus, die mythische Schicksalshörigkeit zu hintertreiben. Da die moderne Kunst kein Ersatz für metaphysische Gewissheiten sein kann, muss das Publikum gleichzeitig von einer intellektuellen Flucht ins Reich der Kunst abgehalten werden.

Fehlt ein verbindlicher Verständigungshorizont wie der antike Mythos, dann zwingen ästhetisch unterschiedliche Interessen und ein immer heterogeneres Publikum den Künstler, sich nach Themen und Gestaltungsmitteln umzusehen, die den modernen Kontingenzerfahrungen gerecht werden. Wie Goethe am Beispiel des Theaters darlegt, muss dafür dem Kunstwerk ein Begriff zugrunde gelegt werden. Auf ihn lässt sich dann über das auf der Bühne Dargestellte hinaus der im Stück nur avisierte ästhetische Kosmos des Autors beziehen. Doch damit solch eine symbolische Perspektive im ästhetisch Begrenzten den weiten und entzweiten Kosmos der Moderne vorscheinen lässt, muss dem Bühnenillusionismus genau jene Grenze gezogen werden, die ihn vom in sich geschlossenen Glaubenssystem des Mythos unterscheidet. Als eine Art medial inszenierter Weltordnung, die den Zuschauer für die Dauer der Aufführung in Bann zieht, darf das Theater sein Publikum nicht in jener fatalistischen Sicherheit wiegen, wie sie die ebenfalls poetisch gestalteten Überlieferungen der Menschheitsgeschichte verheißen. Hinsichtlich dieses welterschließenden Illusionismus, mit dem die Freiheit so transparent gemacht wird wie die teils gefährlichen, teils zukunftsweisenden Möglichkeiten des Sollens, unterscheidet sich die moderne Kunst von der ‚Scheinwelt' des Mythos: „mit den ‚Brettern, die die Welt bedeuten' sind wir bekannter als mit der Welt selbst, und wir mögen das Wunderlichste lesen und hören, so meinen wir, das könne auch da droben einmal vor unsern Augen vorgehen" (GFA I 19, S. 647).

4.3 Kunstautonomie

Zweckfreie Kunst? Ein Kunstwerk als zeitlos schön zu begreifen, wie es Karl Philipp Moritz vorgeschlagen hat, kommt auch seinem Schutz vor der ideologischen Vereinnahmung des Bürgertums gleich: „Wir können also das Schöne im Allgemeinen auf keine andre Weise erkennen, als insofern wir es dem Nützlichen entgegenstellen, und es davon so scharf wie möglich unterscheiden. Eine Sache wird nämlich dadurch noch nicht schön, daß sie nicht nützlich ist, sondern dadurch, daß sie nicht nützlich zu sein *braucht*."[21] Wer also nur danach fragt, wozu sie tauge, dem verschließt sich Kunst vollständig. Wie radikal modern Moritz hier argumentiert, zeigt auch seine Attacke gegen analytische und katalogisierende Interpretationsmechanismen. Gegen sie erweist sich autonome Kunst in besonderem Maße resistent. Weder kann ihr Aufbau formallogisch begriffen noch ihre sinnliche Ausstrahlung umfassend erklärt werden. Folglich vermag sich der sinnstiftende Rezipient vor einem Kunstwerk nur an der Erkenntnis abzuarbeiten, dass ihm der weitgespannte Bedeutungsgehalt verschlossen bleibt.

Autonomie und Subjekt Moritz' Apotheose des Schönen begünstigt wohl eher unfreiwillig einen exklusiven Kanon ‚zeitloser' Kunstwerke und die Trennung zwischen hoher und niederer Kunst. Damit wird freilich sein Bemühen, das Schöne als zeitlos zu bestimmen, um ein entscheidendes Argument beschnitten: als ‚reines Sein' untersteht das Kunstwerk nicht mehr den Gesetzen der biologischen Natur. Ausführlich weist Moritz auf diesen ‚Irrationalismus' im Wesen des Kunstwerks hin. Ohne ihn ließe sich freilich auch nicht plausibel darlegen, dass sich nur aufgrund dieser Unbestimmbarkeit des Schönen die individuelle Auseinandersetzung mit der Kunst normativ nicht mehr steuern oder vorhersagen lässt. An dieser Beweisführung wird Moritz' ästhetisch moderne Argumentation erkennbar: Indem er Kunst und Rezeption vor der Inanspruchnahme durch weltanschauliche Zwecke oder ästhetische Gesetzmäßigkeiten schützt, arbeitet er einer klassischen Kunstautonomie vor.

Klassische Kunstautonomie Allerdings erlangt das Subjekt nach Moritz seine Autonomie nur im Verlauf der ästhetischen Beschäftigung mit dem Vollkommenen zurück. Die

Ästhetik der deutschen Klassik setzt demgegenüber das ästhetisch autonome Subjekt voraus. Die Folgen dieser scheinbar geringfügigen Differenz sind wesentlich für den Stellenwert des Kunstschönen im klassischen Denken. Denn für Moritz trägt der Rezipient nur kunstfremde Erwartungen an das einzelne Werk heran, die ihm aberzogen werden müssen. Dies geschieht während der ästhetischen Auseinandersetzung mit der Kunst. In ihrem Verlauf emanzipiert sich der Rezipient zum Subjekt, das sich im Reich des Schönen zu behaupten weiß.

Schiller hat diesen Gedanken später in *Über Anmut und Würde* aufgegriffen und dem Rezipienten zugebilligt, jeweils nach eigenem Geschmack urteilen zu können. Was der Einzelne dafür erlernen muss, ist auch seinen Worten zufolge die Fähigkeit, im „ästhetischen Urtheil" auf Bewertungskriterien, die außerhalb der Sphäre des Schönen liegen, zu verzichten: „nichts, als was der Erscheinung unmittelbar und eigenthümlich angehört, wird in die Vorstellung der Schönheit aufgenommen." Die Autonomie des Rezipienten darf allerdings nicht angetastet werden. Ähnlich wie der Mythos predigte die Kunst ansonsten wieder eine subjektfeindliche Oberaufsicht. Um solchen Fluchtoptionen vorzubeugen, bindet Schiller auch die Zweckfreiheit des Kunstwerks wieder zurück an das anthropologische Postulat des „ganzen Menschen", der sich auch außerhalb der Kunst seiner Autonomie versichert: Wo Kunst „dem *Materiellen* die Achtung der Vernunft" und „dem *Rationalen* die Zueignung der Sinne erwirbt", dort verwandelt sie „selbst die Sinnenwelt gewissermaßen in ein Reich der Freyheit" (SNA 20, S. 256f. u. 260).

Merksatz

Klassische Kunstautonomie setzt das ästhetisch autonome Subjekt als Adressaten voraus. Um ihn zu eigenen Geschmacksurteilen zu bewegen, in welche die Beschäftigung mit dem Schönen in gleichem Maße einfließt wie das Bewusstsein der eigenen Freiheit.

Mit verwandten Worten erhebt Goethe in der Einleitung zu seinen *Propyläen* den Vorschlag, statt von Kunstautonomie von „Kunstwahrheit" zu sprechen. Zwar teilt er mit Moritz die Ansicht, der Kunstgenuss gestatte eine außerordentliche Subjekterfahrung. Allerdings lehnt auch Goethe die Einschätzung ab, nur für die Dauer des Kontakts mit dem Schönen behaupte sich subjektive Autonomie. Kunst sollte dem Rezipienten seine ästhetischen Grenzen aufzeigen, ihn deshalb aber nicht auf seine Begrenztheit als autonomes Subjekt zurückverweisen:

> das beste Kunstwerk spricht auch zur Empfindung, aber eine höhere Sprache, die man freilich verstehen muß; es fesselt die Gefühle, und die Einbildungskraft, es nimmt uns unsre Willkür, wir können mit dem Vollkommenen nicht schalten und walten, wie wir wollen, wir sind genötigt, uns ihm hinzugeben, um uns selbst von ihm, erhöht und verbessert, wieder zu erhalten. (GFA I 18, S. 468f.)

4.4 Ästhetik der Sinne

Hierarchie der Sinne

Im Kunstdiskurs des 18. Jahrhunderts haben die Sinne seit Baumgartens *Ästhetik* nur dort ihre Berechtigung, wo sie als rational gesteuerte dem Intellekt nur solche Informationen zukommen lassen, die sich als vernünftig und schön erweisen. Im Verdacht stehend, die Nähe zum Leidenschaftlichen und Irrationalen zu begünstigen, werden sie mit Hilfe eines ausgeklügelten Erziehungsplans separiert und reguliert, wobei dem Auge am ehesten zugetraut wird, die höheren Erkenntniskräfte mit adäquaten und immateriellen Sinnesdaten zu versorgen.

Ästhetische Distanz

Die deutschen Klassiker haben diese Disziplinierung der Sinne als sensuelle Gleichrichtung und eklatanten Anschauungsverlust verneint. Auf keinem Gebiet wird die Auseinandersetzung mit der Aufklärung so radikal geführt wie auf dem der sinnlichen Erkenntnis. Ihren Ursprung nimmt sie bei Herder, der sich im *Journal meiner Reise im Jahr 1769* erstmals mit den Folgen eines Rationalismus auseinandersetzt, den René Descartes in der berühmten Formulierung ‚cogito ergo sum' zusammengefasst hat und damit die ‚Zerstückung' des Menschen in ein höheres Vernunft- und niederes Triebwesen ebenso verschuldet wie die aus Klassikerperspektive sinnes- und leibfeindlichen Attacken des modernen Menschen auf sich selbst:

> Überhaupt ist kein Satz merkwürdiger und fast vergeßner, als <:> ohne Körper ist unsre Seele im Gebrauch nichts: mit gelähmten Sinnen ist sie selbst gelähmt [...]: wir sind im Jahrhundert der Erfahrungen, der Polizei, der Politik, der Bequemlichkeit, wo wir wie andre denken müssen, weil wir, was sie sehen, wie sie sehen lernen, und man es uns durch Religion, Politik, Gesellschaftston, u.s.w. selbst zu denken verbeut, wie wir wollen. [...] Wir werden durch Worte und das Lernen fremder allgemeiner Begriffe so erstickt, daß wir nicht auf sie merken, wenigstens nicht mit dem ganzen Feuer auf sie merken können. (HFA 9/2, S. 119f.)

In seinen wahrnehmungstheoretischen Schriften hat sich Herder mit verschiedenen Sinnesleistungen beschäftigt und auf die Bedeutung hingewiesen, die beispielsweise dem Tastsinn oder dem Auge im Erkenntnisprozess zukommt. In der Summe laufen seine Ausführungen auf die Annahme hinaus, dass der Mensch dank seiner kreativ gestaltenden Sinne nicht unmittelbar, sondern mittelbar wahrnimmt. Diese ästhetische Distanz zwischen ihm und dem Wahrgenommenen macht den subjektiven und freien Gebrauch der Sinne überhaupt erst möglich. Leiten die menschlichen Wahrnehmungsorgane ihre vorstrukturierten ‚Sinnkonstrukte' an den Verstand weiter, dann entsteht Sprache. Gelangen sie in die Phantasie, so entsteht aus ihnen ein individuelles Welt-Bild. Denn solange die Sinne alle andrängenden Dinge auf Distanz halten, solange bewahrt sich das ästhetisch autonome Subjekt auch davor, sich im ‚Meer von Empfindungen' zu verlieren.

Merksatz

> Die wahrnehmungstheoretische Abgrenzung vom Rationalismus macht deutlich, dass sich Klassik nicht auf ein sinnesfeindliches Programm der ‚Mäßigung' einengen lässt.

Goethe lernt diese Grundlegung der klassischen Ästhetik bereits während seines Straßburger Aufenthalts kennen. Vor allem überzeugt ihn die aisthetisch begründete Notwendigkeit einer subjektiven Distanz zwischen Wahrnehmendem und Wahrgenommenen. Im Unterschied zu Herder, für den das Ohr die Aufgabe übernimmt, Wahrnehmungsimpulse zu entschleunigen, nimmt Goethe einen nicht näher bezeichneten inneren Sinn an, über den es heißt, als subjektives Anschauungsvermögen reguliere er den Kontakt der Sinnesorgane untereinander. Ferner sorge er dafür, dass alles, „was wir durchs Auge auffassen, an und für sich fremd und keineswegs so tiefwirkend vor uns steht." (GFA I 19, S. 638) Über welches kreative Potential einzelne Sinne verfügen, legt Goethe später in der *Farbenlehre* am Beispiel der Augen dar. Sie entscheiden während des Sehens nicht nur darüber, wie ein einzelner Farbton erlebt wird. Indem sie ein inneres Licht auf die Dinge werfen, ‚erhellen' sie das Wahrnehmungsobjekt gleichsam individuell – eine Behauptung, die auf der Basis ästhetischer Distanz den Nachweis erbringt, der Mensch werde keineswegs willenlos von sinnlichen Außenreizen verführt (s. Arbeitstext III). Verglichen mit der Wahrnehmungohnmacht, die dem Menschen heute vielfach attestiert wird, denkt Goethe auch hier wieder konsequent vom ästhetisch autonomen Subjekt her: Statt den visuellen Impressionen ohnmächtig zu erliegen, entscheiden seine ‚erhellenden' Blicke, wovon der Mensch sich ‚verführen' lässt.

Innere Anschauung

4.5 „Der Mensch ist nur dort Mensch, wo er spielt."

Auf den Einklang von Sinnen und Vernunft pochend, entwickelt Schiller in seinen Briefen *Über die ästhetische Erziehung des Menschen* (1795) eine Spieltheorie, welche die aisthetische und ästhetische Wahrnehmunglehre für eine klassische Ästhetik des Humanen fruchtbar macht. Dass er dafür eine aufklärungskritische und wissenschaftsskeptische Position beziehen muss, rechtfertigt Schiller mit Blick auf die Folgen des bürgerlichen Selbstverständnisses für das einzelne Subjekt: „Die Aufklärung des Verstandes, deren sich die verfeinerten Stände nicht ganz mit Unrecht rühmen, zeigt im Ganzen so wenig einen veredelnden Einfluß auf die Gesinnungen, daß sie vielmehr die Verderbniß durch Maximen befestigt." Zwar gesteht Schiller sowohl der Aufklärung als auch den rationalen Wissenschaften zu, sie hätten der „neuern Menschheit" eine „erweiterte Erfahrung" zugänglich gemacht. Doch im Zuge des technischen Fortschritts sei „der innere Bund der menschlichen Natur" zerstört worden. Mit berühmten Worten umschreibt Schiller diese „Zerrüttung" des modernen Menschen unter Zuhilfenahme einer Maschinenmetapher, welche die praktische Ausrichtung des Daseins auf ein streng reguliertes, von Pünktlichkeit und Genauigkeit geprägtes Leben bildhaft erfasst (SNA 20, S. 320 – 323). Im Vorgriff auf Karl Marx' materialistische Kritik am Kapitalismus heißt es im sechsten Brief: „Ewig nur an ein einzelnes kleines Bruchstück des Ganzen gefesselt, bildet sich der Mensch selbst nur als Bruchstück aus, ewig nur das eintönige Geräusch des Rades, das er umtreibt, im Ohre, entwickelt er nie die Harmonie seines Wesens,

Schillers Theorie des Spielens

und anstatt die Menschheit in seiner Natur auszuprägen, wird er bloß zu einem Abdruck seines Geschäfts, seiner Wissenschaft." (Ebd., S. 323)

Spieltrieb Gemäß der rigoristischen Vernunftlehre ‚vertilgt' sich die einzelne Existenz, damit die Allgemeinheit zu überdauern vermag. Gesetze und Vorschriften, Sinnendressur und logisches Denken uniformieren das autonome Individuum in einem Maße, dass es sich nur noch in seiner dienenden Funktion zu begreifen vermag. Die vernünftigen Mittel, die einst den Weg in die Freiheit weisen sollten, sind nach Schiller insofern menschenfeindlichen, realitätsfernen Vorschriften gewichen, die im kontingenten Leben keine Orientierung mehr bieten. Um dieser Reduktion des Menschen auf einen sklavischen Gehorsam entgegenzusteuern, führt er im 15. Brief über die menschliche Natur aus, eigentlich sei sie „weder ausschließend Materie, noch [...] ausschließend Geist." Weder kann der Mensch also „ausschließend bloßes Leben seyn", noch lässt er sich auf die „ausschließend bloße Gestalt", mithin auf das Ideal des geläuterten Vernunftwesens, einschränken. Beide Wesenshälften hält der „Spieltrieb" zusammen. Als „glückliche Mitte" vermittelt dieses sinnlich-stoffliche „Bedürfniß" zwischen dem Einzelnen und dem „zwischen dem Gesetz", das Schiller auch als geistigen Formtrieb umschreibt (SNA 20, S. 356f.).

> **Merksatz**
>
> Im Spieltrieb findet Schiller ein natürliches Vermögen, das Sinne und Vernunft gleichermaßen fordert. Frei wird der Mensch allerdings nur im ästhetischen Spiel.

Ästhetisches Spiel Im Unterschied zu Neigungen lässt sich der Spieltrieb nicht vollkommen regulieren. Vielmehr muss er selbst dort noch befriedigt werden, wo die Sinne und Leidenschaften des Menschen einer strengen Vernunftaufsicht unterstellt sind. Getragen von diesem Vertrauen in die Unhintergehbarkeit des Spieltriebs, findet Schiller in der Kunst ein dem Menschen würdiges Betätigungsfeld. Solange sie die Sinne im gleichen Maße fordert wie die Vernunft, ist die Kunst in der Lage, den Menschen wieder „vollständig" anzusprechen und seine „doppelte Natur auf einmal" zu entfalten (ebd., S. 358). Spricht das Kunstwerk daher den Rezipienten sowohl auf der materialen als auch auf der geistigen Ebene gleichermaßen an, so verführt es ihn auch nicht dazu, sich in einer rein sinnlichen oder einer abstrakt normativen Aneignung zu verlieren. Nur diese Ausgewogenheit des ästhetischen Spiels motiviert ferner dazu, sich wieder selbstbewusst auf die Fährnisse des modernen Alltags einzulassen:

> Freylich dürfen wir uns hier nicht an die Spiele erinnern, die in dem wirklichen Leben in Gange sind, und die sich gewöhnlich nur auf sehr materielle Gegenstände richten; aber in dem wirklichen Leben würden wir auch die Schönheit vergebens suchen, von der hier die Rede ist. Die wirklich vorhandene Schönheit ist des wirklich vorhandenen Spieltriebs werth; aber durch das Ideal der Schönheit, welches die Vernunft aufstellt, ist auch ein Ideal des Spieltriebes aufgege-

ben, das der Mensch in allen seinen Spielen vor Augen haben soll [...]: der Mensch soll mit der Schönheit *nur spielen*, und er soll *nur mit der Schönheit* spielen. (SNA 20, S. 358)

Pocht Schiller nachdrücklich auf die sinnliche Konsistenz des einzelnen Kunstwerks und bindet er den Spieltrieb ferner an diese leiblich erfahrbare Anschaulichkeit, so bezieht er im ästhetiktheoretischen Diskurs des 18. Jahrhunderts eine sensualistisch-subjektivistische Position, wie sie in Frankreich von Jean Baptiste Dubos oder in England von David Hume bereits diskutiert worden ist. Wirkungsästhetisch entscheidet er sich damit gegen den älteren europäischen Klassizismus. Indem er Subjekt und Kunstwerk als gleichberechtigte, einander bedingende Faktoren vorstellt, bezieht er jedoch nicht jene sensualistische Position innerhalb des Sensualismus, derzufolge vernünftige Ideale nur als Bündel persönlicher Erfahrungen anzusehen seien.[22] Vielmehr schließt sich Schiller der Annahme George Berkeleys an, nur Dinge, die vom Menschen bewusst wahrgenommen würden, existierten gewissermaßen auch. Ohne sich also gleich zu der These zu versteigen, alles, was nicht die Sinne tangiere, müsse schlichtweg als Täuschung angesehen werden, räumt Schiller dem Leser oder Betrachter eine bis dahin eher selten zugestandene Funktion innerhalb der Kunstwelt ein: So wenig das Kunstwerk ohne ihn ein ästhetisches Spiel eröffnet, so wenig vermag es auch seine Sinnfälligkeit innerhalb der Moderne unter Beweis zu stellen.

Modernität der Spieltheorie

Dass der Mensch im Gegenzug über die Freiheit verfügen muss, sich mit der Kunst auseinandersetzen zu können, verweist auf die politischen Aufgaben des klassischen Kunstdiskurses. Um begründen zu können, warum der Mensch nur mit der Schönheit spielen soll, kann es dem einzelnen Kunstwerk nach Schiller kaum obliegen, das Publikum mit interesselosen Hoffnungen zu locken. Solch ein zweckfreies Spiel wäre nicht nur frivol. Es hintertriebe auch den Auftrag, dem ‚Spieler' einerseits auf seine Bestimmung als freies Subjekt hinzuweisen. Andererseits unterließe es Kunst, die sich auf ein ‚verspieltes' Wohlgefallen kapriziert, ihrem Adressaten deutlich zu machen, dass sich Humanität aus klassischer Perspektive einzig und allein an der subjektiven Verweigerung gegenüber allem Regulativen bemisst: „der Mensch spielt nur, wo er in voller Bedeutung des Worts Mensch ist, und *er ist nur da ganz Mensch, wo er spielt.*" (SNA 20, S. 359) Seine Anziehungskraft verdankt das Spiel indes seiner Verweigerungshaltung gegenüber dem Regulativen. Indem das ästhetische Spiel zwischen zwei gleichberechtigten, einander bedingenden Partnern folglich physiologisch und erkenntnistheoretisch wieder verbindet, was dem Menschen unter dem Diktat des Rationalismus abhanden zu kommen drohte, realisiert es jene Emanzipation aus selbstverschuldeter Abhängigkeit, zu der sich die aufgeklärte Philosophie bislang nur verbal entschließen konnte.

Humanität des ‚Spielers'

Das ästhetische Subjekt 4.6

Zu den in der Forschung gern gemiedenen oder im Geiste bürgerlicher Duldsamkeit versimplifizierten Aspekten des Klassischen gehört Goethes

Identität und ihre Geschichtlichkeit

Beschäftigung mit dem ästhetischen Subjekt. Die Frage, wie es vor den Zugriffen der Außenwelt zu schützen ist, beantwortet Goethe mit einer frühidealistischen Identitätslehre. Ausgebildet werden kann diese „Harmonie zwischen einer – kaum auslotbaren – Individualität und ihrer Geschichtlichkeit" nur „innerhalb von Zeitverhältnissen".[23] Die eigene Vergangenheit als Subjekt, seine schrittweise Entwicklung sowie das Beharrungsvermögen inmitten einer unwägbaren Wirklichkeit konstituieren folglich erst Identität. Diesen drei zeitbezüglichen Bestimmungen zufolge versichert sich das Subjekt retrospektiv seiner sinnlichen und intellektuellen Erfahrungswelt und bietet sie zugleich gegen andrängende Außenreize auf. Zu dieser ästhetischen Grundlegung des eigenen Selbstseins gesellt sich noch seine Widerständigkeit gegenüber kategorialen Vereinnahmungen. An ihr bemisst sich die Autonomie des Subjekts.

Stirb und werde   Verwirklicht wird Identität nicht zuletzt im Medium einer sinnlichen und gestaltenden Anschauung. Dass das ästhetische Subjekt schon aus diesem Grund als dynamisches Projekt anzusehen ist, hat Goethe verschiedentlich mit der Metapher des ‚Stirb und werde' umschrieben. An einen permanenten Gesinnungswandel ist damit ebenso wenig gedacht wie an sittliche Unbeirrbarkeit. Weder wechselt das ästhetische Subjekt sein Selbstverständnis nach dem Rhythmus modischer Attitüden noch trifft es unabhängig von Zeit und Ort irgendwelche Entscheidungen, die etwas über seine moralische Standhaftigkeit aussagen sollen. Um sich als ästhetisch autonomes und als aktiv wahrnehmendes Subjekt zu bewähren, bedarf es vielmehr der Bereitschaft, Wahrnehmungsgewohnheiten in einer immer unüberschaubareren Welt zu modifizieren, ohne dabei auf die Widerständigkeit den Dingen gegenüber zu verzichten.

Subjektive Distanz   Wahrnehmungstheoretisch vergleicht Goethe die ästhetische Existenz mit einer „göttlichen Anarchie". Erst im Zustand sinnlicher Freiheit wird dem Wahrnehmenden nämlich einsichtig, dass das „Meiste" von dem, was wir wahrnehmen, „uns" gehört und „nicht dem Gegenstande" (vgl. GFA I 19, S. 189f.). Ohne diese subjektive Distanz erläge der Mensch den andrängenden Sensationen und verspielte damit das ureigene Recht, sich dem Wahrgenommenen kreativ anzuverwandeln. Alltagspraktisch korrespondiert solchen eigensinnigen Gestaltungsmöglichkeiten eine weltoffene, unverstellte Lebenslust, die sich keinen idealischen Forderungen unterordnet. Mit nachgerade antiklassizistischer Verve verdeutlicht Goethe diese Freude am vollen Dasein am Beispiel seines römischen Aufenthalts. Und um noch einmal begründen, warum auch die Antike nur individuell differenziert und aus dem Blickwinkel der eigenen Gegenwart zu betrachten ist, führt er in *Winckelmann und sein Jahrhundert* (1805) aus, die Altertümer verlören ihren ästhetischen Reiz, sobald sie vom Staub der Jahrhunderte befreit werden und inmitten eines prall gefüllten Alltagslebens ihre Ehrwürdigkeit reklamieren:

> Aber es ist auch nur eine Täuschung, wenn wir selbst Bewohner Athens und Roms zu sein wünschten. Nur aus der Ferne muß das Altertum uns erscheinen. Es geht damit, wie wenigstens mir und einem Freunde mit den Ruinen. Wir haben immer einen Ärger, wenn man eine halb versunkene ausgräbt; es kann

höchstens ein Gewinn für die Gelehrsamkeit auf Kosten der Phantasie sein. Ich kenne für mich nur noch zwei gleich schreckliche Dinge, wenn man die Campagna di Roma anbauen und Rom zu einer polizierten Stadt machen wollte, in der kein Mensch mehr Messer trüge. (Ebd., S. 190)

Dem zügellosen und mitunter gefährlichen Leben den Vorzug vor allem Antiken zu geben – dieses provozierende Geständnis lässt erahnen, dass auch Goethes Forderung, man solle Dinge nicht so genau kennenlernen, die subjektive Anschauung vor kulturellen Scheuklappen schützt. Wie sich dennoch Identität inmitten einer teils sinnlich disziplinierten, teils unwägbaren Gegenwart ausbilden lässt, diskutiert Goethe mit Blick auf eine vielgestaltige Außenwelt, auf welche sich das ästhetische Subjekt schon deshalb anschauend einlassen sollte, weil es ansonsten seine anarchische Freiheit verliert. Dass es die Dinge dabei nur subjektiv erfährt, mag aus akademischer Sicht befremden. Doch wie Goethe mit subtilem Spott ergänzt, garantiert nur solch ein ‚ungenaues' Dasein auch Leidenschaft und Leben. Zum warnenden Gegenentwurf avanciert in der undatierten *Studie nach Spinoza* der spießbürgerliche Naturwissenschaftler. Wie ein Stubenhocker flüchtet er aus Furcht vor Chaos und sinnlichen Sensationen in einen Mikrokosmos aus Gesetzmäßigkeiten:

Ungenaue Anschauung

> Das Messen eines Dings ist eine grobe Handlung, die auf lebendige Körper nicht anders als höchst unvollkommen angewendet werden kann. [...] Ein Gleiches geschieht wenn sich Menschen nach ihrer Fähigkeit ein Ganzes es sei so reich oder arm als es wolle von dem Zusammenhange der Dinge gebildet und nunmehr den Kreis zugeschlossen haben. Sie werden dasjenige was sie am bequemsten denken [...] für das Gewisseste und Sicherste halten ja man wird meistenteils bemerken daß sie andere welche sich nicht so leicht beruhigen und mehr Verhältnisse göttlicher und menschlicher Dinge aufzusuchen und zu erkennen streben mit einem zufriedenen Mitleid ansehen (GFA I 25, S., 14ff.).

Merksatz

Identität gründet nach Goethe zum einen auf individuellen Erfahrungen und dem Wissen um die eigene zeitliche Begrenztheit, zum anderen auf der Freiheit zum ästhetisch autonomen Subjekt. Im Medium eigener Anschauung akzeptiert es, dass die Dinge nur ansatzweise erkannt werden können. Ohne diese ‚Ungenauigkeit' würde das ästhetische Subjekt seine Freiheit von den Anschauungsobjekten verspielen.

Goethes Identitätsentwurf steht dem kleinbürgerlichen Subjektivismus ebenso fern wie dem bürgerlichen Individualismus. Während jener nur eine verantwortungslose Selbstsucht verschleiert, verliert sich das bürgerliche Lebenskonzept im Streben nach einer ehrbaren Persönlichkeit. Fernab von solchen Lebensmustern wahrt das autonome Subjekt seine Identität, indem es über die Vergewisserung der eigenen historischen Begrenztheit hinaus auf eine stets hervorbringende Natur reflektiert. In ihr entwirft sich ein

Natur und Subjekt

omnipotenter Weltgeist, um am Ende seiner Selbstspiegelungen wieder in das absolute Sein einzukehren. Und dieses Hervorbringen des Mannigfaltigen zwingt das Subjekt, sich in der Auseinandersetzung mit dem Kontingenten seiner ästhetischen Autonomie zu versichern.

Dass seine Anschauung dabei in hohem Maße herausgefordert und die eigene Weltsicht gleichzeitig progressiven Metamorphosen ausgesetzt wird, erklärt sich für Goethe aus der metaphysischen Widerständigkeit dem Weltgeist gegenüber. Ohne sie bliebe dem Menschen nur die traurige Erkenntnis, dem egalisierenden Werden und Vergehen schutzlos ausgeliefert zu sein. Der von Goethe bewunderte Schelling hat dieses Grundgesetz ästhetischer Existenz später in die Worte gefasst: „sobald ich aber mich und mit mir alles Ideale von der Natur trenne, bleibt mir nichts übrig als ein todtes Objekt und ich höre auf, zu begreifen, wie ein *Leben außer* mir möglich sey."[24]

Weltgeist   Goethes Nähe zur idealistischen Ichphilosophie wirft ein bezeichnendes Licht auf das Verhältnis von ästhetischem Subjekt und Transzendenz. Von der Annahme ausgehend, dass Natur als Entwurf von vielgestaltigen Einzelwesen anzusehen ist, an deren jeweiliger Besonderheit sich der Weltgeist seiner Schöpfungsmacht versichert, wird dieser Ursprung alles Lebens nicht in christlicher Tradition begriffen. Der Weltgeist gleicht vielmehr einem apersonalen, höchsten Sein, das Natur gleichsam planlos hervorbringt. Demgemäß untersteht der Mensch auch keinem Schicksal. Ontologisch ist er also frei. Lebenspraktisch muss er sich diese Freiheit dagegen immer wieder zurückfordern, denn in idealistischer Sicht verhält sich die Natur dem Besonderen gegenüber ignorant. Um vor diesem Desinteresse nicht in nihilistische Verzweiflung zu verfallen, muss das Besondere im Anschauen angeeignet werden. Ansonsten widersetzte man sich nicht konsequent jenem ‚höheren Ganzen', vom dem sich ohnehin weder Zuspruch noch Trost erwarten lässt.

Kunst   Aus diesem sinnstiftenden Widerstand geht nach Goethe auch die Kunst hervor. Als ästhetische Gestaltung des Besonderen oder Interessanten konspiriert sie mit einem Publikum, um es über die Zügellosigkeit subjektiver Anarchie aufzuklären. Denn ähnlich wie der Nihilismus mündet das rigoristische Aufbegehren nach Auskunft des ‚alten Heiden' im Verzicht auf das Selbstsein. Ohne die ästhetische Autonomie des Einzelnen wird aber auch das Schweigen des Weltgeistes über jenen Sinn toleriert, den dieser mit seinem Naturentwurf verbindet. Darüber hinaus legitimierte man ohne den sinnstiftenden Protest gegen das Metaphysische all jene subjektfeindlichen Instanzen, die ihr Denken und Handeln auf die Annahme gründen, die Menschheitsgeschichte gestalte sich nach einem ‚höheren' oder gar schicksalhaften Plan. Um solchen Dunkeltendenzen auf die Schliche zu kommen, muss eine mythenkritische, moderne Literatur ihre Leser über die eigennützige Weltfremdheit dieser Herrschaftspraktiken aufklären: „aber wenn des Weltgeists Geschäft ist, Geheimnisse vor, ja oft nach der Tat zu bewahren, so ist es der Sinn des Dichters, das Geheimnis zu verschwätzen" (GFA I 19, S. 639).

Klassik und Romantik 4.7

Abkehr vom Klassischen und Hinwendung zu den ‚Nachtseiten' des Lebens, also dem Mythischen und Irrationalen, Sehnsucht und ein gesteigertes Seelenleben heißen die Schlagworte, mit dem die Romantik allgemein von der Klassik unterschieden wird. Literarisch korrespondiert diesen Zuschreibungen die Beschäftigung mit dem christlichen Mittelalter, alten Sagen und Märchen sowie dem Wunderbaren. Dass in solchen Epochenmerkmalen insbesondere vor dem Hintergrund des Aufklärungsprojektes mitunter auch abwertende Untertöne anklingen, dazu haben zumindest Goethe und die Weimarischen Kunstfreunde selbst beigetragen. Immerhin stammt von Goethe das 1829 seinem Sekretär Eckermann gegenüber geäußerte Unwort, das Klassische sei etwas Gesundes, das Romantische demgegenüber krank. Und nicht minder blindwütig äußern sich die Autoren der *Propyläen* um 1800 über eine romantische Kunst, von der sie sich vielleicht schon deshalb so energisch und mit Hilfe krasser Polarisierungen abzugrenzen versuchen, weil sich die klassische Literatur und Kunstpolitik zeitgleich mit eher verschrobenen Projekten wie den Preisaufgaben ins ästhetische Abseits manövriert. Dass solche unverständlichen Attacken für Generationen den Blick auf die aus moderner Perspektive verwandten Ursprünge beider künstlerischer Bewegungen verstellen, kann damit freilich nicht entschuldigt werden. Dabei teilen sich Klassik und Romantik gemeinsam ein aufklärungskritisches und dennoch der Aufklärung komplementäres Interesse an der inneren Zerrissenheit des einzelnen Menschen. Ebenso weiß man sich darin einig, dass Technik und Fortschritt sowie die Vernunftkultur rationalistischer Prägung und eine subjektfeindliche Wissenschaft längst den Kontakt zu Mensch und Natur abgebrochen haben. Klassik und Romantik mögen sich daher in der inhaltlichen und formalen Gestaltung ihrer wesensverwandten Themen unterscheiden – als Korrektiv einer sich zum Mythos gewordenen Aufklärung gehören sie gleichermaßen einer Moderne an, die das Irrationale oder Wunderbare im regulierten Alltag zum Anlass nimmt, um an ihrem Beispiel die Unzulänglichkeiten eines mechanistischen Weltbildes aufzuweisen.

Nachtseiten der Klassik

Einer klugen Bemerkung Friedrich Schlegels zufolge hängt die Einschätzung darüber, was als ‚klassisch' gelten soll, zuletzt nur von den ‚Maximen' ab, mit denen man sich beiden Kunstrichtungen nähert. Objektive Kriterien, mit denen sich Romantik als irrational und Klassik als normativ beschreiben ließe, gibt es nach Schlegel also nicht. Was beide Epochen vielmehr eng miteinander verbindet, ist eine gemeinsame Krisenerfahrung, von deren Bewältigung sich Klassiker und Romantiker mit gutem Grund distanzieren. Den Beweis für diese These tritt Schlegel in seiner 1797 veröffentlichten Studie *Über das Studium der griechischen Poesie* an. Ausgehend von Schillers Begriff des Sentimentalischen, arbeitet er all jene klassizistischen Argumente ab, mit denen später die Vorbildlichkeit der klassischen deutschen Literatur festgeschrieben wird.

Die Bestimmung der Klassik aus dem Geist der Romantik

Wie Schlegel in der Vorrede anmerkt, geht ihm Schillers Unterscheidung zwischen ‚naiver' und ‚sentimentalischer' Literatur allerdings nicht weit genug (s. Kap. 5.2). Mit beiden Begriffen soll das Ursprüngliche und Natürliche antiker Kunst vom sentimentalischen Reflexionsgehalt moderner Dichtung abgegrenzt werden. An diese Feststellung schließt sich eine hochironische Durchsicht jener Gründe an, die nach Schlegel für den modernen und aufklärungskritischen Standort der Klassiker sprechen. Der Vorwurf, Schiller habe in seiner Abhandlung alle ‚Ansprüche auf Objektivität' vermissen lassen, darf also nicht wörtlich genommen werden. Schließlich geht es Schlegel darum, vor allem die geschätzten Weimarer Schriftstellerkollegen vom Verdacht klassizistischer Strenge freizusprechen. Nur aus diesem Grund merkt er auch an, sie machten zu viele Zugeständnisse an die eigene Gegenwart und hätten die Hoffnung auf ein zweites Goldenes Zeitalter offensichtlich aufgegeben. Um diese Einschätzung ausführlicher begründen zu können, wendet sich Schlegel der antiken Literatur zu. An ihrem Beispiel wird der entscheidende Beweis geführt, dass sich bereits die griechische Dichtung in eine naive und in eine sentimentalische Strömung polarisiert. Modernität lässt sich also keineswegs am Krisenbewusstsein des späten 18. Jahrhunderts festmachen. Es handelt sich um eine zeitübergreifende Form ästhetischer Widerständigkeit. Das Sentimentalische als Charakteristikum reflexiver Literatur wird dabei von der Erkenntnis getragen, dass eine normative ‚Naivität' eine potentielle Krisenerfahrung kaschieren soll. Ihr begegnet Moderne mit dem schonungslosen Fokus auf das fragmentierte und tendenziell orientierungslose Subjekt.

Sentimentalische Antike — Mit diesem Nachweis wertet Schlegel die populistischen Wertvorstellungen, mit denen das Klassische zum historischen Muster stilisiert wird, radikal um. Weder lässt sich fortan die Behauptung aufrecht erhalten, das antike Griechenland zeichne sich durch ein ewig gültiges Stilempfinden aus, noch überzeugt die Annahme, ‚edle Einfalt und stille Größe' verdankten sich einer homogenen Kultur. Im Gegenteil: Das antik Klassische entpuppt sich in Schlegels Diktion als tumber Klassizismus, der sich einer anbrechenden Moderne so hilflos wie sektiererisch entgegenstellt. Was daher auch die deutschen Klassiker vom Anspruch auf Mustergültigkeit und Regelmaß absehen lässt, ist ihre Weigerung, Modernität zugunsten einer verbindlichen Weltsicht zu überwinden (s. Arbeitstext IV).

Objektive Poesie — Mit der Rückbesinnung auf das Vielfältige wird der künstlerische Anspruch hinfällig, die Dingwelt als in sich geschlossene Ordnung nachzugestalten. Demgegenüber strebt moderne Literatur „nach dem Unendlichen" und dem „Interessanten", indem sie sentimentale und charakteristische Bestandteile mischt. Reflexive und typisierende Wirklichkeitsausschnitte fügen sich folglich zu einer Einheit, die allerdings bewusst eine logische Inkonsequenz in Kauf nimmt. Denn aus sentimentalischen und charakteristischen Elementen lässt sich nur eine fiktive, aber keine außerästhetisch gültige Ordnung herleiten. Darauf verweist auch Schlegels Wortgebrauch, demzufolge die Absolutheit dieses ästhetischen Gebildes das Gegenteil zum Objektiven markiert. Ein absolutes Ganzes darf insofern nicht mit Wahrheit gleichgesetzt werden. Als Artefakt unterstreicht Dichtung vielmehr ihren Konstruktcharakter. Indem sie empirische mit kategorialer Anschauung verbindet, entzieht sie sich einerseits dem abstrahierenden Denken. Andererseits legt moderne Literatur offen, dass sie nur subjektiven Ursprungs und deshalb nur Täuschung sein kann: „Die objektive Poesie aber weiß von keinem Interesse, und macht keine Ansprüche auf Realität. Sie strebt nur nach einem *Spiel*, das so würdig sei als der heiligste Ernst, nach einem *Schein*, der so allgemeingültig und gesetzgebend sei, als die unbedingteste Wahrheit."²⁵

Dass moderne Literatur sich schon in der Antike nicht mit vollkommener Schönheit beschäftigt, dafür spricht nach Schlegel der überall vorscheinende „Kontrast" zwischen „Wirklichkeit" und „Ideal". Gleichwohl bieten die von ihm zitierten Oden, Epoden und Satiren noch eine Option auf „das Goldene Zeitalter" an. Selbst eine „sentimentale Idylle" versucht daher noch zu „entzücken". Die Literatur der Nachantike verzichtet auf solche Effekte, wie Schlegel nicht ohne spöttischen Hintersinn ergänzt. Wird nämlich jene Hochphase der Poesie als historische Illusion verabschiedet, so nimmt die sentimentalische Literatur in Kauf, vom klassizistischen Kanon ausgegrenzt zu werden. Der Preis scheint freilich hoch bemessen, denn moderne Widerständigkeit hat zu Zeiten, in denen Öffentlichkeit von der Kunst hoch gebildete und humane Welterklärungen einfordert, nur „provisorischen ästhetischen Wert [...]. Immer hat das Interessante in der Poesie nur eine *provisorische Gültigkeit*, wie die despotische Regierung."²⁶

Das Goldene Zeitalter

Aus der von Schlegel vorgeschlagenen Perspektive erweist sich die Romantik als aufklärungskritische, unklassizistische Epoche, die sich wohl vor allem hinsichtlich dort von der Klassik unterscheidet, wo im Glauben nach Lösungsmöglichkeiten für die Widersprüche der eigenen Gegenwart gesucht wird. Hinsichtlich ihrer literarischen Befunde über die tragische Befangenheit des zeitgenössischen Menschen gelangt sie indes zu verwandten Ergebnissen. Ein Wilhelm Meister, der nur dem Namen nach auf ein erfolgreich geführtes Leben hofft, ansonsten aber ästhetisch und zwischenmenschlich zu scheitern droht, stagniert jedenfalls nicht minder enttäuscht in einer bedrohlich konformen Gesellschaft wie ein Heinrich von Ofterdingen oder William Lovell. Zwar schwanken letztere immer wieder zwischen Melancholie und unerfüllbarer Sehnsucht. Doch ihre innere Zerrissenheit droht zugleich in einen gefährlichen Nihilismus zu münden und hindert sie daran, die Furcht vor erdrückender Bürgerlichkeit zu meistern.

Berührungspunkte

Zusammenfassung

Der europäische Kunstdiskurs des 18. Jahrhunderts scheidet sich in Klassizisten und ‚Moderne'. Während jene mit meist regelästhetischem Impetus die Nachahmung griechischer Schönheitsideale einfordern, berufen sich diese auf kulturell eigene Kunsttraditionen und verstehen sich als originär. Die Ästhetik der deutschen Klassik basiert auf der Vorstellung, dass der Mensch sich die Welt mit seinen Sinnen und Geisteskräften aneignet. Da er aktiv und gestaltend wahrnimmt, begreift er sich über seine ‚Welt-Anschauung' als autonomes Subjekt. Demgemäß kehrt sich die klassische Kunsttheorie vom Postulat des interesselosen Wohlgefallens ab: Wie Schiller in seiner Abhandlung über den ästhetischen Spieltrieb ausführt, könnte die Kunst den Menschen ansonsten nicht an seine unverlierbaren Freiheitsrechte erinnern. Andererseits muss sie dafür die Sinne und die Vernunft des Rezipienten ansprechen. Die ästhetische Anschauung des Einzelnen beruht nämlich auf einer notwendigen Distanz den Dingen gegenüber. Nur so wahrt er seine innere und äußere Selbsttätigkeit, und nur wenn diese Widerständigkeit im Rezeptionsprozess neuerlich herausgefordert wird, behauptet sich die Kunst auch gegenüber dem Schönen als bloßem Dekor.

Verglichen mit dieser modernen Kunstlehre, tritt die Vorbildlichkeit des antiken Erbes in den Hintergrund. Wenngleich Goethe und die Weimarischen Kunstfreunde sich vorübergehend zu gräzisierenden Preisaufgaben versteigen und alsbald die Bedeutungslosigkeit des Unternehmens erkennen müssen, wird die Antike weitgehend einhellig als historisch bedeutendes Ereignis gewürdigt, deren Schönheitsvorstellungen jedoch nicht auf andere geoklimatische und gesellschaftliche Rahmenbedingungen übertragen werden können.

Dass die deutsche Klassik als ästhetisch normstiftende Epoche verehrt wird, gehört zur Verehrungskultur späterer Generationen, denen möglicherweise die Einsicht abhanden gekommen ist, dass sich ‚universale‘ Regeln und Wahrheiten nur kulturellen Voreingenommenheiten verdanken.

Literatur

Tatarkiewicz, Wladjslaw, *Geschichte der Ästhetik*, 3 Bde., Stuttgart, 1979.
Todorov, Tzvetan, „Ästhetik und Semiotik im 18. Jahrhundert. G. E. Lessing: ‚Laokoon‘", in: *Das Laokoon-Projekt. Pläne einer semiotischen Ästhetik*, hg. v. Gunter Gebauer, Stuttgart, 1984, S. 9 – 22.
Pochat, Götz, *Geschichte der Ästhetik und Kunsttheorie. Von der Antike bis zum 19. Jahrhundert*, Köln, 1986.
Welsch, Wolfgang, *Aisthesis. Grundzüge und Perspektiven der Aristotelischen Sinneslehre*, Stuttgart, 1987.
Jaeschke, Walter / Holzhey, Helmut (Hg.), *Früher Idealismus und Frühromantik. Der Streit um die Grundlagen der Ästhetik (1795-1805)*, Hamburg, 1990.
Busch, Werner, *Das sentimentalische Bild. Die Krise der Kunst im 18. Jahrhundert und die Geburt der Moderne*, München, 1993.
Apel, Friedmar, „Die Ästhetik des Selbstseins. Goethes Kunstanschauung 1805 – 1816", in: GFA I 19. Frankfurt am Main, 1998, Bd. I 19, S. 727 – 757.
Greif, Stefan, „Kunst / Künste / System der Künste", in: *Metzler-Lexikon Ästhetik*, hg. v. Achim Trebeß, Stuttgart, 2006, S. 217 – 222.

Fragen

16. Mit welchen Argumenten grenzen sich die deutschen Klassiker von der Regelästhetik des 18. Jahrhunderts ab?
17. In welcher Weise soll die Kunst der Antike nachgeahmt werden?
18. Welche Bedeutung haben die Sinne im Rezeptionsprozess?
19. Was versteht Schiller unter ‚Spiel‘?
20. Worauf gründet nach Goethe das ästhetisch autonome Subjekt?

Arbeitsaufgaben

Arbeitstext I

aus: Friedrich Hölderlin: *Der Gesichtspunct aus dem wir das Altertum anzusehen haben*
Wir träumen von Bildung, Frömmigkeit pp. und haben gar keine, sie ist angenommen – wir träumen von Originalität und Selbständigkeit, wir glauben lauter Neues zu sagen, und alles diß ist doch Reaction, eine milde Rache gegen die Knechtschaft, womit wir uns verhalten haben gegen das Altertum [...]. Das schwerste dabei scheint, daß das Altertum ganz unserem ursprünglichen Triebe entgegenzuseyn scheint, der darauf geht, das Ungebildete zu bilden, das Ursprüngliche Natürliche zu vervollkommen, so daß der zur Kunst geborene Mensch natürlicher weise und überall sich lieber mehr das Rohe, Ungelehrte, Kindliche, holt, als einen gebildeten Stoff, wo ihm, der bilden will, schon vorgearbeitet ist. (Hö 2, S. 62)

Aufgabe:

In Hölderlins Abhandlung werden Gründe erwogen, die gegen eine angemaßte künstlerische Originalität moderner Künstler sprechen. Warum sollte der zur Kunst geborene Menschen dennoch von der Nachahmung antiker Schönheitsideale absehen?

Arbeitstext II

aus: Friedrich Schiller: *Über naive und sentimentalische Dichtung*
Man hätte deßwegen alte und moderne Dichter entweder gar nicht, oder nur unter einem gemeinschaftlichen höhern Begriff (einen solchen giebt es wirklich) miteinander vergleichen sollen. Denn freylich, wenn man den Gattungsbegriff der Poesie zuvor einseitig aus den alten Poeten abstrahirt hat, so ist nichts leichter, aber auch nichts trivialer, als die modernen gegen sie herabzusetzen. Wenn man nur das Poesie nennt, was zu allen Zeiten auf die einfältige Natur gleichförmig wirkte, so kann es nicht anders seyn, als daß man den neuern Poeten gerade in ihrer eigensten und erhabensten Schönheit wird streitig machen müssen [...]. Eben so wenig aber wird irgend ein alter Dichter und am wenigsten Homer in demjenigen, was den modernen Dichter charakteristisch auszeichnet, die Vergleichung mit demselben aushalten können. (SNA 20, S. 439f.)

Aufgabe:

Welche Gründe könnten Schiller bewogen haben, sich gegen eine ‚klassische' Nachahmungslehre zu entscheiden?

Arbeitstext III

> aus: Johann Wolfgang Goethe: *Farbenlehre*
> eigentlich unternehmen wir umsonst, das Wesen eines Dinges auszudrücken. Wirkungen werden wir gewahr, und eine vollständige Geschichte dieser Wirkungen umfaßte wohl allenfalls das Wesen jenes Dinges. [...] Man hat ein Mehr und ein Weniger, ein Wirken ein Widerstreben, ein Tun ein Leiden, ein Vordringendes ein Zurückhaltendes, ein Heftiges ein Mäßigendes, ein Männliches ein Weibliches überall bemerkt und genannt, und so entsteht eine Sprache, eine Symbolik, die man auf ähnliche Fälle als Gleichnis, als nahverwandten Ausdruck, als unmittelbar passendes Wort anwenden und benutzen mag. (GFA I 23, S. 12f.)

Aufgabe:

Wie Goethe darlegt, kann das Verhältnis des Menschen zur Natur nur ein symbolisches, mithin ästhetisches sein. Was folgt aus dieser Annahme für die individuelle Existenz und das Zusammenleben unter den Bedingungen der Moderne?

Arbeitstext IV

> aus: Friedrich Schlegel: 116. *Athenäums-Fragment* (1797f.)
> Die romantische Poesie ist eine progressive Universalpoesie. Ihre Bestimmung ist nicht bloß, alle getrennte Gattungen der Poesie wieder zu vereinigen, und die Poesie mit der Philosophie und Rhetorik in Berührung zu setzen. Sie will, und soll auch Poesie und Prosa, Genialität und Kritik, Kunstpoesie und Naturpoesie bald mischen, bald verschmelzen, die Poesie lebendig und gesellig, und das Leben und die Gesellschaft poetisch machen, den Witz poetisieren, und die Formen der Kunst mit gediegnem Bildungsstoff jeder Art anfüllen und sättigen, und durch die Schwingungen des Humors beseelen. [...] Sie ist der höchsten und der allseitigsten Bildung fähig; nicht bloß von innen heraus, sondern auch von außen hinein; indem sie jedem, was ein Ganzes in ihren Produkten sein soll, alle Teile ähnlich organisiert, wodurch ihr die Aussicht auf eine grenzenlos wachsende Klassizität eröffnet wird. [...] Die romantische Dichtart ist noch im Werden; ja das ist ihr eigentliches Wesen, daß sie ewig nur werden, nie vollendet sein kann. Sie kann durch keine Theorie erschöpft werden [...].[27]

Aufgabe:

In seinem berühmten 116. Athenäums-Fragment entwickelt Friedrich Schlegel den Gedanken weiter, die Entzweiung von der Natur sei nur ästhetisch zu überwinden. Warum kann und sollte die Universalpoesie „durch keine Theorie erschöpft werden"? Inwiefern steht Schlegels Argumentation der Ästhetik der deutschen Klassiker nahe?

Poetik 5

5.1 Urpoesie
5.2 Poetik des Naiven und Sentimentalischen
5.3 Gattungspoetik
5.4 Volks- und Nationalliteratur

Abb. 5: Nicolai Abildgaard: Ossian (1782)

Dichtungstheoretisch ist die Poetik der deutschen Klassik zwischen der Genieästhetik des Sturm und Drang und der Kunstphilosophie des Deutschen Idealismus anzusiedeln. Von ersterer übernimmt sie die Vorstellung, das kulturpolitische Selbstverständnis der Literatur im Kontext einer Urpoesie zu bestimmen. Daran knüpft sich die Hoffnung, über die geoklimatischen, sozialen und erkenntnistheoretischen Voraussetzungen des eigenen Schreibens die regionalen Wurzeln vermeintlich universaler Wahrheiten aufzeigen zu können. Aus dieser Rückführung aller Wissensstände auf einen gemeinsamen urpoetischen Anfang erklärt sich die Modernität der klassischen Poetik, aber auch die zeitweise intensive Förderung zeitgenössischer ‚Nationaldichter', die Beschäftigung mit europäischen, asiatischen und arabischen Literaturgattungen sowie das Sammeln und Bearbeiten alter Volkslieder.

Dass die Klassiker aus dieser urpoetischen Perspektive feste Gattungsgrenzen innerhalb der Dichtung ablehnen, dass sie ferner einen transnationalen Literaturbegriff favorisieren, demzufolge sich die Nationen zukünftig auf weltliterarischem Niveau verständigen, verdankt sich ihrer Nähe zur frühidealistischen Kunst- und Identitätsphilosophie. Unter Berücksichtigung der ästhetischen Anschauung des Subjekts reflektieren Hölderlin, Goethe und Schelling die Literatur als Medium, das den Gegensatz zwischen Identität und einer sich ständig modifizierenden Natur überwindet. Gelingt es der Dichtung, die subjektive Wahrnehmung als je eigene Aneignung der Außenwelt transparent zu machen, dann trägt sie in entscheidendem Maße zur metaphysischen Widerständigkeit ihres Publikums bei.

5.1 Urpoesie

Poetische Rückbesinnung — Schon lange bevor er eine differenzierte Sprache ausbildet, besingt der Mensch in rauen Liedern seine Gefühle und Stimmungen. Von solchen frühesten literarischen Zeugnissen des Menschen ausgehend, führt Herder den Begriff der Urpoesie in den frühen 1770er Jahren in die deutsche Literatur ein. Rückschlüsse auf deren literarische Eigenart lassen sich seinen Worten zufolge aus Märchen, Sagen oder eben auch Volksliedern ziehen. Obwohl sie historisch späteren Datums sind, dokumentiert sich in ihnen noch ein elementares Bedürfnis nach ästhetischen Ausdrucksformen, das der Literatur hoch entwickelter Kulturen abhanden gekommen ist. Herder selbst sammelt in den nächsten Jahrzehnten Volkslieder aus allen Weltgegenden und publiziert sie in viel beachteten Anthologien. Sowohl beim jungen Goethe als auch unter den Romantikern weckt er damit ein großes Interesse an der Edition, Bearbeitung und Nachdichtung von Volksliedern und verwandten Genres.

Ossian — Gesamteuropäisch ist dieses Interesse an der Urpoesie im Zusammenhang mit der Wiederentdeckung alter gälischer Bardengesänge zu sehen, die 1760 von James Macpherson unter dem Titel *Fragments of Ancient Poetry* veröffentlicht wurden. Trotz des immensen Interesses an diesen Liedern stellten sich bald schon Zweifel an deren Echtheit ein. Auch der altschottische Sänger Ossian sollte sich als Erfindung Macphersons erweisen. Doch solche philologischen Bedenken taten der euphorischen Rezeption dieses ‚Homer des Nordens' keinen Abbruch. Für Herder bestätigen sie sogar explizit die These, im Zeitalter des technischen Fortschritts und einer ausdifferenzierten Literatur wachse das Bedürfnis nach „enthusiastischen *Gemälden der Phantasie*" (HFA 8, S. 124). Dem Schotten Macpherson ist es insofern gelungen, wieder jene ursprüngliche Stimmung und Geselligkeit aufleben zu lassen, der sich die keltischen Lieder seiner Heimat ehemals verdankten.

Deren ästhetische und soziale Attraktivität erklärt sich nach Herder aus einer effektvollen Mischung aus Rhythmus, Melodie und Textfetzen. Im Unterschied nämlich zu neuzeitlichen Liedern, die für einen kunstvollen Vortrag gedacht sind, weisen diese älteren „lyrischen Gesänge" (ebd., S. 133) weder eine inhaltliche noch eine formale Struktur auf. Statt zum Zuhören laden sie zum Mitsingen und Mitklatschen ein. Vor allem aber sind es ihre lückenhaften Texte, die nach Herder so motivierend wirken. Als Frühform der Literatur entwickeln sich urpoetische Lieder nämlich noch vor der Sprache. Wer daher einen solchen Klatsch- oder Rundreigen anstimmt, dem fehlt es notwendigerweise an ausgefeilten Darstellungsmitteln, um die eigenen Emotionen zu verbalisieren. Prompt stimmen die Umstehenden nach Herder in den Wechselgesang ein und tragen mit ihren eigenen ‚Worten' zum Gelingen des improvisierten Liedes bei – eine von ästhetischen Zugangsvoraussetzungen vollkommen freie, kontaktfreudige Form des literarischen Genusses, die in ‚entwickelten' Kulturen ebenfalls weitgehend verloren gegangen ist.

Lyrische Gesänge

Entstanden aus „Einfalt, Rührung, Notdrange ans Herz", fließen in solche urpoetischen Gesänge die ersten Erfahrungen mit den jeweiligen klimatischen und geographischen Lebensbedingungen ein (HFA 3, S. 18). Wie Herder mehrfach betont, klingen in ihnen zugleich die Lust an der eigenen Freiheit und der energische Wille an, sich mit den vorgefundenen Gegebenheiten auch ästhetisch auseinanderzusetzen. Nur auf dieser Basis kann sich eine Kultur ausdifferenzieren (s. Arbeitstext I). Ob also Künste oder Gesellschaftsstruktur, Glaube oder Logik: sie alle verdanken sich der Lebensfreude und Expressivität einer noch unreglementierten Gesellschaft – diesem „Sammelplatz all ihrer *Wissenschaft, Religion, Bewegung* der Seele, *Merkwürdigkeiten* der Vorwelt, *Freuden* und *Leiden* ihres Lebens." (Ebd., S. 60)

Die ‚unpolicierte' Nation

Übertragen auf die weitere Entwicklung der Dichtung, geht das Lyrische, Dramatische und Epische zunächst in Form von Oden, Märchen oder Legenden aus den frühesten Wechselgesängen hervor. Ähnlich wie die Volkslieder verfügen sie nach Herder jedoch noch über genügend Spontaneität, um an ihrem Beispiel den Anschauungs- und Ausdrucksverlust einer Literatur aufzuweisen, die sich regelpoetischen Gattungsgrenzen und antikisierenden Geschmacksdoktrin unterworfen hat. Konsequenterweise druckt Herder in seinen Volkslied-Anthologien lappländische, asiatische oder indianische Liebeslieder ab und platziert sie provokant neben den Oden der antiken Dichterin Sappho.

Merksatz

Mit dem Interesse der deutschen Klassiker an der Urpoesie verbindet sich die Hoffnung, die zeitgenössischen Wissensbestände im Stile noch ‚unpolicirter' Kulturen zu repoetisieren.

Von der Aufwertung urpoetischer Mischformen profitieren in der zweiten Hälfte des 18. Jahrhunderts auch eine Reihe anderer Gattungen, in denen sich die Künste mischen. So wurden bislang die heitere Opera buffa und das

Opera buffa und Singspiel

Singspiel als volkstümlich angesehen, da beide Musik, Sprechgesang und Tanz miteinander verbinden. Inhaltlich sind sie durch Elemente der Verwechslungskomödie und den Fokus auf ein natürliches, unverdorbenes Leben bestimmt. Zur europaweit erfolgreichsten Opera buffa gehört Mozarts *Zauberflöte* (1791). Ihre spektakulären Bühneneffekte und eine märchenhafte Handlung finden auch unter den deutschen Klassikern hohe Anerkennung, was sich nicht zuletzt in der Forderung nach einem wirkungsvolleren Bühnenillusionismus niederschlägt. Noch Goethes Festaufzüge aus den 20er und 30er Jahren des 19. Jahrhunderts sowie sein *Faust II* lassen deutliche Spuren dieser intensiven Beschäftigung mit intermedialen Ausdrucksformen erkennen.

Der Mensch als Kunstgeschöpf

Nun hieße es die Rückbesinnung auf die eigenen kulturellen Ursprünge gründlich misszuverstehen, würden sie als Initial einer vaterländischen Literatur gelesen. Im Falle Herders hat solch eine Verkennung seit dem 19. Jahrhundert zu einer folgenreichen Ideologisierung seiner Dichtungslehre geführt und gezielt übersehen lassen, dass er am Beispiel urpoetischer Literatur zunächst einmal den Nachweis erbringt, dass dem zur Kunst geborenen Menschen (s. Kap. 4) seine elementaren ästhetischen Bedürfnisse auch in ‚polizierten' Kulturen nie gänzlich aberzogen werden können. Im Vergleich mit der Urpoesie kann er insofern auch die Rückschrittlichkeit eines elaborierten Literaturbegriffs monieren, wobei sich Herder freilich bewusst bleibt, dass sich zukünftige Dichtung nie wieder zu einer poetischen Ursprünglichkeit versteigen kann, ohne sich dem Verdacht volkstümlicher oder gar chauvinistischer Naivität auszusetzen. Was ihr aber gelingen sollte, ist seinen Worten zufolge die Repoetisierung vermeintlich aufgeklärter Vernunftlehren und Wissensbestände. Auf diesem Wege, so heißt es in Herders *Kalligone* (1800), streift Literatur nicht nur ihre regelpoetischen Gattungsbestimmungen ab. Sie trägt langfristig auch zur Überwindung kultureller Grenzen und protorassistischer Vorurteile bei:

> *Der Mensch* ist seiner Gattung nach ein *Kunstgeschöpf*. Auf den Gebrauch tätiger Vernunft mittelst sinnlicher Organe, mithin auf Kunst ist das Sein und Wohlsein seines Geschlechts gebauet; nur durch Kunst ist er, was er ist, worden. [...] Die ernstesten Wissenschaften, Naturkenntnis und Mathematik, werden also allem Schönen Grundlage werden, weil es die Natur fodert. (HFA 8, S. 774ff.)

Wie sich diese Hoffnung dichtungstheoretisch und literarisch umsetzen lässt, diskutiert Herder unter Berufung auf die Lehrdichtung in der Tradition des römischen Philosophen Lukrez sowie die Nationalliteraturen eines Dante, Milton oder Shakespeare. Auf verwandte Weise entwerfen sie in ihren „Enzyklopädien" ein ästhetisches „Universa aus dem Herzen und Geist ihrer Dichter" (ebd., S. 782), mit dem historisch dreierlei geleistet wird: Zum einen tragen die genannten Autoren zur kulturellen und sprachlichen Konsolidierung ihrer Nationen bei. Zum anderen überwinden sie den Irrglauben, nur das genaue Studium der Antike befördere die künstlerische Entwicklung. Imaginieren Lukrez, Dante, Milton und Shakespeare darüber hinaus noch einen in sich geschlossenen und dennoch weltzugewandten Kosmos, so treten sie aus Sicht des Theologen Herder in ‚unpolicierte' Konkurrenz zu einem religiösen Mythos, an dessen leibfeindlichen und lange Zeit kunstverachtenden Lehren sich die Philosophie der Aufklärung nahtlos anschließen konnte.

Poetik des Naiven und Sentimentalischen 5.2

Wie bereits angedeutet (s. Kap. 4.2), gehört Schillers *Über naive und sentimentalische Dichtung* zu den poetologisch einflussreichsten Schriften der deutschen Klassik. Ausgangspunkt seiner Überlegungen ist die wahrnehmungsästhetische These, das subjektive „Wohlgefallen" an der Natur gelte nicht der „Schönheit der Formen", sondern sei „durch eine Idee vermittelt". Statt also die materialen Objekte an sich wahrzunehmen, verhält sich das Subjekt zu ihnen ästhetisch:

> Was hätte auch eine unscheinbare Blume, eine Quelle, ein bemoßter Stein, das Gezwitscher der Vögel, das Summen der Bienen u. s. w. für sich selbst so gefälliges für uns? [...] Es sind nicht diese Gegenstände, es ist eine durch sie dargestellte Idee, was wir in ihnen lieben. Wir lieben in ihnen das stille schaffende Leben, das Wirken aus sich selbst, das Daseyn nach eignen Gesetzen, die innere Nothwendigkeit, die ewige Einheit mit sich selbst. (SNA 20, S. 414)

Über naive und sentimentalische Dichtung

Für die Literatur folgt aus dieser Grundannahme, dass sie inhaltlich und formalästhetisch den ‚Sieg' über eine schrankenlose Natur erringt. Die dafür erforderliche kreative Distanz zu den Dingen war den antiken Dichtern nach Schiller noch unhinterfragt gegenwärtig. Ohne die erkenntnistheoretischen Voraussetzungen zu hinterfragen, die sich in ihre ästhetischen Sinnstiftungen einschreiben, differenzierten sie auch nicht zwischen Wissen und Mythos, Wahrnehmung oder Glauben, sondern behandelten sie gleichermaßen als Ergebnisse einer künstlerisch notwendigen Abgrenzung von der Natur. Aufgrund dieser Selbstverständlichkeit, mit der sie die menschliche Kultivation initiieren, bezeichnet Schiller die antike Literatur als ‚naiv'.

Naive Dichtung

Mit kindlicher Unwissenheit darf diese ‚Naturkunst' schon deshalb nicht verwechselt werden, weil sich naive Dichtung nach Schiller zu einem Zeitpunkt entwickelt, als Wissenschaft und Philosophie bereits über abstrakte Wahrheiten verfügen. Allerdings stehen sie noch nicht in Konkurrenz zum ästhetischen Weltmodell. Noch nämlich oblag es der Literatur, die ‚natürliche Freiheit' des Menschen von den Gesetzmäßigkeiten der Natur zu veranschaulichen. Wie Schiller in Abgrenzung zu Herders Ausführungen über die allem Wissen vorangehende Urpoesie ergänzt, entspricht sie damit nicht nur einem anthropologischen Willen zu ‚welthafter' Ungebundenheit (s. Kap. 3.3). Sie schützt den Rezipienten auch vor dem Unbehagen, sich angesichts einer formalisierten Naturerkenntnis – die ja immer nach dem abstrakten ‚Wesen' des Menschen fragt – ständig als Subjekt legitimieren zu müssen.

> **Merksatz**
>
> Naive Dichtung veranschaulicht nach Schiller die Freiheit des Menschen von abstrakten Naturwahrheiten und bestätigt ihn als ästhetisches Subjekt. Sentimentalische Literatur widmet sich demgegenüber gesellschaftlichen Konflikten und reflektiert den Verlust ehedem selbstverständlicher Sinnzuschreibungen.

Naive Aufrichtigkeit

Aus diesem ästhetischen ‚Triumph' erklären sich für Schiller die Jahrhunderte überdauernde Attraktivität naiver Literatur und die Versuche späterer Generationen, sie in Zeiten reglementierter Kunstsysteme wiederzubeleben. Solch einem Bedürfnis kommt die Natur gewissermaßen quer zum zerstörerischen Kulturfortschritt entgegen. Denn ähnlich wie Goethe und Herder nimmt auch Schiller an, dass sich die urpoetische Dynamik, mit welcher sich der Weltgeist ‚immer wieder neu entwirft' (s. Kap. 4.6), zumindest sporadisch in einer ästhetischen „Kindlichkeit" manifestiert, „wo sie nicht mehr erwartet wird" (SNA 20, S. 419). Beredtes Zeugnis für solch eine ‚naive' Ursprünglichkeit, die alle gekünstelten Verhältnisse ad absurdum führt, legt Goethe ab. Als einer der noch „ungezogenen Söhne der Natur" mögen seine Werke aus rationaler Sicht zunächst den Eindruck erwecken, er sei in dieser künstlichen Welt nicht mehr recht an der Stelle. Da sich der „dichterische Geist" aber „unsterblich und unverlierbar in der Menschheit" erhält, widerlegt Goethe sowohl alle evolutionistischen Geschichtskonstrukte, denen zufolge sich auch die Künste stufenweise weiterentwickeln, als auch jene Verfallshistorien, mit welchen nachfolgenden Epochen die Unerreichbarkeit antiken Schönheitsempfindens und angesichts des „verstümmelnden Einfluß" der Gegenwart dessen unbedingte Nachahmung begründet wird (vgl. ebd., S. 435f.).

Sentimentalische Dichtung

Mit dieser ‚urpoetisch' naiven Regeneration der Literatur integriert Schiller eine zeitenthobene, irrationale Größe in die Kunst- und Kulturgeschichte, die er freilich umgehend mit modernen Argumenten legitimiert: Weil das „menschliche Leben als *Erfahrung*" des Kontingenten angelegt ist, bringt es immer wieder jene Naivität hervor, mit der sich Künstler allen ästhetischen Standardisierungen erfolgreich widersetzen (ebd., S. 431). Unterstützt wird sie dabei von einer sentimentalischen Dichtung, die mit kritischen und subjektorientierten Erzähl- und Darstellungsformen dafür sorgt, dass sich weder Vernunfterkenntnis noch Mythos als Herrschaftsinstrumente behaupten können. Sentimentalische Literatur reflektiert folglich eine moderne Krisenerfahrung, mit welcher die Menschen auf die Kluft zwischen wissenschaftlichen Gesetzmäßigkeiten und der Erfahrung rationaler Widersprüchlichkeiten reagieren.

Ihre Entstehung verortet Schiller dort, wo Literatur kulturgeschichtlich ihre Funktion als Freiheitsgarantin verliert. Wie zuvor schon Herder begreift Schiller damit die aufgeklärte Fortschrittsgeschichte als Degeneration und Reglementierungsversuch. Und mit Rücksicht auf diese Akademisierung des Poetischen trägt er der sentimentalischen Literatur die Aufgabe an, am

5.2 | Poetik des Naiven und Sentimentalischen

Beispiel aktueller ‚Verfallserscheinungen' den drohenden Verlust urpoetischer Naivität anzumahnen (s. Arbeitstext III). Denn ob sich Naivität wieder und wieder gegen den Kanon des Mustergültigen und Vernünftigen wird behaupten können, bleibt Schiller angesichts der Strenge, mit der die Künste im Vernunftzeitalter schrittweise dem Irrationalen zugeordnet werden, letztlich zweifelhaft:

> Die Dichter sind überall, schon ihrem Begriffe nach, die *Bewahrer* der *Natur*. Wo sie dieses nicht mehr ganz seyn können, und schon in sich selbst den zerstörenden Einfluß willkührlicher und künstlicher Formen erfahren [...], da werden sie als *Zeugen* und als die *Rächer* der Natur auftreten. Sie werden entweder Natur *seyn*, oder sie werden die verlorene *suchen*. Daraus entspringen zwey ganz verschiedene Dichtungsweisen, durch welche das ganze Gebiet der Poesie erschöpft und ausgemessen wird. Alle Dichter, die es wirklich sind, werden, je nachdem die Zeit beschaffen ist, in der sie blühen, oder zufällige Umstände auf ihre allgemeine Bildung und auf ihre vorübergehende Gemüthsstimmung Einfluß haben, entweder zu den *naiven* oder *zu den sentimentalischen* gehören. (SNA 20, S. 432)

So resignativ sich Schillers Ausführungen über die kulturgeschichtliche Unnatur bisweilen auch lesen mögen, so wenig zweifelt er an der historischen Notwendigkeit, dass der Mensch seinen ästhetischen Natur-Zustand überwinden und seine angestammte Freiheit auch in der Poesie wiedererlangen muss. Insofern weigert sich Schiller auch, die sentimentalische Dichtung nur als zweifelhaftes Zugeständnis an kulturhistorische Verfallserscheinungen einzuführen: „Der sentimentalische Dichter hat es daher immer mit zwei streitenden Vorstellungen, und Empfindungen, mit der Wirklichkeit als Grenze und mit seiner Idee als dem Unendlichen zu tun" (SNA 20, S. 441). Statt also Klagen über den Statusverlust anzustimmen, dem sich Literatur im späten 18. Jahrhundert ausgesetzt sieht, räumt er der sentimentalischen Dichtung ein, sie allein vermöge sich den veränderten Lebensbedingungen zu stellen und gleichzeitig am aufgeklärten Ziel einer emanzipierten Menschheit festzuhalten. Auf diese Weise erschließt sie sich ständig neue literarische Inhalte und formale Gestaltungsmittel. Und solange ein gemeinschaftlicher Verständigungshorizont nicht mehr vorausgesetzt werden kann, müssen die Möglichkeiten individueller Weltaneignung kritisch sondiert werden. Über ein reflektiertes Werben für das sich anschauungsästhetisch emanzipierende Subjekt sollte der sentimentalische Dichter dabei nicht hinausgehen. Ansonsten formulierte er Sinnangebote, die seine Leser mit der gleichen Unbedingtheit konfrontieren würden wie die formalen Vernunft- und Tugendlehren. Erreicht wird diese aus bürgerlicher Sicht provokante ‚Unverbindlichkeit', wenn der Literat einerseits „über den Eindruck" berichtet, „den die Gegenstände auf ihn machen" (ebd., S. 441). Andererseits muss er aber von der dabei empfundenen Rührung abstrahieren. Darin eben unterscheidet sich sentimentalische Reflexionskunst nach Schiller von jener ‚Betroffenheitsliteratur', die in der Moderne ebenfalls an Bedeutung gewinnt: Wenngleich der Dichter aufzeigt, dass sich der einzelne Mensch den Dingen nur sinnlich-ästhetisch anverwandeln kann, so geht er persönlichen Empfindungen gegenüber dennoch auf Distanz. Erst an sol-

Moderne Reflexionskunst

Pathos und Nation

chen satirischen oder ironischen Relativierungen wird nämlich offensichtlich, wie radikal sich sentimentalische Dichtung mit der Entfernung von der Natur beschäftigt. In der Moderne kaschieren eben institutionalisierte Erklärungssysteme den als irritierend empfundenen „Widerspruch der Wirklichkeit mit dem Ideale" (ebd., S. 442). Ihn zu verstärken, obliegt indes einer Literatur, die sich gegen Verbindlichkeiten wendet und, statt ästhetische Normen zu entwickeln, an die Freiheit des Menschen appelliert. Dazu gehört es freilich auch, als Literat der eigenen ästhetischen Weltanschauung zu misstrauen.

Im berühmten Brief an Casimir Ulrich von Böhlendorff vom 4. Dezember 1801 beschäftigt sich auch Hölderlin mit der Vorstellung einer urpoetischen Literatur. Um an ihrem Beispiel darzulegen, wie das „Nationelle frei [zu] gebrauchen" sei, lobt er an Homer, noch frei vom „heiligen Pathos", habe er fremde Einflüsse für die griechische Kultur fruchtbar gemacht. Ohne sich also auf die Verabsolutierung oder das Bewahren der eigenen Kultur zu versteifen, sei Homer dem Selbstverständnis der Griechen mit jener ästhetischen Distanz begegnet, die notwendig ist, um sich einen *freien* Gebrauch des *Eigenen* zu erschließen (vgl. Hö 2, S. 912f.).

Wie Peter Szondi gezeigt hat, grenzt sich Hölderlin in seinem Schreiben von einer Beschäftigung mit dem Fremden ab, in der alles, was sich nicht mit den eigenen Normen und Wertvorstellungen arrangiert, als das Andersgeartete, Befremdende diffamiert und ausgegrenzt wird – und dies sowohl innerhalb als auch außerhalb des eigenen Kulturraums. Solch einer Volkstümelei erliegen ‚sentimentalische' Zeitläufe besonders häufig. Sarkastisch vergleicht Hölderlin sie mit einem „Behälter", der die eigene Kultur vor dem „Reiche der Lebendigen" schützen soll. Um dieses pathetisch proklamierte Schutzbedürfnis schon im Keim zu ersticken, darf das „Nationelle" folglich nie als entische, sondern muss als oszillierende Größe begriffen werden, die des Fremden als eines Komplements bedarf. Ebenso wie Rührung oder Empfindelei verhindert es ansonsten die Einsicht, dass Nationen auf dem Weg zu einer emanzipierten Menschheit nur Durchgangsstadium sein können. Ansonsten, so folgt Hölderlin im Böhlendorff-Brief, seien es die lodernden „Flammen" des nationalen ‚Eigensinns', die „wir nicht zu bändigen" vermögen (vgl. ebd., S. 913). Als blinde Reaktion auf eine von Widersprüchen geprägte Zeit nimmt der Nationalwahn seinen Anfang nicht notwendigerweise in politischen Partikularisierungsbestrebungen (s. Arbeitstext II). Wie Hyperion in Hölderlins gleichnamigem Roman miterleben muss, kann auch die Befreiung von imperialen Besatzermächten in einen gefährlichen Aktionismus einmünden. Unter dem Schutzmantel einer teils politisch vereitelten, teils verzweifelten Suche nach dem kulturell Eigenen, entladen sich blanker Hass und Eigennutz. Was der Volkstümelei jedweder Ausprägung stets vorausgeht, ist freilich die Entfremdung von der Kunst überhaupt. Wo ihre Erinnerung an jene ursprünglich ästhetische Bestimmung des Menschen als weinerliche Sentimentalität abgegolten wird, dort macht sich ein lebensfeindlicher Pragmatismus breit: „Wo aber belaidigt wird die göttliche Natur und ihre Künstler, ach! da ist des Lebens beste Lust hinweg […]; der Knechtssinn wächst, mit ihm der grobe Muth." (Hö 1, S. 757)

Gattungspoetik 5.3

Die Gattungspoetik der deutschen Klassik beruht auf der Annahme, jeder der drei literarischen Gattungen korrespondiere ursprünglich eine entsprechende ‚Stimmung', mit der epische, dramatische oder lyrische Werke produziert und rezipiert werden. Die bekannteste Bestimmung solch einer ‚natürlichen' Dichtungslehre findet sich in Goethes *Noten und Abhandlungen zum besseren Verständnis des West-östlichen Divans*. Dort allerdings äußert sich Goethe misstrauisch über allzu pedantisch hergeleitete Gattungstypologien:

> Es gibt nur drey ächte Naturformen der Poesie: die klar erzählende, die enthusiastisch aufgeregte und die persönlich handelnde: *Epos, Lyrik* und *Drama*. Diese drey Dichtweisen können zusammen oder abgesondert wirken. [...] Auf diesem Wege gelangt man zu schönen Ansichten sowohl der Dichtarten als des Charakters der Nationen und ihres Geschmacks in einer Zeitfolge. Und obgleich diese Verfahrungsart mehr zu eigner Belehrung, Unterhaltung und Maßregel, als zum Unterricht anderer geeignet seyn mag, so wäre doch vielleicht ein Schema aufzustellen, welches zugleich die äußeren zufälligen Formen und diese inneren nothwendigen Uranfänge in faßlicher Ordnung darbrächte. Der Versuch jedoch wird immer so schwierig seyn als in der Naturkunde das Bestreben den Bezug auszufinden der äußeren Kennzeichen von Mineralien und Pflanzen zu ihren inneren Bestandtheilen, um eine naturgemäße Ordnung dem Geiste darzustellen. (GFA I 3/1, S. 206ff.)

Aus Goethes naturwissenschaftlichen Schriften ist bekannt, dass er die wissenschaftliche Vernachlässigung individueller Erscheinungsformen ablehnt. Als Begründung macht Goethe geltend, die empirische Besonderheit eines Dinges stehe in einer organischen Verbindung mit den inneren Gesetzmäßigkeiten der Natur. Die Naturwissenschaften basieren demgemäß auf einer geistigen Ordnung der Dinge, die der naturgemäßen widerspricht. Um solche abstrakten Anschauungsverluste zu vermeiden, empfiehlt Goethe, jedes literarische Kunstwerk aus sich heraus zu verstehen. Außerdem verdankt sich die Attraktivität zahlreicher Dichtungen klug arrangierten Mischungen der drei ‚natürlichen' Gattungen. Ihnen wird eine Gattungspoetik, in der das Überschreiten von Genregrenzen nicht vorgesehen ist, nicht gerecht. Traditionell legen Gattungspoetiken nämlich nicht nur die Grenzen zwischen den einzelnen literarischen Genres fest, sondern auch deren hierarchische Rangfolge. Ästhetische Variationen verstoßen demgemäß gegen eine Binnenordnung, mit der zwischen hoher und niederer Literatur unterschieden wird. Folgt man Goethe, lässt solch eine qualifizierende Dichtungsnorm übersehen, dass sich der literarische Geschmack über die Generationen verändert und wechselnde kulturelle Einflüsse immer wieder zu Verschiebungen innerhalb der Gattungssystematik führen. Räumt Goethe ihr dennoch eine transitorische Berechtigung ein, so nur als Orientierungshilfe, um sich einen quantitativen Überblick über national oder epochenspezifisch bevorzugte Genres zu verschaffen.

Gattungsgrenzen und Gattungswandel

Epik und Dramatik

Verglichen mit diesen normkritischen Überlegungen aus den *Noten und Abhandlungen* legen Goethe und Schiller zwanzig Jahre zuvor in der gemeinsam verfassten Abhandlung *Über epische und dramatische Dichtung* (1797) eine wenn nicht restriktivere, so doch auf den ersten Blick an älteren Regelpoetiken geschulte Gattungslehre vor. Schon am Titel der Studie fällt auf, dass die Lyrik als eigenständige Gattung nicht berücksichtigt wird. Auch die mediengeschichtlichen Argumente, mit denen zwischen Epik und Drama differenziert wird, entstammen einer Zeit, in der Literatur noch weitgehend oral vermittelt und tradiert wurde. So wird der Epiker als *Rhapsode* bezeichnet, der einem „ruhig horchenden" Kreis seine Geschichten vorträgt. Der Dramatiker gleicht dagegen einem *Mimen*, der sich von einem „ungeduldig schauenden und hörenden Kreise umgeben" sieht (GFA I 18, S. 445). Lesegeschichtlich mag diese Unterscheidung verwundern, denn der endgültige Schritt in die literale Lesekultur wird in etwa zwischen 1760 und 1770 vollzogen. Mit der steigenden Lesekompetenz nimmt folglich auch die Zahl an Zuhörern ab, die sich um einen Erzähler scharen, um seinem Vortrag zu lauschen. Mit der Situierung eines gebildeten, ästhetisch anspruchsvollen Bürgertums wandelt sich in gleichem Maße das ehedem aktionsverwöhnte Theaterpublikum. *Über epische und dramatische Dichtung* gehört indes ins Umfeld einer Ästhetik des Hörens, mit der sich allzumal Goethe längerfristig beschäftigt hat, ohne sie allerdings genauer auszuarbeiten.

Horchen und Hören

Um die grundverschiedenen Wirkungsabsichten epischer und dramatischer Literatur begründen zu können, setzt Goethe die sinnlichen und ästhetischen Wahrnehmungsbedingungen des modernen Menschen voraus. Im Unterschied zur heutigen Lesegeschichte begreift er die zweite Hälfte des 18. Jahrhunderts als Übergangszeit von einer noch auditiv geprägten Kultur hin zu einer visuell flüchtigen. In der bedächtigen Kultur des Horchens, so heißt es in *Regeln für Schauspieler* und in *Shakespear und kein Ende!* (1815), hatten die Menschen ihre Sinne noch beisammen. Aufmerksam lauschten sie den Ausführungen des Rhapsoden und malten sich in ihrer Phantasie einzelne Szenen aus, ohne sich von subjektiven Impressionen hinreißen zu lassen. Anders das Publikum in einer Kultur, die Goethe zynischerweise nur als eine des Hörens beschreibt und damit provokant die wachsende Dominanz des Sehens und wechselseitigen Beobachtens im Bürgertum übergeht. In ihr haben Auge und Ohr ihre ursprünglich aufeinander abgestimmte Fähigkeit verloren, andrängende Sinnesdaten ästhetisch distanziert zu verarbeiten. Ohne diese Fähigkeit werden nun die Wahrnehmungsimpulse vermehrt emotional aufgenommen. Nach Goethe gleichen die Menschen dann hektischen Hörern, die sich mit verschiedenen Dingen gleichzeitig, aber eben nur oberflächlich beschäftigen. Unter dem Druck dieser Flüchtigkeiten verliert sich das intensive Hinhorchen als zwischenmenschliches Vermögen gänzlich. Und ausgerechnet das Sprechtheater mit seinen bewegten Handlungsabläufen kann solch eine affektive Rezeption verstärken. Denn sobald das Bühnengeschehen an optischer Dominanz gewinnt, überhört der Zuschauer die Figurenrede. Oder, so wäre mit Goethe zu ergänzen, er lauscht dem Gesagten so angestrengt implizite Botschaften ab, dass ihm der gattungsübergreifende Reiz kontrastierender Visualität und

Akustik entgeht. Hinsichtlich dieses aisthetischen Distanz- und Anschauungsverlustes gleicht er dem auf sich zurückgezogenen Leser, der seine Ohren vor der Außenwelt verschließt, um sich ‚gehorsam' auf den Text zu konzentrieren.

> **Merksatz**
>
> Epische und dramatische Literatur setzen in Goethes und Schillers gattungspoetischem Entwurf einen modernen Rezipienten voraus, der Dichtung entweder hektisch oder weltfern, in jedem Fall aber ohne jede ästhetische Distanz aufnimmt.

Angewandt auf Goethes und Schillers Gattungsüberlegungen, verbindet den Epiker mit dem Dramatiker in der Kultur des Hörens eine ähnliche Rezeptionsbedingung. Beide haben sie es mit einem sinnesästhetisch verarmten Publikum zu tun, weshalb sie prinzipiell auch „ähnliche Gegenstände" behandeln sollten. Was sie voneinander allerdings unterscheidet, sind die Nervosität des Theaterzuschauers und die Weltabgeschiedenheit des Lesers. Aus beiden Dispositionen ergeben sich je andere literarische Erwartungshaltungen. Um die Spannung für den Leser hoch zu halten, sollte der epische Dichter aus der Perspektive des Rhapsoden erzählen und einen *„außer sich wirkenden* Menschen" als Protagonisten wählen. Indem er ihn in auf „Reisen" oder während anderer abwechslungsreicher Unternehmungen vorstellt, reiht er zahlreiche Szenen aneinander, die vor dem inneren Auge bebildert und sinnlich miterlebt werden (GFA I 18, S. 445F). Das rhapsodische Erzählen gleicht insofern einer Art poetischem Weltprospekt. Zwar lockt es den Leser nicht aus seiner Isolation heraus. Aber es fordert seine Phantasie, indem es ihn mit Hilfe von Vor- und Rückgriffen, von Kommentaren und handlungsraffenden Berichten zum ‚Horchen' einlädt. Damit das Gelesene aber nicht zu einseitig emotionalisiert nachvollzogen wird, sollten „die Begebenheiten als *vollkommen vergangen*" vorgetragen werden. Schließlich muss der Eindruck vermieden werden, das erzählte Geschehen könnte sich in verwandter Weise auch in der Wirklichkeit wiederholen. Umgehend würde der Leser mit Flüchtigkeiten reagieren und sich nicht länger auf die illusionssteigernde Abfolge wechselnder Erzählformen einlassen. Aus dem gleichen Grund darf der Erzähler „als ein höheres Wesen in seinem Gedicht nicht selbst erscheinen". Solche Eingriffe wirken auf den Leser, als bevormunde ihn eine „Persönlichkeit". Solchen Einflussnahmen entgeht der rhapsodische Erzähler, da er sich an den Leser als autonomes, kreativ mitgestaltendes Subjekt wendet (ebd., S. 445ff.).

Demgegenüber hat es der Mime mit einem Zuschauer zu tun, der sich leicht vom Bühnengeschehen mitreißen lässt. Um ihn auf die Erziehungsabsichten des Dramas zu konzentrieren, lässt der Mime den *„nach innen geführten* Menschen" auftreten, der sich im Drama als handelndes Wesen zurücknimmt. Reduziert werden auch aktionsgeladene oder bewegende Ereignisse. Ebenso wenig sollte das Publikum mit allzu illusionistischen Ef-

Der Rhapsode

Der Mime

fekten überfordert werden. Wenige aussagekräftige Handlungssequenzen und längere Dialogpassagen müssen also genügen, um die Zuschauer für die eigentlichen Wirkungsabsichten des Dramas zu interessieren. Indem der Dramatiker in den Vordergrund rückt, wie sich die Akteure psychisch und sittlich bewähren, zwingt er den Zuschauer zu einer weniger affektgeladenen Auseinandersetzung mit dem Dargestellten: „seine Phantasie ist ganz zum Schweigen gebracht". Doch trotz dieser Disziplinierung des sinnesverlorenen ‚Hörers' gestaltet sich das Bühnengeschehen weitgehend mimisch. Gelingt es dem Autor, die Begebenheiten als „vollkommen gegenwärtig" vorzustellen, so stellt sich der Eindruck ein, als sei der Zuschauer direkt am Geschehen beteiligt (ebd., S. 446f.). Die Erfahrung, an der phantasiebegabten Ausgestaltung der Bühnenhandlung gehindert zu werden, mäßigt dagegen nicht unerheblich dessen emotionale Reaktionen. Ohne diese ‚Sedierung' wäre es dem Zuschauer allerdings im Anschluss an die sinnliche Darbietung auch nicht möglich, sich auf seine ästhetische Autonomie zu besinnen.

Lyrik In Goethes und Schillers Gattungspoetik wird die Lyrik nicht explizit genannt. Ursprünglich auch in gebundener Rede niedergeschrieben und vorgetragen, gehört sie nach älterem Wortgebrauch zur Epik. Lied und Gedicht gelten darüber hinaus als literarische Frühformen, wie Goethe angelegentlich am Beispiel der Ballade darlegt. Als ‚Urei' der Literatur verbindet sie lyrische Elemente mit epischen und dramatischen. Aus ihr haben sich dann schrittweise die rhapsodische und die mimische Gattung entwickelt. Gleichwohl droht „in unsern so unpoetischen Tagen" ein „Verfall der lyrischen Dichtkunst". In seiner Rezension *Über Bürgers Gedichte* unternimmt es Schiller daher, die Lyrik unter gattungspoetologischen Gesichtspunkten eingehender zu würdigen.

> **Merksatz**
> Nur die Lyrik vermag nach Schiller zwischen den unterschiedlichen sozialen Bildungsansprüchen zu vermitteln.

Über Bürgers Gedichte Einleitend fasst Schiller noch einmal die Unterscheidungsmerkmale epischer und dramatischer Dichtung zusammen. Während erstere „sich dem Weltton" anschmiegt „und den Geist der Zeit" in sich aufnimmt, thematisiert letztere die „Einrichtung des gesellschaftlichen Lebens" im Gewand vergangener Zeiten. Hinsichtlich ihrer Verbreitungsmöglichkeiten sind beiden Gattungen allerdings noch solange Grenzen gezogen, wie es nur wenige feste Schaubühnen gibt und noch nicht alle Schichten lesen können. Lyrik hingegen verbreitet sich vor allem in eingängiger Liedform rasch. Zudem hat sie längst ihren Platz in Zeitungen, Zeitschriften oder Almanachen gefunden und erreicht dementsprechend auch unterschiedlichste Gesellschaftskreise. Wie Schiller kritisch hinzufügt, hat diese Popularität inzwischen jedoch zur Verflachung der neueren Lyrik beigetragen. Einerseits wird die Beliebtheit der Gattung nämlich „mit einem einzigen Schönheitsgenuß erkauft" und ebenso rasch wieder vergessen. Andererseits ermuntert ihre hohe Verfügbarkeit ein Heer literarischer Dilettanten, sich Urteile über Gedichte anzumaßen oder gar selbst nach literarischem Erfolg zu streben (SNA 22, S. 245).

Einer dieser vermeintlichen Volksdichter ist der zweifellos von Schiller allzu hart angefeindete Gottfried August Bürger – nach Auskunft des Rezensenten ein selbst ernannter Volksdichter, der auf fahrlässige Weise „den ungeheuren Abstand" zwischen dem „großen Haufen" und der „gebildeten Klasse" zu überbrücken versucht. Zur Begründung für diese Anschuldigung führt Schiller an, Bürger habe die feine Grenze zwischen moralischer Unterrichtung und trivialer Unterhaltung missachtet.

Hinsichtlich der gattungstypologischen Bestimmung der Lyrik lässt sich Schillers weiteren Ausführungen entnehmen, dass Gedichte eine Mittelstellung zwischen Epik und Drama einnehmen. Ästhetisch leisten sie dabei zweierlei: Als ‚Volksliteratur' fasst Lyrik „die Herzen des Volks an ihrer weichsten und bildsamsten Seite". Indem sie „das Leidenschaftsbedürfnis" des Volkes „für die Reinigung der Leidenschaft" nutzt, erteilt Lyrik folglich „den sittlichen Trieben eine Nachhilfe". Nur wenn also die „hervorströmenden" Affekte mit einem „reinern und geistreichern Text" unterlegt werden, vermag ein Gedicht den „oft tierischen Ausbruch noch auf den Lippen des Volks [zu] veredeln." (vgl. ebd., S. 248f.) Mit dieser sprachlichen Durchdringung des Rohen und Ungezügelten gleicht Lyrik dem ebenfalls affektdämpfenden Drama. Gleichzeitig unterrichtet sie aber auch gebildetere und sinnlich entsprechend reglementiertere Schichten über das pralle Leben des Volks. Aufgrund ihrer volkstümlichen Themen und Motive fordert sie gewissermaßen die ‚veredelten Leidenschaften' des honorigen Bürgers heraus, wobei allerdings eine artifizielle und keinesfalls frivole Sprache verhindert, dass dessen Schamempfinden ernstlich berührt wird. Solch ein ‚rhapsodisch' distanzierter Unterricht in emotionalen Angelegenheiten nähert das Gedicht einer weltoffenen und zeitgeistigen Epik an.

Dass Schiller hier weder einer obskurantistischen Volkstümelei noch einer herablassenden Koketterie des Bürgertums das Wort redet, erklärt sich aus dem soziopolitischen Anspruch, den er an die lyrische Gattung knüpft. Als Brücke zwischen den verschiedenen Gesellschaftskreisen sollte sich aus der Lyrik nämlich wieder ein Forum entwickeln, auf dem sich die verschiedenen Stände mit der gleichen Literatur identifizieren und sich über diesen ästhetischen Verständigungsprozess austauschen. Dabei wird das richtige Mischungsverhältnis aus reflektierter Leidenschaftlichkeit und „hoher und stiller Größe" darüber mitentscheiden, ob Lyrik wieder jene „Krone der Klassizität" erringt, die ihr eigentlich gebührt (SNA 22, S. 259).

Volks- und Nationalliteratur 5.4

Im Unterschied zu Urpoesie oder Volkslied verstehen die Klassiker unter Volksliteratur eine Dichtung, die noch direkt ‚aus dem Volk' stammt. Obwohl meist aus der Feder eher laienhafter Autoren stammen, zeugt sie von ähnlichen Krisenerfahrungen der Moderne, mit denen sich auch anspruchsvollere Literatur befasst. Der Begriff Volk wird dabei bis Ende des 18. Jahrhunderts noch wertfreier gebraucht als seit den Befreiungskriegen gegen Napoleon. Bis dahin verbindet sich mit ihm die Hoffnung auf eine kulturell, sprachlich und politisch geeinte Nation. Diesem Ziel arbeitet die Volksliteratur insofern zu, als sie über eine lebensvolle, weniger reglementierte Lebenswelt wieder aufscheinen lässt. Wie Ulrich Gaier gezeigt hat, entwickelt Herder auf dieser Basis die Vorstellung vom Volk als einer Zielkategorie, wobei der Begriff ‚Volk' zwar auch das Durchgangsstadium nationaler Identität bezeichnet, insbesondere aber eine sich emanzipierende Menschheit, die alle nationalen Beschränkungen und zivilisatorischen Dünkel hinter sich gelassen hat.[28]

Volksliteratur Nun wird man kaum leugnen können, dass die Vorstellung, bis in die Gegenwart hinein seien die unteren Schichten ‚unpolicirter' als die gebildeten, einem ‚wildromantischen' Wunschdenken entspringt. Doch so ungenau solche Vorstellungen auch sein mögen, so präzise dokumentieren sie das Misstrauen in eine Aufklärung, welche weder politisch noch ästhetisch die poetische Vielfalt innerhalb der Kulturen berücksichtigt. Bezeichnet Herder daher die geeinte Menschheit als Volk, dann trägt er eben dieser transnationalen Perspektive ebenso Rechnung wie dem Anspruch auf eine volkstümlich freie, vielgestaltige Literatur.

Naturdichtung Um verwandte Literaturen im öffentlichen Bewusstsein zu halten, beschäftigt sich auch Goethe zeitlebens mit Volksliteratur, befördert ihre Wiederentdeckung und veröffentlicht sie später exemplarisch in seiner Zeitschrift *Über Kunst und Altertum*. Statt von Volksliteratur spricht Goethe jedoch von Naturdichtung, worunter im engeren Sinne regionale und oft dialektale Textzeugnisse verstanden werden, in denen es um den Alltag einfacher Menschen geht (s. Arbeitstext IV). Solche Reiseberichte fahrender Handwerksgesellen oder Biografien literarischer Autodidakten lesen sich bisweilen zwar wie eine „Bibel der Bedienten", denn die ‚Helden' sind „latitudinarisch gesinnt, bis zur Intrigue, bis zum Kuppeln". Aber es fehlen auch nicht Passagen, aus denen eine „angenehm-belehrende, häusliche Bürgerlichkeit" spricht. Gerade dieser Wechsel von Berichten eines „Umgetriebenen" mit „Weltereignissen", ferner ihre regionale und individuelle Erzählperspektive zeugen nach Goethe von einem literarischen Freidenkertum, das sich ästhetisch einheitlichen Standards in Themenwahl und formaler Gestaltung verweigert und deshalb auch überhaupt erst einen Beitrag zu einer im Werden begriffenen Nation leistet, die sich für Goethe weiterhin durch eine wenig reglementierte Vielfalt auszeichnen sollte (vgl. GFA I 21, S. 58f.).

Nationalliteratur Von der Naturdichtung ist wiederum die Nationalliteratur zu unterscheiden, da sie nach Goethe über eine ‚lakonischere' Distanz zum Erzählten verfügt (vgl. GFA I 21, S. 670 u. 718). Umgesetzt wird sie mit Hilfe einer dialektischen Perspektive. So arbeitet der Autor kulturelle Besonderheiten des Landes heraus, die ein Nationalbewusstsein befördern. Gleichzeitig hinterfragt er Glaubensinhalte oder Werte, die den Blick auf jene Annahme verstellen, Nationen seien nur ein Durchgangsstadium auf dem Weg zu einer emanzipierten Menschheit. Nationale Literatur trägt deshalb zur innerkulturellen Verständigung bei, aber sie kann es nach Goethe ausschließlich im Horizont einer transnationalen Freiheit von allen kulturellen Beschränkungen. Indem sie im Fremden das Eigene entdeckt und zugleich im Eigenen das Befremdende transparent macht, schreibt sie einen Verständigungsprozess fort, der einst mit der Urpoesie begonnen hat: Galt es anfangs noch, angesichts der regionalen und klimatischen Begrenztheit ästhetische Autonomie zu entfalten, so nimmt die Nationalliteratur die eigene regionale Voreingenommenheit zum Anlass, an eine sich von solchen Unmündigkeiten lossagende Völkergemeinschaft zu appellieren:

> Das Höchste, wozu der Mensch gelangen kann, ist das Bewußtsein eigner Gesinnungen und Gedanken, das Erkennen seiner selbst, welches ihm die Einleitung gibt, auch fremde Gemütsarten innig zu erkennen. [...] Nennen wir nun *Shakespear* einen der größten Dichter, so gestehen wir zugleich, [...] daß nicht leicht Jemand [...], der sein inneres Anschauen aussprach, den Leser in höherm Grade mit in das Bewußtsein der Welt versetzt. Sie wird für uns völlig durchsichtig; wir finden uns auf Einmal als Vertraute der Tugend und des Lasters, der Größe, der Kleinheit, des Adels, der Verworfenheit, und dieses Alles, ja noch mehr, durch die einfachsten Mittel. [...] Man sagt, er habe die Römer vortrefflich dargestellt; ich finde es nicht; es sind lauter eingefleischte Engländer, aber freilich Menschen sind es, Menschen von Grund aus, und denen paßt wohl auch die römische Toga. (GFA I 19, S. 639ff.)

Neben Shakespeare sind es Calderon, Manzoni und später noch Lord Byron, in deren Werken Goethe eine nationalliterarische Denkungsart kennenlernt, die stets über sich hinaus auf das historische Menschheitsprojekt vorausweist. Im hohen Alter beschreibt Goethe diese progressive Überwindung des kulturell Eigensinnigen als Weltliteratur, welche den intellektuellen Austausch zwischen den Nationen befördert. Mit der kritischen Revision eigener nationalliterarischer „Conflicte" und einer kosmopolitischen Verneinung des „eigentümlichen Bestrebens der Nation" würden sich auch die klassischen Entwürfe einer Gattungspoetik als nur historisch notwendiger Beitrag erweisen, dessen Stelle schließlich das transnationale Kunstwerk einnimmt. Somit mag die Auseinandersetzung mit den „Eigenheiten einer Nation" ihre phasenweise Berechtigung haben. Doch im Verlauf poetologischer Grenzziehungen droht sich der eigene „Horizont" oft „viele Jahre lang" zu trüben, weshalb es nach Goethe geboten bleibt, sich nicht auf normative Erwägungen zu verlassen (vgl. GFA 22, S. 433). Seine Option auf die Weltliteratur versteht sich folgerichtig als Aufforderung, auch den poetologischen Diskurs für eine sich weiterentwickelnde Moderne zu öffnen. Über sie merkt Goethe in seiner Rezension zu Thomas Carlyles *German Romance* (1828) an:

Weltliteratur

> Offenbar ist das Bestreben der besten Dichter und ästhetischen Schriftsteller aller Nationen schon seit geraumer Zeit auf das allgemein Menschliche gerichtet. In jedem Besonderen, es sey nun historisch, mythologisch, fabelhaft, mehr oder weniger willkührlich ersonnen, wird man durch Nationalität und Persönlichkeit hin jenes Allgemeine immer mehr durchleuchten und durchscheinen sehen. [...] Eine wahrhaft allgemeine Duldung wird am sichersten erreicht, wenn man das Besondere der einzelnen Menschen und Völkerschaften auf sich beruhen läßt, bey der Ueberzeugung jedoch festhält, daß das wahrhaft Verdienstliche sich dadurch auszeichnet, daß es der ganzen Menschheit angehört. (GFA I 22, S. 433f.)

Zusammenfassung

Die Beschäftigung mit der Volksliteratur gehört zu den bedeutendsten Impulsen, die von der deutschen Klassik auf den internationalen Literaturbetrieb ausgehen. Von der Annahme getragen, jede Kultur habe ihre ganz eigenen urpoetischen Wurzeln, beschäftigt man sich mit den Liedern, Märchen und Fabeln der Völker. Weil sie neben den Geschmacksvorlieben und den Glaubensvorstellungen auch das historische Wissen einer Kultur beinhalten, entwickeln sich aus ihnen national gefärbte Wissenschaften und Weltanschauungen, die trotz aller Bemühungen um Objektivität ihre ästhetische und regionale Herkunft nicht verleugnen können.

Mit dieser Beweisführung legitimieren die Klassiker ihre Vorbehalte der diskursiven Logik und dem aufgeklärten Bestimmtheitsdenken gegenüber. Denn in der Urpoesie spricht sich auch noch ein unreglementierter Kunstenthusiasmus aus. Das Ideal einer geeinten Menschheit vermag sich indes nur im Medium einer transnationalen Weltliteratur zu verwirklichen. Indem sie das ‚Naive' als Ursprung des Eigenen mit dem Sentimentalischen als einer Fähigkeit verbindet, im Eigenen das Fremde und im Fremden das Eigene zu erkennen, disponiert sie das Nationale und Urpoetische für eine Welthaftigkeit, wie sie sich nur jenseits aller kulturellen Grenzen und Voreingenommenheiten zu behaupten vermag. Aus dieser dialektischen Bestimmung der Urpoesie erklärt sich auch, warum man zeitgenössische ‚Volksdichter' gefördert hat: Weil sich das Naive nie gänzlich disziplinieren lässt, wohnt ihm auch jene dynamische Weitsicht inne, derer die Kunst vor allem in Phasen nationaler Selbstbefindlichkeiten bedarf.

Literatur

Schrimpf, Hans Joachim, *Goethes Begriff der Weltliteratur*, Stuttgart, 1968.
Boetius, Henning (Hg.), *Dichtungstheorien der Aufklärung*, Tübingen, 1971.
Nivelle, Armand, *Kunst- und Dichtungstheorien zwischen Aufklärung und Klassik*, Berlin u. New York, 1971.
Willems, Gottfried, *Das Konzept der literarischen Gattung. Untersuchungen zur klassischen deutschen Gattungstheorie, insbesondere zur Ästhetik F. Th. Vischers*, Tübingen, 1981.
Günther, Horst, Klassik und Weltliteratur, in: *Literarische Klassik*, hg. v. Hans-Joachim Simm, Frankfurt am Main, 1988, S. 87 – 100.
Barner, Wilfried, „Anachronistische Klassizität. Zu Schillers Abhandlung ‚Über naive und sentimentalische Dichtung'", in: *Klassik im Vergleich*, hg. v. Wilhelm Voßkamp, Stuttgart u. Weimar, 1993, S. 62 – 80.
Schings, Hans-Jürgen (Hg.), *Der ganze Mensch. Anthropologie und Literatur im 18. Jahrhundert. DFG-Symposion 1992*, Stuttgart u. Weimar, 1994.
Jung, Werner, *Kleine Geschichte der Poetik*, Hamburg, 1997.
Greif, Stefan, „Deutscher Idealismus", in: *Metzler-Lexikon Literatur- und Kulturtheorie. Ansätze – Personen – Grundbegriffe*, hg. v. Ansgar Nünning, Stuttgart u. Weimar, 1998, S. 223 – 225.
–, „Das Wollen ist der Gott der neuen Zeit. Goethes Konzeption der Moderne zwischen letheischer Kunst und Naturdichtung", in: GFA I 21, S. 703 – 751.
Schmidt, Wolf Gerhard, „*Homer des Nordens*" und „*Mutter der Romantik*". *James Macphersons Ossian und seine Rezeption in der deutschsprachigen Literatur*, Berlin, 2003.

Fragen

21. Wodurch zeichnet sich die Urpoesie vor den gattungstheoretisch ausdifferenzierten Künsten aus?

22. Wie verwenden die deutschen Klassiker die Begriffe ‚Volk' und ‚Nation'?

23. Welches Interesse knüpft sich an die Beschäftigung mit Volksliedern?

24. Was ist unter naiver und sentimentalischer Dichtung zu verstehen?

25. Kann die Nationalliteratur einen Beitrag zur Weltliteratur leisten?

Arbeitsaufgaben

Arbeitstext I

> aus: Johann Gottfried Herder: *Volkslieder* (Vorreden)
> Alle unpolicirte Nationen sind *singend*: und, wie denn auch nun ihr Gesang sei, er *ist*, und ist meistens ein Sammelplatz all ihrer *Wissenschaft, Religion, Bewegung* der Seele, *Merkwürdigkeiten* der Vorwelt, *Freuden* und *Leiden* ihres Lebens. [...] In den sogenannten *Pöbelvorurteilen*, im *Wahn*, der *Mythologie*, der *Tradition*, der *Sprache*, den *Gebräuchen*, den Merkwürdigkeiten des Lebens aller Wilden ist mehr Poesie und Poetische Fundgrube, als in allen Poetiken und Oratorien aller Zeit (HFA 3, S. 60 u. 68).

Aufgabe:

Herders Beschäftigung mit der Urpoesie wirft die Frage auf, inwieweit es einer ausdifferenzierten Gesellschaft möglich sein soll, ihren prosaischen Zustand poetisch zu überwinden. Wie lässt sich kultureller Fortschritt mit poetischem Rückschritt in Einklang bringen?

Arbeitstext II

> aus: Friedrich Hölderlin: *Hyperion*
> So kam ich unter die Deutschen. [...] Barbaren von Alters her, durch Fleiß und Wissenschaft und selbst durch Religion barbarischer geworden [...], in jedem Grad der Übertreibung und der Ärmlichkeit belaidigend für jede gutgeartete Seele, dumpf und harmonielos wie die Scherben eines weggeworfenen Gefäßes – das, mein Bellarmin! waren meine Tröster. [...] Deine Deutschen aber bleiben gerne beim Nothwendigsten, und darum ist bei ihnen auch so viele Stümperarbeit und so wenig Freies, Ächterfreuliches. Doch das wäre zu verschmerzen [...], ruhte nicht überall der Fluch der gottverlaßnen Unnatur auf solchem Volke. (Hö 1, S. 754f.)

Aufgabe:

Mit welchem Argument widerlegt Hyperion den Verdacht, er gebrauche den Begriff ‚Volk' mit vaterländischem oder nationalistischem Pathos?

Arbeitstext III

aus: Friedrich Schiller: Brief an Goethe vom 23. August 1794
Geister Ihrer Art wißen daher selten, wie weit sie gedrungen sind, und wie wenig Ursache sie haben, von der Philosophie zu borgen, die nur von Ihnen lernen kann. Diese kann bloß zergliedern, was ihr gegeben wird, aber das Geben selbst ist nicht Sache des Analytikers [...]. Sie suchen das Nothwendige der Natur, aber Sie suchen es auf dem schwersten Wege, vor welchem jede schwächere Kraft sich wohl hüten wird. Sie nehmen die ganze Natur zusammen, um über das Einzelne Licht zu bekommen; in der Allheit ihrer Erscheinungsarten suchen Sie den Erklärungsgrund für das Individuum auf. [...] Nun da Sie ein Deutscher gebohren sind, da Ihr griechischer Geist in diese nordische Schöpfung geworfen wurde, so blieb Ihnen keine andere Wahl, als entweder selbst zum nordischen Künstler zu werden, oder Ihrer Imagination das, was ihr die Wirklichkeit vorenthielt, durch Nachhülfe der Denkkraft zu ersetzen, und so gleichsam von innen heraus und auf einem rationalen Wege ein Griechenland zu gebähren. In derjenigen LebensEpoche, wo die Seele sich aus der äußern Welt ihre innere bildet, von mangelhaften Gestalten umringt, hatten Sie schon eine wilde und nordische Natur in sich aufgenommen, als Ihr siegendes, seinem Material überlegenes Genie diesen Mangel von innen entdeckte, und von außen her durch die Bekanntschaft mit der Griechischen Natur davon vergewißert wurde. Jetzt mußten Sie die alte, Ihrer Einbildungskraft schon aufgedrungene schlechtere Natur nach dem beßeren Muster, das Ihr bildender Geist sich erschuf, corrigieren, und das kann nun freilich nicht anders als nach leitenden Begriffen von Statten gehen. Aber diese logische Richtung, welche der Geist bey der Reflexion zu nehmen genöthigt ist, verträgt sich nicht wohl mit der aesthetischen, durch welche allein er bildet. Sie hatten also eine Arbeit mehr, denn so wie Sie von der Anschauung zur Abstraktion übergiengen, so mußten Sie nun rückwärts Begriffe wieder in Intuitionen umsetzen, und Gedanken in Gefühle verwandeln, weil nur durch diese das Genie hervorbringen kann. (SNA 27, S. 25f.)

Aufgabe:

In diesem Abschnitt des berühmten Geburtstagsbriefes beschäftigt sich Schiller mit der Frage, wie es Goethe gelingt, sich gegenüber einer unwirtlichen Natur ästhetisch zu behaupten. Welche Gründe sprechen nach Schiller dafür, Goethes naive Literatur von einer sentimentalischen abzugrenzen?

Arbeitstext IV

aus: Johann Wolfgang Goethe: *Alemannische Gedichte* (1805)
Der Vf. dieser Gedichte, die in einem oberdeutschen Dialekt geschrieben sind, ist im Begriff, sich einen eigenen Platz auf dem deutschen Parnass zu erwerben. Sein Talent neigt sich gegen zwei entgegengesetzte Seiten. An der einen beobachtet er mit frischem frohem Blick die Gegenstände der Natur, [...] die wir gewöhnlich leblos zu nennen pflegen, und nähert sich der beschreibenden Poesie; doch weiß er durch glückliche Personifikationen seine Darstellung auf eine höhere Stufe der Kunst heraufzuheben. An der andern Seite neigt er

sich zum sittlich-didaktischen und zum allegorischen [...]: so verwandelt der Vf. diese Naturgegenstände zu Landleuten, und verbauert, auf die naivste, anmutigste Weise, durchaus das Universum; so daß die Landschaft, in der man denn doch den Landmann immer erblickt, mit ihm in unserer erhöhten und erheiterten Phantasie nur eins auszumachen scheint. (GFA I 18, S. 974)

Aufgabe:

In dieser Rezension attestiert Goethe den Gedichten Johann Peter Hebels mehr als nur ‚volkstümliche' Biederkeit. Aber gehören sie deshalb schon zur Nationalliteratur? Und in welchem Verhältnis stehen Hebels Dichtungen zur Weltliteratur?

6 Drama

6.1 Illusionskunst und Ästhetik des Erhabenen
6.2 Goethes Dramatik
6.2.1 *Iphigenie auf Tauris*
6.2.2 Korrektur verteufelter Humanität
6.3 Schillers Theater des Erhabenen
6.3.1 *Die Braut von Messina*
6.3.2 Widerstand gegen das Leiden
6.4 Kleist und die Komödie des Schreckens
6.4.1 *Amphitryon*

Abb. 6: Johann Ulrich Krauss: *Jupiter täuscht Alkmene* (1690)

Verteufelte Humanität? — Das Paradedrama, an dem klassische Humanität und hoher Stil traditionell herausgearbeitet wurden, ist Goethes *Iphigenie*. Als das Stück schon wenige Jahre nach der Uraufführung von ihm nahestehenden Zeitgenossen für idealische Zwecke vereinnahmt wird, geht der Dichter auf Distanz zu seiner „ganz verteufelt humanen" Hauptfigur. Immerhin muss die griechische Priesterin den taurischen König Thoas zum dummen Barbaren stempeln, um ihre Menschlichkeit unter Beweis stellen zu können. Jene zivilisatorische Überlegenheit, die Iphigenie für ihre Humanitas unausgesprochen reklamiert, scheitert insofern an der Tatsache, dass ihr aus Griechenland mitgebrachter Begriff von Güte und edler Bildung in einer anderen Kultur versagen kann. Menschlich im Sinne kultureller Unvoreingenommenheit handelt im Drama daher nur der vermeintlich halbwilde Thoas. Allerdings werden ihm die menschheitlichen Konsequenzen seines selbstlosen Handelns vorenthalten. Zynisch bestätigt das Drama damit den Verdacht, eine sich absolut setzende Kultur schreibe sich in die Herrschaftsgeschichte ein.

Die Fähigkeit, hinter sozialen Masken und Konventionen, hinter Glaubensvorurteilen und kritiklos übernommenen Wertmaßstäben den einzelnen, individuellen Menschen zu sehen, verlieren zahlreiche Hauptfiguren klassischer Dramen. Sie mögen den antiken oder den christlichen Mythos als Machtinstrument durchschauen, mit dessen Hilfe der Mensch als Subjekt beschnitten wird. Dass sie ihre neu erworbene Freiheit nicht für eine Menschlichkeit fruchtbar machen, die „nicht länger auf sich und ihrem höheren Recht beharrt"[29], macht sie zu Fatalisten und lässt sie wie Wallenstein für ein Schicksal weiterkämpfen, das er innerlich längst als Aberglaube durchschaut hat. Andere wie Penthesilea werden an sich selbst irre, weil niemand sie auf die Erkenntnis vorbereitet hat, dass der Dialog zwischen den Nationen bis auf weiteres an Riten und hergebrachten Wahrheiten scheitert. Aus dieser Entzauberung eines scheinbar so selbstverständlichen Humanitätsbegriffs erklärt sich die radikal moderne Aktualität zahlreicher klassischer Dramen. Indem sie den Nachweis erbringen, dass die apodiktische Verteidigung kultureller Vernunft- und Glaubensinhalte den Menschen in selbstverschuldete Unmündigkeit zwingt, entlarven sie über ihre antiken und historischen Themen hinaus, dass Menschlichkeit ein Befremden über das Eigene und ein zweckfreies Einfühlen ins Fremde voraussetzt. Um die historische Befangenheit jeder Form von Humanitas und deren notwendige Unmenschlichkeit im Umgang mit dem Fremden oder Neuen möglichst bühnenwirksam veranschaulichen zu können, grundiert die Dramen der deutschen Klassik eine Ästhetik, die den Zuschauer entweder immun macht gegen mediale Reizüberflutungen oder ihn an seine mythenkritische Freiheit erinnert.

Empathieverlust

Die später häufig bemühte Bezeichnung des klassischen Ideendramas wird diesen aufklärungskritischen und dennoch aufklärerischen Implikaten der klassischen Dramen schon deshalb nicht gerecht, weil sich hinter dem Fachbegriff die Annahme verbirgt, insbesondere Goethes und Schillers Bühnenwerken läge ein gleichsam universales oder zeitloses Ideal des Menschlichen zugrunde. Dem widersprechen freilich schon die dramenästhetisch verschiedenen Wirkungsabsichten, die beide Dichter mit ihren Stücken verfolgen. So weigert sich Goethe, tragische Stoffe zeitgemäß auszugestalten. Stattdessen bietet er ein handlungsarmes Geschehen und konzentriert sich ganz auf die Dialogfähigkeit seiner Protagonisten. Schiller entwickelt demgegenüber eine ‚Schockästhetik', die den Zuschauer über die tragischen Konflikte erhaben macht und ihn somit vor falschem Mitleid schützt. Sol-

Ideendrama

chermaßen befreit von unbegründeten Emotionen, konzentriert er sich auf die belehrenden Passagen des Dramas. Gleichsam erhaben über das dargestellte Leiden, vernimmt er ihren Appell an die Unabhängigkeit von metaphysischen Determinanten.

Pathologie des Humanen

Die später an das Ideendrama geknüpften Erwartungen haben auch die Nähe der Tragödien Kleists zu den klassischen Dramen übersehen lassen. Von einem desillusionistischen Grundton durchzogen, rücken sie die Frage in den Vordergrund, inwiefern Humanität an ihrer eigenen Gegenwart schuldig werden kann. Da Kleist seinem Publikum jede Antwort vorenthält und alle verständigungsbereiten Dialoge scheitern lässt, überführt er die Menschlichtkeitspostulate ihres rhetorischen Pathos'. Wer immer nämlich in Kleists Tragödien auf den Respekt vor der Würde des anderen pocht, der lügt aus Eigennutz, verschleiert seine wahren Absichten oder weigert sich, für die schrecklichen Konsequenzen seiner Äußerungen einzustehen. Als Reflex auf eine chaotische, in Auflösung begriffene Gegenwart leisten Kleists Tragödien insofern, was sich Goethe in dieser Drastizität nur anzudeuten wagt: als pathologisches Zerrbild einer ohnmächtigen Diesseitigkeit bewahrheiten sie, dass die Freiheiten und die Schrecken der Moderne nicht mehr vor dem Hintergrund einer festgefügten Kosmologie verhandelt werden können. Wo aber, wie in Kleists Komödie *Amphitryon*, selbst die Götter versagen, dort hat sich der Glaube an das Gute, Schöne und Wahre endgültig überholt.

6.1 Illusionskunst und Ästhetik des Erhabenen

Zwei Fragen bestimmen die Debatte der deutschen Klassiker über das Wesen des Dramas. Erstens wird darüber nachgedacht, wie viel Bühnenillusionismus vonnöten ist, um das Interesse der Zuschauer für die dramatischen Charaktere zu wecken. Die aristotelische Forderung, das Drama habe auch Furcht zu erregen, tritt dabei weitgehend in den Hintergrund. Zwar beschäftigt sich das klassische Drama mit sittlichen Fragestellungen, aber in erster Linie soll die empathische Fähigkeit des Zuschauers geschult werden. Deshalb wird auf eine Angstpädagogik verzichtet und stattdessen an die Urteilsfähigkeit des einzelnen Rezipienten appelliert.

Empathische Distanz

Um zweitens solch eine Zielsetzung realisieren zu können, entscheiden sich Goethe, Schiller und Kleist für eine Bühnenästhetik, die dramatische Spannung mit distanzstiftenden Elementen verbindet. Im Ergebnis sind sich die drei Dichter darin einig, dass die Zuschauer das Bühnengeschehen so intensiv wie möglich miterleben sollen. Für die Identifikation mit dem Dargestellten werden dafür erschütternde oder drastische Ereignisse so plastisch ausgestaltet, dass sie den Betrachter vorübergehend in Bann ziehen. Allerdings ist man sich bewusst, wie erheblich sich die zeitgenössischen Zuschauer vom Publikum früherer Generationen unterscheiden. Reichten ehedem noch schauerliche Moritaten aus, um eher einfache Bevölkerungskreise seelisch zu bewegen, so verlangen moderne städtische Rezipienten kunstvoll inszenierte und möglichst ‚grausige' Darbietungen. Damit sie sich nicht im Anschauen bisweilen drastischer Handlungselemente verlieren, muss das Drama gleichzeitig an die innere Erhabenheit appellieren (s. Arbeitstext I). Wie sich eine solche Distanznahme bühnenästhetisch umsetzen lässt, diese Frage wird von den deutschen Klassikern unterschiedlich beantwortet. So lehnt Goethe allzu tragische Konflikte mit der Begründung ab, ohnehin wirke die Bühne intensiv genug auf den Zuschauer. Leidende Helden, deren Welt- und Selbstbild im Gang der Handlung gänzlich in Frage gestellt werden, könnten daher das Publikum zu sehr verunsichern. Als er Kleists Tragödien kennenlernt, in denen zunächst souverän agierende Protagonisten schließlich an sich selbst verzweifeln, reagiert Goethe entsprechend befremdet. Kleist indes radikalisiert eigentlich nur Goethes Bedenken vor jenem ethischen Dogmatismus, der in schwierigen Lebenssituationen zwangsläufig moralische Überreaktionen provoziert. Während Goethe also auf die ästhetische Kompetenz des Rezipienten vertraut, sich vor der einseitigen Idealisierung moralischer oder religiöser Maximen zu schützen, konfrontiert Kleist sein Publikum mit einem Grauen, vor dem die sittliche Selbstgewissheit des einzelnen Zuschauers versagt.

Schiller begreift die dramatische Bühnendichtung demgegenüber als künstliches, medial vermitteltes Geschehen. Aufgrund dieser nicht zu überbietenden Grenze zwischen Illusion und Realität bleibt sich der Zuschauer stets bewusst, nur Einblicke in eine künstliche Welt zu gewinnen. Schillers Ästhetik des Erhabenen setzt insofern die Annahme voraus, bevor der moderne Rezipient mit einer noch so gepeinigten *dramatis persona* mitzuleiden drohe, erhebe er sich moralisch über die dargebotenen Schreckensbilder und wahre damit seine geistige und sinnliche Freiheit von Außenimpulsen. Stärker als bei Goethe und Kleist versuchen Schillers Helden allerdings auch Widerstand gegen ein vermeintliches Schicksal zu leisten. Als Menschen, die nicht mehr mythisch denken, bieten sie damit für den modernen Zuschauer ein hohes Maß an Identifikationsmöglichkeiten. Da sie gleichzeitig aber darauf verzichten, ihr Recht auch politisch oder moralisch einzufordern, durchleben Schillers Protagonisten die Folgen ihrer eigenen Inkonsequenz. Eigentlich längst frei vom mythischen Determinismus, erstarren sie furchtsam vor der Dynamik ihrer eigenen tragischen Untätigkeit (s. Arbeitstext I).

Ästhetik des Erhabenen

Goethes Dramatik | 6.2

Teile seiner Dramentheorie entwickelt Goethe in *Wilhelm Meisters Lehrjahre* und in der Vorstudie zum Roman, der *Theatralischen Sendung*. Diesen grundlegenden Ausführungen folgen eine Reihe von Prologen, die anlässlich bedeutender Ereignisse entstehen und in denen ähnlich wie im *Vorspiel auf dem Theater*, das den *Faust* (1808) einleitet, bühnenpraktische Überlegungen angestellt werden. Darüber hinaus liegen verschiedene Aufsätze und Abhandlungen vor, die sich mit der ‚inneren Form' des Dramas, die symbolisch den Zusammenhang des dargestellten Inhalts gewährleisten soll, beschäftigen.

Goethes Dramentheorie

Grundlegend für Goethes klassische Dramatik ist die Einschätzung, die empirische Erfahrungskomplexität des neuzeitlichen Menschen verlange eine Bühnenwelt, die für die dargestellten Figuren stets mehrere Handlungsalternativen andeutet. Wie er in seinem 1815 abgedruckten Aufsatz *Shakespear und kein Ende!* ausführt, sollte eine ansprechende Bühnenkunst daher wie „ein großer belebter Jahrmarkt" konzipiert sein, auf dem sich selbst das „Unbelebte" hinzudrängt:

> Dazu konspirieren Helden und Kriegsknechte, Herren und Sklaven, Könige und Boten, ja die untergeordneten Figuren wirken hier oft tätiger als die Hauptgestalten. Alles, was bei einer großen Weltbegebenheit heimlich durch die Lüfte säuselt, was in Momenten ungeheurer Ereignisse sich in den Herzen der Menschen verbirgt, wird ausgesprochen; was ein Gemüt ängstlich verschließt und versteckt, wird hier frei und flüssig an den Tag gefördert; wir erfahren die Wahrheit des Lebens und wissen nicht wie. (GFA I 19, S. 639)

Modernes Drama — Ein solch poetischer Binnenkosmos erweist sich nach Goethe als der Moderne adäquat. Statt sich nämlich ausschließlich auf das Leiden einer einzelnen Hauptfigur zu konzentrieren, eröffnet es dem Dichter ein Spektrum an Figuren und Begebenheiten, welche die Haupthandlung nicht nur flankieren, sondern aufgrund ihrer manchmal burlesken, manchmal ironischen Kommentare zugleich auch relativieren. Diese facettenreiche Bühnendichtung erscheint Goethe als „am meisten dramatisch", denn sie bietet „Gespräch in Handlungen" und macht das „innerste Leben" aller am Geschehen Beteiligten transparent. Das zentrale Argument, mit dem er seine dramentheoretische Orientierung am Werk Shakespeares rechtfertigt, begründet Goethe auch wirkungsästhetisch. Angelegt wie ein Welt-Spiegel, weist jedes Drama Shakespeares eine in sich geschlossene Einheit auf, die den Vergleich des dramatischen Geschehens mit politischen oder historischen Realien herausfordert. Indem „er unsere Geisteskräfte auf eine so würdige Weise anregt", eröffnet sich Shakespeare gleichzeitig die Möglichkeit, auf verschiedene „Theaterformen" der Vergangenheit zu verzichten. Ohne beispielsweise ein blutiges Vergehen auf die Bühne zu bringen, kann er solche Handlungsimpulse durch Botenkommentare zusammenfassen. Weder verstößt er damit gegen die innere Logik seiner Dramen, noch überfordert Shakespeare den gedanklichen Mitvollzug seiner Zuschauer. Denn nur dasjenige, was man nicht vor Augen hat, regt das Publikum nach Goethe zur phantasiebegabten Ausgestaltung ausgesparter Szenen an: „Wir springen mit ihm von Lokalität zu Lokalität, unsere Einbildungskraft ersetzt alle Zwischenhandlungen die er ausläßt" (GFA I 19, S. 646f.).

Merksatz

> Goethes Dramen unterstellen den Menschen nicht mehr einem jenseitigen Schicksal, sondern zeigen ihn als Subjekt, das in seinen Willensentscheidungen frei ist. Allerdings stehen die körperlichen und geistigen Möglichkeiten des Einzelnen oft im Widerspruch zu seinen Wünschen. Diese Erfahrung persönlicher Selbstüberschätzung gehört für Goethe zum dramatischen Konfliktpotential der Moderne.

Da der zeitgenössische Zuschauer nicht mehr unter einer verbürgten Weltordnung steht, können ihm nach Goethe keine schicksalhaften Bevormundungen zugemutet werden. Shakespeare gehört auch hier zu den ersten Bühnendichtern, die der modernen Autonomie des Menschen gerecht werden. So spart er metaphysischen Beistand konsequent aus und hält das Bühnenpersonal zur immanenten Konfliktlösung an. Treten in einigen Stücken dennoch Zauberwesen und Hexen auf, dann beleben sie für Goethe lediglich den vielgestaltigen Figurenreigen: „Das Interesse, welches *Shakespear's* großen Geist belebt, liegt innerhalb der Welt [...]. Eine Notwendigkeit, die, mehr oder weniger, oder völlig, alle Freiheit ausschließt, verträgt sich nicht mehr mit unsern Gesinnungen" (GFA I 19, S. 641 u. 644). Kulturhistorisch korrespondiert dieser Verzicht auf transzendente Mächte der modernen Willensfreiheit, die Antike und Gegenwart grundsätzlich voneinander trennt. Goethe umschreibt sie mit dem Begriff des Wollens und grenzt sie damit von jenem Sollen ab, dem der noch schicksalsgläubige Mensch untersteht: „Das Sollen wird dem Menschen auferlegt, das Muß ist eine harte Nuß; das Wollen legt der Mensch sich selbst auf" (ebd., S. 642).

Der moderne Zuschauer

Analog zu diesen Ausführungen sollte das moderne Drama nach Goethe die psychischen und sozialen Ursachen einer meist selbstverschuldeten Notlage in den Vordergrund rücken. Bevor sich die Gattung jedoch ins ‚Pathologische' versteigt, verlangt Goethe verschiedene ‚Zufälle', die das dramatische Scheitern am eigenen Wollen motivieren. Die Protagonisten entschließen sich also nicht spontan oder willkürlich dazu, von ihrer Willensfreiheit Gebrauch zu machen. Sie werden durch besondere Umstände dazu gezwungen. Ohne diese ausgewogene Mischung von subjektiver Autonomie, psychischer Disposition und handlungsmotivierenden Faktoren drohe ein Drama seine logische Überzeugungskraft zu verlieren. Ohne den Grund eines willentlichen Versagens zu erfahren, könnte der Zuschauer ferner dem Irrtum erliegen, beispielsweise soziales Unrecht als gottverhängtes Schicksal zu akzeptieren.

Überwindung des Schicksals

Wie Iphigenies Beispiel zeigt, fordert das klassische Drama eine weitere Einsicht heraus: Hat der moderne Mensch erst einmal seine Freiheit vom Mythos erkannt, beginnt er für andere Sollens-Sätze zu formulieren. Mit ihnen kaschiert er im Namen der Humanität das eigennützige Wollen. Wer gegen diese Normen verstößt, macht sich zum Fremdling oder Außenseiter – nur dass es nun die Zuschauer selbst sind, die aus Sympathie für einen versimplifizierten und deshalb auch so ‚selbstverständlichen' Wert wie den der Menschlichkeit den Richtspruch barbarischer Uneinsichtigkeit über Thoas verhängen. So steht der König am Ende wie der Dumme da, obwohl ihm die Eigennützigkeit einer eigentlich universal gültigen Humanität vorenthalten wird. Das gräzisierende Publikum entlässt sich damit in eine Vergangenheit, in der hohe Bildung noch schicksalsgleich über die eigene Menschlichkeit entschied.

Iphigenie auf Tauris 6.2.1

Goethes *Iphigenie* (1787) erzählt von der gleichnamigen griechischen Priesterin, die auf Tauris im Exil lebt und dort nach vielen Jahren wieder ihrem

Bruder Orest begegnet. Beide stehen unter einem Familienfluch, dem schon viele Menschen und erst kürzlich auch ihre Mutter zum Opfer gefallen sind. Als ihr der verschlagene Freund ihres Bruders, Pylades, zur heimlichen Flucht rät, mag Iphigenie den Troerkönig Thoas nicht enttäuschen. Zwar beruft sie sich darauf, einst habe ihr die Göttin Diana die Rückkehr nach Griechenland vorausgesagt, doch von Gewissensnöten gequält, gesteht sie Thoas den Plan und überzeugt ihn schließlich, „die Stimme / Der Wahrheit und der Menschlichkeit" zu vernehmen (GFA I 5, S. 612).

Euripides

Hinsichtlich der Handlungsführung schließt sich Goethe weitgehend der Tragödie *Iphigenie bei den Taurern* des Euripides an. Der mythologische Hintergrund des Bühnengeschehens und die komplexe Familiengeschichte des Atridengeschlechts, dem Iphigenie und Orest entstammen, werden allerdings gestrafft. Um sie für das zeitgenössische Publikum verständlicher zu machen, weicht auch die Charakterisierung des Figurenensembles von der antiken Vorlage ab. Da es Goethe um die seelischen Konflikte der Hauptfiguren geht, lässt er lange Gespräche zwischen den beteiligten Personen an die Stelle eines bewegten Bühnengeschehens treten.

Die ‚edle Tat'

Kern aller Dialoge und des priesterlichen Gerechtigkeitsempfindens ist in Goethes Bearbeitung jenes Versprechen, das Thoas einst Iphigenie nach ihrer Ankunft gegeben hat: „Du hälst mir Wort! – Wenn zu den Meinen je / Mir Rückkehr zubereitet wäre, schwurst / Du mich zu lassen, und sie ist es nun." Was dagegen Menschlichkeit sei, diese Frage wird im Drama nicht explizit dargelegt, dafür aber umso heftiger eingefordert: „Es hört sie jeder / Geboren unter jedem Himmel, dem / Des Lebens Quelle durch den Busen rein / Und ungehindert fließt" (GFA I 5, S. 612f.). Thoas indes lässt sich von Iphigeniens weltumspannendem Erklärungsversuch nur bedingungsweise überzeugen. Weder sie noch Orest widerlegen seinen Verdacht, hier werde nur pomphaft ein Ethos bemüht, um die Rückkehr nach Griechenland zu beschleunigen. Spendet Thoas daher abschließend den erbetenen Segen mit den Worten „Lebt wohl!", so schwingt in der älteren Wortbedeutung von „wohl" auch der Auftrag mit, fortan gut zu handeln, mithin den Beweis für die zahlreichen Versprechungen anzutreten (ebd., S. 619). Nicht von Iphigeniens Menschlichkeit, sondern von Thoas' ,edler Tat' aus betrachtet, entlarven sich folglich die Appelle an Humanität und Treueschwur als phasenweise Polemik. Bezeichnenderweise deutet Iphigenie die letzten Worte des Königs gleich als Vorboten einer neuen Völkerverständigung. Thoas aber hat die Griechen bislang nur als rücksichtslose, anmaßende Kolonialmacht kennengelernt. Dass er Iphigenie heimkehren lässt, setzt insofern nicht weniger, aber auch nicht mehr als ein Zeichen der Hoffnung. Ob sich die Griechen daher künftig von einer wie auch immer definierten Menschlichkeit leiten lassen, muss erst die Zukunft zeigen.

Artifizielle Menschlichkeit

Belässt Goethe den Begriff der Menschlichkeit solchermaßen im Allgemeinverbindlichen, so verleiht er ihm eine politisch provozierende Dimension, denn mit phrasenhaften Naturmetaphern, die Menschlichkeit als Lebensquell umschreiben, können sich Herrschaftssysteme wie das der Griechen unbedenklich schmücken. Anders die unter ihnen Leidenden, in deren Ohren sich Iphigeniens hohes Pathos befremdlich ausnehmen dürfte.

Auf diesen nur rhetorisch zu überbietenden Kontrast zwischen Armut, Unrecht und politischer Propaganda weist Goethe seine Freundin Charlotte von Stein bereits 1779 hin, als er die erste Fassung der *Iphigenie* niederschreibt: „es ist verflucht, der König von Tauris soll reden als wenn kein Strumpfwürcker in Apolde hungerte." (GFA II 2, S. 163) Die Artifizialität des Stückes, seine sich vor allem im sprachlichen Pathos manifestierende Künstlichkeit ist also von Anfang an gewollt und setzt das Unmenschliche am Menschlichen nachgerade voraus. Mit Thoas eröffnet Goethe jedoch eine Perspektive aufs Humane, die einige der Stereotypen erkennen hilft, mit denen ein Leitwert ideologisch, religiös oder nationalstaatlich reklamiert wird. Für diese Lesart spricht der ironische Einwand des taurischen Königs, wie sich Iphigenie denn erkläre, warum ausgerechnet der „rohe Scythe, der Barbar die Stimme / Der Wahrheit und der Menschlichkeit" hören soll, die „Atreus, / Der Grieche, nicht vernahm?" (GFA I 5, S. 612)

Würden ihn Iphigeniens Antworten überzeugen, dann wäre der Ungebildete tatsächlich leicht von einer Menschlichkeit zu überzeugen, welche nach den Worten der klugen Griechin eigentlich keiner weiterreichenden Erklärung bedarf. In diesem Fall wäre Rohheit sogar eine der Voraussetzungen, um schließlich humanitär handeln zu können. Doch auf solch plumpe Bekehrungshoffnungen vertraut Goethe so wenig wie auf das Doktrinäre einer Menschlichkeit, auf die sich Iphigenie so lautstark beruft, nachdem sie sich zunächst vom Mythos emanzipiert hat, um dann anschließend Thoas die Rolle des primitiv Uneinsichtigen anzutragen. Thoas indes durchschaut, dass Iphigeniens Ausblick auf ein fortan menschenfreundliches Griechenland so wenig Bestand haben wird wie eine diffuse Humanität. Denn Kolonialmächte terrorisieren zunächst ihre Untertanen mit ihnen fremden Idealen. Nur so lassen sie sich dazu bringen, umso willfähriger ihre eigene Ausbeutung zu forcieren. Nimmt der König demgegenüber in Kauf, als Barbar verlacht zu werden, so erweist er sich in einem doppelten Sinne als widerständig: Zum einen signalisiert er den zivilisierten Griechen, dass er sich nicht so leicht überrumpeln lässt; zum anderen zwingt er sie, die Selbstverständlichkeit, mit der sie das Humanitäre in Worte fassen, als die eigentlich barbarische Bevormundung zu hinterfragen. Aber diese subtil ironische Beweisführung bleibt Iphigenie im Unterschied zum Publikum verborgen.

Kolonialistische Wahrheit

Auch wenn Goethe weite Teile der Atridengeschichte ausspart und den Stammvater des alten Geschlechts, Tantalus, in ein besseres Licht rückt als die griechische Mythologie, so sind die Hintergründe von Iphigeniens Leben auf Tauris hart und grausam. Als ihr Vater Agamemnon die Tochter einst opfern will, um bessere Winde für seine Flotte zu erflehen, wird Iphigenie von der Göttin Diana (gemeint ist Artemis, die von Goethe in der Tradition des 18. Jahrhundert allerdings mit dem lateinischen Namen genannt wird) gerettet und nach Tauris gebracht. Dort übernimmt sie das Amt der Artemis-Priesterin. In dieser Funktion gelingt es ihr auch, König Thoas von den bislang rituellen Menschenopfern absehen zu lassen. Der noch immer auf ihr lastende Fluch scheint in den nächsten Jahren fast vergessen. Erst als ihr Thoas einen Heiratsantrag macht, entdeckt sie ihm, aus welchem „wilden

Das Atridengeschlecht

Stamme" (GFA I 5, S. 566) sie kommt. Zurück geht das tragische Familienschicksal auf den Stammvater aller Atriden, auf Atreus, der seinen Sohn unwissentlich tötet. Seither bringen sich von Generation zu Generation verschiedene Familienmitglieder um. Über jenen Mord, der Orest nach Tauris treibt, erfährt Iphigenie allerdings erst später durch ihren Bruder. Orest nämlich hat seine Mutter Klytemnästra getötet, weil diese sich wiederum auf grausame Weise ihres Gatten entledigt hatte.

Der Fluch als Fatum

Eine besondere Symbolkraft kommt im Drama dem Familienfluch zu. An ihm arbeitet Goethe heraus, wie sich Iphigenie von der „ew'gen Wechselwut" (ebd., S. 583) der Atriden distanziert. Zurecht ist angemerkt worden, die Priesterin begreife sich in den ersten Auftritten noch als mythisch determiniert. Perfide sieht sie die Götter in das Familienleben eingreifen, damit sich das Atridengeschlecht von Generation zu Generation gegenseitig hinschlachtet. Erst als sie Thoas' Heiratsantrag mit den Worten zurückweist, allein Diana habe „das Recht auf mein geweihtes Leben" (ebd., S. 567), begreift Iphigenie, dass kein Fluch unentrinnbar ist. Immerhin hat Diana sie einst vor den Plänen ihres Vaters gerettet, und so erfleht sie jetzt von ihr auch weiterhin Schutz vor einem unerbittlichen, aber keineswegs unabänderlichen Schicksal:

> Du hast Wolken, gnädige Retterin,
> Einzuhüllen unschuldig Verfolgte,
> Und auf Winden dem ehrnen Geschick sie
> Aus den Armen, über das Meer
> Über der Erde weiteste Strecken
> Und wohin es dir gut dünkt zu tragen.
> (GFA I 5, S. 570)

Die Priesterin

Was an weiteren Lobpreisungen folgt, spricht für Iphigeniens Mildtätigkeit. Fortan bittet sie Diana allerdings auch mit wachsendem Selbstbewusstsein, sie möge ihr göttliches Handeln auf die Würde des Menschen abstimmen. Hatte die Priesterin zuvor noch kund getan, die „Götter sollten nicht / Mit Menschen wie mit ihres Gleichen" wandeln, weil das „sterbliche Geschlecht" zu „schwach" (ebd., S. 564) sei, so fordert sie jetzt nachdrücklich, Diana möge neben dem grundsätzlich guten Willen der Erdenbewohner auch die Folgen ihrer göttlichen Eingriffe ins Menschengeschick berücksichtigen:

> Weise bist du und siehest das Künftige;
> Nicht vorüber ist dir das Vergangne,
> Und dein Blick ruht über den Deinen
> Wie dein Licht, das Leben der Nächte,
> Über der Erde ruhet und waltet.
> O enthalte vom Blut meine Hände!
> Nimmer bringt es Segen und Ruhe;
> Und die Gestalt des zufällig Ermordeten
> Wird auf des traurig-unwilligen Mörders
> Böse Stunden lauern – und schrecken.
> Denn die Unsterblichen lieben der Menschen
> Weit verbreitete gute Geschlechter,
> Und sie fristen das flüchtige Leben

> Gerne dem Sterblichen, wollen ihm gerne
> Ihres eigenen, ewigen Himmels
> Mitgenießendes fröhliches Anschau'n
> Eine Weile gönnen und lassen.
> (GFA I 5, S. 570)

Unzweifelhaft argumentiert Iphigenie hier mildtätig und menschenwürdig. Dem Sprachgebrauch der deutschen Klassik folgend, kann ihr selbstbewusstes Beten auch als human bezeichnet werden. Immerhin führt sie der Göttin vor Augen, dass alle Täter, die unter dem Familienfluch stehen, gegen ihren Willen handeln und insofern keine Chance haben, sich als wohlgesonnene Menschen zu bewähren. Zu dieser nunmehr keineswegs fatalistischen Beweisführung fügt sich, dass Iphigenies folgende Ausführungen immer weiter von der mythologischen Überlieferung abweichen. So war Tantalus ihren Worten zufolge nicht göttlichen Ursprungs. Außerdem sieht sie ihn als Opfer transzendenter Willkür. Zwar soll er Ambrosia und Nektar von der Göttertafel geraubt haben. Doch steht die harte, noch die nachfolgenden Generationen treffende Strafe in keinem Verhältnis zu seinem Vergehen. Schließlich, so argumentiert Iphigenie, war Tantalus kein Gott. Warum also wurde sein Handeln trotzdem nach olympischen Rechtsmaßstäben beurteilt? Als noch folgenschwerer erachtet die Priesterin freilich die niederträchtige und devote Akzeptanz der tantalischen Leiden auf Seiten der Menschen. Ihren Beweis tritt die betende Iphigenie an, indem sie sich auf die in Mythos und Dichtung fortan übliche Zurechtweisung des Tantalus beruft. Mit religiöser Inbrunst statt mit menschlicher Empathie tradiert man über Generationen die Behauptung, Tantalus hätte sich illoyal den Göttern gegenüber verhalten:

Götterkritik

> Unedel war er nicht und kein Verräter;
> Allein zum Knecht zu groß, und zum Gesellen
> Des großen Donn'rers nur ein Mensch. So war
> Auch sein Vergehen menschlich; ihr Gericht
> War streng, und Dichter singen: Übermut
> Und Untreu stürzten ihn von Jovis Tisch
> Zur Schmach des alten Tartarus hinab.
> Ach und sein ganzes Geschlecht trug ihren Haß!
> (GFA I 5, S. 564)

Mit diesen Worten eröffnet Iphigenie eine mythenkritische und aufklärerische Perspektive auf Tantalus' Vergehen. Glaubten die Menschen der Vorzeit noch unhinterfragt an die Gerechtigkeit des göttlichen Ratschlusses, so ergibt sich aus Iphigeniens Befund, dass moralisch stereotype Aburteilungen einen unbedingten Glaubensgehorsam konfirmieren. Doch die Überlieferung – und mit diesem Argument schlägt Iphigenie eine Brücke zwischen Antike und modernem Theaterpublikum – hält nicht Schritt mit der historischen Menschwerdung. In gleichem Maße, wie sich Vernunft und Dialogbereitschaft entwickeln, pochen Klerus und eine ihm ergebene Dichtung auf die Unhinterfragbarkeit des Mythos. Vermag eine so menschenverachtende Hörigkeit aber nicht mehr zu überzeugen, dann hat sich der Schicksalsglaube seiner Geschichtlichkeit überführt.

Überwindung des Mythos

Ohne dass Iphigenie diesen Gedanken weiter ausführen müsste, legt Goethe mit ihrer Beweisführung zwei historische Fluchtlinien an, die unmissverständlich auf die subjektive Autonomie des Menschen und die Modernität der klassischen Literatur vorausweisen. Mit ihrer Kritik an geistloser Nachahmung und erzieherischer Bevormundung legt Iphigenie das Fundament einer aufklärungskritischen und dennoch über Unmündigkeit aufklärenden Dichtung. Iphigeniens Überwindung des Mythos schließlich befreit sie im Zusammenspiel mit ihrer klassischen Poetik als ästhetisches Subjekt. Ihre Distanznahme zum überlieferten Familienfluch kann also nicht nur als emanzipatorischer Akt einer sich selbst bewusst werdenden Frau gedeutet werden. Mit Blick auf die Freiheit von Herrschaftsinstrumenten, die sich selbst längst zum Mythos geworden sind, leistet Iphigenie einen Dienst an der Menschheit überhaupt. Reflektiert die Priesterin dann noch über eine zukunftsweisende, radikal moderne Dichtung, so bindet sie ihre intellektuelle Autonomie an die Pflicht, willentlich gegen ein theologisch und literarisch institutionalisiertes Sollen aufzubegehren.

Das Parzenlied — Als impliziter Rekurs auf den Zuschauer, der sich keineswegs von Literatur über unverbrüchliche Wahrheiten belehren lassen sollte, klärt das Drama *Iphigenie auf Tauris* damit im Rezeptionsprozess über seine historischen Voraussetzungen und Wirkungsabsichten auf. *En miniature* stellt Iphigenie diesen Bezug noch einmal her, als sie sich an das Parzenlied aus Kindertagen erinnert. Immer wieder wurde es den Geschwistern von den Ammen vorgesungen, um sie mit Furcht und Schrecken auf den Familienfluch einzuschwören.[30] Eingeleitet wird das Lied mit den Worten: „Vor meinen Ohren tönt das alte Lied – / Vergessen hatt' ich's und vergaß es gern – / Das Lied der Parzen, das sie grausend sangen". Die erste und die letzte Strophe konturieren plastisch diese memorierende Angstpädagogik:

> Es fürchte die Götter
> Das Menschengeschlecht!
> Sie halten die Herrschaft
> In ewigen Händen,
> Und können sie brauchen
> Wie's ihnen gefällt.
> [...]
> Es wenden die Herrscher
> Ihr segnendes Auge
> Von ganzen Geschlechtern,
> Und meiden, im Enkel
> Die eh'mals geliebten,
> Still redenden Züge
> Des Ahnherrn zu sehn.
> (GFA I 5, S. 605f.)

Dem eigentlichen Parzenlied, das an die schauerlichen Schicksalsgöttinen des griechischen Mythos erinnert, lässt Iphigenie eine weitere Strophe folgen, mit der sie im Medium des Liedes noch einmal an jene Passivität erinnert, die der auch künstlerisch tradierte Mythos von ihrer verfluchten Familie verlangt:

> So sangen die Parzen;
> Es horcht der Verbannte,
> In nächtlichen Höhlen
> Der Alte die Lieder,
> Denkt Kinder und Enkel
> Und schüttelt das Haupt.
> (Ebd.)

Gleich mit der ersten Zeile wird deutlich, dass Iphigenie die perfide Ästhetik des Kinderliedes durchschaut. Gesungen haben den Kindern ja nicht die Schicksalsgöttinnen selbst, gesungen hat ihnen die Amme. Und dies mit dem Anspruch, die Weissagungen der Parzen möglichst detailgetreu wiederzugeben. Wiederholt Iphigenie nun das schreckliche Lied, so hebt ihr Nachsingen eines einst besungenen Orakels dessen Schrecken auf und übereignet ihn endgültig einer ‚naiven' Vergangenheit. Die von ihr hinzugefügte Strophe enthält folgerichtig die ästhetische Antwort auf das vermeintliche Vorherrbestimmtsein. Mit dieser liedhaften Vergegenwärtigung des eigenen mythischen Determiniertseins entlarvt Iphigenie die Gefahren, die in einer illusionistisch hoch wirksamen und zugleich mythentreuen Dichtung stecken. An die Kunst als ästhetisches Korrektiv solcher Machenschaften appelliert sie dagegen mit ihrer zusätzlich gesungenen Strophe.

Die unerhörte Tat

Auf ihre eigene Emanzipation bezogen, legitimiert die Priesterin mit dem neuerlich gesungenen Parzenlied ihre nun folgende List: Zunächst die klare Ansage an Thoas: „Ich bin so frei geboren als ein Mann. [...] Hat denn zur unerhörten Tat der Mann / Allein das Recht?", und schließlich die eigenmächtige Deutung des von Apoll ergangenen Auftrags. Hatte der Gott ihrem Bruder befohlen, Orest solle wieder das Tempelbild der Diana von Tauris zurück in die Heimat holen, und hatte ihr Thoas zuvor versprochen, sobald sich die Chance eröffne, ihrer Familie wieder Beistand zu leisten, dürfe sie Tauris verlassen, so ergänzt Iphigenie jetzt den göttlichen Befehl um die Worte, auch sie als „Schwester" des Orest sei wieder „hinzubringen" (GFA I 5, S. 609ff.).

Zwar versucht Iphigenie dem König deutlich zu machen, warum allein mit ihrer Hilfe der alte Bann zu lösen sei, welcher auf den Atriden lastet. Doch dass sie Thoas nur mit einem ‚Kunstgriff' dazu bewegen kann, sein Versprechen einzulösen, verwickelt die über den Mythos erhabene Priesterin in die Fährnisse des modernen, kontingenten Lebens. Betrachtet man dieses Problem unter Abwägung eines ethisch komplexen Sachverhalts, so wird Iphigenie zugute gehalten werden müssen, dass sie Thoas den „heimlichen Betrug", den Pylades und Orest planen, rechtzeitig entdeckt (vgl. ebd., S. 611). Gemäß der neuzeitlichen Ethik, die auf einem zwischenmenschlichen Vertrags- und Vertrauensverhältnis aufbaut, wiegt dieses Geständnis zweifellos mehr als jene kleine ‚List', mit der Iphigenie den apollinischen Auftrag revidiert. Aber bricht sie nicht gerade jenes Vertrauen, das auch Thoas mit seinem Versprechen in Iphigenie gesetzt hat? Die Zusage des Königs lautete: „Die Göttin übergab dich meinen Händen; / Wie du ihr heilig warst, so warst du's mir. / Auch sei ihr Wink noch künftig mein Gesetz: / Wenn du nach Hause Rückkehr hoffen kannst, / So sprech' ich dich von aller Fordrung los." (Ebd., S. 563)

Emanzipation

Legitime List? Solch eine Abmachung setzt voraus, dass Iphigenie sich nur dann an Thoas wendet, wenn Diana höchstpersönlich die Heimkehr der Priesterin befiehlt. Und Thoas verlässt sich fortan darauf, dass seine Schutzbefohlene nur dann auf ihrem Recht besteht, wenn sich ihr Diana in Form eines Orakels mitgeteilt hat. Soeben von allen mythischen Obsessionen befreit, handelt Iphigenie nun aber mit strategischer Finesse. Um ihrer Bitte gebührenden Nachdruck zu verleihen, beruft sie sich auf den in der griechischen Mythologie ranghöheren Gott Apoll. Von dessen Macht beeindruckt, so hofft sie, werde Thoas nicht auf der ursprünglichen Vereinbarung beharren. Um den König darüber hinaus regelrecht zu entmündigen, bemüht Iphigenie jetzt auch unantastbare Leitwerte wie Wahrheit und Humanität: „Wenn / Ihr wahrhaft seid, wie ihr gepriesen werdet; / So zeigt's durch euern Beistand und verherrlicht / Durch mich die Wahrheit!" (GFA I 5, S. 611). Nun gebietet es natürlich die hier eingeforderte Menschlichkeit, über kleinliche Rechtsfragen hinwegzusehen. Selbstverständlich gibt es ebenso gute Gründe, eine seit Generationen verblendete Familie wieder zusammenzuführen. Iphigenie jedoch dehnt den Wahrheitsbegriff so weit, dass er auch die private Umdeutung eines göttlichen Auftrags legitimiert.

Wiegt sie Thoas im Glauben, Apoll habe auch ihre Heimkehr angeordnet, führt sie die Wahrheit schon deshalb *ad absurdum*, weil Iphigenie, nachdem sie soeben selbst die historische Bedingtheit von Wahrheit und Tugend durchschaut hat, ihren Gesprächspartner jetzt auf die Unbedingtheit menschlicher Werte verpflichtet. Für den Fall also, dass den ‚Barbaren' der von Apoll ergangene Auftrag nicht sonderlich überzeugen sollte, will sie Thoas unter unwiderlegbare, universale Gesetze zwingen – ein Vorgehen, das sowohl hinsichtlich seiner ethischen Prämisse genereller Selbstlosigkeit als auch mit Rücksicht auf den aufklärerischen Anspruch auf Menschlichkeit an den eigenen Voraussetzungen scheitert. Solange nämlich, wie die von Kant formulierte Annahme gilt, dass in Zeiten überwundener Unmündigkeit jede bedenkliche Tat selbst in entfernten Weltgegenden den Fortschritt zu einer geeinten Menschheit vereitelt, solange kann eine eigennützig interpretierte Wahrheit nicht, wie von Iphigenie eingefordert, mit dem Menschlichen gleichgesetzt werden. Solange kann dann aber freilich auch der Thoas entdeckte Komplott nicht die priesterliche ‚Notlüge' entschuldigen. Was nämlich würde geschehen, wenn wir alle um der Menschlichkeit willen die Unwahrheit sagen würden? Und wie soll Thoas die Wahrheit respektieren, wenn Iphigenie gegen die Humanität verstößt und ihn als Barbaren dem Verlachen preisgibt?

Tragische Wahrheit Am wenigsten unter all diesen möglichen Schlussfolgerungen überzeugt indes, wenn Thoas menschlich handelt, aber aufgrund einer falschen Wahrheit. Nach einem klugen Wort Adornos kann es kein richtiges Leben unter falschen Voraussetzungen geben. Allenfalls hoffnungsfrohe Idealisten könnten sich daher zu der Behauptung versteigen, Menschlichkeit setze sich zu allen Zeiten und selbst unter ungünstigen Bedingungen durch. Solch eine gefährlich triviale Lösung bereitet den Nährboden, auf dem Iphigenie Thoas' Verständnis von ‚Menschlichkeit' hintergeht und seine Tugend als ‚barbarisch' herabsetzt. Dass die Griechen in ihm tatsächlich einen unzivilisierten ‚Primitiven' sehen, den man skrupellos überrumpeln darf, diese Position vertritt im Drama zwar nur der verräterische Pylades. Aber Iphigenie folgt ihm darin uneingestandenermaßen, als sie rhetorisch anmaßend den Wahrheits- und Humanitätsbegriff des Thoas ignoriert. Menschlich zu handeln, setzt aber in einer aufklärerischen Moderne voraus, dass menschliches Handeln im Lichte einer freien Menschheit reflektiert wird. Thoas wird diese Möglichkeit vorenthalten, weil die Griechen an ihm das Exempel statuieren, dass sich ‚Menschlichkeit' auch gegen Unverstand und Vernunftlosigkeit durchsetzt.

Merksatz
Der tragische Konflikt in Goethes *Iphigenie* gründet auf Thoas ‚menschlichem' Handeln. Zwar scheint er zu bestätigen, dass sich Humanität auch gegen unzivilisierte Tugenden durchsetzt. Doch gerade diese Perspektive auf den König stempelt ihn zum dummen Barbaren.

Ob Thoas die ihm angetane Demütigung durchschaut, lässt sich nicht mit Sicherheit klären. Den kulturellen Hochmut der Griechen geißelt er allerdings, schon lange bevor ihn Iphigenie und Orest zu überlisten versuchen. Zynisch vergleicht er sich mit einem „erdgebornen Wilden" (GFA I 5, S. 569), der wohl kaum menschlichen Respekt von den Vertretern einer selbsternannten Hochkultur erwarten dürfe. Mit diesen wenigen Worten gibt Thoas zu verstehen, warum sich jede Festsetzung der Menschlichkeit als tyrannisch erweist: Wird mit ihr allein das Fremde beurteilt und kulturgeschichtlich eingestuft, so erweist sich Humanität als aggressiv. Vor allem aber zwingt sie den Anderen, die per Definition unterlegene Identität des Unmenschen anzunehmen. Entzieht sich das Publikum dieser Desillusionierung der Humanitas, so überhört es gemeinsam mit Iphigenie jene provozierende Warnung in Goethes Drama, die zwar auch aus dem Munde des Verräters Pylades stammt, aber auf konzise Weise Iphigeniens Schritt aus priesterlicher Einsamkeit in eine komplexe Wirklichkeit kommentiert:

Tyrannische Menschlichkeit

> So hast du dich im Tempel wohl bewahrt;
> Das Leben lehrt uns, weniger mit uns
> Und andern strenge sein; du lernst es auch.
> So wunderbar ist dies Geschlecht gebildet,
> So vielfach ist's verschlungen und verknüpft
> Daß keiner in sich selbst, noch mit den andern
> Sich rein und unverworren halten kann.
> (GFA I 5, S. 603)

Als ‚klassisches' Kunstwerk bietet Goethes *Iphigenie* sittliche und wahre Orientierungshilfen an, die sich bei genauerer Betrachtung allerdings ihrer eigenen Vorbehalte überführen. Insofern relativiert das Drama kulturellen Hochmut, ferner veranschaulicht es das moderne Leben als unsicheres Terrain, auf dem das subjektive Versagen vor vermeintlich zeitlos gültigen

6.2.2 Korrektur verteufelter Humanität

Vorbehalte Als sich Schiller 1802 daran macht, Goethes Iphigenie zu inszenieren, äußert er sich verschiedenen Briefpartnern gegenüber skeptisch über eine Dramatik, die in seinen Augen zu vorsichtig auf alles Tragische verzichtet. Goethe schreibt er bereits am 26. Dezember 1797: „Für eine Tragödie ist in der Iphigenie ein zu ruhiger Gang", außerdem sei das „Annähern ans Epische ein Fehler" (SNA 29, S. 178). Vier Wochen später teilt er dann dem Freund mit: „Da überhaupt in der Handlung selbst zu viel moralische Casuistik herrscht, so wird es wohl getan seyn, die sittlichen Sprüche selbst [...] etwas einzuschränken." Mit diesen Vorbehalten bereitet Schiller die klassizistische Stilisierung der *Iphigenie* zum Ideendrama vor, darüber hinaus auch die Einschätzung, durch den Verzicht auf „die sinnliche Kraft, das Leben, die Bewegung" habe Goethe in seinem Drama gräzisierende Manier mit „allgemeinen hohen poetischen Eigenschaften" vereint (SNA 31, S. 90ff.).

Drama oder Tragödie Diese hinsichtlich der Zuschauerwirkung divergente Beurteilung des Tragischen begleitet Goethes und Schillers dramentheoretische Debatte. Um wirkungsästhetisch einen distanzierten Umgang des Zuschauers mit dem dramatischen Stoff zu gewährleisten, beharrt Goethe auf der Einschätzung, das eigentlich dramatische Geschehen sollte sich ausschließlich an den Widersprüchlichkeiten der dargestellten Charaktere festmachen. So heißt es übertragen auf Iphigenie, als moderner Mensch sei ihr Wesen vom Wollen bestimmt: „Sie ist unbegrenzt, und fordert das Allgemeine. Hier entspringt schon der innere Konflikt" (GFA I 19, S. 644). Wie konsequent Goethe die im Umfeld seiner Iphigenie entwickelte Unterscheidung zwischen antikem und zeitgenössischem Drama realisiert, lässt sich auch an der kleinen Skizze *Über epische und dramatische Dichtung* aufzeigen: Weil eine Tragödie noch ein hierarchisch strukturiertes Weltbild voraussetzt, wirke sie auf den Zuschauer des ausgehenden 18. Jahrhunderts befremdlich. Sinnlich zerstreut und von inneren Spannungen geprägt, sehe er sich nämlich in die Rolle eines Voyeurs gedrängt, der sich an den oft grausigen Schicksalsszenen nicht mehr satt sehen kann. Mit Rücksicht auf solch eine unkritisch geförderte Schaulust empfiehlt Goethe dem Dramendichter, auf tragische Motive gänzlich zu verzichten und stattdessen ‚vorwärtsschreitende' und ‚retardierende' Handlungselemente einzusetzen. Da sie den „Gang aufhalten, oder den Weg verlängern", lenken sie das Interesse auf die dramatisch gesteigerten Widersprüche im Denken und Handeln des individuierten Bühnenpersonals. Frei von einer zu lebhaften Wirkung, steht das moderne Drama außerdem nicht in der Gefahr, das Publikum gegen ein tragisches Geschick abzustumpfen (vgl. GFA I 18, S. 446).

Mit diesem medienästhetischen Einwand distanziert sich Goethe von Schillers Bühnenkonzept, das auf der Annahme gründet, nur der gegenüber allem Leiden souveräne Betrachter erhebe sich über einen schicksalsgläubigen Fatalismus. In seiner *Iphigenie* lenkt Goethe deshalb die Aufmerksamkeit seiner Zuschauer auf die Entlarvung der eigennützigen Dialogstrategien seiner Protagonistin. Dass es der Priesterin gelingt, ihr taktisches Wollen rhetorisch zu verbrämen, lässt den ‚tragischen' Konflikt zwar nur aufscheinen; dass sie Thoas aber kommunikativ in die Rolle des menschlich ‚Sollenden' drängt, spricht gegen ihre Verantwortungsbereitschaft. Aus diesem Widerspruch, auf den er die Aufmerksamkeit seines Publikums lenkt, erklärt sich sowohl die Modernität von Goethes Dramenkonzeption als auch der wirkungsästhetisch legitimierte Symbolgehalt der *Iphigenie*. Indem das Drama ein, wenn man so will, ‚tragisches' Problem der Moderne auf einen ‚Begriff' bringt, wie Goethe in *Shakespear und kein Ende!* formuliert, weist es auf etwas hin, dass die zeitgenössische Gesellschaft ebenfalls von der antiken trennt – das Problem der ewig Diskutierenden, die zwar ‚Wahrheit' und ‚Menschlichkeit' im Munde führen, aber im rechthaberischen Wortschwall ihr Gegenüber schon übervorteilt haben (vgl. GFA I 19, S. 637ff.).

In *Shakespear und kein Ende!* begründet Goethe den Verzicht auf alles Tragische auch aus aufklärungskritischer Sicht: Soll der Dichter in Konkurrenz zum aufgeklärten Wissenschaftler treten, der komplexe Sachverhalte wie das Menschliche auf exakte Gesetzmäßigkeiten reduziert, so kann das Drama nicht auf das Unwägbare, Paradoxe oder das menschlich Irrationale im Menschheitlichen verzichten. Dazu könnte nun in klassizistischer Lesart auch Iphigenies ‚heimlicher Betrug' gezählt werden. Doch wer die Übertölpelung des Thoas als ‚menschliche' Schwäche interpretiert, der tröstet sich über die Barbarisierung des Thoas mit einer generösen und deshalb unentschuldbaren Phrase hinweg. Schlägt sich das Auditorium dennoch auf die Seite der Priesterin, so überführt es sich als tragische Öffentlichkeit, die eine Aufklärung der *Menschheit* boykottiert. Gleiches gilt für die Reduktion der *Iphigenie* auf ein klassizistisches Ideendrama, denn eben weil Goethe das kommunikative Kalkül seiner Protagonistin transparent macht, widerlegt er schon im Keim ihre neomythische Vereinnahmung. Im Unterschied zur Glaubens- und Wissenspraxis, die streng zwischen quasiarkanen Vernunftsätzen und Laientum trennen, legt er als moderner, aufklärungskritischer Dramatiker zugleich die ästhetische Wirkungsabsicht seines theatrum mundi offen. Auf angemessene Weise soll seine *Iphigenie* eben auch die ‚teuflische' Weltverbundenheit des Dichters erkennen lassen, mit der sich die Geheimnisse abstrakter Rituale und logischer Maximen lüften lassen. Goethes bereits an anderer Stelle zitierter Vergleich zwischen Shakespeare und dem Weltgeist entpuppt aus dieser Sichtweise seine ironische Doppeldeutigkeit: Liest man die Figur des Weltgeistes einmal nicht im Kontext des Idealismus, sondern als Anspielung auf jenes universalistische Bestimmtheitsdenken einer verdächtig redseligen Dialogkultur, dann verhält sich die Aufgabe des Dichters konträr zum Wahrheitsbegriff einer Iphigenie, die hohe Ideale bemüht, um ihren Betrug an Thoas wortgewaltig zu verbrämen:

Aufmerksamkeit

Tragisches Publikum

> *Shakespear* gesellt sich zum Weltgeist; er durchdringt die Welt wie jener; beiden ist nichts verborgen; aber wenn des Weltgeists Geschäft ist, Geheimnisse vor, ja oft nach der Tat zu bewahren, so ist der Sinn des Dichters, das Geheimnis zu verschwätzen, und uns vor, oder doch gewiß in der Tat zu Vertrauten zu machen. Der lasterhafte Mächtige, der wohldenkende Beschränkte, der leidenschaftlich Hingerissene, der ruhig Betrachtende, Alle tragen ihr Herz in der Hand (GFA I 19, S. 639).

6.3 Theater des Erhabenen

Moralische Kasuistik

So wenig es Schillers Dramen an ‚sinnlicher Kraft' und einem bewegten Geschehen fehlt, so entschieden neigt er zum Sentenzhaften, wie er es Goethes *Iphigenie* vorwirft. Zwar wählt er immer wieder ‚reißerische' und tagesaktuelle Themen. Doch die Neigung zu ‚sittlichen Sprüchen' nimmt seinen politischen Überzeugungen an Schärfe und disponiert seine Bühnenwerke für ideologische Vereinnahmungen. Bestes Beispiel ist die Wirkungsgeschichte des *Wilhelm Tell*. Obwohl das Drama einen Tyrannensturz legitimiert, gehört es lange Zeit zu Adolf Hitlers Lieblingsstücken. Erst als die brutale Kehrseite der braunen Diktatur immer offenkundiger wird, belegen es die Nazis mit einem Aufführungsverbot. Bis dahin verkörpert Tell den wehrhaften, vaterlandstreuen Teutonen.

Schule der praktischen Weisheit

Solche groben Fehldeutungen widersprechen natürlich Schillers politischem und weltanschaulichem Selbstverständnis. In seiner Vorlesung *Was kann eine gute stehende Schaubühne eigentlich wirken?* hebt er den Schutz auf, den die „Vormünder des Staats" bislang vor künstlerischer Zurechtweisung genossen haben, und stellt ihnen die ästhetische Aufarbeitung aller Diskrepanzen im bestehenden Gesellschaftssystem in Aussicht: „Eine merkwürdige Klasse von Menschen hat Ursache, dankbarer als alle übrigen gegen die Bühne zu seyn. Hier nur hören die Großen der Welt, was sie nie oder selten hören – Wahrheit; was sie nie oder selten sehen, sehen sie hier – den Menschen." (SNA 20, S. 97f.) Mit der Forderung nach politischer Aufklärung verbindet sich für Schiller ein moralpädagogischer Bildungsauftrag. Als „Schule der praktischen Weißheit" soll das Theater die Zuschauer auf ein „bürgerliches Leben" vorbereiten (vgl. ebd., S. 95). Um dieses Ziel sowohl inhaltlich als auch formal realisieren zu können, entwickelt Schiller in den nächsten Jahren eine Bühnenästhetik, die den Zuschauer gegen soziale Konflikte abhärtet und seinen stoischen Gleichmut vor moralischer Verdorbenheit bewahrt. Statt edler Helden und sittlicher Vorbilder bevölkern deshalb die „Lasterhaften" und „Thoren" die Bühne, denn mit ihnen „müßen wir leben. Wir müßen ihnen ausweichen oder begegnen; wir müßen sie untergraben, oder ihnen unterliegen. Jezt aber überraschen sie uns nicht mehr. Wir sind auf ihre Anschläge vorbereitet. Die Schaubühne hat uns das Geheimniß verraten, sie ausfündig und unschädlich zu machen." (Ebd.)

Mediale Abhärtung

Was Schiller vorschwebt, ist eine Art ‚Schockästhetik', die aktionsgeladene Stoffe mit distanzschaffenden Reflexionsangeboten verbindet. Ihr Ziel ist die Überwindung einer affektgeladenen oder gar mitleidenden Wahrnehmung des bewegten Bühnengeschehens. Mit dieser medialen ‚Abhärtung' befasst sich Schiller eingehend. Die bewusst eingesetzten Medieneffekte setzen dabei den ästhetisch gebildeten Rezipienten voraus. Schon aus Gründen des vornehmen Geschmacks lässt er sich vom frappierenden Handlungsverlauf nicht aus der Ruhe bringen. Und da sich das dramatische Geschehen so schonungslos wie wirklichkeitsnah mit der Realität beschäftigt, akzeptiert das solchermaßen geschulte Publikum auch unaufgeregt das eigene Alltagsleben. Den Einwand, drastische Darbietungen stumpften die Sinne ab, widerlegt Schiller mit den Worten, der Rezipient dürfe darauf vertrauen, dass „Menschlichkeit und Duldung" der „herrschende Geist unsrer Zeit werden" (SNA 20, S. 97). Politische Aufklärung muss die dramatische Dichtkunst folglich nicht mehr leisten. Schließlich ist die Notwendigkeit, soziale Missstände zu überwinden, längst erwiesen. Was dem Bürger mit Hilfe der Bühne insofern nur noch bestätigt werden muss, ist das Vertrauen in eine moralische Standhaftigkeit, die sich auch im Tagesgeschäft bewährt. Indem sie ferner „der großen Klasse von Thoren den Spiegel vorhält", unterrichtet die Bühnenkunst den Zuschauer, wie er seinerseits das „Licht der Weißheit" verbreiten kann (ebd., S. 94 u. 97).

Merksatz

Ästhetisch erhaben reagiert nach Schiller ein Publikum, das sich selbst von drastischen Bühnenhandlungen nicht aus der Ruhe bringen lässt und dem Dargestellten mit stoischer Ruhe begegnet. Um diese Erhabenheit zu stärken, bestärkt das Theater als Schule praktischer Weisheit eine souveräne Geisteshaltung.

Wie zuvor schon Gottsched und Lessing teilt Schiller die im Theaterdiskurs der Aufklärung vorherrschende Ansicht, die Rezipienten müssten die Leidenschaften der Handlungsträger miterleben, um eigene Gemütsregungen sittlich zu zügeln. Diese Affektbeherrschung wird im Rückgriff auf die aristotelische Poetik als Katharsis oder Läuterung bezeichnet. Trotz seines Vertrauens in die distanzierte Erhabenheit dem Dargestellten gegenüber droht sich Schiller damit in einen Widerspruch zu verwickeln. Soll das Theater nämlich das Einüben praktischer Sittlichkeit erleichtern, so muss es die „tausendfachen Formen" von „Gesez und Gewissen", von „Verbrechen und Lastern" einklagen: „Die Schaubühne führt uns eine mannichfaltige Szene menschlicher Leiden vor." (SNA 20, S. 94ff.) Dafür aber muss die kontingente Erfahrungswirklichkeit auf ein polares Sittenschema reduziert und moralisches Handeln bewahrheitet werden. Solch eine Simplifizierung widerspricht jedoch den aufklärungskritischen Vorbehalten gegenüber ethischen Automatismen, wie sie beispielsweise Kant dem verstandesbegabten Menschen anträgt. Entgangen ist Schiller dieser Konflikt mit dem eigenen Modernitätsverständnis keineswegs. Da er aber an der Überzeugung festhält, das zeitgenössische Publikum lasse sich nur mit gelungener

Moralische Anstalt

Unterhaltung von einer erhabenen Weltsicht überzeugen, nimmt er in Kauf, dass seine Dramen ihren gesellschaftspolitischen Auftrag in den Hintergrund ‚spielen':

> Die menschliche Natur erträgt es nicht, ununterbrochen und ewig auf der Folter der Geschäfte zu liegen, die Reize der Sinne sterben mit ihrer Befriedigung. [...] Die Schaubühne ist die Stiftung, wo sich Vergnügen mit Unterricht, Ruhe mit Anstrengung, Kurzweil mit Bildung gattet [...] – in dieser künstlichen Welt träumen wir die wirkliche hinweg, wir werden uns selbst wieder gegeben, unsre Empfindung erwacht, heilsame Leidenschaften erschüttern unsre schlummernde Natur, und treiben das Blut in frischeren Wallungen. (SNA 20, S. 99)

Das Erhabene Hinter diesen sittlich-rekreativen Erwägungen verbirgt sich eine Theorie des Erhabenen, die einerseits an die ästhetiktheoretische Auseinandersetzung mit dem Irrationalen anschließt. Andererseits greift Schillers Bestimmung des Erhabenen medienästhetischen Überlegungen vor, die sich mit möglichen Einflüssen medialer Wahrnehmung auf das subjektive Selbstbestimmungsrecht beschäftigen.

Als ästhetische Kategorie führt bereits Aristoteles das Erhabene in die Dramentheorie ein. Im Unterschied zum Schönen gelten ihm alle ästhetischen Themen und Motive als erhaben, für deren Beurteilung keine vernünftigen oder sittlichen Erklärungen zur Verfügung stehen. Vereinfacht gesprochen, steht das Erhabene nach Aristoteles für das Irrationale oder ‚Maßlose' in der Kunst. Wirkungspsychologisch korrespondiert ihm die Erfahrung, dass jede Begegnung mit dem Unbekannten, Überraschenden oder Imposanten im Menschen eine außergewöhnliche Reaktion auslösen kann. An dieser Beobachtung wird auch die ästhetische Funktion des Erhabenen im Kunstdiskurs des 18. Jahrhunderts festgemacht. Zu einer Zeit, da sich neue Gattungen wie der Schauerroman, das Genrebild, die große Oper oder das heiter-burleske Singspiel etablieren, avanciert das Erhabene zum ästhetischen Gegenentwurf einer Kunst, die sich an antikem Regelmaß und an rationalen Gattungsgrenzen orientiert.

Edmund Burke Ein bedeutender Impuls für die Neubewertung des Erhabenen geht von Edmund Burke aus. In seiner 1757 veröffentlichten Abhandlung *Philosophische Untersuchung über den Ursprung unserer Ideen vom Erhabenen und Schönen* führt der britische Sensualist am Beispiel grandioser Landschaftspanoramen aus, alles Großartige erhebe den Menschen über sich selbst. Im Staunen über unverhoffte, außeralltägliche oder schockartige Erlebnisse vergesse er sich vorübergehend und fühle sich von allen trivialen Leidenschaften und Sorgen enthoben. Diese Erfahrung des Erhabenen kann sich die Kunst zunutze machen, indem sie Themen oder Motive wählt, die eine ähnliche Wirkung auf den Rezipienten ausüben wie imposante Naturprospekte.

Kant Schillers philosophischer Lehrer Immanuel Kant greift diesen Gedanken in seiner *Kritik der Urteilskraft* (1790) auf, meldet jedoch Zweifel an der Behauptung an, der über sich selbst erhabene Mensch lerne es, von eigennützigen Zwecken oder zweifelhaften Neigungen abzusehen. Kant begründet seine Gegenmeinung am Beispiel des sturmgepeitschten Meeres. Aufgrund seines weiten Panoramas und der gewaltigen Naturkräfte könnte es eigentlich als etwas Erhabenes wahrgenommen werden. Nach Kant sieht sich der Beobachter einer solch bewegten Landschaft aber an seine Ohnmacht erinnert. Als erhaben lässt Kant daher nur gelten, was den Menschen sowohl ästhetisch als auch sittlich über seine eigene Natur und Sinnlichkeit erhebt. Innerhalb der Kunst sollte des Erhabene deshalb so eingesetzt werden, dass die Zuschauer selbständig den Willen aufbringen, persönliches Ungemach oder die Abhängigkeit von Naturmächten im Dienste eines höheren Menschseins zu überwinden (s. Arbeitstext I).

Was Kant am Begriff des Erhabenen demonstriert, greift Schillers Einschätzung des aufgeklärten Katharsiskonzepts und der mechanistischen Vorstellung sittlicher Läuterung vor. Allein auf die Kreativität des Menschen im Umgang mit Konfliktsituationen zu setzen, lehnt er in seiner Abhandlung *Über das Erhabene* (1801) ebenso ab wie die Hoffnung, eine ausschließlich belehrende Unterrichtung des Publikums erziehe zu stoischem Gleichmut. Um die erhabene Wirkung menschlich oder politisch bewegender Dramensujets vom Vorwurf medialer Effekthascherei zu befreien, geht Schiller von der Voraussetzung aus, dass der freie Mensch alles daran setzen wird, jede auf ihn einwirkende Gewalt zu ‚vernichten'. Dieses Argument erinnert auf den ersten Blick an Kants Verpflichtung des Erhabenen auf eine sittliche Langzeitwirkung. Da Schiller die psychische Wirkung des Erhabenen jedoch im Kontext der Bühne reflektiert, bindet er die ästhetische Kategorie nicht mit der gleichen Ausschließlichkeit an eine zukünftig emanzipierte Menschheit. Freiheit verwirklicht sich Schiller zufolge vielmehr schon im konkreten Rezeptionsakt. Zunächst als Freiheit von bedrückenden Fremdeinflüssen schafft das Erhabene eine Distanz den Dingen gegenüber, die letztlich sogar in der Überwindung dieser ästhetischen Erfahrung gipfelt. Dafür müssen die Mitleid erregenden oder schockierenden Bühnenereignisse so inszeniert werden, dass sie immer auch als mediale Effekte bewusst bleiben und gleichzeitig als potentielle Bedrohung der eigenen Freiheit durchschaut werden. Gelingt dies, dann mobilisiert das Erhabene zwar die Gefühle der Rezipienten, boykottiert aber nicht ihr subjektives Selbstbewusstsein. Immerhin handelt es sich ja nach Schiller um eine bloß medial vermittelte und ästhetische Wirkung auf das Publikum. Folglich mag das Erhabene vorübergehend Nervenkitzel oder Sprachlosigkeit erregen. Doch selbst auf drastische Darstellungen sollte der Zuschauer um so energischer mit dem Bewusstsein seiner inneren Unabhängigkeit reagieren.

Freiheit vom Erhabenen

Merksatz

| Nach Schiller gehört das Erhabene zu den künstlerisch und sittlich wirksamsten Kategorien, mit denen die subjektive Autonomie des einzelnen Menschen bestätigt und herausgefordert werden kann.

In der deutschen Klassikrezeption ist diese medienästhetische Bestimmung des Erhabenen als Aufforderung gedeutet worden, sich vor allem im Leiden

Ausgang aus der sinnlichen Welt

stoisch zu bewähren. Tatsächlich aber lässt sich der Zuschauer nach Schiller vom Bühnengeschehen nur die Sinnfälligkeit einer autonomen Betrachtungsweise bestätigen. Wahrnehmungsästhetisch wird dies möglich, weil das medial Inszenierte nur auf die Sinne einwirkt. Demgegenüber bereitet der Verstand den „Ausgang aus der sinnlichen Welt" vor (SNA 21, S. 45). Gewissermaßen entgrenzt angesichts des Erhabenen, wird sich der Mensch folglich zunächst bewusst, dass es ihm an intellektuellen Maßstäben mangelt, mit denen sich das Überwältigende auf Distanz halten ließe. Umgehend setzt er dieser Wirkung den Willen entgegen, sich von weiterhin so mächtig andrängenden Impulsen nicht abhängig zu machen:

> Das Gefühl des Erhabenen ist ein gemischtes Gefühl. Es ist eine Zusammensetzung von *Wehseyn*, das sich in seinem höchsten Grad als ein Schauer äußert, und von *Frohseyn*, das sich bis zum Entzücken steigen kann [...]. Diese Verbindung zweyer widersprechender Empfindungen in einem einzigen Gefühl beweist unsere moralische Selbständigkeit auf eine unwiderlegliche Weise. [...] Wir erfahren also durch das Gefühl des Erhabenen, daß sich der Zustand unsers Geistes nicht nothwendig nach dem Zustand des Sinnes richtet, daß die Gesetze der Natur nicht notwendig auch die unsrigen sind, und daß wir ein selbständiges Prinzipium in uns haben, welches von allen sinnlichen Rührungen unabhängig ist." (SNA 21, S. 42)

Geistiger Widerstand Um nicht dramaturgisch die Grenze zwischen Sittlichkeit und obszöner Reizüberflutung zu überstrapazieren, soll das Erhabene den artifiziellen Charakter des Bühnengeschehens betonen. Neben schauerlichen Vorgängen unterstreichen auch metrische Rede oder moralische Sentenzen, dass es sich um eine ästhetische Illusion handelt. Zudem setzt Schiller auf die anthropologische Prämisse, der Zuschauer könne die Anschauungsobjekte gar nicht anders als sinnlich und intellektuell distanziert wahrnehmen. Eigentlich können ihm also mediale Schockeffekte nichts anhaben. Aus dieser medienästhetischen „Theorie des geistigen Widerstands" erklärt sich auch der in der Forschung oft zitierte Hinweis Schillers, die physische Natur des Menschen habe sich der ‚Form' zu unterwerfen.[31] Gemessen an diesem Aufbegehren, kann der Stoff nach Schiller eigentlich gar nicht reißerisch genug gestaltet sein, um die ästhetische Unabhängigkeit des Zuschauers von Außenreizen herauszufordern. Statt also das Schockierende um seiner selbst willen zu zeigen, überbietet Schiller eine bisweilen grausige Realität im Dienste subjektiver Freiheit.

6.3.1 Die Braut von Messina

Wiedervereinigung Ausgangspunkt des Geschehens ist die Wiedervereinigung zweier Fürstensöhne, die sich seit vielen Jahren bekriegen. Nun aber finden sie sich im Palast der Familie ein und versöhnen sich auf Bitten der Mutter. Ebenfalls erwartet wird die seit vielen Jahren in einem Kloster versteckte Schwester Beatrice. Bevor es jedoch zur familiären Wiedervereinigung kommt, meldet ein Bote, die junge Frau sei aus dem Kloster entführt worden. Prompt begeben sich die Brüder gemeinsam auf die Suche und das Verhängnis nimmt seinen Lauf. Beide Brüder haben sich nämlich in das ihnen als Schwester unbekannte Mädchen verliebt, und als Don Cesar später Beatrice in den Armen des Bruders entdeckt, tötet er Don Manuel ohne zu zögern. Als der Mörder die Schwere seiner Schuld überblickt, tötet er sich selbst.

Was genau den Bruderhass motiviert hat, bleibt unklar. Nur in Isabellas Rückschau und aus den Kommentaren des Chores erfährt der Zuschauer, dass der Fürst von Messina einst träumte, seine Tochter werde Unglück über beide Söhne bringen. Den Befehl, das Mädchen sofort töten zu lassen, vereitelt die Mutter, indem sie Beatrice bei einem befreundeten Pater versteckt. Dafür muss sie allerdings in Kauf nehmen, ihr Kind erst nach dem Tod des Gatten wiederzusehen. Vor sich selbst rechtfertigt Isabella diese Heimlichkeit, weil ihr zur gleichen Zeit wie dem Fürsten geweissagt wurde, Beatrice werde die verfeindeten Brüder einst versöhnen. Nun ist aus der antiken Mythologie bekannt, dass die Götter gelegentlich in Rätseln sprechen oder den Menschen unterschiedliche Aussichten in die Zukunft eröffnen. Isabella und der Fürst von Messina tauschten sich jedoch nicht über ihre Träume aus. Überhaupt scheinen sie unfähig, Konflikte im Gespräch zu lösen. Und so provozieren sie mit ihrem Schweigen einen Bruderzwist, der von allen Familienmitgliedern bald schon wie ein Götterfluch akzeptiert wird.

Schiller legt großen Nachdruck darauf, diesen Aberglauben als selbstverschuldetes Unglück transparent zu machen. So wird von dem verstorbenen Vater berichtet, er sei wortkarg gewesen. Außerdem habe er islamischen Wahrsagern vertraut. Als Christin lehnt die Mutter den Glauben ihres Mannes zwar energisch ab. Aber auch für sie besteht kein Zweifel an der Allmacht des göttlichen Ratschlusses. Nur nach dem Mord an Don Manuel plagen sie vorübergehend Zweifel an der himmlischen Gerechtigkeit. Ihren verbliebenen Sohn dennoch zur christlichen Buße zu bewegen, gelingt ihr nicht. Ähnlich wie sein Bruder wähnt sich Don Cesar im Banne eines antiken Heroenschicksals und tötet sich im Glauben an seine Vergöttlichung.

Obgleich Schiller in seinen dramentheoretischen Schriften eine noch übersichtlich strukturierte Gesellschaftsordnung fordert, konfrontiert er sein Bühnenpersonal in *Die Braut von Messina* mit theologisch und soziokulturell offensichtlich kaum zu überwindenden Widersprüchen. Einerseits noch mythisch befangen, gelingt es der Fürstenfamilie andererseits, sich zumindest schrittweise vom determinierenden Schicksalsglauben zu emanzipieren. Aus dem Blickwinkel einer neuzeitlichen Rechtsordnung und der Pflicht zur (Selbst-)Verantwortlichkeit für das eigene Handeln spitzt sich dieser schwelende Seelenkonflikt auf die Frage nach dem Recht auf Selbsttötung zu. Nachdem Don Cesar in einem neuerlichen Anflug von abgrundtiefem Hass seinen Bruder Don Manuel erstochen hat, glaubt er, den alten Familienfluch überwinden zu können, indem er sich selbst tötet und damit spätere Geschlechter vom göttlich verhängten Unheil befreit. Aber lassen sich mythische Rachegötter tatsächlich besänftigen, wenn sich eines ihrer Opfer eigenmächtig ihrer Verfolgung entzieht? Und wie muss der Christengott, der sich allein vorbehält, den Lebensweg jedes Gläubigen zu gestalten, auf solch einen Selbstmord reagieren? Kann er das Gerede über Schuld und Sühne akzeptieren, nachdem er sich längst messianisch mit den Menschen versöhnt hat? Diese das Ende des Dramas beherrschenden Fragen bleiben

Bruderhass

Der Familienfluch

unbeantwortet. Allenfalls wird das Leid ersichtlich, das der Mörder Don Cesar seiner Familie zusätzlich aufzwingt. Immerhin entzieht er sich mit der Selbsttötung jeder persönlichen Verantwortung und überlässt es Mutter und Schwester, die Trauer über ein seit Jahren schwindendes Familienglück zu verarbeiten. Mit diesem Suizid weist *Die Braut von Messina* (1803) auf einen philosophischen Diskurs der Moderne voraus, der seinen Anfang bei den Melancholikern und Nihilisten des späten 18. Jahrhunderts nimmt. Ihren historischen Ort transzendiert die Tragödie aber auch mit der abschließend diskutierten Frage, warum Gott das Leiden und Unrecht in der Welt zulässt. Was weder die Fürsten von Messina noch der Chor als Konflikt zu lösen vermögen, wird folglich dem Publikum angetragen.

Die Prophezeiungen
Doch warum sich das Familiendrama nicht aus einem nur aufgeklärt mythenkritischen Blickwinkel verstehen lässt, dokumentiert der Stellenwert beider Prophezeiungen. Zwar wird präzise herausgearbeitet, welche inneren Zweifel und Blockaden die unheilvollen Omen auslösen. Gleichzeitig erfüllen sich aber beide Verheißungen. Tatsächlich bringt Beatrice ja die Brüder wieder zusammen – dies aber offensichtlich nur, damit sich beide gleich anschließend töten. Doch beschäftigen Schiller überhaupt Themen wie religiöse Toleranz und blinder Fatalismus? Oder ist es nicht das Versagen zwischenmenschlicher Kommunikation unter einem doppelten Vorzeichen: dem des unsäglichen Aktionismus der Brüder und dem der elterlichen Heimlichtuerei? Den beiden Fürstensöhnen wurde jedenfalls über viele Jahre beigebracht, ihr Verhältnis stehe unter einem schlechten Stern. Schon der geringste Anlass lässt ihren Hass nur in Mordgier umschlagen. Entsprechend zweifelhaft bleiben die Versöhnungsgesten Don Manuels und Don Cesars. Was für die Mutter wie eine lang ersehnte Familienaussprache ausschaut, entlarvt sich angesichts des kaltblütigen Totschlags als launenhafter Kompromiss. Durch ihre Liebe zu Beatrice vorübergehend besänftigt, kochen die Emotionen beider Streithähne sofort wieder über, als Don Cesar die Geliebte in den Armen Don Manuels findet. Umgehend handelt er so, wie er es seit Jahren gewohnt ist: hartherzig, unüberlegt und fern jeder Bereitschaft, sich auf ein klärendes Gespräch einzulassen. Rückblickend stellt die grausame Tat deshalb auch die mangelnde Bereitschaft der Eltern in Frage, sich über ihre Prophezeiungen auszutauschen. Weil Ahnungen im Fürstenhaus zu Messina verschwiegen werden, teilt sich bezeichnenderweise auch Don Manuel nicht dem Bruder und der Mutter mit, als er zumindest vage vorauszusehen beginnt, unter welch verhängnisvollem Vorzeichen das soeben mit Don Cesar geschlossene Friedensbündnis steht.

Fatalismus
Mit einem von den Göttern verhängten Schicksal, dem sich die Helden der griechischen Tragödie beugen müssen, hat das sich nun anbahnende Drama wenig gemeinsam. Auch wenn ihr Fatalismus dem Stück archaische Züge verleihen mag, so darf nicht übersehen werden, dass die beiden Fürstensöhne handeln, wie es Adlige noch weit bis ins 19. Jahrhundert hinein von Edelleuten erwarten. Ausgerechnet die Mutter beruft sich auf diesen gefährlichen Ehrenkodex, wenn sie die Söhne mehrfach ermahnt, sich ihre vornehme Abkunft zu besinnen und schon aus Gründen des Machterhalts die Contenance zu wahren. Immerhin, so kann sie geltend machen,

stehen die Bürger Messinas kurz davor, sich vom Joch eines ihnen oktroyierten Herrschaftssystems zu befreien. Beenden die Brüder folglich nicht ihren Zwist, so schwächen sie noch weiter ihre eigene politische Position. Was nun an Argumenten folgt, verrät einen noch quasimythischen Standesdünkel. Von Gott bevorzugt, siegt nach den Worten der Mutter die ‚redlichere' Adelsnatur notwendigerweise über eine ihr feindlich gesinnte Welt. Darüber hinaus hebt ein angeborener Edelmut beide Brüder seit „der Wiege" über ihre Mitwelt (SNA 10, S. 33). Eingedenk dieser Naturordnung versucht die Fürstin ihren Söhnen vor Augen zu führen, warum der Adlige in den Minderprivilegierten seinen angestammten Feind sehen muss:

> O   diese wilden Banden, die euch folgen,
> Die raschen Diener eures Zorns – *Sie* sind
> Nicht eure Freunde! [...]
> Wie könnten sies von Herzen mit euch meinen,
> Den Fremdlingen, dem eingedrungnen Stamm,
> Der aus dem eignen Erbe sie vertrieben,
> Sich über sie der Herrschaft angemaßt?
> [...]
> Die Schadenfreude ists, wodurch sie sich
> An eurem Glück, an eurer Größe rächen.
> [...]
> –   O meine Söhne! Feindlich ist die Welt
> Und falsch gesinnt! Es liebt ein jeder nur
> Sich selbst, unsicher, los und wandelbar
> Sind alle Bande, die das leichte Glück
> Geflochten – Laune löst, was Laune knüpfte –
> Nur die *Natur* ist redlich!
> (Ebd., S. 31f.)

Die bürgerliche Familie

In welche weltanschaulichen und familiären Widersprüche sich Isabella mit ihrer adligen Prädestinationslehre verwickelt, zeigt die Nähe ihrer Argumente zum Schicksalsglauben der Söhne. Statt den hausgemachten Fluch ernsthaft zu hinterfragen, greift die Fürstin auf teils biologistische, teils mythisch verbrämte Rechtfertigungsmuster zurück, mit denen traditionell adlige Vormacht legitimiert wird. Eigentlich versucht sie also bloß, eine deterministische Erklärung mit Hilfe einer älteren, wirkmächtigeren zu überbieten. Zumindest dem aufgeklärten Zuschauer bestätigt Isabella damit die latente Fremdbestimmtheit des Adels. Etwas anders verhält es sich mit der Behauptung, vor der menschlichen Selbstsucht bewahre nur die Familie. Charakterisiert Isabella die häusliche Privatheit als Schutzraum, in den man sich vor einer feindlichen und eigennützigen Außenwelt zurückzieht, so rührt sie an eine der Grundüberzeugungen des aufgeklärten Bürgertums. In diesen Kontext gehört auch der Ausruf, nur die Natur sei redlich. Im bürgerlichen Familiendiskurs des 18. Jahrhunderts gehört nämlich das Zusammenleben der Eltern und Kinder zu den elementaren oder ‚natürlichen' Voraussetzungen, unter denen sich selbstbestimmte und liebesfähige Menschen entwickeln können. Während eine von feudaler Sittenlosigkeit geprägte Gesellschaft den Einzelnen zu zügelloser Leidenschaftlichkeit verführt, bietet das Bürgertum die Natur als Garantin auf, welche die Liebe der Eltern zu ihren Kindern ebenso unverbrüchlich festschreibt wie die ehrlichen, selbstlosen Gefühle der Ehepartner füreinander. Beruft sich die Fürstin daher auf diese Gleichsetzung von Familiarität und Natur, so bezieht sie in den Augen des bürgerlichen Zuschauers am Ende des 18. Jahrhunderts zwangsläufig Front gegen eine adlige Liebeskultur, die von korrumpierter Lust, Verführungskunst und Machtinstinkten geprägt ist.

Familie und Natur   Wer sich der naturgegebenen Familiarität verweigert, steht in der Gefahr, moralisch zu verkommen. Auf diese Annahme berufen sich die bürgerlichen Familiendramen und Rührstücke des 18. Jahrhunderts, in denen verlorene Töchter und Söhne reuevoll in ihr Elternhaus zurückkehren oder zwielichtige Verführer, Ehebrecher oder Räuber bürgerlicher Herkunft durch ihren Freitod wieder den guten Leumund der Familie herstellen. Mütterlich den häuslichen Frieden herbeizusehnen, den Hass zweier Söhne als Fluch zu begreifen, gleichzeitig feudale Interessen zu sichern und außerdem noch mit Hilfe Beatrices Schicksal spielen zu wollen – dies alles überfrachtet indes das von der Fürstin in *Die Braut von Messina* aufgebotene Natur- und Familienideal. Denn die natürliche Familienordnung beruht auf freiwilliger Akzeptanz, vernünftiger Einsicht und Dialogbereitschaft. Doch weder der Vater, der die männlichen Erben mit harter Hand geführt hat, noch die Mutter, die auf eine Erfüllung ihres Traumes hofft, haben ihren Söhnen beigebracht, Verantwortung für ihr Handeln zu übernehmen. Stattdessen berufen sich Don Manuel und Don Cesar auf einen Familienfluch, der ihren Hass ebenso vorherbestimmt wie er den möglichen Mord entschuldigt. Zu dieser ethischen und intellektuellen Passivität fügt sich jene höfische Rhetorik, mit der alle Beteiligten ihre Unfähigkeit kaschieren, keineswegs komplexe Sachverhalte durchschauen zu können. Aus diesem Grund kommt Isabellas Bekenntnis, „In neuer Zweifel wogende Bewegung / Und ängstlich schwankende Verworrenheit, / Stürzt mich das Widersprechende zurück" (SNA 10, S. 99), auch einem hilflosen Aufschrei gleich. Ohne das tragische Ende der Söhne zu verhindern, bestätigt er sentenzhaft das Familienglück des bürgerlichen Publikums. Dessen Bestand muss nämlich aktiv und verantwortlich, vor allem aber frei von allen ‚unnatürlichen' Dünkeln erhalten werden. Für diese Einsicht wirbt an entscheidender Stelle auch der Chor. Zwischen dem Mord an Don Manuel und Don Cesars Freitod weist er eine Möglichkeit auf, dem vermeintlichen Fatum zu entkommen:

> Es ist gesprochen, du hast es vernommen,
> Das schlimmste weißt du, nichts ist mehr zurück!
> Wie die Seher verkünden, so ist es gekommen,
> Denn noch niemand entfloh dem verhängten Geschick.
> Und wer sich vermißt, es klüglich zu wenden,
> Der muß es selber erbauend vollenden.
> (Ebd., S. 113)

Fehlende Gesprächsbereitschaft   Verworrene Verhältnisse setzen idealiter voraus, dass sie vernünftig geprüft und anschließend konkrete Gegenmaßnahmen erörtert werden. In *Die Braut von Messina* scheitert diese Dialogfähigkeit nicht zuletzt auch an der

Verkennung selbstverschuldeter Abhängigkeiten. Exemplarisch sei auf die teils alttestamentarischen, teils feudalistischen Vergeltungsvorstellungen hingewiesen, mit denen Don Cesar den Brudermord zu rechtfertigen versucht. Auf die mahnenden Worte des Chors, „fromme Büßung kauft den Zorn des Himmels ab", antwortet Cesar mit archaischem Stolz: „Nicht auf der Welt lebt, wer mich richtend strafen kann, / Drum muß ich selber an mir selber es vollziehn. / Bußfertge Sühne, weiß ich, nimmt der Himmel an, / Doch nur mit Blute büßt sich ab der blutge Mord." (SNA 10, S. 118) Mit diesen Worten greift Don Cesar die Appelle der Mutter an die edle Abkunft der Söhne und ihre Herrschaftsinstinkte auf, um dem Chor deutlich zu machen, dass ein Fürst keinen irdischen Richter über sich duldet. Uralten Duellbräuchen folgend, hat Don Cesar außerdem die Ehre seines Bruders verletzt. Allein sein Blut kann in dieser Logik den guten Leumund Don Manuels wieder herstellen.

Welches Geltungsbedürfnis sich hinter diesem Blutmythos versteckt, unterstreicht Don Cesar kurz vor seinem Selbstmord. Wiederum bemüht er den mythischen Ursprung des adligen Schicksals, diesmal aber vergleicht er Don Manuel und sich mit den griechischen Dioskuren. Beide Söhne des Zeus sollen der Überlieferung nach ihre geraubte Schwester Helena befreit haben. Bei beiden Söhnen handelt es sich freilich auch um ein ungleiches Bruderpaar, denn Kastor ist sterblich, Pollux dagegen ein Gott. Dass er noch als Mörder den Anspruch auf das Privileg der Unsterblichkeit erhebt, diese Dreistigkeit bringt Don Cesar vor Mutter und Schwester dann aber doch nicht auf. Nicht weniger bescheiden will er ihnen jedoch weismachen, nur in der Rolle des Erlösers das Ungemach der Fürstenfamilie beenden zu können: „den alten Fluch des Hauses lös' ich sterbend auf, / Der freie Tod nur bricht die Kette des Geschicks." (SNA 10, S. 118) Solch generösen Argumenten mag sich die Fürstin nicht gänzlich verschließen. Zwar fleht sie Don Cesar abschließend noch einmal an, die ohnehin schon schreckliche Lage der Familie zu überdenken. Aber wie schon zuvor gelingt es ihr auch diesmal nicht, zwischen mythischen Machtargumenten und bürgerlich inspirierten Familieninteressen zu trennen. Der Bruder- und Selbstmörder antwortet auf solche verzweifelten, aber dennoch verquasten Kommunikationssignale mit heroischer Selbstverkennung (s. Arbeitstext III). Pomphaft eröffnet er der Mutter den Ausblick auf jene beiden Sterne, die den Namen Kastor und Pollux tragen und die Fürstin künftig an die Heldennatur beider Söhne erinnern sollen.

Wähnt Don Cesar, im Tod den Mythos der Söhne des Zeus zu wiederholen, so plädiert er auf listige Weise für seine eigene Unschuld. Der Sage nach gerieten Kastor und Pollux ein einziges Mal in Streit, in dessen Verlauf der sterbliche Kastor getötet wird. Seinem Rang entsprechend, bittet Pollux daraufhin den Göttervater, Kastor ebenfalls mit dem Privileg der Unsterblichkeit zu belehnen. Dass nun Don Cesar einen solch gewichtigen Auftrag mit ins Jenseits nimmt, bestätigt der Mutter nicht nur, dass Don Cesar im Grunde mythisch konsequent und daher schuldlos handelt. Mit der Rolle des unsterblichen Pollux, der sich auf dem Olymp für den toten Bruder verwendet, widerlegt Don Cesar auch den ihm jahrelang entgegengebrachten

Don Cesar als Erlöser

Leben in der Wiederholung

Verdacht, als Zweitgeborener machtlüstern auf jene Vorrechte zu schielen, die der Bruder innerhalb der Adelshierarchie genießt. Anmaßender lässt sich das bürgerliche Verständnis von Natur und Familie, von Fremd- und Eigenverantwortung nicht ins Gegenteil verkehren:

> Isabella. Lebe, mein Sohn! Laß deine Mutter nicht
> Freundlos im Land der Fremdlinge zurück,
> Rohherziger Verhöhnung Preis gegeben,
> Weil sie der Söhne Kraft nicht mehr beschützt.
> Don Cesar. Wenn alle Welt dich herzlos kalt verhöhnt,
> So flüchte du dich hin zu unserm Grabe,
> Und rufe deiner Söhne Gottheit an,
> Denn Götter sind wir dann, wir hören dich,
> Und wie des Himmels Zwillinge dem Schiffer
> Ein leuchtend Sternbild, wollen wir mit Trost
> Dir nahe seyn und deine Seele stärken.
> (SNA 10, S. 122)

Verhinderte Erlösung

An Don Cesars pomphaften Abschiedsworten wird offensichtlich, dass die ‚poetische‘, in sich geschlossene Welt der Vergangenheit längst Risse bekommen hat. Ebenso wenig kann übersehen werden, dass der jüngere der beiden Fürstensöhne die Mutter und Schwester daran hindert, sich ebenfalls auf ihre Freiheit zu besinnen. Als himmlischer Fürsprecher unterwirft er sie einer patriarchalischen Ordnung, die keinen Spielraum für ein weniger schicksalsgläubiges, selbstbestimmtes Handeln lässt. Hinsichtlich der Modernität der *Braut von Messina* ließe sich insofern festhalten, dass Schiller am Beispiel seiner adligen Protagonisten zentrale Prämissen der bürgerlichen Aufklärung durchdenkt, andererseits aber auch politische und mentale Gründe aufzeigt, an denen die Durchsetzung einer mündigen Gesellschaft zu scheitern droht. Die alltagspraktischen Konsequenzen für das eigene Handeln muss der Zuschauer freilich selbst ziehen. Ohne ihm Antworten vorzuformulieren, hilft ihm dabei der Chor, die ständig scheiternden Gespräche der Familienmitglieder mit deren Fatalismus in Beziehung zu setzen: „Der Chor verläßt den engen Kreis der Handlung, um sich über Vergangenes und Künftiges, über ferne Zeiten und Völker, über das Menschliche überhaupt zu verbreiten [...]. Der Chor *reinigt* also das tragische Gedicht, indem er die Reflexion von der Handlung absondert" (ebd., S. 13).

Die Chöre

Solch ein Abstraktionsvermögen wird dem Chor in der *Braut von Messina* seitens der Forschung meist abgesprochen. Schon Schillers engste Vertraute äußern sich ablehnend über diese Anleihe beim griechischen Theater. Selbst ein so begeisterter Verehrer des Dichters wie Johann Gottfried Seume notiert, der Chor sei das ‚Schlechteste‘, was Schiller jemals literarisch hervorgebracht habe. Für sein vernichtendes Urteils macht Seume geltend, als kommentierende Instanz habe sich der Chor schon lange überholt. Vor allem das Steife und Bedächtige der Choreinlagen trage zum Scheitern der Tragödie bei. Der Anspruch unter den Klassizisten, die reale Welt durch eine poetische zu überbieten, scheint in der *Braut von Messina* folglich zu weit getrieben. Wohl entreiße der Chor, so hat es Wilhelm von Humboldt formuliert, das Bühnengeschehen dem ‚prosaischen Leben‘, doch als eines der

6.3 | Schillers Theater des Erhabenen

ältesten theatralischen Gestaltungsmittel überfrachte er das Stück mit zu viel ‚Intellektualismus'. Selten in den Fokus der Kritiker sind dagegen die inhaltlichen Beiträge des Chors und sein changierendes Paktieren mit den verfeindeten Parteien gerückt. Eingangs beispielsweise spaltet er sich in zwei Fraktionen, die für Don Manuel und Don Cesar paradieren und die Geschichte des Bruderhasses aus unterschiedlichen Perspektiven erhellen. Später dann ist es der wieder vereinte Chor, der zunächst den Herrschermythos kommentiert und abschließend nachdrücklich eine bürgerlich-aufgeklärte Position einnimmt. Wie die folgende Sequenz nahelegt, tritt der Chor streckenweise aber auch für die Belange der durch das Fürstenhaus unterdrückten Bevölkerung ein:

> Wir haben uns in des Kampfes Wut
> Nicht besonnen und nicht berathen,
> Denn uns bethörte das brausende Blut.
> Sind sie nicht unser diese Saaten?
> Diese Ulmen, mit Reben umsponnen,
> Sind sie nicht Kinder unsrer Sonnen?
> Könnten wir nicht in frohem Genuß
> Harmlos vergnügliche Tage spinnen
> [...]
> Warum ziehn wir mit rasendem Beginnen
> Unser Schwert für das fremde Geschlecht?
> Es hat an diesem Boden kein Recht.
> [...]
> Gastlich haben wir aufgenommen
> (Unsre Väter! Die Zeit ist lang)
> Und jetzt sehen wir uns als Knechte
> Unterthan diesem fremden Geschlechte!
> [...]
> Nichts ist, das die gewaltigen hemme.
> Doch nur der Augenblick hat sie gebohren,
> Ihres Laufes furchtbare Spur
> Geht verrinnend im Sande verloren,
> Die Zerstörung verkündigt nur
> – Die fremden Eroberer kommen und gehen,
> Wir gehorchen, aber wir bleiben stehen.
> (SNA 10, S. 28f.)

Wiederholt der Chor gelegentlich dann noch adlige Macht- und Schicksalsphrasen, so wird ersichtlich, dass er keineswegs das dargestellte Geschehen ‚intellektualisiert'. Vielmehr verstärkt er die rhetorischen Winkelzüge des beteiligten Personals. Manchmal aber hinterfragt er eben diese Polemik auch mit subtiler Ironie. Nirgends wird dies deutlicher als in jener Szene, in der Don Cesar seiner Schwester erstmals gesteht, dass er Don Manuel rächen möchte. Bevor er die ursprüngliche Naturnähe des Menschen als Idyll preist, widmet sich der Chor zunächst noch Beatrices klösterlicher Einsamkeit, die nun den Wirren des Alltags ausgesetzt wird. Auf die mütterlichen Überlegungen zur redlichen Natur anspielend, werden Natur und Kultur im Weiteren zu unversöhnlichen Antagonisten stilisiert, allerdings

Macht- und Schicksalsphrasen

nicht ohne solche hehren Argumente am Beispiel des Fürstenhauses höchstselbst zu überprüfen. Vor dessen Machtergreifung lebte man nämlich rund um Messina ähnlich unverdorben wie Beatrice in ihrem Kloster:

> Wohl dem! Selig muß ich ihn preisen,
> Der in der Stille der ländlichen Flur,
> Fern von des Lebens verworrenen Kreisen,
> Kindlich liegt an der Brust der Natur.
> [...]
> Nur in bestimmter Höhe ziehet
> Das Verbrechen hin und das Ungemach,
> Wie die Pest die erhabenen Orte fliehet,
> Dem Qualm der Städte wälzt es sich nach,
> [...]
> Steigt nicht hinauf in die reinen Lüfte,
> Die Welt ist vollkommen überall,
> Wo der Mensch nicht hinkommt mit seiner Qual.
> (SNA 10, S. 116)

Pastorale Befriedung Sentenzen wie die beiden letzten Zeilen gehören im 19. Jahrhundert bald schon zum bildungsbürgerlichen Zitatenschatz. Als Zeichen unschuldiger Naturnähe widerlegen Seelenheil und Privatheit fortan den Verdacht biedermeierlicher Politikverdrossenheit. Vorläufer dieses Wunsches nach pastoraler Befriedung sind jene Melancholiker, die im ausgehenden 18. Jahrhundert über „der Menschheit traurge Gestalt" zu verzweifeln drohen, ohne freilich an ihrer christlichen Erlösung aus diesem Jammertal irre zu gehen. In Anspielung auf die uralte Metapher des Beobachters, der vom Ufer aus einen Schiffbruch miterlebt, führt der Chor über ihn aus: „auch der hat sich wohl gebettet, / Der aus der stürmischen Lebenswelle / Zeitig gewarnt sich herausgerettet / In des Klosters friedliche Zelle." (Ebd.)

Das Nichts Aus der romantischen Landschaftsmalerei sind verwandte Szenarien hinlänglich bekannt. Caspar David Friedrichs Gemälde *Mönch am Meer*, das die Furcht vor dem dunklen Nichts mit der personifizierten Gewissheit jenseitiger Sicherheiten konfrontiert, gehört zu den berühmtesten Beispielen. Die Zerrissenheit zwischen lebensweltlicher Ohnmacht und der Suche nach geistigen Sicherheiten charakterisiert auch die ersten romantischen Melancholiker. Allen voran wäre William Lovell zu nennen, der Protagonist aus Ludwig Tiecks gleichnamigem, 1795 erscheinenden Roman. Als eine die Moderne konstituierende Grunderfahrung ist diese Zerrissenheit aber auch Faust oder Wilhelm Meister vertraut. Als Gipfelpunkt choraler Lebensweisheit parodiert die zitierte Passage aus Schillers *Die Braut von Messina* jedoch den Verlust an Sicherheit mit Hilfe eines bieder-bürgerlichen und insofern außermodernen Selbstverständnisses. Äußerer Anlass für die kritische Beschäftigung mit einer seinerzeit noch recht jungen Lebenshaltung sind zwei romantische Dramen, die 1802, im Entstehungsjahr der *Braut von Messina*, in Weimar uraufgeführt werden: August Wilhelm Schlegels *Ion* und Friedrich Schlegels *Alarcos*. In beiden Bühnenwerken wird das tragische Schicksalsmodell der Antike mit einem romantischen Liebesentwurf und dem christlichen Gerechtigkeitstopos konfrontiert.

Gegen diese romantische Antikerezeption entwirft Schillers Chor die politischen und kulturellen Nachtseiten einer Bürgerlichkeit, deren ‚Modernität' sich einer eklektischen Trivialisierung feudaler Herrschafts- und Schicksalsmythen verdankt. Wenn Humboldt daher am Chor bemängelt, er trivialisiere das Bühnengeschehen in *Die Braut von Messina*, so darf nicht übersehen werden, dass die bisweilen bemühten Kommentare der Sänger, ihre mal weltfeindliche, mal höfische Rhetorik auf der Unentschlossenheit gründet, das ‚klassische' Ideal subjektiver und menschheitsverantwortlicher Freiheit gegen einen (neo-)mythischen Fatalismus aufzubieten. Gebührt daher dem Chor in der Tragödie das Schlusswort, so darf die bittere Ironie nicht überhört werden, mit der er selbst seine ‚Verworrenheit' und jenen modernitätsfeindlichen Verzicht auf ein kontingentes Leben kommentiert. Deutlicher als mit jenen Worten, mit denen der Chor neben der Leiche Don Cesars seine Unmündigkeit beklagt, ließ sich kaum an die Widerständigkeit eines bürgerlichen Publikums appellieren, dessen ästhetische Erhabenheit ebenfalls im Verdacht steht, einen resignativen Rückzug ins Innerliche zu begünstigen:

Leichenklage

> Erschüttert steh ich, weiß nicht, ob ich ihn
> Bejammern oder preisen soll sein Loos.
> Dieß Eine fühl ich und erkenn es klar,
> Das Leben ist der Güter höchstes *nicht*,
> Der Uebel größtes aber ist die *Schuld*.
> (SNA 10, S. 125)

Widerstand gegen das Leiden 6.3.2

Im Anschluss an Wilhelm von Humboldt wurde Schillers Tragödie *Die Braut von Messina* in der Forschung lange Zeit als Bruch mit der pädagogischen Bühnenästhetik des späten 18. Jahrhunderts beargwohnt. Doch Schiller hat diesen Verdacht insofern intendiert, als seine bürgerlichen Protagonisten wie die Jungfrau von Orlean oder Wilhelm Tell dem Leiden moralisch widerstehen und insofern die Freiheit von Naturzwängen dokumentieren, wohingegen der Schicksalsgehorsam der Fürstenfamilie und die affirmierenden Stellungnahmen des Chors dem Zuschauer jede Identifikation erschweren sollen. Überspitzt formuliert, gipfelt das Tragische in *Die Braut von Messina* nicht im Bruder- und Selbstmord, sondern im Rezipientenbewusstsein, sich sowohl gegen die larmoyanten als auch gegen die hasserfüllten Gefühlsausbrüche der Handlungsträger auflehnen zu müssen. Ein so provozierendes Kunstverständnis, mit dem das einzelne Kunstwerk dem Risiko der emotionalen Ablehnung seitens des Publikums ausgesetzt wird, setzt sich erst schrittweise im 20. Jahrhundert durch. Den an erbaulichen Erziehungsabsichten geschulten Zeitgenossen Schillers, vor allem aber ihren bildungsbürgerlichen Nachkommen, die klassische Kunst als Manifest einer ‚natürlichen' Lebensführung genießen, musste es wohl fremd bleiben.

Humanitäre Provokation

Eine bewusst künstliche Illusionskunst gepaart mit gelegentlich sentenzhaften Belehrungen mag den Eindruck erwecken, als sollten Schillers Tra-

Tragödientheorie

gödien jene ästhetische Ordnung wiederherstellen, die der entzauberten, gottlosen Moderne fehlt. Solch eine idealisierende Wirkung verträgt sich aber nicht mit einem modernen Rezipienten, der im Theater nicht das Vertrauen in ethische Handlungsmaximen erlernt, sondern aus erhabener Distanz heraus einsieht, dass vollkommene Sittlichkeit allenfalls auf der Bühne noch möglich ist. Mit dieser radikalen Anerkennung eines modernen Kunstverständnisses kompensiert die Tragödie für Schiller gewissermaßen idealiter das Menschenunmögliche. Soll sie daher Wege aufzeigen, um die „moralische Independenz von Naturgesetzen" zu erlangen, so wird auch nachvollziehbar, warum Schiller den Menschen in tragödiengeschichtlicher Tradition nicht nur „im Zustand des Affekts" vor Augen führt. Nachdem die Protagonisten erkannt haben, dass sie nicht zum Spielball höherer Mächte vorherbestimmt sind, begehren sie in ihrer „moralischen Freyheit" gegen die „leidende Natur" auf (vgl. SNA 20, S. 196). Übertragen auf *Die Braut von Messina*, kann die solchermaßen erkannte Freiheit allerdings auch tragische Inkonsequenzen mit sich bringen. Denn als Subjekte betrachtet, gehören die Mitglieder der Fürstenfamilie einer Übergangszeit an, in der es dem Einzelnen noch nicht reibungslos gelingt, sich von jahrhundertealten Weltdeutungen zu verabschieden. Dass den Zeitgenossen Schillers dieses implizite Zugeständnis an das eigene moderne Krisenbewusstsein offensichtlich entgangen ist, mag sich freilich auch aus Schillers gleichzeitiger Attacke gegen jenen schwindenden Optimismus erklären, mit dem die Aufklärung an die Unabhängigkeit und Mündigkeit des Menschen appelliert.

Poetische Avantgarde Solche ‚Degenerationserscheinungen', mit denen sich Schiller in seinen dramentheoretischen Schriften mehrfach auseinandersetzt, sind das Resultat einer Kulturgeschichte, in deren Verlauf dem Menschen seine angestammte Vitalität abgezogen wird. Dieses Verfallsmodell hat die reaktionäre Vereinnahmung der Bühnenwerke begünstigt, zumal wenn Schillers Helden tragisch an ihrer neuen Freiheit scheitern: Denn was eigentlich die Widersprüche der modernen Welt im Geiste erhabener Illusionen kompensieren soll, kann den gewollt künstlichen Bühnenillusionismus in *Die Braut von Messina* übersehen lassen. Und was gleichzeitig eine wieder reästhetisierte Gesellschaft vorscheinen lassen soll, wird nicht als provozierender Kontrast zur unpoetischen Wirklichkeit der Zuschauer interpretiert, sondern als chauvinistischer Appell, sich vor schwächenden Fremdeinflüssen zu schützen. Mit einiger Nähe zur romantischen Rückbesinnung auf das Mittelalter hat Schiller diesen „Indifferenzpunkt des Ideellen und Sinnlichen" auch in *Über den Gebrauch des Chors in der Tragödie* gerechtfertigt:

> Der Pallast der Könige ist jezt geschlossen, die Gerichte haben sich von den Thoren der Städte in das Innere der Häuser zurückgezogen, die Schrift hat das lebendige Wort verdrängt, das Volk selbst, die sinnlich lebendige Masse, ist, wo sie nicht als rohe Gewalt wirkt, zum Staat, folglich zu einem abgezogenen Begriff geworden, die Götter sind in die Brust des Menschen zurückgekehrt. Der Dichter muß die Palläste wieder aufthun, er muß die Gerichte unter freien Himmel herausführen, er muß die Götter wieder aufstellen, er muß alles Unmittelbare, das durch die künstliche Einrichtung des wirklichen Lebens aufgehoben ist, wieder herstellen, und alles künstliche Machwerk *an* dem Menschen

und *um* denselben, das die Erscheinung seiner innern Natur und seines ursprünglichen Charakters hindert, wie der Bildhauer die modernen Gewänder, abwerfen und von allen äussern Umgebungen desselben nichts aufnehmen, als was die Höchste der Formen, die menschliche, sichtbar macht. (SNA 10, S. 11f.)

In der gleichen Studie setzt sich Schiller kritisch mit einer Kunst auseinander, die zu plakativ die tagtäglichen Schwierigkeiten einer kontingenten Wirklichkeit abschildert und der es daher nicht möglich wird, für eine ‚einfachere Form des Lebens' zu werben. Solch einem „Naturalism in der Kunst" erklärt *Die Braut von Messina* „offen und ehrlich den Krieg". Als Tragödie rechtfertigt sie insofern auch programmatisch die betont ästhetische Gestaltung ihrer Themen und Motive. Nur aus diesem Grund soll der Chor wie mit „einer lebendigen Mauer" das Bühnengeschehen von der realen Welt abschließen (ebd., S. 11). In diesem Binnenkosmos, so die Hoffnung Schillers, entlarven sich die alten Ordnungsmächte wie der Familienfluch als entmündigende Wirkmacht. In dieser künstlichen Welt behauptet sich das tragische Geschehen nach Schiller aber auch nicht gegenüber den folgenschweren Widersprüchen, welche die Übergangszeit der Fürsten zu Messina mit der Lebenswelt eines sich aufklärenden, aber noch nicht aufgeklärten Publikums verbindet. Kaum ein Jahr nach Goethes *Iphigenie* uraufgeführt, eröffnet Schillers *Die Braut von Messina* damit verschiedene Deutungsangebote: Im Geiste einer zukunftsorientierten Aufklärung betrachtet, proklamiert die Tragödie eine Freiheit, wie sie nur in der sich vervollkommnenden Vernunftkultur dem einzelnen Bürger zusteht. Konsequent überführt die formale Gestaltung des Stückes dafür alles Mythische und Entmündigende als Anachronismus. Von diesem ‚realistischen' Fluchtpunkt aus betrachtet, erschließt sich zugleich die aufklärungskritische Dimension der Tragödie (s. Arbeitstext II). Als Artefakt erzwingt sie die Auseinandersetzung mit einer Gegenwart, in der Autarkie und Mündigkeit von einem neuerlich ‚natürlichen' Verständnis des Bürgerlichen vereinnahmt werden. Insofern hintertreibt der ‚Realismus' in *Die Braut von Messina* die Rezeptionshaltung des Zuschauers. Sollte dieser nicht frei von Resignation annehmen, Sittlichkeit verwirkliche sich idealisch nur noch in der Kunst, so muss er nun einsehen lernen, dass sein eigenes Werteverständnis für den Einzelnen tragische Züge beinhalten kann.

Künstliche Welt

Kleist und die Komödie des Schreckens 6.4

Heinrich von Kleists literaturgeschichtlicher Standort ist umstritten. Werden für die Klassik als Epoche reduktionistische Stilmerkmale wie Schlichtheit, Harmonie und Humanität geltend gemacht, dann gehörte sein erzählerisches und dramatisches Werk wohl eher der Romantik an, die sich durch Ironie, Fragmentarisierung oder Seelendramatik auszeichnet. Überdies werden Ordnung und Menschlichkeit immer wieder ad absurdum geführt. Nicht selten scheitert Kleists Bühnen- und Novellenpersonal am Konflikt zwischen Gefühl und Gesetz. Wirft Kleist in der Erzählung *Michael Kohlhaas*

Kleist und das Klassische

oder in der Komödie *Amphitryon* jedoch die Frage auf, wie sich subjektive Emotionen zu einem objektiven Gesetz fügen, und arbeitet er ferner jene Machenschaften heraus, mit denen Begriffe wie Wahrheit oder Objektivität bis zur Lächerlichkeit verzerrt werden, dann setzt er seine Figuren einer existentiellen Bedrohung aus, die sich weder mit der Kategorie des romantisch Unheimlichen erfassen noch als psychische Irritation beschreiben lässt. Ohne dass ihnen die Chance eröffnet wird, ihnen angetanes Unrecht intellektuell nachzuvollziehen, müssen sowohl Kohlhaas als auch Alkmene und Amphitryon erfahren, dass ein Leben innerhalb bewährter Ordnungsstrukturen durch weltliche bzw. göttliche Willkürakte ebenso bestraft wird wie der Versuch, ein autonomes Selbstbewusstsein gegenüber drohenden Existenzkrisen aufzubieten.

Merksatz

> Wie Kleists Bühnenwerke zeigen, setzt die moderne Dichtung bei der Frage an, warum es in der Moderne keine zeitlos gültigen Sicherheiten geben kann.

Auf den Knien meines Herzens

Ob solch ein Zweifel am aufgeklärten Subjektbegriff oder die dramatische Bearbeitung antiker Stoffe für die Nähe seiner Dichtung zur deutschen Klassik spricht, diese Frage ist verschiedentlich mit dem Unverständnis beantwortet worden, auf das Kleist unter den Weimarern stößt. Als er am 24. Januar 1808 „*auf den Knien meines Herzens*" seine *Penthesilea* an Goethe schickt, antwortet der bewunderte Dichter, mit der Tragödie könne er sich „noch nicht befreunden", weil sie sich in „fremden Regionen" bewege (s. Arbeitstext IV). Doch die Gründe für diese Ablehnung dürfen nicht nur in der besonderen Grausamkeit des Inhalts gesucht werden, sie sind auch weltanschaulicher Natur (KFA 4, S: 407 u. 410). Denn so kritisch sich Herder, Schiller und Goethe mit den Ideen der Aufklärung auseinandersetzen und ihre Tauglichkeit für ein modernes Selbstbewusstsein hinterfragen, so entschieden halten sie an der ästhetischen Bildung des Menschen im Dienste einer geeinten Menschheitszukunft fest. Ähnlich wie die romantische Dichtung soll ihr literarisches Werk dieser Leitvorstellung zuarbeiten. Solch ein historisches Telos scheint in Kleists Dramen vollkommen zu fehlen. Gleichwohl reflektiert auch er die Grunderfahrungen der Moderne auf der Basis einer kontingenten Lebenswirklichkeit. Ferner setzt auch Kleist thematisch bei jenen Institutionen und Wertvorstellungen an, an deren Beispiel im aufklärungskritischen Diskurs um 1800 der drohende Subjektverlust des Menschen aufgewiesen wird: Familie, Geschlechtertypologien, Freundschaft oder Dialogbereitschaft. Mit ihrer radikalen Infragestellung weist Kleist die Grenzen eines modernen Gesellschaftsmodells auf, das allzumal in Konfliktsituationen keine Orientierungshilfen anbietet. Zielpunkt solcher Attacken ist eben jene Gleichung von Familiarität und Natur, mit der sich Schiller beispielsweise in *Die Braut von Messina* auseinandersetzt. Kleist wählt freilich drastischere Sujets als den archaischen Brudermord. Bei ihm ist es die patriarchalisch strukturierte Ehegemeinschaft, die den väterlichen Drang zum Kindsmord begünstigt (*Die Familie Schroffenstein*, 1803), oder eine als Amazone erzogene Frau, die ihren Geliebten auffrisst (*Penthesilea*, 1808). Gesteht man Kleist folglich zu, auch er nehme schon am Beginn der Moderne mögliche Gründe ihres Scheiterns vorweg, und wird den Klassikern zugute gehalten, keineswegs ‚humane' Ordnungsstrukturen zu idealisieren, so lohnt sich ein Vergleich mit Kleists so irritierend konsequentem Werk.

Kleists fundamentale Annahme, „daß wir hienieden von der Wahrheit nichts, gar nichts, wissen", scheint ihn als Komödiendichter zu prädestinieren (KFA 4, S: 207). Wer alles Objektive als kulturelle Setzung durchschaut, der vermag schließlich auch „mehr über Ungereimtheit zu lachen als über Bosheit zu zürnen und zu weinen." Der komödiantische Blick auf jene Leidenschaft, mit der Menschen bisweilen für das von ihnen als richtig Erkannte eintreten, setzt überdies eine gewisse „Freiheit des Gemüts" und dazu noch das Vermögen voraus, den gewählten Stoff so darzubieten, dass sich die Zuschauer nicht nur von der Heiterkeit der Darstellung anstecken, sondern von der augenzwinkernden Überlegenheit einer so amüsierten Lebensperspektive überzeugen lassen. So jedenfalls beschreibt Schiller in *Über naive und sentimentalische Dichtung* das Wesen des komischen Dichters. Hinsichtlich der außerordentlichen Wirkung, die das Lachen im Publikum zeitigt, räumt er dem Komiker sogar den Vorzug ein, auf den Ballast distanzschaffender Mittel oder den Zwang, die Emotionen im Publikum zu beschwichtigen, verzichten zu können. Das Lachen hält den Zuschauer auf gleichsam natürliche Weise davon ab, sich gar zu unvoreingenommen auf das Dargestellte einzulassen. Selbst das Tragische verliert im Lachen sein ‚Pathos':

Abschaffung der Wahrheit

> Diese Freyheit des Gemüths in uns hervorzubringen und zu nähren, ist die schöne Aufgabe der Comödie [...]. Ihr Ziel ist einerley mit dem höchsten, wornach der Mensch zu ringen hat, frey von Leidenschaften zu seyn, immer klar, immer ruhig um sich und in sich zu schauen, immer mehr Zufall als Schicksal zu finden (SNA 20, S. 446).

Doch das Komische steht allein für unterhaltsame Lachsalven, mit denen zeitgenössische Autoren wie August Wilhelm von Iffland und August von Kotzebue auch das Weimarer Theaterpublikum unterhalten. Der Komiker, wie Schiller ihn im Vorgriff auf Kleists Komödien charakterisiert, entlarvt vielmehr das Schicksal als Zufall. Auf diese Weise schult er die geistige Souveränität seines Publikums, ohne dafür den Umweg über die Erziehung zur Erhabenheit gehen zu müssen. Weil Komik immer etwas mit der Freiheit von Zwängen zu tun hat, funktioniert sie nur auf intellektuellem Niveau. Prinzipiell, so folgert Schiller, lässt sich deshalb aus der Qualität des Komischen auch auf die Mündigkeit des lachenden Publikums schließen: „Der Tragiker muß sich vor dem ruhigen Raisonnement in Acht nehmen und immer das Herz interessiren; der Comiker muß sich vor dem Pathos hüten und immer den Verstand unterhalten." (Ebd.)

Das Komische

Lachen statt Verlachen

Kleist selbst hat diese mentale Überlegenheit nie ausleben können. Zeitlebens quält eine „glühende Angst" seine Seele (vgl. KFA 4, S. 208). Doch psychische Konflikte erklären nicht hinreichend, warum das zeitgenössische Publikum auf Kleists Komödien mit völligem Unverständnis reagiert. So muss *Der zerbrochene Krug* (1808) in Goethes Inszenierung umgehend vom Spielplan des Weimarer Hoftheaters abgesetzt werden. Der *Amphitryon* kommt erst 1898 in Berlin zur Uraufführung. Erklären lässt sich diese späte Anerkennung mit einer Komik, die nicht auf Kosten typisierter Charaktere geht. Zwar tauchen auch bei Kleist gehörnte Ehemänner oder tollpatschige Diener auf, ebenso reizen lässliche Normenverstöße oder burleske Verwechslungen zum Lachen – der Dorfrichter Adam in *Der zerbrochene Krug* beispielsweise schwatzt sich eine Lügenwelt zusammen, über deren bauernschlaue Bodenlosigkeit man ebenso schmunzelt wie über Sosias, den Diener Amphitryons, der solange göttliche Prügel bezieht, bis er sich in sein Schicksal als unfreiwilliger Doppelgänger Merkurs ergibt. Doch die beiden Figuren einfach nur zu verlachen, wird dem Zuschauer unmöglich gemacht. Denn Adams Korruptheit raubt Eve Rull die Gelegenheit, sich als sittlich integre Frau und gleichberechtigte Gattin zu bewähren. Und wenn der Götterbote Merkur dem unschuldigen Sosias einbläut, er habe bis auf Weiteres seinen Anspruch auf persönliche Identität verwirkt, so lässt er den Diener an seinem Selbstbewusstsein irre werden. Indem Kleist einerseits die stereotypen Situationen und Figuren bemüht, über die der Zuschauer zu lachen gewohnt ist, andererseits aber auf zwischenmenschlicher Ebene herausarbeitet, welche Folgen das verspottenswerte Verhalten im Menschen zeitigt, bleibt dem Publikum das Lachen sprichwörtlich im Halse stecken. Adam als Richter und Merkur als Gott mögen daher in komischer Manier gegen ihre Amtsobliegenheiten verstoßen. Solche manchmal schrulligen, manchmal tolldreisten Eigenmächtigkeiten sind aus der Komödiengeschichte hinreichend bekannt und prägen das Boulevardtheater bis heute. Dass Adam und Merkur dafür jedoch den Selbstwertverlust Eves und Sosias' in Kauf nehmen, entlarvt ihr Handeln als eigennützig und menschenverachtend.

> **Merksatz**
>
> In seinen Komödien hintertreibt Kleist das bürgerliche Vertrauen auf Institutionen wie die Familie mit einer solchen Schärfe, dass seine Protagonisten nicht mehr verlacht werden können. Statt dumm oder mechanisch agieren sie boshaft und verletzen ihre Mitmenschen bewusst.

Desillusionierung des Komischen

Warum das Verlachen versagt, erklärt sich aus Kleists Charakterisierung der Bühnenfiguren. Im Unterschied zur älteren Komödientradition, die bis ins 18. Jahrhundert hinein mit Typen statt mit psychologisch feiner gezeichneten Charakteren auskommt, sind Adam oder Merkur nicht durch ein festgelegtes, ehedem an ihre Herkunft gekoppeltes Verhaltensrepertoire gebunden. Stattdessen handeln sie zweckgerichtet und hintertrieben. Sie tarnen ihre Intrigen also bloß mit dem Deckmantel des tumben Dorfrichters und gewitzten Götterboten, verstecken sich willentlich hinter der Maske provinzieller Unbedarftheit und institutioneller Macht. Um über dieses so perfide wie erfolgreiche Versteckspiel lachen zu können, bedarf es einer Gesellschaft, die sich auf gleichsam tragische Weise mit der Erkenntnis arrangiert hat, dass sich ‚menschliches' Verhalten eher selten an hehren Idealen orientiert.

Es hieße Kleists Komödien jedoch zu unterschätzen, würde jene Menschlichkeit vernachlässigt, auf die das Bühnengeschehen als unverzichtbare Folie referiert. Ohne dass sich die Figuren auf Werte wie Gewaltlosigkeit oder Nächstenliebe berufen, erschließt sich über das Leiden von Eve und Sosias die von Adam und Merkur inszenierte Lügenwelt. Doch ähnlich wie in Schillers *Die Braut von Messina* muss das Publikum erst die ihm zugedachte Rolle als verstandesbegabte und richtende Instanz akzeptieren. Ohne diese Bereitschaft wird es die von Kleist intendierte Enttäuschung über die Widrigkeiten des gesellschaftlichen Lebens nicht lachend kompensieren können. Vor allem aber wird dem Zuschauer entgehen, dass sein Lachen auch ein Verlachen der eigenen Unzulänglichkeit mit einschließt. Wer nämlich über den Dorfrichter oder Merkur lachen kann, muss sich zuvor eingestanden haben, im täglichen Leben nicht viel anders zu handeln. Normen und Werte mögen deshalb nicht gleich hinfällig werden. Aber sie verlieren auf gleichsam tragische Weise ihre Unerschütterlichkeit – eine Zuschauererkenntnis, die Kleists Komödien in einem weitergefassten Begriff von Klassik als Moderne an Goethes *Iphigenie* und Schillers *Die Braut von Messina* annähert.

Amphitryon 6.4.1

Die 1807 veröffentlichte Komödie geht auf den antiken Mythos vom ungewollten Ehebruch Alkmenes mit dem Göttervater Jupiter zurück. Dabei trifft Alkmene keinerlei Schuld, denn während ihr Ehemann Amphitryon noch an einem Feldzug teilnimmt, schläft Jupiter mit ihr in der Gestalt des Gatten. Beschützt wird diese Liebesnacht von Merkur, der vor den Toren des Hauses dafür sorgt, dass der umtriebige Hausdiener Sosias seinem Wächteramt nicht nachkommt. Der vorprogrammierte Ehestreit zwischen Alkmene und dem echten Amphitryon wird durch den persönlichen Auftritt Jupiters beendet. Respektheischend verkündet er den beiden, aus dem amourösen Abenteuer werde der Göttersohn Herkules hervorgehen.

Antike Vorlagen

Aus der griechischen Mythologie sind solche Seitensprünge hinlänglich bekannt. Allen voran nimmt Jupiter die Gestalt eines anderen Wesens (es müssen nicht unbedingt Menschen sein) an, um mit irdischen Frauen göttlichen Nachwuchs zu zeugen. Neben der Verführung Ledas gehört das erschlichene Beilager mit Alkmene zu den bekanntesten Liebesaffären des Göttervaters. Was aber macht diesen Stoff so künstlerisch attraktiv? Literatur- und sozialgeschichtlich ist diese Frage nicht einfach zu beantworten. Beispielsweise ist nicht mehr zweifelsfrei nachzuweisen, ob die antiken Griechen in Jupiters erotischen Machenschaften gleichsam menschliche Züge entdeckten, was seine Autorität nachhaltig schwächen würde. Oder

Jupiter

demonstriert Jupiter mit dem erzwungenen Beischlaf eine Macht, die in diesem Fall zwar auf Kosten einer schuldlosen Frau geht, der sich die Gläubigen seinerzeit aber noch gebeugt haben? Als Plautus seine später in der europäischen Literatur vielfach adaptierte Komödie *Amphitruo* schreibt, parodiert er bereits die mythologische Vorlage, hinterfragt aber nicht den zweifelhaften Sieg des göttlichen Ehebrechers. Vielmehr sehen sich Alkmene und Amphitryon, nachdem ihnen Jupiter die Geburt des Herkules verkündet hat, als von den Göttern Auserwählte. Bei Plautus legitimiert das thebanische Königspaar also die Amouren des Olympiers. Selbst das Privileg, sich im Körper des Amphitryon nicht nur als Ehemann, sondern als der gleichsam ‚göttlichere' Liebhaber zu bewähren, wird ihm mit Alkmenes und Amphitryons Dankbarkeit zugestanden.

Christliche Parallelen Die Parallelen des Amphitryonstoffes zum Ursprungsmythos der christlichen Religion sind offenkundig. Da Jupiter in motivgeschichtlicher Tradition aber eine Königsgattin verführt und er sich insofern standesgemäß liiert, beschäftigen sich die Amphitryon-Komödien bis hin zu Molière nicht nur mit den religiösen Aspekten der Zeugung eines vergöttlichten Menschensohnes. Sie legitimieren vor allem eine patriarchalische Sexualität. Sowohl für Jupiter als obersten Gott als auch für den gehörnten Amphitryon müssen dafür allerdings Deutungsmechanismen bemüht werden, die verhindern, dass die Zuschauer den erotisch umtriebigen Gott und einen weltlichen König verlachen, dem ein fremdes Kind untergeschoben wird. Theologisch ist dies nur möglich, wenn Alkmene nicht als Opfer, sondern als auserwählte Frau eingeführt wird. Gleichzeitig muss dem Publikum plausibel dargelegt werden, dass die göttliche Erotik anderen Maßstäben untersteht als die weltliche Lust.

Sex und Macht Alkmenes Auserwähltheit bietet den weltlich möglicherweise zweifelhaften, aber politisch höchst wirksamen Vorzug, an die Gründungslegenden europäischer Herrscherhäuser zu erinnern. Tröstet Jupiter also das thebanische Königsgeschlecht über die angetane Schmach mit der Geburt des Herkules hinweg, so hebt er es aus der Masse konkurrierender Regenten heraus und unterstellt es durch den Göttersohn direkt der himmlischen Machtsphäre. Den gehörnten Amphitryonen von Plautus an leuchtet dieser machtstrategische Vorzug unmittelbar ein und lässt sie von familiären oder moralischen Zweifeln absehen. Solche Einwände gehören ohnehin erst dem bürgerlichen Zeitalter an. Außerdem darf ein weltlicher Potentat, der sich von Gott auf so geschickte Weise in sein Amt als stellvertretender Vater eingesetzt sieht, einigermaßen sicher sein, dass auch seine eigenen Liebeshändel religiös gedeckt werden. Man achte nur auf den männerkumpaneienhaften Ton, den Jupiter und Amphitryon bei Kleist anschlagen, als die Geburt des Herkules bekannt gegeben wird. Doch bei Kleist meldet sich erstmals auch der Zweifel an solch einer Verklärung von Machtmissbrauch und Privilegiensicherung zu Wort. Vorgetragen wird er von Alkmene, deren abschließendes „Ach!", mit dem die Komödie endet, schlagartig die Männer- und Herrscherphantasien in Frage stellt. Zwar bietet ihr Seufzer dem Zuschauer keine verlässliche Information über die weitere Zukunft der Königin. Aber da es den huldvollen Dank ihres Gatten an Jupiter und dessen beinah schon possenhafte Jovialität konterkariert, spricht einiges dafür, dass Alkmene den ganzen Pomp durchschaut, mit dem der Göttervater und Amphitryon ihre „göttliche Zufriedenheit" verbrämen (vgl. KFA 1, S. 460).

Ähnlich wie in Kleists Tragödien gibt es auch im Lustspiel *Amphitryon* keine letzten Sicherheiten, an denen sich die Protagonisten und das Publikum orientieren können. Wer Alkmenes unfreiwillige Verführung dennoch als Bereicherung ihres Liebeslebens betrachtet, akzeptiert zum einen, dass Jupiter für die Befriedigung seiner sexuellen Lust die drohende Identitätskrise Alkmenes billigend in Kauf nimmt. Zum anderen würde der thebanischen Königin auf recht derbe Weise nahegelegt, der göttliche Liebhaber habe ihr etwaige Schwächen Amphitryons entdeckt. In der älteren Kleist-Forschung sind solche Überlegungen nicht unüblich. Ihnen zufolge muss sich Alkmene mit einer ‚Beglückung' arrangieren, die ihr ohne eigenen Willensentschluss angetan wird. Dass Jupiter selbst auf diesem Niveau mit Alkmene diskutiert, macht diese Lesart umso verdächtiger. Jupiter nämlich erwartet von ihr Dank für die Liebesnacht: „Du bist dir's, Teuerste, du bist mir's schuldig, / Du *mußt*, du wirst, mein Leben, dich bezwingen". Als verantwortungsbewusste Autorität meldet sich der Olympier jedenfalls nicht zu Wort. Ebenso wenig scheint er in der Lage, den seelischen Schmerz der Verführten nachzuvollziehen: „Die ganze Welt, Geliebte, muß erfahren, / Daß Niemand deiner Seele nahte, / Als nur dein Gatte, als Amphitryon." (KFA 1, S. 455) Ganz so einfach verhält es sich freilich nicht, zumal Jupiter hier merklich hinter die Tragweite jener identitätsphilosophischen Fragen zurückfällt, mit denen sich Alkmene inzwischen beschäftigt. Immerhin weiß Alkmene ja jetzt, dass sie eben nicht mit ihrem Mann die Nacht verbracht hat, sondern mit einem Abbild. Außerdem ist ihr nach Jupiters eigenem Selbstverständnis nicht der reale, sondern ein idealer Amphitryon erschienen. Drittens gibt es genügend Zeugen, die bestätigen können, dass der König in der fraglichen Nacht bei seinem Heer weilte. Angesichts all dieser Fragen verfällt Alkmene in Selbstzweifel, gleichzeitig verliert sie das Vertrauen in ihre eigene Wahrnehmung. Bevor sie jedoch dem Wahnsinn verfällt, erscheint Jupiter als Deus ex Machina vor der thebanischen Bevölkerung und befiehlt allen Anwesenden, Alkmenes ‚Triumph' fernab von allen üblichen Wertmaßstäben zu feiern. In Anlehnung an eine ältere Götter- und Herrscherrhetorik zwingt er also die Verführte, aber auch den betrogenen Ehemann und das Volk, das, „was da war, was ist, und was sein wird", bedingungslos zu akzeptieren (ebd., S. 459). Mit diesem Appell weist Jupiter die Gläubigen ferner in die Schranken eines Menschseins, dem es verwehrt bleibt, die historischen Dimensionen eines göttlichen Vermehrungsplanes zu überblicken. Dass seine Ausführungen dennoch als Schuldeingeständnis zu deuten sind, dafür sorgen in Kleists Komödie neben Alkmene auch jene, die sich traditionell als rechtlose Lachnummern über den Liebesreigen ihrer Herrschaften äußern.

Im Untertitel seiner Komödie bezieht sich Kleist explizit auf Molières *Amphitryon* (1668), der noch weitgehend in der Tradition des höfischen Theaters steht. Einem eher aristokratischen Lebensstil verpflichtet, karikiert das französische Lustspiel die Ehe als Institution und den Ehebruch als

Verführung als Glück?

Molière

notwendige Folge kauzig gewordener Gatten. Da die einzelnen Charaktere nicht als Individuen angelegt sind, sondern als Diener oder König typische Verhaltensweisen ihres Standes repräsentieren, tritt das erlittene Leid eines Sosias oder Alkmenes in den Hintergrund. Sosias schnoddrige Antworten und Alkmenes Misstrauen in die eigenen Körpererfahrungen referieren dagegen in Kleists Komödie auf den bürgerlichen Sinnendiskurs und verknüpfen die Erfahrung körperlicher Schmach mit der Frage, ob sich sinnliche Identität im Unterschied zur rationalen hintergehen lässt. Wie Herders anthropologische Ausführungen über das ästhetische Subjekt nahelegen, ist es dem Einzelnen ohne leibhaftige Sinneserfahrungen unmöglich, personale Identität als dauerhafte Einheit von Leib und Seele auszubilden. Wie Alkmenes Verzweiflung deutlich macht, braucht es aber eben dieser körperlichen und geistigen Autarkie, will der Einzelne in einer Krisensituation nicht wieder einem tumben Schicksalsglauben verfallen.

Selbstbewusstsein

Ohne Alkmenes ‚Ach' würde das Lustspiel tragisch enden. Für komische Effekte sorgt in Kleists *Amphitryon* indes Sosias. Zwar muss er ebenfalls auf brutale Weise leiden, aber ähnlich wie seine Königin überwindet er die drohende Identitätskrise. Dabei fällt dem Diener die Aufgabe zu, die Lächerlichkeit ererbter Standeszuschreibungen zu durchschauen. Als ihn Merkur im Zustand völliger Demütigung mit der Aussicht provoziert, seine Ehefrau Charis stärke ihn heute mit einem schmackhaften Armeleutegericht, überwindet er endgültig die Automatismen, mit denen trottelige Untertanen mitsamt ihren leiblichen Begierden für gewöhnlich verlacht werden. Selbst die bezogenen Schläge schärfen bei Sosias die intellektuelle Fähigkeit, über sich selbst als leibhaftige und verständige Identität nachzudenken.

Merkur und Sosias

Um sein Versteckspiel möglichst lange geheim zu halten, braucht Jupiter den Götterboten Merkur, der dem Hausdiener Sosias jeden Rest an Individualität aus dem Leib zu prügeln versucht. Nur indem er Sosias an Leib und Seele so stark schädigt, dass dieser den virtuellen Sosias als überlegenes Abbild des echten anerkennt, wähnt Merkur, den erotischen Schwindel seines Vaters vertuschen zu können. Anfangs scheint dieser Plan auch aufzugehen. Nach einigen Prügeln und harschen Befehlen gesteht der echte Sosias seinem Double:

> Ich fang im Ernst an mir zu zweifeln an.
> Durch seine Unverschämtheit ward er schon
> Und seinen Stock, Sosias, und jetzt wird er,
> Das fehlte nur, es auch aus Gründen noch.
> Zwar wenn ich mich betaste, wollt' ich schwören,
> Daß dieser Leib Sosias ist.
> – Wie find ich nun aus diesem Labyrinth? –
> Was ich getan, da ich ganz einsam war,
> Was Niemand hat gesehn, kann Niemand wissen,
> Falls er nicht wirklich Ich ist, so wie ich.
> [...]
> Ich sehe, alter Freund, nunmehr, daß du
> Die ganze Portion Sosias bist,
> Die man auf dieser Erde brauchen kann.

[...]
Da ich Sosias nicht bin, *wer* bin ich?
Denn *etwas*, gibst du zu, muß ich doch sein.
(KFA 1, S. 394f.)

Auf die letzte und entscheidende Frage weiß Merkur keine Antwort. Seinem Selbstverständnis gemäß, muss Sosias allerdings auch nicht über dessen Alternatividentität aufklären. Schließlich hat der Götterbote soeben unter Beweis gestellt, dass er über die Heimlichkeiten im Leben des Dieners informiert ist. Und so stellt er Sosias generös in Aussicht: „Wenn ich nicht mehr Sosias werde sein, / Sei du's, es ist mir recht" (ebd., S. 395). Bis dahin freilich bleibt der „entsosiatisierte" Sosias ein Nichts, das sich nur noch mit dem identifizieren darf, was ihm Merkur eingebläut hat: mit seinen Schmerzen und der Namenslosigkeit (ebd., S. 454). Doch der göttliche Plan scheitert gerade an dieser Art der Infragestellung. Mag Merkur Sosias auch zwingen, alle Sinneserlebnisse als Bestandteil seiner Identität zu vergessen, so kann er dennoch nicht verhindern, dass der Diener sich weigert, seine neue Identität ohne diese leibhaftige Erfahrung zu entwerfen. Als Ich ist er eben nicht „das Ich vom Stocke, / Das Ich, das mich halb tot geprügelt hat." (Ebd., S. 407) Als Basis personaler Identität lässt sich der Leib eben nicht hintergehen. Doch weil der Mensch die Umwelt immer auch widerständig wahrnimmt, begreift der gezüchtigte Sosias rasch, dass jeder, der sich über äußere Zuschreibungen definiert, eigentlich ins Tollhaus gehört. Dazu gehört auch der Name: „Nimm ihn, zur Hälfte, diesen Namen hin, / Nimm ihn, den Plunder, willst du's, nimm ihn ganz." (Ebd., S. 448)

Der ‚ensosiatisierte' Diener

Ob das körperliche Erlittene immer den geistigen Widerstand schult, diese Frage diskutiert Kleist am Beispiel Alkmenes. Im Unterschied zur leibhaftigen Identitätsfindung ihres Dieners erörtert Alkmene in den Dialogen mit Charis das Verhältnis von idealer und realer Sinnlichkeit. Die alltägliche Liebeserfahrung relativiert dabei die als vollkommene Erfüllung wahrgenommene Nacht mit Jupiter. Darüber hinaus sieht Alkmene schon vor dem Schuldeingeständnis des Göttervaters ein, dass sich ihr Vertrauen in die eigenen Sinne zwar vorübergehend täuschen, ihre Liebe zum echten Amphitryon aber nicht hintergehen lässt. Weil ihre Sinne sie bislang nie im Stich gelassen haben, zweifelt Alkmene keinen Augenblick daran, mit welchem Mann sie gerade das Lager teilt. Hinsichtlich ihrer „Regung" kann Alkmene deshalb ihrer Dienerin auch gestehen, sie hätte Amphitryon niemals ‚schöner' gefunden (KFA 1, S. 422). Jupiters perfekte Imitation ihres Gatten, mit der er ihre Sinnlichkeit intensiver als je zuvor entfacht, führt also nicht dazu, dass Alkmene während des Liebesakts einer Illusion erliegt. Zumindest intellektuell und mit Blick auf ihre Eherealität durchschaut Alkmene nämlich, dass der perfekte Liebhaber nur einen Teil des Gatten überkompensiert. Die Wirklichkeit sieht nämlich auch im königlichen Schlafzimmer anders aus. Ohne ständig Liebesschwüre auszutauschen, kommt Amphitryon eher unolympisch seinen sogenannten Ehepflichten nach. Aber gerade deswegen liebt Alkmene ihn auch.

Alkmene

Um Charis diese nicht eben ironische Abrechnung mit dem Liebesalltag näher zu bringen, vergleicht Alkmene den göttlichen Liebhaber mit einer

Ins Göttliche verzeichnet

idealisierten Kopie des eigentlichen Amphitryon. Nun ist aber jedes Abbild darauf angelegt, das Original zu übertreffen. Zumindest sollen sich gute Kopien nicht sogleich als Reproduktionen zu erkennen geben. Oft werden daher vermeintlich zeitbedingte Schwächen der Vorlage retuschiert – Mängel also, die wesentlich zu ihrer Originalität beitragen. Da solche ‚Fehler' ihrerseits nur aus der Perspektive je aktueller Geschmacksvorlieben als Makel erkannt werden, überführt also gerade jene modische Makellosigkeit eine Kopie als Kopie. Übertragen auf den himmlischen Liebhaber gibt dieser aus der Kunst übernommene Vergleich den Göttervater dem Verlachen preis. Denn Jupiter scheint zu glauben, er müsse nur das erotische Mittelmaß seines Konkurrenten überbieten, um Alkmene verführen zu können. Gerade diese Übererfüllung verrät ihn jedoch:

> Ich hätte für sein Bild ihn halten können,
> Für ein Gemälde, sieh, von Künstlershand,
> Dem Leben treu, in's Göttliche verzeichnet.
> Er stand, ich weiß nicht, vor mir, wie im Traum
> [...]
> Warum stets den Geliebten nennt' er sich,
> Den Dieb nur, welcher bei mir nascht? Fluch mir,
> Die ich leichtsinnig diesem Scherz gelächelt,
> Kam er mir aus des Gatten Munde nicht.
> (KFA I, S. 422)

Die Verführerin? Was Jupiter sinnlich zu leisten vermag, durchschaut Alkmene letztlich ebenso als männliche Illusion wie sein Pochen auf seine Pflichten als ewiger Liebhaber. Dass ihr Gatte sie auf die Rolle der verführerischen Frau festzulegen versucht, stellt die Königin dagegen vor ein ernsthafteres Problem. Denn wenn einer unter den irdischen Protagonisten in Kleists *Amphitryon* den Geschlechterzuweisungen schlussendlich genügt, dann ist es der König. Bis zum Ende der Verführungsgeschichte gelangt er argumentativ nicht über jenes Selbstmitleid hinaus, mit dem er die erlittene Schmach beklagt und das ungnädige Schicksal beschwört. Als ihm Alkmene dann offenbart, er möge sie nicht so „unanständ'gen Scherzes fähig wähnen [...] / Den innern Frieden kannst du mir nicht stören" (ebd., S. 412), spricht ihr Amphitryon kurzerhand jede Glaubwürdigkeit ab. Bezeichnet er sie schließlich noch als Verführerin, so rückt er nicht nur seinen Gattenzorn ins rechte Licht. Indem er Alkmenes Vertrauen in die eigenen Sinne und Gefühle diskreditiert, versucht er sie zudem an einer Rückbesinnung auf die eigene Identität zu hindern:

> Treulose! Undankbare! –
> Fahr hin jetzt Mäßigung, und du, die mir
> Bisher der Ehre Fordrung lähmtest, Liebe,
> Erinnrung fahrt, und Glück und Hoffnung hin,
> Fortan in Wut und Rache will ich schwelgen.
> [...]
> Daß ein Betrug vorhanden ist, ist klar,
> Wenn meine Sinn' auch das fluchwürdige
> Gewebe noch nicht fassen.
> (KFA I, S. 415f.)

Lässt sich die verletzte Männerehre eines Aristokraten schon mit der Aussicht auf die Geburt eines Halbgottes beschwichtigen, dann steht es auch mit der Liebesfähigkeit jener Mächte nicht zum Besten bestellt, die für gewöhnlich das Schicksal des einzelnen Menschen vorherbestimmen wollen. Überhaupt wird erst in Jupiters Gegenwart erkennbar, dass Amphitryon teils noch an einem älteren Liebesmodell festhält, teils aber schon am partnerschaftlichen Denken seiner Frau partizipiert. Daraufhin befragt, was ihn eigentlich „erniedrigt", nennt er bezeichnenderweise den Verlust seiner Gattin und dann erst die üblichen Machtimplikate: „Ehre, Herrschaft, Namen". Das Erscheinen des Göttervaters freilich macht ihn wieder empfänglich für ein Schicksal, das nach Lust oder Laune über den Menschen verhängt wird. Darüber darf auch nicht der „liebste Wunsch" hinwegtäuschen, den ihm anzutragen Jupiter befiehlt. Denn was Alkmene nun in ihrem Leib austragen muss, mag die erschwindelte Liebesnacht in den Augen der Öffentlichkeit unbedenklich erscheinen lassen. Auf Alkmenes seelische Befindlichkeit nimmt Amphitryons Forderung nach einem „Heros" indes wenig Rücksicht. Im Gegenteil: wenn Amphitryon zuvor schon ausdrücklich betont, dass sein gesamtes Gut dem obersten Olympier gehören soll, so legitimiert er den unfreiwilligen Ehebruch. Spricht er dabei wie ein Kind in der dritten Person von sich selbst und bezeichnet seine Frau als „diese hier", so bestätigt Amphitryon auf lächerliche oder, aus Alkmenes Sicht, tragische Weise, wie wenig souveräne Persönlichkeit hier Jupiter gegenüber geltend gemacht wird (ebd., S. 446 u. 460f.). So handelt Amphitryon am Ende der Komödie nicht als verständnisvoller Partner, der einen unfreiwilligen Seitensprung verzeihen kann. Er fordert lediglich, was ihm zusteht und bleibt auf die Vorteile seines Geschlechts bedacht.

Dieses Gemisch aus Vorteilsstreben und Machtsicherung widerspricht bis hinein in die Intimsphäre dem bürgerlichen Liebesverständnis, das zwar auch nur idealiter das Recht auf freie Partnerwahl und ein gleichberechtigtes Zusammenleben verwirklicht. Vergleicht man es als Modell jedoch mit Jupiters Anspruchshaltung, so wird ersichtlich, wie energisch sich Alkmene für eine moderne Form von Liebe zu emanzipieren beginnt – eine Liebe, welche die personale Identität von Körper und Geist nicht von Ehrgesetzen oder hehren Liebesillusionen abhängig macht, sondern von der Unantastbarkeit einer immer wieder neu zu formulierenden Einheit zwischen Geist und Sinnen. Wie weit Kleist damit über die sich etablierende Geschlechtertypologie des Bürgertums hinausgeht, könnte ein ausführlicher Vergleich mit Wilhelm von Humboldts Abhandlung *Über den Geschlechtsunterschied* (1794) zeigen, in dem die häuslich-dienende Rolle der Frau aus ihrer biologischen Natur abgeleitet und vom welthaften, von ‚höheren' Trieben geleiteten Wesen des Mannes abgegrenzt wird. Ähnliches erfährt Alkmene aus dem Mund des Göttervaters. Der aber ist in seiner Selbstverliebtheit ungeschickt genug, die eigentlichen Erwartungen preiszugeben, welche Männer an ihre außerhäuslichen Geschlechtspflichten knüpfen. Im langen Dialog beider in der fünften Szene des zweiten Akts legt Jupiter in der Rolle des Amphitryon zunächst dar, dass ihm jenes Bild, welches sich Alkmene vom obersten Gott gemacht habe, schon länger missfallen habe. Amphitryon war

Liebesmodelle

Abgöttische Liebe

nämlich das eigentliche Herrscher- und Allmachtsideal, das Alkmene in ihren Gebeten an die Stelle Jupiters treten ließ. Was nun folgt, ist an Ungeheuerlichkeit kaum zu überbieten. Dreist schlüpft Jupiter in die Rolle des unschuldigen Opfers, das sich aus Gründen des religiösen Respekts gezwungen sah, Alkmene zu maßregeln. Statt zuzugeben, er sei einem erotischen Verlangen erlegen, behauptet Jupiter also allen Ernstes, die Verführung habe den einzigen Zweck verfolgt, der Königin wieder das wahre Bild alles gläubigen Begehrens ‚einzuprägen'. Als entgehe ihm völlig, wie diabolisch hier Sexualität und Religion in eins gesetzt werden, führt Jupiter über Alkmenes „Abgötterei" aus:

> Gewiß! Er kam, *wenn* er dir niederstieg,
> Dir nur, um dich zu *zwingen* ihn zu denken,
> Um sich an dir, Vergessenen, zu *rächen*.
> [...]
> Doch künftig wirst du immer
> Nur ihn, versteh', der dir zu Nacht erschien,
> An seinem Altar denken, und nicht mich.
> (KFA I, S. 430)

Versagen von Sicherheiten

Zwang und Rache gehören zu den denkbar schlechtesten Voraussetzungen, um Alkmene rückblickend von der Echtheit seiner Amphitryon-Rolle zu überzeugen. Doch Jupiter will um jeden Preis verhindern, dass die Königin ihn weiterhin als Abbild Amphitryons wahrnimmt. Solchen Verunsicherungen darüber, was denn nun Illusion und was Wahrheit sei, korrespondieren Werte oder Traditionen, die in Krisensituationen regelmäßig ihren Dienst versagen. Dazu gehört auch, dass Jupiter schon in der Liebesnacht, vor allem aber in den folgenden Gesprächen Alkmenes Selbstvertrauen schrittweise zerstört. Mit gespielter Verzweiflung malt Jupiter beispielsweise die Tristesse des himmlischen Alltags aus, klagt über das zwischengöttliche Unverständnis und bedauert vor allem die sinnliche Unterkühlung dort droben. Gleichzeitig degradiert er Alkmene zur irdischen Liebesdienerin, die sich bereitwillig einem Großen der Branche hingibt.

> **Merksatz**
>
> Jupiter befriedigt in Kleists *Amphitryon* seine amourösen Triebe auf Kosten des Vertrauensverlustes zwischen den Ehepartnern. Alkmenes letztes ‚Ach' entlarvt den Spuk als eitlen Versuch, eine patriarchalische Ordnung wiederherzustellen.

Der göttliche Zwang

Tragisch an diesem Versuch, Alkmenes Identität zu zerstören, ist das außerordentliche Geschick, mit dem Jupiter scheinbar nebenbei zuerst Alkmenes Widerstand gegen „das Unglaubliche" bricht und sich anschließend daran macht, das inzwischen gespaltene Gefühlsleben der Königin für seine Zwecke auszunutzen. Dass er sich vorübergehend sogar bis zur Geilheit alternder Verführer versteigt, tangiert den Göttervater nicht. Immerhin gesteht ihm Alkmene zwischenzeitlich, sie liebe jenen Amphitryon, den sie gerade in den Armen hält, während sie für den anderen, also ihren Gatten, „Ehrfurcht" empfinde (KFA 1, S. 431f.). Zwar ahnt Alkmene noch nicht, dass sie es längst mit zwei Amphitryonen zu tun hat. Insofern trägt sie auch an dieser zweiten Versuchung keinerlei Schuld. Aber ihr Zugeständnis macht es Jupiter leicht, in einem dritten Anlauf die von Alkmene empfundene Differenz von Abbild und Original zu seinen Gunsten zu verkehren. Auf die Frage, wie sie auf die göttliche Abkunft ihres nächtlichen Liebhabers reagieren würde, antwortet die Königin nämlich:

> Wenn du, der Gott, der mich hier umschlungen hieltest
> Und jetzo sich Amphitryon mir zeigte,
> Ja – dann so traurig würd' ich sein, und wünschen,
> Daß er der Gott mir wäre, und daß du
> Amphitryon mir bliebst, wie du es bist.
> (KFA 1, S. 433)

Mit dieser Anerkennung des göttlichen Amphitryon siegt vorübergehend die Illusion über Alkmenes eigentlich untrügliche Empfindung. Ohne zu wissen, dass sie dem realen Ehemann gerade untreu wird, ist es dem Göttervater mit einigen Suggestivfragen gelungen, den Verdacht der Königin zu beschwichtigen. Beruhigt lebt sie jetzt in einer Scheinwelt auf Zeit, die auf sexuellen Kabinettstückchen und einem – zumindest aus Alkmenes Sicht – kecken Gedankenexperiment gründet. Prompt feiert Jupiter seinen „göttlichen Gedanken", dessen Realisierung er bezeichnenderweise mit keinem anderen seiner Abenteuer verglichen sehen möchte (ebd.).

Dass ihr Jupiter als Liebhaber eine neue Seite Amphitryons erschließt, dürfte die Einschätzung begünstigt haben, der Gott verkörpere den Gatten vollkommener. Zu bedenken bleibt indes, wie energisch sich Alkmene trotz aller Verführungskünste bemüht, ihre Würde als Frau und ihre Unbescholtenheit als Ehefrau zu wahren. Seine erotischen Talente mögen Alkmene ferner beeindruckt haben, aber unter realen Bedingungen hätte Jupiter ihr Herz wohl kaum gewonnen. Dafür spricht schon, dass dem Olympier all die feinen Zwischentöne entgehen, mit dem ihm Alkmene zu verstehen gibt, wie wenig sie bereit ist, ihre Selbstachtung zu gefährden. Hinsichtlich dieses soeben noch vereitelten Vertrauensverlustes in die eigene Identität unterscheidet sich Alkmene beispielsweise von Penthesilea. Während die Königin den ganzen Schwindel noch rechtzeitig als Reinszenierung männlicher Macht- und Triebphantasien entlarvt, sagt sich Penthesilea, nachdem sie begriffen hat, dass ihr Wissen über die Griechen sich archaischen Vorurteilen verdankt, zwar von den Ritualen der Amazonen los. Im Ungehorsam muss sie dann allerdings erfahren, wie wenig ihr Geliebter sich von griechischen Vorbehalten zu befreien vermag und für deren Bestand sogar ihre Liebe aufs Spiel setzt. Dem Wahnsinn verfallen, endet Penthesileas Befreiungsversuch mit der grauenvollen Einverleibung Achills. Mit den Zähnen nimmt sie ihn in sich auf, um ihm einmal so nahe zu sein, wie es ihr ansonsten nur die Liebe gestattet hätte.

Öffentlich erniedrigen muss sich allerdings auch Alkmene. Bevor sie wieder an Selbstvertrauen gewinnen kann, führt sie dem anwesenden Volk vor Augen,

Himmlische Überlegenheit

Seelenruine

wie perfekt der diabolische Plan ihres höchsten Gottes das Empfindungsvermögen der Königin zerstört hat. Ihr Geständnis, sie habe vorübergehend den falschen Gatten für den richtigen gehalten, lässt sie indes den entscheidenden Schritt über den drohenden Wahn hinausgehen. Entsprechend souverän kann sie der Öffentlichkeit verkünden, die Geburt eines Göttersohnes werde sie nicht über Jupiters und Amphitryons Schändlichkeiten hinwegtrösten:

> Du Ungeheuer! Mir scheußlicher,
> Als es geschwollen in Morästen nistet!
> Was tat ich dir, daß du mir nahen mußtest,
> Von einer Höllennacht bedeckt.
> Dein Gift mir auf den Fittich hinzugeifern?
> [...]
> Verflucht die Seele, die nicht so viel taugt,
> Um ihren eigenen Geliebten sich zu merken!
> [...]
> Geh! deine schnöde List ist dir geglückt,
> Und meiner Seele Frieden eingeknickt.
> (KFA I, S. 457f.)

Zusammenfassung

Das klassische Drama konfrontiert den Zuschauer mit Figuren, die weder in der Lage sind, hinter Masken und Konventionen den je individuellen Menschen zu entdecken, noch selbst humanitär handeln können. Dies gilt in ganz besonderem Maße für jenes ‚Ideendrama', an dem lange Zeit das klassische Menschheitsideal festgemacht wurde: Goethes *Iphigenie auf Tauris*. Wer sich jedenfalls an jenem mit dem Selbstverständnis griechischer Kultiviertheit vorgetragenen Humanitätsbegriff der Priesterin zu orientieren vorgibt, muss als Zuschauer zuvor das selbstlose Handeln des taurischen Königs als naives Barbarentum verlachen. Und wer über Kleists komisches Personal lacht, verhöhnt nolens volens den berechtigten Zweifel, der sich auf Menschenseite einstellt, wenn man sich von lüsternen Göttern betrogen und anschließend noch gemaßregelt sieht.

Um das Publikum in dieses Spiel mit Verunsicherungen zu involvieren, wartet das klassische Drama mit einer Ästhetik des Erhabenen auf, die den Zuschauer auf Distanz zu universal gültigen Wahrheiten und Humanitätsidealen gehen lässt. Statt ihm die Zuverlässigkeit ewiger Werte und Normen vor Augen zu führen, ‚erzieht' es dazu, die zeitlich und lokal begrenzte Gültigkeit solcher Kategorien zu hinterfragen. Dafür ist es notwendig, den Bühnenillusionismus stets so transparent zu halten, dass der Zuschauer sich nicht im Rezipieren des Dargestellten verliert. Goethe setzt solche wirkungsästhetischen ‚Ent-Täuschungen' um, indem er auf eine bewegte Handlung weitgehend verzichtet und den Fokus auf die Dialogstrategien des Personals lenkt. Dagegen bietet Schiller in seinen Dramen ein hochtragisches und verwickeltes Bühnengeschehen, an dem Menschen beteiligt sind, die nur in Ansätzen begriffen haben, dass sie nicht mehr einem von Göttern gelenkten Schicksal unterstehen. Von ähnlichen Überlegungen geht auch Kleist in seinen Dramen und Komödien aus. Bei ihm wird das Erschrecken vor der eigenen Freiheit allerdings mit der Erkenntnis kompensiert, dem eigenen Unvermögen ebenso ohnmächtig ausgeliefert zu sein wie der Inhumanität der Mitmenschen oder Götter.

> Die dem klassischen Drama gern attestierte Veredelung des Zuschauers zielt angesichts solcher Desillusionierungen nicht darauf, dass er sich über solche desolaten Verhältnisse erhaben wähnt. Will man überhaupt von einer Veredelung sprechen, so korrespondiert sie der wenig beruhigenden Einsicht, sich auf nicht minder tragische Weise wie das klassische Bühnenpersonal mit zerstörten Ordnungsstrukturen auseinandersetzen zu müssen.

Literatur

Schadewaldt, Wolfgang, „Antikes und Modernes in Schillers ‚Braut von Messina'", in: Jahrbuch der Deutschen Schillergesellschaft 13 (1969), S. 286–307.
Borchmeyer, Dieter, *Tragödie und Öffentlichkeit. Schillers Dramaturgie im Zusammenhang seiner ästhetisch-politischen Theorie und die rhetorische Tradition*, München, 1973.
Mommsen, Katharina, *Kleists Kampf mit Goethe*, Heidelberg 1974.
Sembdner, Helmut (Hg.), *Kleist. Geschichte meiner Seele*, Frankfurt am Main, 1977.
Rasch, Wolfdietrich, *Goethes ‚Iphigenie auf Tauris'*, München, 1979.
Henkel, Arthur, „Zur Frage nach dem Sinn von Kleists ‚Amphitryon'", in: Kleist-Jahrbuch 1981/82, S. 278–285.
Pfeiffer, Joachim, *Die zerbrochenen Bilder. Gestörte Ordnungen im Werk Heinrich von Kleists*, Würzburg, 1989.
Zimmermann, Hans Dieter, *Kleist, die Liebe und der Tod*, Frankfurt am Main, 1989.
Guthke, Karl S., „Die Ausnahme als Regel. Bürgerliches Drama in der Goethezeit", in: ders., *Abenteuer der Literatur. Studien zum literarischen Leben der deutschsprachigen Länder von der Aufklärung bis zum Exil*, Bern u. München, 1991, S. 187–209.
Lubkoll, Christine u. Oesterle, Günter (Hg.), *Gewagte Experimente und kühne Konstellationen. Kleists Werke zwischen Klassizismus und Romantik*, Würzburg, 2001.
Hofmann, Michael, „Zur Aktualität einer Theorie des Erhabenen", in: Weimarer Beiträge 49 (2003), S. 202–218.

Fragen

26. Was verstehen die deutschen Klassiker unter dem Tragischen und wie definiert sich aus dieser Perspektive das Erhabene?
27. Gibt es nach Goethe einen Zusammenhang zwischen persönlicher Selbstüberschätzung und Moderne?
28. Warum handelt Goethes Iphigenie listig und inhuman?
29. Inwieweit versagen in Schillers *Die Braut von Messina* und in Kleists *Amphitryon* fest geglaubte Sicherheiten
30. Warum lassen sich Kleists Komödienfiguren nicht verlachen?

Arbeitsaufgaben

Arbeitstext I

> aus: Immanuel Kant: *Kritik der Urteilskraft*
> *Erhaben* nennen wir das, was *schlechthin groß* ist. [...] *Erhaben ist das, mit welchem in Vergleichung alles andere klein ist.* Hier sieht man leicht: daß nichts in der Natur gegeben werden könne, so groß als es auch von uns beurteilt *werde*, was nicht in einem andern Verhältnisse betrachtet bis zum Unendlichkleinen abgewürdigt werden könnte [...]: *Erhaben ist, was auch nur denken zu können ein Vermögen des Gemüts beweiset, das jeden Maßstab der Sinne übertrifft.*[32]
>
> aus: Friedrich Schiller: *Vom Erhabenen* (1793)
> *Erhaben* nennen wir ein Objekt, bey dessen Vorstellung unsre sinnliche Natur ihre Schranken, unsre vernünftige Natur aber ihre Ueberlegenheit, ihre Freyheit von Schranken fühlt; gegen das wir also *physisch* den kürzeren ziehen, über welches wir uns aber *moralisch* d. i. durch Ideen erheben. [...] Da nun das ganze Wesen des Erhabenen auf dem Bewußtseyn dieser unsrer Vernunftfreyheit beruht, und alle Lust am Erhabenen gerade nur auf dieses Bewußtseyn sich gründet, so folgt von selbst (was auch die Erfahrung lehrt) daß das *Furchtbare* in der aesthetischen Vorstellung lebhafter und angenehmer rühren müsse [...]. Aus diesem Grundsatz fließen die beiden Fundamentalgesetze aller tragischen Kunst. Diese sind *erstlich*: Darstellung der leidenden Natur; *zweitens*: Darstellung der moralischen Selbständigkeit im Leiden. (SNA 20, S. 171 u. 195)

Aufgabe:

Wie Kant und Schiller darlegen, bewegt das Erhabene die Sinne in gleichem Maße wie die Vernunft. Wie aber wahrt der Betrachter tragischer Schicksale seine ‚moralische Selbständigkeit', wenn ihm gleichzeitig vor Augen geführt wird, dass er nur der Idee nach frei von allem ‚Natürlichen' ist?

Arbeitstext II

> aus: Friedrich Schiller: *Über den Gebrauch des Chors in der Tragödie*
> [...] indem man das Theater ernsthafter behandelt, will man das Vergnügen des Zuschauers nicht aufheben, sondern veredeln. Es soll ein Spiel bleiben, aber ein poetisches. Alle Kunst ist der Freude gewidmet, und es giebt keine höhere und keine ernsthaftere Aufgabe, als die Menschen zu beglücken. Die rechte Kunst ist nur diese, welche den höchsten Genuß verschaft. Der höchste Genuß aber ist die Freiheit des Gemüths in dem lebendigen Spiel aller seiner Kräfte. [...] Die wahre Kunst aber hat es nicht bloß auf ein vorübergehendes Spiel abgesehen, es ist ihr Ernst damit, den Menschen nicht bloß in einen augenblicklichen Traum von Freiheit zu versetzen, sondern ihn wirklich und in der Tat frei zu *machen*, und dieses dadurch, daß sie eine Kraft in ihm erweckt, übt und ausbildet, die sinnliche Welt, die sonst nur als ein roher Stoff auf uns lastet, als eine blinde Macht auf uns drückt, in eine objektive Ferne zu rücken, in ein freies Werk unsers Geistes zu verwandeln und das Materielle durch Ideen zu beherrschen. [...] Die Natur selbst ist nur eine Idee des Geistes, die nie in die Sinne fällt. Unter der Decke der Erscheinungen liegt sie, aber sie selbst kommt niemals in Erschei-

nung. Bloß der Kunst des Ideals ist es verliehen, oder vielmehr es ist ihr aufgegeben, diesen Geist des Alls zu ergreifen und in einer körperlichen Form zu binden. [...] Die Einführung des Chors wäre der letzte, der entscheidende Schritt – um sich von der wirklichen Welt abzuschließen und sich ihren idealen Boden, ihre poetische Freiheit zu bewahren. (SNA 10, S. 8 – 11)

Aufgabe:

In diesem Textauszug geht Schiller der Frage nach, warum das Theater einen forcierten Illusionismus voraussetzt, diesen gleichzeitig aber immer wieder als Schein transparent machen sollte. Inwieweit vermag ein Chor dieses mediale ‚Doppelspiel' zu forcieren?

Arbeitstext III

aus: Friedrich Schiller: *Die Braut von Messina*
CHOR: [...] Als die Erhalterin
Dieses Geschlechtes
Künftiger Helden
Blühende Mutter begrüß ich dich!
[...]
Mit glücklichen Zeichen,
Glückliche, trittst du
In ein götterbegünstigtes, glückliches Haus
[...]

BEATRICE (*aus ihrem Schrecken erwachend*). Wehe mir! In welche Hand
Hat das Unglück mich gegeben!
[...]
Wenn man mir den Namen nannte
Dieses furchtbaren Geschlechtes,
Das sich selbst vertilgend haßt,
Gegen seine eignen Glieder
Wütend mit Erbitterung ras't!
[...]
Und jezt reißt mein Schreckenschicksal
Mich, die arme, rettungslose,
In den Strudel dieses Haßes,
Dieses Unglücks mich hinein!
(SNA 10, S. 61f.)

Aufgabe:

In dieser Szene erkennt Beatrice erstmals, welch unseligem Schicksal sie und ihre Familie unterstehen. Dass hier kein antikes Menschenideal nachgeahmt und ein ‚gesundes' Streben nach Harmonie verherrlicht wird, liegt auf der Hand. Aber welche ‚Freude' bereitet es dem modernen Zuschauer, wenn Beatrice kurz vor dem Tod des zweiten Bruders verkündet, hinter Natur und Glauben verberge sich kein Sinn?

Arbeitstext IV

aus: Heinrich von Kleist: Brief an Goethe vom 24. Januar 1808
Hochzuverehrender Herr Geheimerath,
Ew. Exzellenz habe ich die Ehre, in der Anlage gehorsamst das 1ᵗ Heft des Phöbus zu überschicken. Es ist auf den ‚*Knieen meines Herzens*' daß ich damit vor Ihnen erscheine [...]. Ich war zu furchtsam, das Trauerspiel [gemeint ist die im ersten Heft des *Phöbus* abgedruckte *Penthesilea*; stg.], von welchem Ew. Exzellenz hier ein Fragment finden werden, dem Publicum im Ganzen vorzulegen. So, wie es hier steht, wird man vielleicht die Prämissen, als möglich, zugeben müssen, und nachher nicht erschrecken, wenn die Folgerung gezogen wird. Es ist übrigens ebenso wenig für die Bühne geschrieben, als jenes frühere Drama: der Zerbrochne Krug, und ich kann es nur Ew. Exzellenz gutem Willen zuschreiben, mich aufzumuntern, wenn dies letztere gleichwohl in Weimar gegeben wird. Unsre übrigen Bühnen sind weder vor noch hinter dem Vorhang so beschaffen, daß ich auf diese Auszeichnung rechnen dürfte, und so [...] muß ich doch in diesem Fall auf die Zukunft hinaussehen, weil die Rücksichten gar zu niederschlagend wären. (KFA 4, S. 407f.)

aus: Johann Wolfgang Goethe: Antwortschreiben an Kleist vom 01. Februar 1808
Mit der Penthesilea kann ich mich noch nicht befreunden. Sie ist aus einem so wunderbaren Geschlecht und bewegt sich in einer so fremden Region daß ich mir Zeit nehmen muß mich in beide zu finden. Auch erlauben Sie mir zu sagen (denn wenn man nicht aufrichtig sein sollte, so wäre es besser, man schwiege gar), daß es mich immer betrübt und bekümmert, wenn ich junge Männer von Geist und Talent sehe, die auf ein Theater warten, welches da kommen soll. [...] Vor jedem Brettergerüste möchte ich dem wahrhaft theatralischen Genie sagen: *hic Rhodus, hic salta*! Auf jedem Jahrmarkt getraue ich mir, auf Bohlen über Fässer geschichtet, mit Calderons Stücken, *mutatis mutandis*, der gebildeten und ungebildeten Masse das höchste Vergnügen zu machen. (GFA II 6, S. 273f.)

Aufgabe:

Als Kleist an seiner *Penthesilea* schreibt, bearbeitet Goethe gerade sein – bezeichnenderweise Fragment gebliebenes – Drama *Pandora*, in dem es phasenweise nicht minder grausam zugeht. In der Forschung wurde verschiedentlich angemerkt, Goethe habe sich mit Rücksicht auf sein humanitäres Menschheitsideal nicht mit der *Penthesilea* anfreunden können. Doch ebenso gut könnte gefragt werden, was Goethe mehr befremdet hat: Kleists ‚Kryptogrammatik des Neuen' (Adorno), also das Schockierende, Negative, das kaum ‚Vergnügen' gewährt? Oder die Tatsache, dass niemand in der *Penthesilea* gegen die ‚höhere Ordnung' verstößt?

Epik 7

7.1 Epik als ‚bürgerliche Epopee?'
7.2 Novelle und Versepos
7.2.1 *Unterhaltungen deutscher Ausgewanderten*
7.3 Kalendergeschichten
7.4 Der klassische Roman als bürgerliche Desillusionierung
7.4.1 „der Gott in uns ist immer einsam ..." –
Hyperion oder der Eremit in Griechenland

Abb. 7: Originalillustration zu Hebels Kalendergeschichte *Heimliche Enthauptung* im *Rheinländischen Hausfreund*, 1810.

Von der Epik als eigenständiger Gattung spricht man erst im späten 18. Jahrhundert. Bis dahin wird unter Epik das Erzählen in Versen verstanden, weshalb sie als nichtdramatische Textsorte der Lyrik zugeordnet wird. Alle anderen ungebundenen Erzählformen stehen dagegen im Verdacht, frei von literarischen Gestaltungsabsichten ein triviales Lesevergnügen zu begünstigen. Als Prosa gehören sie zur alltäglichen Gebrauchsliteratur. Dass seit dem 19. Jahrhundert die Sammelbezeichnung Epik sowohl für die poetische als auch die prosaische Dichtung verwendet wird, geht im deutschen Sprachraum auf den Vorschlag Goethes in den *Noten und Abhandlungen zum besseren Verständnis des West-östlichen Divans* (1819) zurück. Seinen Ausführungen folgend, wird seither zwischen dem klar Erzählten, dem subjektiv Lyrischen und dem handelnd Dramatischen unterschieden.

Episches Erzählen

Vorbild alles Erzählens in Versen sind im 18. Jahrhundert Homers *Ilias* (um 700 v. Chr.) und Vergils *Aeneis* (29 – 19. v. Chr.). Gegen diese Musterepen, ihre metrisch gebundene Sprache und eine möglichst ‚objektive' Erzählerhaltung können sich bis zur Zeit der deutschen Klassik nur wenige andere epische Gattungen behaupten. Noch Schiller empfindet das Erzählen in Prosa als illegitimes Erbe des Epos und akzeptiert den Romandichter nur als „Halbbruder" des Poeten. Zwar hat neben verschiedenen kürzeren Erzählformen auch der Roman antike Vorläufer. Was ihn bei seinen Kritikern jedoch so verdächtig macht, ist die thematische und stilistische Ungebundenheit. Skeptisch über soviel ästhetische Freizügigkeit wirft Schiller dem Roman vor, er neige zur „Empfindeley", außerdem fehle es ihm an „feinerm Verstand". Statt der „hohen Reinheit des Ideals" biete er allenfalls „die Materialität [des] Inhalts" (vgl. SNA 20, S. 460ff.).

Differenzierter setzen sich Herder und Goethe mit den Gestaltungsmöglichkeiten des Romans auseinander. Für sie erschließt die Gattung neue literarische Themenfelder und Ausdrucksmöglichkeiten. Ferner wird ihr zugestanden, sich weniger elitär als Tragödie oder Gedicht an ein breites Publikum zu wenden. Welche Programmatik sich mit dieser literarästhetischen Aufwertung verbindet, erhellt aus der Beobachtung, dass epische Kurzformen wie die in Antike und Aufklärung beliebte Fabel in der klassischen Epik praktisch keine Rolle spielen.

7.1 Epik als ‚bürgerliche Epopoee'?

Worüber sich Schiller in *Über naive und sentimentalische Dichtung* ereifert, sind Romane wie Rousseaus *Julie oder die Neue Heloise* (1761), in denen sich der ‚elegische Dichter' mit dem empfindsamen Seelenleben seiner Protagonistin beschäftigt. Als unglücklich Liebende vermag Julie den Standeskonflikt, der sie von ihrem bürgerlichen Geliebten trennt, selbstständig nicht zu lösen. Ihr Leiden weist sie als tief fühlende, sensible Frau aus. Zwischen Tugend und Begehren zerrissen, eröffnet sie Einblicke in eine individuell vielschichtige, empathisch begabte Seele, die sich immer wieder neu für ihre Rechte oder ihre standesgemäßen Pflichten entscheiden muss. Angesichts des gesamteuropäischen Erfolgs dieses Briefromans dürften sich Leser also eher mit Julie als mit Schillers Behauptung identifiziert haben, Rousseau ‚räche' die Natur „an der Kunst" (vgl. SNA 20, S. 451). Was Schiller als künstlich oder empfindsam abtut, erklärt nämlich die Attraktivität des Genres: Dass Julie an den bürgerlichen Moralvorschriften und Vernunftprämissen der Aufklärung zu verzweifeln droht, geht in Rousseaus psychologischer Romanstudie schon deshalb weit über die zeitgenössische Erziehungs- und Erbauungsliteratur hinaus, weil es abstrakte Normen und Werte sind, die Julie an ihrer weiblichen Emanzipation hindern. Bezeichnenderweise wird die Geschichte ihres Leidens von aufklärungskritischen Autoren wie Johann Karl Wezel zum Anlass genommen, die Gattung des Romans als ‚bürgerliche Epopoee' zu verteidigen, mithin als historisch adäquate Erzählform, mit der sich das Bürgertum endgültig von der Tradition feudaler Helden- und Hofromane löst. Formalästhetische Vorbehalte hinsichtlich der ,rohen' Ungebundenheit widerlegt Wezel mit dem Einwand, am feinnervigen Erzählen eines Romans wie Rousseaus *Julie oder die Neue Heloise* lasse sich aufzeigen, dass auch eine psychologisch präzise und zugleich einfühlsame, variable Sprache dem Zeitgeist der Leser näher komme als die regelpoetisch geschulten Erzählformen der Aufklärung. Mit verwandten Argumenten reklamieren auch die ersten Romantheoretiker, Christian Friedrich von Blanckenburg, Johann Joachim Eschenburg und Johann Jakob Engel, das prosaische Erzählen für eine sich emanzipierende Schicht, für die das aristokratische Figurenensemble und dessen archaisches Weltbild kaum noch Identifikationspotentiale anbieten.

Für das Verhältnis der deutschen Klassiker zur Prosa bedeutend sind Herders *Briefe zu Beförderung der Humanität* (1793ff.). In ihnen zählt er die Offenheit der Romandichter für neue Themen, Motive und Stilelemente zu den wirkungsästhetisch zentralen Vorzügen einer Gattung, die sowohl die Modernität des bürgerlichen Erzählens als auch das wachsende Selbstbewusstsein seiner Leser zu befördern vermag (s. Arbeitstext I). Den Beweis für seine Thesen führt Herder am Beispiel des britischen Bürgertums. Ohne die ,Weltläufigkeit' zahlreicher Romane, ohne ihre Forderung nach kulturpolitischer Gleichberechtigung hätte sich der dritte Stand im frühen 18. Jahrhunderts nicht konsolidieren können:

> Wie die Parlamente in England das öffentliche Reden in Gang brachten so: die öffentlichen Blätter das Schreiben über Meinungen und Charaktere. *Zeitungen* und *Pamphlets*, *Wochenblätter* und *Monatsschriften* hatten Einkleidungen und Schreibart dem Englischen Roman gleichsam zugebildet [...]. Keine Gattung der Poesie ist von weiterem Umfange, als der Roman; unter allen ist er auch der *verschiedensten Bearbeitung* fähig: denn er enthält oder kann enthalten nicht nur Geschichte und Geographie, Philosophie und die Theorie fast aller Künste, sondern auch die Poesie aller Gattungen und Arten – in Prose. (HFA 7, S. 547f.)

Warum Schiller sich trotz dieser progressiven Einschätzung so energisch vom Roman distanziert, lässt sich nur unter Berücksichtigung seinerzeit aktueller Ritter-, Abenteuer- und Liebesgeschichten erklären. Massenhaft auf den Markt gebracht, lassen sie die Auflagenzahlen in den letzten 30 Jahren des 18. Jahrhunderts um das Vierfache steigen. Obwohl meist nur Figuren und Handlungsmuster erfolgreicher Romanvorlagen variiert werden, befriedigen sie ein wachsendes Bedürfnis nach Unterhaltungslektüre. Mit der steigenden Nachfrage wird aber auch ein wachsendes Abhängigkeitsverhältnis zwischen zunehmend kapitalistisch denkenden Verlegern und mehr oder minder begabten Autoren erkennbar, die sich mit weniger anspruchsvollen Werken ihren Lebensunterhalt sichern. Gemessen am kulturellen Status, den ein Epos traditionell genießt, stellt diese Massenliteratur in Schillers Augen schon deshalb die ,poetische Würde' des Dichtens in Frage, weil sie sich nur am Publikumsgeschmack und hohen Absatzzahlen orientiert. Es sind keineswegs also nur elitäre Bildungsansprüche, mit denen

Schiller gegen die Prosaliteratur interveniert. Hinter seinen Ausführungen verbirgt sich eine kritische Haltung der Marktwirtschaft gegenüber, die eine öffentliche ‚Lesesucht' fördert und dafür den Lohnschreiber billigend in Kauf nimmt. Vor allem aber enthält die Unterhaltungsindustrie den ‚Massen' eine qualitativ gehobene Literatur vor.

Der Roman als ‚zärtliche Gattung'

Ungeachtet solcher Einwände, verändert die Prosaliteratur schrittweise die ästhetischen Standards und trägt nicht unerheblich zu einem Wandel des Leseverhaltens bei. Wurde Literatur bislang gemeinsam rezipiert, im Kreis von Hörern, die einem Vorleser lauschen, so erfordert eine Langerzählung mit ihren Vor- und Rückgriffen, mit psychologisch detaillierter charakterisierten Figuren, verschiedenen Handlungssträngen und Erzählerkommentaren eine intensivere Lektüre. Aus gemeinschaftlich Zuhörenden entwickeln sich daher im Verlauf des 18. Jahrhunderts privat Lesende. Diese tendenzielle Vereinsamung widerspricht nur auf den ersten Blick dem Modell bürgerlicher Öffentlichkeit. Zwar soll sich jedes vernunftbegabte Individuum dialogbereit und kritisch in den kulturpolitischen Diskurs einbringen. Doch dafür bedarf es intensiver Bildung und innerer Disziplin – zweier Fähigkeiten also, wie sie gerade das Lesen schulen kann. Für Schiller verbindet sich damit eine Disziplinierungspraxis, dem die Fähigkeit des Romans korrespondiert, die Leser längerfristig und mit moralisch zweifelhaftem Nutzwert in eine imaginäre Gegenwelt zu entführen. Welche Folgen solch eine Flucht vor der Realität nach sich ziehen kann, legt er am Beispiel von Goethes erfolgreichem Briefroman *Die Leiden des jungen Werthers* dar. Nur das naive „Genie", so heißt es, verfüge über jenes „energische Princip", das angesichts von Werthers ‚sentimentalischem' Charakter „den Stoff beleben muß, um das wahrhaft schöne zu erzeugen." Wo jedoch sittliche „Nachgiebigkeit" vorherrsche, dort fehle es auch an „ästhetischem Gehalt". Erhebt der prosaische Erzähler seine Leser also nicht über eine an sich verächtliche „Weichmütigkeit" und „Schwermut", so verführt er sein Publikum dazu, sich von der „geistlosen Laune" seiner Romanlieblinge anstecken zu lassen (vgl. SNA 20, S. 460 u. 450). Die Erziehung zu öffentlicher Mitsprache, auf die Schiller im Abschnitt zuvor eingeht, scheitert dann an einer leichtfertigen Gattung, die den Leser „in einen Zustand der Passivität" versenkt. Verantwortliche Poesie meidet solche Fahrlässigkeiten, indem sie „durch Ideen und hohe *Geistigkeit*" immer auch Wege aufweist, um „aus dem Reiche der Ideen in die Grenzen der Erfahrung zurückkehren" zu können (ebd., S. 458ff.).

Goethe und der Roman

Schillers Einwand gegen die formale Stoffgestaltung und seine Behauptung, nur eine ästhetisch reflektierte Persönlichkeit befähige sich zum Dialog, bleiben in der bürgerlichen Lesekultur keineswegs ungehört. Ihr Ausweis ist das ‚gute Buch', dem es vorbehalten bleibt, Lebenserfahrung mit einem gebildeten Erzählerstandpunkt zu vereinen. Gelingt es ihm dann noch, die Leser zu einer individuellen Stellungnahme anzuregen, so avanciert die Lektüre zum Medium des kultivierten Austauschs. Welche Bedeutung das Unterhaltsame im Rezeptionsprozess spielt, darauf weist demgegenüber Goethe im Schreiben an Schiller vom 9. August 1797 hin. Nicht ohne Spott verkehrt er die Annahme, nur hohe Poesie im Stile des Epos schule die moralische Integrität der Leser, kurzerhand ins Gegenteil: Es ist nicht die vermeintlich triviale Prosaliteratur, die den Leser überfordert, sondern ein episierender, allzu idealischer Stil. Goethe begründet diese Verneinung epischer Strenge mit einem bemerkenswerten Hinweis. Immerhin befindet er sich gerade wieder in seiner Heimatstadt Frankfurt und notiert dort über das großstädtische Publikum, es sei nur mit einer gekonnten Mischung aus komplexem und spannendem Handlungsgefüge, ausführlichen Figurencharakterisierungen und erzählerischen Abschweifungen zufriedenzustellen. Jede anmaßende Erziehungsabsicht bliebe dagegen ungehört:

> Sehr merkwürdig ist mir aufgefallen wie es eigentlich mit dem Publiko einer großen Stadt beschaffen ist. Es lebt in einem beständigen Taumel von Erwerben und Verzehren, und das was wir Stimmung nennen, läßt sich weder hervorbringen noch mitteilen; alle Vergnügungen, selbst das Theater, sollen nur zerstreuen und die große Neigung des lesenden Publikums zu Journalen und Romanen entsteht eben daher, weil jene immer und diese meist Zerstreuung in die Zerstreuung bringen. Ich glaube sogar eine Art von Scheu gegen poetische Produktionen, oder wenigstens in so fern sie poetisch sind, bemerkt zu haben, die mir aus eben diesen Ursachen ganz natürlich vorkommt. Die Poesie verlangt, ja sie gebietet Sammlung, sie isoliert den Menschen wider seinen Willen, sie drängt sich wiederholt auf und ist in der breiten Welt (um nicht zu sagen in der großen) so unbequem wie eine treue Liebhaberin. (GFA II 4, S. 378f.)

Goethes mehrdeutige Zurechtweisung plädiert für eine Gattungsgrenzen überschreitende Epik, die zunächst einmal der Tatsache gerecht wird, dass immer breitere Bevölkerungskreise des Lesens fähig sind und sich Literatur folglich nicht am elitären Selbstverständnis kleinerer und womöglich gar provinzieller Dichterzirkel orientieren darf. Andernfalls, so führt Goethe später am Beispiel Johann Peter Hebels aus, verschließt sich die Kunst nicht nur neuen Experimentierfeldern und Sujets. Aus überzogenen Selbstansprüchen schottet sie sich auch vor möglichen Leseinteressenten ab. Und für den Fall, dass der Buchmarkt weniger Gebildete mit schlechter Unterhaltungsliteratur versorgt, so sollte daraus nach Goethe nicht vorschnell auf die sinkende Bereitschaft, sich mit anspruchsvollen Werken auseinanderzusetzen, geschlossen werden. Solche Mutmaßungen künden nach Goethe von einer weitgehenden Unkenntnis der heterogenen Leserschaft. Oder sie basieren auf universalen Prämissen, die am sich wandelnden Publikumsgeschmack vorbeizielen (s. Arbeitstext II).

Merksatz

Wie der Vergleich zwischen Schillers und Goethes Ansichten über den zeitgenössischen Roman zeigen, diskutiert Schiller an der Gattung exemplarisch die Kapitalisierung des Buchmarktes. Goethe argumentiert hingegen im Sinne des Romans, gerade elitäre Literatur schrecke die Leser ab.

Prosaliteratur der deutschen Klassik

Seit Wielands *Geschichte des Agathon* (erstmals 1766), der als Bildungsroman die individuelle Entwicklung eines jungen Griechen zu einem selbstverantwortlichen Mitglied der antiken Polis erzählt, und Goethes *Werther* tritt im Umfeld der klassischen Romanliteratur an die Stelle symbolisch veranschaulichter Ordnungs- und Kontrollmechanismen die Beschäftigung mit dem individuellen Einzelschicksal. Auch die Romane der Klassiker im engeren Sinne beschäftigen sich mit den seelischen und sozialen Existenzbedingungen ihrer Protagonisten im Konflikt mit einem immer nachhaltiger regulierten Dasein. Um eine explizit moderne Perspektive auf die bürgerliche Kultur zu entwickeln, greifen sie auf die Prosagattung des hohen Romans zurück, der sich seit dem 17. Jahrhundert mit staatspolitischen Fragestellungen befasst, und verbinden mit ihm vorzugsweise den Bildungsgang eines jungen Menschen, der zwischen bürgerlicher Norm und Selbstverzicht zu scheitern droht.

Daneben finden sich Novellenzyklen mit einer tagespolitisch aktuellen Rahmenhandlung, symbolträchtige Märchen und Erzählungen mit schockierendem Ausgang oder Versepen von inhaltlich provozierender Schlichtheit. Mit ihrer durchgängig desillusionierenden Erzählhaltung gehen sie über das bürgerliche Selbstverständnis zeitgenössischer Leser hinaus und weisen auf die Entwicklung neuer Subgenres wie den Gesellschaftsroman oder die Kriminal- und Schicksalsnovelle voraus. Vom Tagebuch bis zum Roman reklamiert diese Epik nach Herder eine Wahrhaftigkeit, hinter der die abstrakten Wahrheiten der Philosophie und Wissenschaften zurückbleiben. Den Roman mit der Prosaliteratur gleichsetzend, erläutert Herder das Gemeinte mit den Worten:

> Was irgend den menschlichen Verstand und das Herz interessieret, Leidenschaft und Charakter, Gestalt und Gegend, Kunst und Weisheit, was möglich und denkbar ist, ja das Unmögliche selbst kann und darf in einen Roman gebracht werden [...]. Die größesten Disparaten läßt diese Dichtungsart zu: denn sie ist Poesie in Prose. (HFA 7, S. 548)

Bürgerliche Biografik

Mit dem Aufschwung der Wissenschaften, der Wirtschaft und Technik bekleiden immer mehr Bürger öffentliche Leitungsfunktionen. Konnten bislang nur kirchliche und weltliche Oberhäupter für sich reklamieren, den Gang der Geschichte zu prägen und sich in Biografien entsprechend gewürdigt zu finden, so wächst im 18. Jahrhundert nun auch auf bürgerlicher Seite das Bedürfnis nach solchen Leitbildern aus den eigenen Reihen. An diesem Aufschwung von biofiktionalen Lebensbeschreibungen und Autobiografien partizipieren auch die Klassiker. Gleiches gilt für verwandte Gattungen wie die Historie oder den Reisebericht. Die zweifellos berühmteste klassische Autobiografie, die zwischen 1808 und 1831 niedergeschrieben wird, ist Goethes *Aus meinem Leben. Über Dichtung und Wahrheit*. Wie bereits der Titel erkennen lässt, geht es dem Dichter nicht darum, chronologisch sein Leben Revue passieren zu lassen. Vielmehr beschränkt er sich auf ausgewählte Lebensabschnitte und Begebenheiten, von denen er nicht mit Sicherheit behaupten mag, was an ihnen dem Bereich der Wahrheit zugehört und was der Dichtung. Gemäß der aufklärungskritischen Absicht, mit Hilfe einer ästhetischen Wahrhaftigkeit die formallogischen Gesetzmäßigkeiten der Vernunftphilosophie zu überbieten, stellt Goethe solch eine Grenzverwischung allerdings vor kein ernst zu nehmendes Problem. Zwar lässt er keinen Zweifel daran, dass hier eine Persönlichkeit von Rang erzählt. Um sich aber als Dichter einzuführen, der sich auch das eigene Leben rückblickend anverwandelt, gestaltet Goethe einzelne Episoden romanesk aus, arbeitet die subjektive Besonderheit des Erzählten heraus und mischt das Ganze mit ernsten oder unterhaltenden Passagen. Hinter diesem Selektions- und Gestaltungsprinzip verbirgt sich eine Subjektästhetik, derzufolge ein erinnertes Leben nie gänzlich zur Anschauung gebracht werden kann (und sollte), sondern sich erst aus dem formbaren Stoff der Erfahrungen eine Persönlichkeit rekonstruieren lässt. Darin unterscheidet sich die klassische Autobiografie von bürgerlichen Memoiren: In letzteren meldet sich meist ein Autor zu Wort, der zunächst einmal von seinem öffentlichen Ansehen profitiert und seine Leser in Form von Gebrauchsprosa an diesem Erfolg teilhaben lässt. Bei Goethe soll sich das Erlebte in poetische Wahrhaftigkeit verwandeln, die den welterklärenden Anspruch der Literatur unterstreicht.

Der Unterschied zwischen biographischer Würdigung und Goethes *Dichtung und Wahrheit* erhellt sich exemplarisch im Vergleich mit Wilhelm von Humboldts 1830 erscheinender Biografie *Über Schiller und den Gang seiner Geistesentwicklung*. Während der Verehrer deutscher Klassik Schiller zum Genius stilisiert und erstmals die hohen Ideale des klassizistischen Weimar-Mythos festschreibt, rückt Goethe die Kunst autobiografischer Selbstdeutung in den Vordergrund. Mit dieser retrospektiven Hermeneutik knüpft Goethe an die pietistische Kunst der Selbstbeobachtung an, gibt aber auch zu erkennen, welche Schwierigkeiten sich dem Einzelnen in konkreten Alltagssituationen eröffnen, wenn es zwischen Vernunftkalkül und subjektivem Begehren zu entscheiden gilt. Sich das Vergangene ästhetisch vergegenwärtigend, reflektiert Goethe also kein übertragbares Lebensmodell, sondern widersteht in moderner Absicht jener Vorbildfunktion, die ihm schon zu Lebzeiten entgegengebracht wird. Biografie und autobiografische Selbstdeutung

Diese schon am Beispiel klassischer Gedichte und Dramen beobachtete Skepsis dem Belehrenden gegenüber erklärt auch, warum sich die deutschen Klassiker kaum mit erzählenden Kleinformen wie Fabel oder Märchen beschäftigt haben. Goethes *Märchen* kann hier kaum als Gegenbeweis geltend gemacht werden, weil die irrealen Handlungsstrukturen in symbolischer Dichte das Unterrichtende ganz in den Hintergrund drängen. Da sie moralisch polarisieren und dafür typisierte Handlungsträger einsetzen, fehlen auch die in der Aufklärungsliteratur beliebten Satiren und Parodien. Gerade das in den letztgenannten Gattungen intendierte Verlachen eines Regelverstoßes setzt ja in pädagogischer Absicht voraus, dass der Leser die verletzte Norm im Gegenzug akzeptiert. Epische Kleinformen

Mit dem Gedanken, das zeitgenössische Wissen erzählerisch aufzuarbeiten und einem wachsenden Laienpublikum zugänglich zu machen, beschäftigen sich unter den Klassikern vor allem Herder und Goethe. Angeregt durch Lukrez' *De rerum natura* (vermutlich 1. Jhd. v. Chr.), fördert Goethe Lehrdichtung beispielsweise im Umfeld seiner Gedichte über die Metamorphose eine Übersetzung des antiken naturphilosophischen Lehrgedichts durch den ‚Urfreund' Karl Ludwig von Knebel. Herder trägt der Lehrdichtung erstmals im *Journal meiner Reise im Jahre 1769* die Aufgabe an, die Exklusivität der akademischen Wissenserschließung mit der schon bei Lukrez diskutierten Willensfreiheit zu konfrontieren. Auf diese Weise, so führt Herder später in seiner als Lehrdichtung konzipierten Zeitschrift *Adrastea* aus, konterkariert die Gattung alle an sie herangetragenen Unterweisungszwänge. Gleichzeitig kompensiert sie jenen Verlust an ästhetischem Selbstwert, wie er dem modernen Menschen angesichts wissenschaftlicher Vorstellungen über die Massenkultur oder theologischer Spekulationen über die göttlich vorherbestimmte Geschichte droht.

7.2 Novelle und Versepos

Bürgerliche Idyllen

Im ausgehenden 18. Jahrhundert sind es nicht Dramen oder Romane, die das ‚Modell' Weimarer Klassik in der Leserschaft berühmt gemacht haben. Es sind vielmehr Gattungen wie Goethes Novellenzyklus *Unterhaltungen deutscher Ausgewanderten* (1795) oder sein Versepos *Hermann und Dorothea* (1797). Ob als Schullektüre oder Mustermischung aus gehobener Unterhaltung und pädagogischer Belehrung prägen sie bis weit ins 20. Jahrhundert hinein das Ideal einer bürgerlich gesitteten, humanen Gesprächskultur, die erfolgreich ,klassische Ordnung' gegen wirre Zeitläufe und politisches Chaos aufbietet. Geradezu exemplarisch scheinen sich in *Hermann und Dorothea* sowie den *Unterhaltungen* die Entsagungsbereitschaft des Einzelnen im Dienste eines ‚höheren Ganzen' und die Gesetzmäßigkeit eines historisch evolutionären Kultivationsprozesses einander zu ergänzen. In unmittelbarer Nachbarschaft zu den politischen Umwälzungen im Frankreich der 1790er Jahre angesiedelt, spielen Versepos und Novellenzyklus in einer ‚bürgerlichen Idylle', in der sich eine rein ‚menschliche' Existenz nach Goethes Worten ganz dem vermittelnden Gespräch unter Gleichgesinnten widmet.

Historischer Kontext

Jeweils zu Beginn beider Erzählungen wird von den tumultuarischen Verhältnissen der Jahre 1793/94 berichtet, als französische Truppen den Rhein überqueren und Tausende von Flüchtlingen politischen Schutz vor den Revolutionsarmeen in Deutschland suchen:

> [...] So rennt und läuft nun ein jeder,
> Um den traurigen Zug der armen Vertriebnen zu sehen.
> Bis zum Dammweg, welchen sie ziehn, ists immer ein Stündchen,
> Und da läuft man hinab im heißen Staube des Mittags.
> Möcht' ich mich doch nicht rühren vom Platz, um zu sehen das Elend
> Guter fliehender Menschen, die nun, mit geretteter Habe,
> Leider das überrheinische Land, das schöne, verlassend,
> Zu uns herüber kommen und durch den glücklichen Winkel
> Dieses fruchtbaren Tals und seiner Krümmungen wandern.
> [...]

> Als wir nun aber den Weg, der quer durchs Tal geht, erreichten,
> War Gedräng' und Getümmel noch groß der Wandrer und Wagen.
> Leider sahen wir noch genug der Armen vorbeiziehn,
> Konnten einzeln erfahren, wie bitter die schmerzliche Flucht sei,
> Und wie froh das Gefühl des eilig geretteten Lebens.
> (GFA I 8, S. 807 u. 811)

Was hier die Neugier des jungen Hermann stillen soll, bedroht sowohl im weiteren Verlauf des Versepos als auch im Novellenzyklus bald schon ernsthaft die gesellschaftliche Contenance. Vor allem sind es jene enttäuschten Revolutionsanhänger, die nun „jede gesellige Bildung" gefährden (GFA I 9, S. 1008). Warum sie als bedrohlich empfunden werden, präzisiert die Baronesse gleich eingangs der *Unterhaltungen*:

> Aber das kann ich von dem Zirkel erwarten, in dem ich lebe, daß Gleichgesinnte sich im Stillen zu einander fügen, indem der eine dasjenige sagt, was der andere schon denkt. [...] Aber, Kinder, in Gesellschaft laßt uns nicht vergessen, wieviel wir sonst schon, ehe alle diese Sachen zur Sprache kamen, um gesellig zu sein, von unsern Eigenheiten aufopfern mußten, und daß jeder, solange die Welt stehen wird, um gesellig zu sein, wenigstens äußerlich sich wird beherrschen müssen. [...] Laßt uns dahin übereinkommen, daß wir, wenn wir beisammen sind, gänzlich alle Unterhaltung über das Interesse des Tages verbannen?
> (Ebd., S. 1007 ff.)

Die eigene Flucht und den Beginn der jakobinischen Terrorherrschaft noch in lebhafter Erinnerung, umreißt die Baronesse mit diesen Worten das programmatische Anliegen beider Prosaformen: Was im Folgenden zu erzählen sein wird, soll keinerlei Bezug zur Außenwelt herstellen. Mit der Wirklichkeit hat die gepflegte Konversation, in deren Verlauf die Beteiligten wechselseitig Erfahrungen, Erlebnisse und Geschichten austauschen, also nur insofern etwas gemeinsam, als im Erzählen eine ‚gesellschaftsfähige' Harmonie restauriert wird. Würde der circle intime in den *Unterhaltungen* und in *Hermann und Dorothea* als Ideal einer bürgerlich kultivierten Bildung gedeutet, dann kaprizierte sich die deutsche Klassik tatsächlich auf einen apolitischen, weltfremden Klassizismus. Sowohl die Liebe zwischen dem Flüchtlingskind Dorothea und dem braven Hermann als auch die im Zyklus erzählten Novellen eröffneten dann nichts weiter als Fluchtwege in eine schöne Welt, aus der alle Nöte verbannt sind und in der nur tugendhafte Charaktere bestehen. Doch genau diese Lesart verbittet sich die Baronesse nachdrücklich. Verstört und dennoch scharfsichtig gesteht sie den Anwesenden, sie überschaue längst nicht mehr die verworrenen „Weltbegebenheiten" (ebd., S. 1007).

Gepflegte Konversation

Mit ihrem Geständnis zielt die Baronesse zwar nicht direkt auf das tagesaktuelle Geschehen und dessen historisch weitreichende Folgen. Aber dafür trifft sie umso schärfer die kommunikativen Voraussetzungen der bürgerlichen Öffentlichkeit. Strebt diese eigentlich danach, alle Gesellschaftsmitglieder zu Diskussionspartnern heranzubilden, die sich kritisch räsonierend in den politischen Diskurs einbringen, so beobachtet die Baronesse, wie zunehmend das „unbedachtsame Wort" die Auseinandersetzung mit dem Unbequemen und Außerordentlichen diktiert (vgl. ebd., S.

Konstruktive Distanz

1008). Fordert die ‚große Geschichte' eigentlich zum Nachdenken auf, so reagieren immer mehr Menschen mit boshafter ‚Aufmerksamkeit' auf jedes Fehlverhalten ihrer Umwelt. Woran es im Prozess der öffentlichen Meinungsbildung also mangelt, ist jene konstruktive Distanz, aus der heraus zunächst die Weltbegebenheiten sachlich zu betrachten sind. Vor diesem Horizont sollte dann das aufgeregte Handeln der Mitmenschen beurteilt werden. Mit einer resignierten Abkehr von der Außenwelt haben diese Vorschläge der Baronesse wenig gemeinsam. Die politischen Ereignisse in Frankreich und Deutschland bleiben unverzichtbar im Fokus der Gesprächsteilnehmer. Wovor diese sich auf Bitten der Baronesse jedoch hüten sollten, ist eine perfide Neugier, die in der modernen Gesellschaft kaum noch zu stillen ist. Längst schon weidet man sich an drastischen Berichten aus dem Ausland und am Leiden anderer. Für die Baronesse besteht daher kein Zweifel, dass die Menschen hierzulande ihren ästhetischen Blick auf eine andrängende Wirklichkeit aufgegeben haben. Aufgepeitscht von Pressemitteilungen und Augenzeugen, entgeht ihnen dabei, wie sie innerlich und argumentativ verrohen.

Merksatz

Angesichts der welthistorischen Ereignisse des ausgehenden 18. Jahrhunderts haben sich bürgerliche Idyllen überholt. Auch Goethes *Unterhaltungen* und das Versepos *Hermann und Dorothea* führen auf subtile Weise das Vertrauen in eine konfliktlösende Literatur ad absurdum.

Gesellige Bildung | Wie bereits dargelegt, setzt die hier eingeforderte Perspektive den wahrnehmungsästhetischen und vernünftigen Widerstand gegen andrängende Außenreize voraus. Ohne sie verliert der Einzelne seine Fähigkeit, sich die Welt autark und freiheitsorientiert anzueignen. Auf diese sinnliche und intellektuelle Distanz spielt die Baronesse an, wenn sie für die folgenden Dialoge nur solche Geschichten und Erzählungen wünscht, die sich nicht konkret mit der Tagespolitik befassen, sondern die ‚inneren Verborgenheiten' des Menschen offenlegen. Wirkungsästhetisch sind darunter jene Leserreaktionen zu verstehen, die sich einstellen, wenn eine ‚Sensation' erzähltechnisch mit dem scheinbar Gewöhnlichen oder Alltäglichen konfrontiert wird. Solchermaßen seiner drastischen Affekte beraubt, relativiert sich das Außerordentliche. Gleichzeitig wird es wieder einer distanzierten Aneignung zugänglich gemacht, das heißt, es kann nun weniger nervös oder eben vernünftig kommuniziert werden. Bleibt die tagesaktuelle Politik gänzlich ausgespart, so obliegt es in ungleich stärkerem Maße dem Leser der *Unterhaltungen*, den weltpolitischen Bezug zwischen dem Erzählten und einem provokant vorenthaltenen Zeitbezug herzustellen. Auf diese dialektische Ausrichtung des Novellenzyklus hebt die Baronesse mit dem später ideologisch überfrachteten Stichwort der ‚geselligen Bildung' ab: Indem die Dialogpartner ihre Geselligkeit gegen politischen Perspektivverlust und Selbstbewusstsein gegen rohe Neugier aufbieten, lösen sie das ‚Unerhörte', das von nun an auf der Tagesordnung steht, in Diskurse auf. Indem sie ihm den Reiz des Spektakulären nehmen, erinnern sie den Leser daran, dass sich selbst historische Ereignisse wie die Französische Revolution nicht auf ‚blutarme', menschenverachtende Daten reduzieren lassen. Dezidiert grenzen sich folglich die hier Diskutierenden von einer Weltanschauung ab, die eine schöngeistige Konversation mit einer trügerischen Sicherheit verwechseln lässt. Was diese gesellige Bildung als klassisches Modell vor allem aber von der offiziellen Ordnung der Dinge unterscheidet, ist die Anerkenntnis, dass Menschsein nicht in geregelten Bahnen verläuft und sich deshalb nur einer ästhetischen Perspektive erschließt: „Verwirrungen und Mißverständnisse sind die Quellen des tätigen Lebens und der Unterhaltung." (GFA I 9, S. 1058)

Unterhaltungen deutscher Ausgewanderter 7.2.1

Seit Giovanni Boccaccios Novellenzyklus *Il Decamerone* (1348-53) besitzen Novellen (dt. ‚kleine Neuigkeiten') einen hohen Aktualitätsbezug. Nicht selten reflektieren sie schwerwiegende Konflikte oder drohendes Unheil aus einer Perspektive, mit der sich bewährte Sinnstrukturen hinterfragen lassen. Bei Boccaccio sind es zehn junge Edelleute, die vor der Pest in Florenz fliehen und sich auf einem Schloss zehn Tage lang Geschichten erzählen, in denen sie auf teils heitere, teils derbe Weise die geltende Gesellschaftsordnung in Zweifel ziehen. Zielscheibe ihrer frivolen Neckereien ist die höhere und niedere Geistlichkeit. Deren unsittlicher Lebenswandel wird in den Novellen für den Ausbruch der draußen grassierenden Pest verantwortlich gemacht. In den Rahmengesprächen reklamieren die jungen Leute demgegenüber den Anspruch der Literatur auf sittliche Wahrheit. Auf diese Weise reduziert sich das verwerfliche Geschehen in den einzelnen Binnennovellen auf den Rang des Gewöhnlichen. Da sich deren Handlungsträger aber gleichzeitig in außerordentlichen Situationen bewähren müssen, pointiert der Kontrast zwischen ihrer Lebensführung und den Rahmengesprächen die soziale Unverträglichkeit klerikaler Umtriebe. Dieser erzähltechnische Wechsel von der Bloßstellung und Banalisierung zu einer scharfen Gesellschaftskritik wirkt in den romanischen Literaturen von der Frührenaissance bis in den Barock hinein stilbildend. In der deutschen Literatur findet das *Decamerone* kaum Nachahmer. — Boccaccio

Als Goethe 1795 mit seinen *Unterhaltungen deutscher Ausgewanderten* die romanische Novelle in die deutsche Literatur einführt, unterstehen die kürzeren Erzählformen noch weitgehend einer aufgeklärten Moralpädagogik. Gegen solche erbaulichen oder satirischen Geschichten bietet Goethe in den Novellen seines Zyklus ‚unerhörte Begebenheiten', die sich nicht ohne weiteres rational erklären lassen. In der Rahmenhandlung deuten sich die Folgen der Französischen Revolution an. Dass die *Unterhaltungen deutscher Ausgewanderten* ihrem Autor nach vielen Jahren – der letzte große literarische Erfolg ist der *Werther* – noch einmal zu öffentlichem Ansehen verhelfen, erklärt sich aber nicht allein aus diesen literarischen Adaptionen. Was den Novellenzyklus so ‚unerhört' macht, ist die Verunsicherung, mit — Unerhörte Begebenheit der zahlreiche Handlungsträger auf ein nicht mehr hintergehbares Krisenbewusstsein reagieren.

Die Rahmenhandlung

Als sich die flüchtende Familie, die Baronesse von C., ihre Kinder Luise und Friedrich, Vetter Karl und der Geistliche, nach Tagen der Entbehrung erstmals in Sicherheit weiß, sind sie zwar den französischen Revolutionstruppen entkommen. Doch familiäre und ideelle Bande knüpfen ihr Schicksal weiterhin an die politischen Umwälzungen. So wird berichtet, es habe sich um eine „übereilte Flucht" gehandelt, bei der Luise ihren Bräutigam, der in der alliierten Armee dient, zurücklassen musste (vgl. GFA I 9, S. 995). Unbeirrt von den Wirren des ersten Koalitionskriegs und der jakobinischen Terrorherrschaft, engagiert sich ihr Vetter Karl für die Mainzer Republik und gerät darüber mit dem Geheimerat in Streit, der die adlige Familie zunächst begleitet und sie schließlich entrüstet verlässt.

Endlich bei einer Jugendfreundin der Baronesse untergekommen, werden die gemeinsamen Gespräche „oft durch den Donner der Kanonen gestört [...]. Eben so wenig konnte bei den vielen zuströmenden Neuigkeiten des Tages der politische Diskurs vermieden werden, der gewöhnlich die augenblickliche Zufriedenheit der Gesellschaft störte, indem die verschiedenen Denkungsarten und Meinungen von beiden Seiten sehr lebhaft geäußert wurden." (ebd., S. 1000) Wenig später stößt dann Friedrich wieder zur Familie und berichtet „von Szenen des Jammers und der Verwüstung" (ebd., S. 1080). Vor den drohenden Gefahren können sich die Flüchtenden also nirgends verstecken. Darin vor allem unterscheidet sich Goethes Novellenzyklus von Boccaccios *Decamerone*: Statt den Anspruch zu erheben, angesichts einer im Chaos versinkenden Realität die Überlegenheit einer ästhetischen Weltordnung vor Augen zu führen, müssen sich sowohl die adligen Familienmitglieder als auch die gegenseitig erzählten Novellen an einer Wirklichkeit messen lassen, die jede Flucht in Illusionen vereitelt.

Die Novellen und das Märchen

Unter Berufung auf die Geschichte vom Prokurator, die Geschichte von Ferdinands Wandlung sowie das Märchen hat sich in der Forschung lange die Annahme gehalten, Goethe veranschauliche in den *Unterhaltungen* eine auf Subordination und Entsagung aufbauende Ethik. Gegen diese klassizistische Lesart spricht freilich schon, dass in den Binnenerzählungen des Zyklus das Besondere, Unheimliche und Rätselhafte dominiert. Den zwei genannten Novellen stehen außerdem vier weitere gegenüber, in denen das Motiv der Entsagung nicht vorkommt. Gerahmt werden sie von der Geschichte der Sängerin Antonelli, der Geschichte vom merkwürdigen Klopfen, den beiden Bassompierre-Geschichten und schließlich vom Märchen. Dabei geht es in den vier einleitenden Novellen um rätselhafte Begebenheiten, während das abschließende Märchen, das stets besondere Aufmerksamkeit gefunden hat, noch einmal symbolisch das Thema der Entsagung variiert. Mit seiner exponierten Stellung am Ende des Zyklus ist verschiedentlich ein ‚klassischer' Selbst-Entwurf legitimiert worden, demzufolge sich der Einzelne freiwillig in den Dienst gemeinnütziger Interessen stellt. Gleichwohl spielt das Märchen gattungsgemäß ganz im Reich des Außernatürlichen. Welchem ‚Selbst' sollte also die Gold fressende Schlange, die zwar ihr Leben für alle anderen Protagonisten opfert, entsagen? Oder symbolisiert der freiwillige Tod der Schlange ein Gesetz der Entsagung, das den Einzelnen zwingt, nicht nur sinnlich, sondern in erster Linie intellektuell Verzicht zu leisten zugunsten eines ansonsten libertinären Daseins? Entsagung, und dies widerspricht völlig dem Wortgebrauch Goethes, wäre in diesem Fall mit einer konformistischen, selbstlosen Haltung gleichzusetzen, die in einer Widerständigkeit voraussetzenden Moderne notwendig zum Scheitern verurteilt ist.

Wie der Erzähler der Rahmenhandlung ergänzt, kennzeichnet es die Gegenbewegungen einer aufklärungskritischen Moderne, dass sie einzelne Wertvorstellungen verabsolutiert und jeden Widerspruch mit rhetorischem Pathos zunichte macht. Nachdem er zunächst den Jakobinersympathisanten Karl und anschließend den Geheimerat vorgestellt hat, exemplifiziert der Erzähler seine Einschätzung an den Verquastheiten des politischen Jargons. Über den Vetter notiert er, dieser habe sich „von der blendenden *Schönheit* verführen lassen, die unter dem Namen der Freiheit sich erst heimlich, dann öffentlich so viele Anbeter zu verschaffen wußte, und, so übel sie auch die einen behandelte, von den andern mit großer Lebhaftigkeit verehrt wurde." (GFA I 9, S. 997) Wird hier ein ästhetischer Begriff mit einer der Leitvorstellungen der Französischen Revolution in Verbindung gebracht und eine offensichtlich disparate Weltanschauung mit dem aufgeklärten Freiheitsimpetus etikettiert, so kaschiert dies nicht nur einen Widerspruch in sich. Wer nämlich gegen soziale und politische Unterdrückung kämpft, orientiert sich selten an Geschmacksfragen. Und wo bedingungsloser Respekt eingefordert wird, um von Unrechtmäßigkeiten abzulenken, dort mag man von blendendem, aber nicht vom schönen Schein sprechen. Eine erste Erklärung für solch eine Polemisierung der Verhältnisse liefert der Geheimerat. Im Unterschied zu Karl hat er längst eingesehen, dass inzwischen die verschiedenen revolutionären Parteien für das Recht auf Freiheit kämpfen. Verwickelt in machtstrategische Positionskämpfe, unterhöhlen nichtssagende Phrasen ihren revolutionären Freiheitswillen. Je weiter sich aber, so schlussfolgert der Geheimerat, solche Leitwerte von den realen Bedürfnissen der Menschen abheben, desto besser taugen sie dazu, politische Gegner zu diffamieren und die breite Masse aufzupeitschen: „er hatte die Willkür der Nation, die nur vom Gesetz sprach, kennen gelernt und den Unterdrückungsgeist derer die das Wort Freiheit immer im Munde führten. Er hatte gesehen, daß auch in diesem Falle der große Haufe sich treu blieb, und Wort für Tat, Schein für Besitz mit großer Heftigkeit aufnahm." (Ebd., S. 1000)

Freiheitsrhetorik

Merksatz

Wie in den *Unterhaltungen deutscher Ausgewanderten* deutlich wird, verkommen Werte wie die Freiheit unter den politischen Parteigängern zu hohlen Phrasen, mit denen die Massen bis zum besinnungslosen Hass aufgepeitscht werden.

Gemeinste Höflichkeit

Mit diesem ersten Ausblick auf die „Folgen eines unglücklichen Feldzugs, sowie die Folgen jener verbreiteten Gesinnungen und Meinungen" (GFS I 9, S. 1000) mutet Goethe seinen Lesern eine Zukunftsperspektive zu, die sich nur unzureichend mit dem gern beschworenen Evolutionismus eines Revolutionsgegners erklären lässt. Wie auch die Baronesse im weiteren Verlauf erkennt, neigt die Politik der Moderne zu blindwütigem Aktionismus, gründet ansonsten aber auf bloßer Rhetorik. Intensiver als der Geheimerat beschäftigt sie sich jedoch mit der in weiten Bevölkerungskreisen schwindenden Bereitschaft, Krisensituationen dialogisch zu bewältigen. Zu den aus ihren Augen folgenschwersten Brutalismen gehört, dass kaum jemand noch die „gemeinste Höflichkeit" gegen „einen jeden" aufbringt, der „euch auf der Straße begegnet" (vgl. ebd., S. 1008). Entbunden von solch einer Vorurteilslosigkeit, verbreitet sich im Gegenzug eine diabolische Lust, andere Gesprächspartner bei jeder sich bietenden Gelegenheit psychisch zu verletzen. Flankiert wird sie von einer nervösen Maßlosigkeit:

> Wie sehr hütete man sich sonst, in der Gesellschaft irgend etwas zu berühren, was einem oder dem andern unangenehm sein konnte! [...] Jeder Umstehende suchte das Versehen wieder gut zu machen, – und tun wir nicht jetzo gerade das Gegenteil von allem diesem? Wir suchen eifrig die Gelegenheit, wo wir etwas vorbringen können, das den andern verdrießt und ihn aus seiner Fassung bringt. (Ebd., S. 1008)

Prinzip der Steigerung

Diese irrationale Emphase wird in den unerhörten Begebenheiten der Novellen und des Märchens insofern überboten, als sich die Wucht, mit der sie das Leben der Protagonisten aus der Bahn bringen, kaum erklären lässt. Erzählt werden die Binnengeschichten nach dem Prinzip der Steigerung. Handelt es sich zunächst um zwei Geistergeschichten und zwei anekdotische Liebesabenteuer, so folgen ihnen zwei Novellen im engeren Sinne, die einen klar strukturierten Handlungsbogen und anschaulicher charakterisierte Protagonisten aufweisen. Diese zyklisch-serielle Anordnung der Geschichten vergleicht die Baronesse mit „Parallelgeschichten. Eine deutet auf die andere hin und erklärt ihren Sinn besser als viele trockene Worte." (Ebd., S. 1058) Davon abweichend beschließt das Märchen den Zyklus. Ihm wird keine erläuternde Erzählung zur Seite gestellt. Ob es dadurch als höherwertige Form des Erzählens ausgewiesen wird, dies zu entscheiden bleibt dem Leser überlassen.

Anekdoten und moralische Erzählung

Gestützt wird dieser Befund durch die inhaltliche Anlage der dem Märchen vorangehenden Geschichten. Deutlich dominiert in ihnen das Liebesthema, handle es sich nun um die amourösen Zudringlichkeiten, die sich die Sängerin Antonelli gefallen lassen muss, oder um die Verführungskünste einer Frau, die Marschall Bassompierre zu einer Liebesnacht einlädt. Selbst in der Prokurator-Novelle, die der Geistliche als moralische Erzählung ausweist und in Anlehnung an die kantische Aufklärungsphilosophie vorträgt, wird die sittliche Entscheidung des Prokurators gegen seine Neigung durch erotische Avancen herausgefordert. Nur in der Ferdinand-Novelle und im Märchen fehlt es an vergleichbaren Händeln.

Angewandt auf das Prinzip der Steigerung, lässt sich auch hinsichtlich der Charakterzeichnung festhalten, dass die nacheinander erzählten Geschichten immer deutlicher gegen die Forderung der Baronesse nach Figuren verstoßen, die sich nicht über die Befolgung starrer Normen definieren: „Geben Sie uns zum Anfang eine Geschichte [...], in der die Menschen erscheinen, wie man sie gern mag, nicht vollkommen, aber gut, nicht außerordentlich, aber interessant und liebenswürdig." (GFA I 9, S. 1038) Bezeichnenderweise kritisiert Karl schon kurz vor Schluss der Ferdinand-Novelle, die Bußfertigkeit des Protagonisten lasse sich wohl kaum auf das reale Leben übertragen. Und dass Ferdinand seine Kinder später so dressiert, dass sie „sich gleichsam aus dem Stegreife etwas mußten versagen können", darf wohl pädagogisch kaum als vorbildhaft gelten (ebd., S. 1079). Entsprechend kühl und beiläufig fallen die Reaktionen der Vertriebenen aus, nachdem der Geistliche die Novelle zu Ende erzählt hat. Wie sie in ihrer prekären Lebenslage auf das Märchen mit seiner harmonischen Eintracht reagieren, erfährt die Leserschaft der *Unterhaltungen* nicht mehr.

Trotzdem schließen die *Unterhaltungen deutscher Ausgewanderten* mit zwei Geschichten, in denen es um „Enthaltsamkeit" und „Gehorsam" geht (ebd., S. 1080). Für Schillers *Horen* konzipiert, denen soeben die Erziehung des Publikums auf die Fahnen geschrieben worden war, muss sich der Leser deshalb aber nicht mit der Rolle des passiv zu Erziehenden zufriedengeben. Wird das Motiv der Demut und Opferbereitschaft beider Schlusserzählungen vor dem Hintergrund moderner Krisenerfahrungen gedeutet, so fordern sie das Publikum zum Widerspruch heraus. Im gleichen Maße, wie die Flüchtlinge sich von den zwei letzten Geschichten distanzieren, bleiben die Leser angehalten, sich angesichts der aktuellen Zeitumstände kritisch mit einem ‚happy end' auseinanderzusetzen, wie es wohl nur noch im Medium der Literatur möglich ist. Auf diese ästhetische Herausforderung, derzufolge es Kunst in Zeiten wachsender Widersprüche keineswegs obliegt, probate oder gar ideale Lebensstrategien zu entwerfen, weist die Baronesse schon vor der zweiten Gesprächsrunde hin: „Ihre Geschichte [...] hinterlasse uns einen stillen Reiz weiter nachzudenken" (GFA I 9, S. 1038).

Moderne Krisenerfahrungen

Weil solch ein Anspruch aber den gewohnten Leseerwartungen zuwider läuft, verlangen allzumal die jüngeren Zuhörer von dem Geistlichen eine Deutung der soeben erzählten Sittengeschichten. Der aber schließt den Novellenzyklus mit einem „Produkt der Einbildungskraft" (ebd., S. 1081). Konsequenterweise öffnet sich die Symbolik des Märchens ins ‚Unendliche', wie Goethe an Schiller schreibt, und lässt sich nicht mehr allgemein verbindlich auslegen. Offen bleibende Antworten wird der Leser folglich selbst finden müssen. Dass dieser ihm angetragenen Mündigkeit ebenfalls ein Erziehungskonzept zugrunde liegt, korrespondiert Goethes politisch vielleicht ‚unverbindlicherem', dafür aber ästhetisch widerständigerem Subjektbegriff. Wenn also die *Unterhaltungen deutscher Ausgewanderten* überhaupt ein ethischer Grundton durchzieht, dann die Mahnung vor einer gar zu emphatischen Furcht vor dem Kontingenten. Jede andere Erwartung würde das Erzählen auf ‚idealische' Weise einschränken:

> Auch das gehört zum Genuß an solchen Werken, daß wir ohne Forderungen genießen; denn sie selbst kann nicht fordern, sie muß erwarten, was ihr geschenkt wird. Sie macht keine Pläne, nimmt sich keinen Weg vor, sondern sie wird von ihren eigenen Flügeln getragen und geführt, und indem sie sich hin und her schwingt, bezeichnet sie die wunderlichsten Bahnen, die sich in ihrer Richtung stets verändern und wenden. (GFA I 9, S. 1081)

7.3 Kalendergeschichten

Erklärung

Johann Peter Hebels Kalendergeschichten erzählen von Abenteuern, Naturerscheinungen, Mord oder Unglücksfällen, und dies alles, wie der Autor verschiedentlich betont, aus der Perspektive der ‚neuesten Vaterlandsgeschichte'. Historisch stehen diese epischen Kleinformen in der Tradition antiker Land- und Hirtenidyllen, aber auch des Schwanks aus dem rustikalen Volksleben. Obwohl sie ihren belehrenden Charakter nie ganz abgelegt haben, dienen Kalendergeschichten, wie auch das Beispiel Grimmelshausens und Bert Brechts zeigt, vom 17. bis zum 20. Jahrhundert der politischen Aufklärung. Insofern wenden sie sich nicht notwendigerweise nur an ein ländliches oder literarisch weniger gebildetes Publikum. Einem bewährten Konfliktschema folgend (Streit zwischen Herr und Knecht, Betrugsfälle, sexuelle Nötigung), reflektiert der Erzähler solche teils anekdotischen, teils heiklen Begebenheiten aus einem weltläufigen Blickwinkel und setzt demgemäß das volkstümlich Skurrile mit politischen Missständen oder geschichtlichen Ereignissen in Beziehung.

Literaturgeschichtlich gelten die Kalendergeschichten des 18. und frühen 19. Jahrhunderts als Vorläufer der ideologisch gefärbten Dorfgeschichte. Diese Verbindungslinie wirft die Frage auf, inwieweit sich Hebels literarischer Beitrag überhaupt zu den Erzählformen und Themen der klassischen Literatur fügt. Eine Antwort lässt sich nur auf der Basis des Engagements der deutschen Klassiker für volkstümliche Literatur und ihres Interesses an romantischen, dämonischen oder kriminalistischen Sujets formulieren. Im Sinne eines weitergefassten Verständnisses des Klassischen repräsentiert Hebel dann als Autor und Herausgeber von mundartlichen Gedichten, Volkskalendern und des *Schatzkästleins des Rheinischen Hausfreundes* geradezu idealiter jenen Typus des Volksschriftstellers, wie ihn Schiller in seiner berühmten Rezension über Bürger einfordert.

Klassische Themen — Warum diese Einschätzung auch vor dem Hintergrund des Modernitätsdiskurses trägt, lässt sich an Hebels Selbstverständnis als Aufklärer belegen, der sein Publikum in Sachen Menschenkenntnis unterrichten möchte, es dafür aber nicht nur mit liebenswerten Gestalten unterhält. Vielmehr entlarvt er das vermeintliche Idyll auf dem Lande als Ort, an dem sich Halunken, Egomanen, Diebe, Mörder und Ehebrecher zusammenfinden, um ihren Vorteil bei jeder sich bietenden Gelegenheit zu suchen. Ferner erzählt Hebel schauerliche Geschichten von Menschen, die entweder zu Unrecht hingerichtet werden, ohne dass man ihren Namen kennenlernt, oder, wie im

Falle des zu Falun in einem Bergwerk konservierten Leichnams, nach fünfzig Jahren ihrer Braut wiederbegegnen. All diese Anekdoten, Erzählungen und Kurzgeschichten wollen als Mikrokosmos innerhalb einer weltumspannenden Ordnung gelesen werden. Allerdings veranschaulichen Hebels Protagonisten unmissverständlich, dass in diesem Weltgefüge schon lange nicht mehr alles in Ordnung ist. Insbesondere der Hoffnung auf eine allgemeine Vernunftwerdung sind durch Eigennutz und menschliches Versagen enge Grenzen gezogen.

Literaturgeschichtlich ist der Begriff der Kalendergeschichte umstritten, denn nur die Tatsache, dass sie ihren Ort neben lebenspraktischen Ratschlägen in Jahreszeitenkalendern für die Landbevölkerung gefunden haben, sagt wenig über eine Gattung aus, die sich ganz verschiedener epischer Kleinformen des Erzählens bedient. Was all den von Hebel abgefassten Geschichten gemeinsam ist und von Lesern wie Goethe und Herder geschätzt wird, ist zum einen der Anspruch, über das unterhaltsame Erzählen hinaus aktuelles Forschungswissen unterschiedlicher Disziplinen aufzubereiten. Ironisieren einzelne Kalendergeschichte zeitgenössische Formen der Herrscherverehrung, so thematisieren andere Menschenrechtsfragen. Überdies zerstreut der Erzähler mal umfassender, mal nebenbei Stereotype, Vorurteile und Aberglauben. Als volksnahe und dank dialektaler Einsprengsel bewusst auch volkstümlich gehaltene Literatur repoetisieren insofern Hebels Kalendergeschichten wissenschaftliche Erkenntnis. Wie auch die Lehrdichtung der deutschen Klassiker klären sie ferner über selbstverschuldete Unmündigkeit auf und entziehen damit auf ‚klassische' Weise dem Herrschaftsinstrument der Aufklärung, der diskursiven Logik und ihrem unbedingten Fortschrittswillen, den Anspruch auf Wahrheit. ‚Lehrdichtung'

Vielen Kalendergeschichten liegen Volkssagen oder überlieferte Begebenheiten zugrunde, die Hebel kunstvoll und, darauf haben erstmals Walter Benjamin und Ernst Bloch hingewiesen, unter Zuhilfenahme verschiedener Zeitebenen ausgestaltet. Geschichten in der Geschichte erzählend, drängt Hebel den Leser in die Rolle des Mitwissers oder entlässt ihn bisweilen ratlos in einen Zustand äußerster Verunsicherung. Vor allem seine Kurzgeschichten enden oft abrupt und mit dem Hinweis des Erzählers, das Geschehen nicht mehr mit einem Merksatz erläutern zu können (s. Arbeitstext III). Damit avanciert das Dargestellte zur unerhörten Begebenheit und schlägt als düster gehaltenes Artefakt eine erzähltechnische Brücke zu den befremdenden Novellen Kleists oder Edgar Allan Poes. Geschichten in der Geschichte

Niemand in Hebels Kalendergeschichten muss sich eingehender über diese Unwägbarkeiten des Lebens unterrichten lassen als jener Scharfrichter, der unter mysteriösen Umständen zu einer Hinrichtung gebeten wird. Obgleich ihn diese Art des Amtsersuchens irritiert, hinterfragt er sie nicht weiter und lässt sich auf das Abenteuer ein: „das ist meines Amts".[33] Noch nämlich geht er davon aus, als Teil der Exekutive müsse er nur vollstrecken, was ein ordentliches Gericht zuvor über das Leben eines Verbrechers entschieden hat. Was nun jedoch beginnt, gestaltet sich zur so geheimnisvollen wie unentrinnbaren Verstrickung in eine Schuld, für die es wohl keine Sühne gibt. Zumindest spielt der erzählende Hausfreund darauf gleich eingangs Heimliche Enthauptung mit den Worten an: „Hat der Scharfrichter von Landau früh den 17. Juni seiner Zeit die sechste Bitte des Vater Unsers mit Andacht gebetet, so weiß ichs nicht. Hat er sie nicht gebetet, so kam ein Brieflein von Danzig am geschicktesten Tag." Mit der sechsten Bitte wird Gott ersucht, uns ebenso von aller Schuld freizusprechen, wie wir es mit all jenen tun, die in unserer Schuld stehen. Ohne dieses nacheinander zu erfüllende Bedingungsverhältnis ist Gott nicht verpflichtet, dem Betenden zu vergeben. Auf diese Deutung des sechsten Gebots besinnt sich jedenfalls der Henker, als er in einen schwarz verhängten Saal geführt und gebeten wird, eine weibliche Person zu richten, die dort „mit entblößtem Hals und mit einer „Larve vor dem Gesicht" sitzt und „etwas in dem Mund gehabt haben" muss, denn „sie konnte nicht reden, sondern nur schluchzen."³⁴

Femegericht Ganz offenkundig findet in dieser bedrückenden Atmosphäre ein Femegericht statt, denn ringsherum stehen schwarz gekleidete Männer, die den Scharfrichter mit Pistolen bedrohen und somit jeden Widerspruch vereiteln. Weil man sich selbst nicht die Hände an einem Mord schmutzig machen will, ist eine Amtsperson herangezogen worden, der es auch ansonsten nicht zusteht, Fragen über die Rechtmäßigkeit seines Handelns zu stellen. Allerdings wurde dem Henker früher traditionell zugesichert, keine Schuld auf sich zu laden. Oder es wurde ihm Gelegenheit gegeben, das Opfer vor der Tötung um Verzeihung zu bitten. Hier indes geschieht auch nach alter Rechtsprechung ein ungeheuerliches Unrecht, und damit der Scharfrichter später keine öffentliche Klage erheben kann, bringt man ihn mit verbundenen Augen an den Richtplatz und anschließend wieder nach Hause. Von existentiellen Ängsten geplagt und zunehmend unsicherer, ergibt sich der Scharfrichter schließlich in sein Schicksal und erfüllt seinen Auftrag. Dass er jetzt zum wissend-unwissenden Zeugen eines eklatanten Verbrechens geworden ist, bestätigt der Erzähler mit den abschließenden Worten: „Nein, es hat niemand erfahren wer sie war, und was sie gesündigt hat, und niemand weiß das Grab."³⁵

Zerstörte Weltordnung Mit diesem geheimnisvollen Ausgang der bedrückenden Kalendergeschichte macht der Hausfreund die Leser zu Mitwissern eines Meuchelmordes. In aufgeklärter Denkungsart lässt sich diese Unrechtmäßigkeit fortan nicht mehr hinwegdiskutieren, denn wie jede andere inhumane Tat blockiert sie den Weg zu einer freien und liberalen Menschheit. Mit dieser Erschütterung des Glaubens in ein von Vernunftgesetzen, Rechtmäßigkeit und Toleranz getragenes Gesellschaftssystem scheint sich der Erzähler seiner aufklärerischen Pflichten allerdings entledigt zu haben. Vordergründig fügt sich dazu der abschließende Hinweis, „es wäre dem Hausfreund leid, wenn er sagen könnte, wer die arme Seele war, die auf einem so blutigen Weg in die Ewigkeit hat gehen müssen."³⁶ Doch die zuvor angemahnten Christenpflichten gelten auch für ihn. Belässt er es dabei, die schrittweise Verunsicherung des Scharfrichters nachzuzeichnen, so macht er sich in zweifacher Weise schuldig: Zwar informiert der Erzähler sein Publikum darüber, dass der Henker in panischer Angst tötet. Doch der lapidare Zusatz, er habe den Lohn von zweihundert Dukaten an sich genommen, bestätigt auf eher triviale Weise den Verdacht, die Aussicht auf die eigene (finanzielle) Sicherheit motiviere selbst das perfideste Unrecht. Zu dieser stereotypen Aburteilung fügt sich die schon eingangs bemühte und nun in der Rückschau umso zynischere Anmerkung, während des Morgengebets habe der Henker an diesem grauenvollen Tag die sechste Bitte des Vater Unsers möglicherweise ja vergessen. In diesem Fall müsste er ganz allein die Verantwortung dafür übernehmen, wenn ihm Gott jetzt jeden Beistand verweigert.

Dass Hebel hier mit der Selbstgefälligkeit gutgläubiger Leser spielt, lässt sich auch in aufklärerischer Sicht bestätigen. Gibt der Erzähler nämlich abschließend zu verstehen, es beruhige ihn, den Namen des Toten nicht nennen zu können, so distanziert er sich nicht nur von dem geschilderten Vergehen. Er rettet sich in eine schicksalhaft und von Fürbitten regulierte Weltordnung. Solch eine fadenscheinige Beruhigung reduzierte den Mord freilich auf das Niveau einer zwar ungeheuerlichen Begebenheit, für welche aber der Henker allein die Verantwortung zu übernehmen hätte. Weil aufgeklärte Vernunftgesetze aber auch juristischerseits keine allzu großen Handlungsspielräume gestatten, darf sich der Leser weder mit solch einer Vertuschung des Unrechts zufriedengeben noch mit der lapidaren Selbstrechtfertigung des Berichterstatters. Solchermaßen gezwungen, dem literarischen Bericht als moralische Instanz mit Vorsicht zu begegnen, sieht sich der Leser in seinem Autoritätsglauben hinterfragt. Dazu gehören auch das Vertrauen in das eigene Selbstverständnis und die ständische Voreingenommenheit. Immerhin ist die literarisch durchaus anspruchsvolle Kalendergeschichte *Heimliche Enthauptung* für ländliche Rezipienten gedacht, denen die gebildeten Leser in ihrer Funktion als Repräsentanten der bürgerlichen Vernunftphilosophie meist wohl eher reserviert begegnen. Lässt man diese aufklärende und dennoch aufklärungskritische Lesart gelten, dann fügen sich Hebels badische Bauern- und Gaunerankedoten zur desillusionierenden, den Rezipienten immer wieder verunsichernden Epik der deutschen Klassik. Wo subjektive Autonomie und ästhetische Existenz in Gefahr stehen, hinterfragen sie die Überzeugungskraft des systemischen Bestimmtheitsdenkens und dessen polarisierende Wertungskategorien. Johann Peter Hebel bereichert diese an modernen Widersprüchen und Verunsicherungen geschulte Infragestellung des Lesers um menschliche und psychische Extremfälle, an denen sich das blinde Vertrauen in Recht und Ordnung abarbeiten muss.

Aufklärung des Bürgertums

Der klassische Roman als bürgerliche Desillusion 7.4

Die Romane der deutschen Klassiker lassen sich zahlenmäßig leicht überblicken: 1795 und im Jahr darauf erscheint Goethes *Wilhelm Meisters Lehrjahre*, zwischen 1797 und 1799 die vier Teile von Hölderlins *Hyperion oder der Eremit in Griechenland* und 1809 Goethes *Die Wahlverwandtschaften*. Darüber hinaus überarbeitet Wieland seine *Geschichte des Agathon* noch einmal in den 1790er Jahren, womit einer der wichtigsten Vorläufer des klassischen Romans im letzten Jahrhundertdezennium wieder als revidierte

Klassische Romane

Neuausgabe vorliegt. Wenige Jahre zuvor erscheinen die Romane zweier Autoren, deren Einfluss auf die klassische Literatur ebenfalls kaum zu unterschätzen ist. Zwischen 1785 und 1790 veröffentlicht Karl Philipp Moritz seinen psychologischen Roman *Anton Reiser*. Ihm folgt 1791 Friedrich Maximilian Klingers *Fausts Leben, Taten und Höllenfahrten*. Nicht zu vergessen sind die Romane Jean Pauls, die in der zweiten Hälfte der 1790er Jahre erscheinen, *Hesperus oder die 45 Hundsposttage* (1795) beispielsweise oder der *Titan* (1800). In beiden wird das Ideal des höheren Menschen mit subtilem Humor konterkariert.

Jean Paul   Ob Romane, die sich verschiedener Themen und Motive der deutschen Klassik bedienen, tatsächlich in deren Umfeld gehören, wird bis heute unterschiedlich diskutiert. Schon seine Zeitgenossen wittern hinter dem Spott, mit dem Jean Paul bürgerliche Honoratioren, Adelige oder Provinzpatriarchen bedenkt, einen Verrat am klassizistischen Ideengut. Doch zumindest Jean Pauls episches Frühwerk reflektiert auch jene politische Unverbindlichkeit, die Hölderlins und Goethes Romane auf so irritierende Weise miteinander verbindet. Umgeben von Hofintrigen, ländlicher Blasiertheit und anmaßender Einfalt, lassen seine Antihelden erahnen, weshalb sie in ihrem Ringen um ästhetische Subjektivität scheitern. Auch die schrittweise Desillusionierung von Klingers Faust oder die schwere Identitätskrise Anton Reisers relativieren ein integratives Gesellschaftsideal. All diese ‚klassisch‘ disponierten und dann doch vom alltäglichen Leben gebeutelten Romanfiguren erlauben es, den ästhetischen Widerstand, gegen den sich die Romane der deutschen Klassiker behaupten müssen, genauer zu erfassen. Gemeint sind so prominente Erwartungshaltungen wie die von Hegel formulierte These, als „idyllisches Epos" zeichne sich die klassische Romanliteratur durch ihr Streben nach „einfacher Menschlichkeit" aus.[37]

Romantheorie   In den 1770er Jahren setzt sich im literarischen Diskurs die Ansicht durch, dass Romane das Seelenleben der Figuren möglichst detailliert beschreiben müssen, um den Zusammenhang zwischen innerer Disposition und äußerem Handeln nachvollziehbar zu machen. Als bürgerliche Paradegattung mit hohem Identifikationspotential wird ihm gleichzeitig angetragen, soziale Anerkennung mit der Bewältigung psychischer Konflikte in Verbindung zu setzen. Bezeichnenderweise beruft sich Blanckenburg in seinem *Versuch über den Roman* (1774) noch immer auf die Vorbildlichkeit eines Robinson Crusoe, der sein Schicksal dank seiner bürgerlichen Selbstzucht und Vernunftfähigkeit meistert. Auch Johann Georg Sulzer folgt dieser Argumentation, wenn er die Überschaubarkeit der Handlungsführung und die Sittsamkeit der fiktionalen Charaktere als natürlich und dem epischen Erzählen angemessen bezeichnet. Sulzers *Allgemeine Theorie der schönen Künste* (1771) fordert unter dem Stichwort ‚Romanhaft‘ freilich auch schon antike Maßhaltung für die Gattung ein und grenzt sie damit von der populären Unterhaltungsliteratur ab. So soll der ‚klassische‘ Roman im Unterschied zur weitverbreiteten Abenteuer-, Ritter- und Liebesliteratur seinen Beitrag zu einer Gegenwart leisten, die nach humanitärem Ausgleich und subjektiver Besinnung strebt.

7.4 | Der klassische Roman als bürgerliche Desillusionierung

Jean Paul und Moritz haben auf ihre Weise die von Sulzer vorgezeichneten Entwicklungswege beschritten. Ihre Romane grundiert ein ‚Welt-Ekel', der zu Zweifeln an jener gräzisierenden Gleichsetzung von Schönheitssinn und Humanität berechtigt. Zwar erklärt der Erzähler im *Hesperus*, es werde eine Zeit kommen, in der alle Ketten des Menschen fallen und sämtliche Widersprüche aufgehoben werden. Gleichzeitig steht für ihn fest, dass von deutscher Seite keine Impulse auf diese Freiheitsutopie ausgehen. Ähnlich melancholisch durchlebt Anton Reiser eine ‚Hölle von Elend'. Weil es dem Pietisten Reiser verwehrt bleibt, sich mit Hilfe der ihm anerzogenen Selbstbeobachtung von quälenden Widersprüchen loszusagen, scheitert er in seinem Streben nach ästhetischer Autonomie. Moritz' psychologischer Roman führt insofern die schwierige Ausgangslage des modernen Menschen vor Augen, der solange nicht zur ‚Besinnung' gelangen kann, wie ihn die Realität zur Flucht in Ersatzillusionen zwingt.

Epischer Welt-Ekel

Es hat nicht an Versuchen gefehlt, Jean Pauls und Moritz' resignative Weltsicht mit der romantischen Ästhetik in Verbindung zu bringen. Dahinter steht die Absicht, klassische Bildungsromane wie den *Hyperion* oder *Werther* sowie Goethes Eheroman *Die Wahlverwandtschaften* vor dem Vorwurf zu schützen, sie ließen ebenfalls die traditionell sozialbildende Funktion des Epos hinter sich. Doch dafür müssen die in Rede stehenden Bildungsromane als heimelige Variante des antiken Heldengesangs gedeutet werden. Einen entsprechenden Vorschlag unterbreitet Hegel in seiner *Ästhetik*. Zwar erkennt er die historische Differenz zwischen der modernen Gesellschaftsordnung und der Welt des antiken Epos an. Gleichwohl prognostiziert Hegel eine zukünftige Epik, die mit poetischer Strenge das Zeitalter einer wildschweifenden Prosaliteratur überwindet. Den Übergang zu dieser reflexiven Epik ebnen Romane, die als episches Idyll eine heiter-beschauliche Innenwelt des Bürgertums feiern:

Hegel

> Denn der ganze heutige Weltzustand hat eine Gestalt angenommen, welche in ihrer prosaischen Ordnung sich schnurstracks den Anforderungen entgegenstellt, welche wir für das echte Epos unerläßlich fanden, während die Umwälzungen, denen die wirklichen Verhältnisse der Staaten und Völker unterworfen gewesen sind, noch zu sehr als wirkliche Erlebnisse in der Erinnerung festhalten, um schon die epische Kunstform vertragen zu können. Die epische Poesie hat sich deshalb aus den großen Völkerereignissen in die Beschränktheit privater häuslicher Zustände auf dem Lande und in der kleinen Stadt geflüchtet, um hier die Stoffe aufzufinden, welche sich einer epischen Darstellung fügen könnten. Dadurch ist denn besonders bei uns Deutschen das Epos *idyllisch* geworden, nachdem sich die eigentliche Idylle in ihrer süßlichen Sentimentalität und Verwässerung zugrunde gerichtet hat.

So begründet Hegel die gesellschaftliche Bedeutung des Epos auf das Vermögen zurückführt, historische Ereignisse, die dem kulturellen Gedächtnis abhanden zu kommen drohen, fiktional zu rekapitulieren, so problematisch liest sich die Annahme, der epische Dichter suche „aus der modernen Wirklichkeit Züge, Schilderungen, Zustände, Verwicklungen" heraus, die „in ihrem Gebiete das wieder lebendig machen, was zum unvergänglichsten Reiz in den ursprünglich menschlichen Verhältnissen der Odyssee und der patriarchalischen Gemälde des Alten Testamentes gehört." Zum Beweis beruft sich Hegel auf Goethes *Hermann und Dorothea*. Ob sich das Versepos als Muster einer Verklärung rustikaler Humanitas taugt, sei jedoch dahingestellt. Wohl kann die Tatsache, dass der Dichter die „in unserer Zeit größte Weltbegebenheit" ausblendet, so interpretiert werden, als enthalte sich Goethe in *Hermann und Dorothea* bewusst jeder politischen Stellungnahme.[38] Doch ebenso gut nimmt jene Ländlichkeit, in der sich Hermann und Dorothea lieben lernen, schon deshalb irreale Züge an, weil sie von den politischen Umwälzungen in Folge der Französischen Revolution gänzlich verschont bleibt. Ihre idealisierte Liebe inmitten einer episch stilisierten Enklave steht in einem so unüberbrückbaren Spannungsverhältnis zur prosaischen Wirklichkeit, dass sich die provozierende ‚Zeitlosigkeit' des Versepos als erzählerische Illusion überführt.

> **Merksatz**
>
> Die Romane der deutschen Klassik tradieren nicht die gesellschaftskonstitutive Epik antiker Vorbilder. Sie thematisieren die quälenden Widersprüche zwischen sozialer Integration und dem Streben nach subjektiver Autonomie. Auf diese Weise wird verhindert, dass sich der Leser mit der bürgerlichen Gattung als einem ästhetischen Fluchtraum identifiziert.

Desillusionierung Um die traditionellen Erziehungsabsichten des Epos zu unterlaufen, nutzt der Roman der deutschen Klassik distanzschaffende Potentiale, die den Leser vor idyllischen Fluchtoptionen schützen. Im *Wilhelm Meister* sind es eingearbeitete Erinnerungen, Archive oder Bekenntnisse einer ‚schönen Seele', welche die Kompliziertheiten des modernen Lebens zu verhöhnen scheinen, im *Hyperion* ist es die vorübergehende Sehnsucht nach antiker Schönheit und in den *Wahlverwandtschaften* die Apotheose Ottiliens. Damit diese weltfernen Essenzen eines musterhaften Lebens nicht mit Bildungsidealen verwechselt werden, verhalten sie sich disparat zu einer epischen Weltordnung, die ständig aufgehoben, ästhetisch überboten oder verfremdet wird. So gleicht Wilhelms Rückkehr in die bürgerliche Gesellschaft einer resignierten Ergebung in ein Schicksal, welches die Oberaufseher einer pädagogischen Provinz längst über ihn verhängt haben. Über all dem wacht die himmlisch verklärte Makarie. Weit entfernt von der Utopie einer freien Menschheit, vereint sie Züge der Jungfrau Maria mit denen der griechischen Weisheitsgöttin Pallas Athene. Auf der Grundlage eigener Leidenserfahrungen wirbt Makarie für die Bereitschaft, dem eigenen Ich zu entsagen und das Leben zu erdulden. Ähnlich ernüchternd gestaltet sich Hyperions schrittweise Desillusionierung – nur dass er im Unterschied zu Wilhelm den Vorzug genießt, noch rechtzeitig die Flucht in ein durch und durch irdisches Eremitendasein antreten zu können. Seine Einblicke in die sozialen und politischen Strukturen des späten 18. Jahrhunderts lassen indes keinen Zweifel daran, auf welche Weise das ästhetische und das, bei Hölderlin ebenso reflektiert, historische Subjekt in der modernen Gesellschaft boykottiert wird.

„der Gott in uns ist immer einsam ..." – 7.4.1
Hyperion oder der Eremit in Griechenland

Gemeinsam mit dem Liebestod Diotimas ist Hyperions Verklärung des antiken Griechenlands als Ausblick auf ein höheres Dasein gedeutet worden, das ähnlich wie bei Wilhelm Meister als letzten Lebenszweck die Rückkehr des Geistigen in die Natur einfordert. Wie die exemplarische Beschäftigung mit Hölderlins Roman zeigen soll, wird diese theologische Lesart aber weder der klassischen Ästhetik des Selbstseins noch der frühidealistischen Widerständigkeit gegen den Weltgeist gerecht. Über beide hält schon einer der Vorentwürfe zum *Hyperion* programmatisch fest, dem Menschen sei es nicht beschieden, dauerhaft „in stiller seeliger Genügsamkeit das süße Licht" zu umschweben. Er muss handeln und aus der „heiligen Vergessenheit" all der Formen des Andenkens und Nachsinnens heraustreten, um sich als Selbst denken und eine eigene Identität ausbilden zu können. Was ihm bleibt, sind Träume, mit deren Hilfe er sich gegen das ‚Ganze' zu behaupten vermag: „Es giebt noch Augenblicke, wo es mich so weit über mich selbst erhebt das herrliche Gefühl, der Mensch sey nicht fürs einzelne geschaffen." (Hö 1, S. 487f.) Solch ein Bekenntnis zur ‚Göttlichkeit des Träumens' schließt nicht die bittere Gewissheit aus, dass zeitgenössisches Leben in die Vereinzelung führen kann. Doch es hieße das klassisch konzeptionierte Subjekt zu unterschätzen, wenn aus Hyperions Traum auf das Bedürfnis nach sozialer Integration geschlossen würde. Im Grunde sind nämlich alle Menschen in der Moderne, die sich ihres Selbst zu vergewissern streben, innere Eremiten wie er. Sein Verständnis als autonomes Subjekt, von dem Hyperion in seinen Briefen erzählt, mag daher zutiefst prosaische Züge tragen. Aber es hilft ihm, Diotimas Sehnsucht nach dem Jenseits zu überwinden. Eine andernfalls drohende Vergöttlichung der Freundin abzuwenden, daran bemisst sich die Modernität dieses desillusionistischen Bildungsromans. Statt also den Untergang einer ehedem noch intakten Kultur zu beklagen, überwindet Hölderlins *Hyperion* diese epische Erinnerung zugunsten eines zwar einsamen, aber dafür irdischen Menschseins.

Mit ersten Plänen zu seinem *Hyperion* trägt sich Hölderlin schon während seiner Studienzeit im Tübinger Stift. Im Juli 1793 liegt ein fragmentarischer Entwurf vor, der bis zum April des folgenden Jahres überarbeitet wird. Die ersten fünf Briefe dieser Fassung erscheinen in Schillers *Neuer Thalia*. 1795 beschäftigt sich Hölderlin in Jena dann vorübergehend mit einer metrischen Fassung. Im April 1797 erscheint der erste Band des Briefromans, dem im Herbst 1799 der zweite folgt. Die ersten zeitgenössischen Urteile fallen zurückhaltend aus. In seinem Brief vom 17. August 1797 an Goethe beschreibt Schiller den siebenundzwanzigjährigen Hölderlin als „subjectivisch", „überspannt" und „einseitig". Ferner bleibt Schiller fraglich, „ob nur der Mangel einer aesthetischen Nahrung und Einwirkung von aussen und die Opposition der empirischen Welt", in der Hölderlin lebe, das Missverhältnis zwischen dem idealisch strebenden Künstler und einem so „unglücklichen" Werk verschuldet habe (vgl. SNA 29, S. 118).

Entstehung

Mangelnde Klarheit?

Hinter dieser Beobachtung, die präzise Hölderlins Darstellung schroffer seelischer Gegensätze erfasst, verbirgt sich Schillers grundsätzlicher Vorbehalt gegenüber einer Prosaliteratur, die eine eigentlich „schöne und aesthetische Stimmung" nicht zu evozieren vermag. Hölderlin gelingt es also aus Schillers Sicht nicht, den Widerspruch zwischen „gemeiner Empirie" und Idealität zu überbrücken. Denn wer sich ganz auf sich selbst beschränkt, der neigt einerseits zu „Ernst" und „Innigkeit". Andererseits fehlt es ihm nach Schiller an dichterischer „Klarheit". Nun erschließt sich der *Hyperion* tatsächlich nicht leichthin. Dafür fehlt es ihm an „Ruhe" und „moralischen Tendenzen". Doch in einem Punkt sollte Schiller nicht Recht behalten: Dichter, „die aus einem gewißen Stande zu der Poesie pp kommen", mögen nicht den elitären Ansprüchen genügen, die Schiller der Literatur anträgt (vgl. ebd., S. 117f.). Aber dass nur Tragödien- und Ependichter ihre Leser „incommodieren, ihnen ihre Behaglichkeit verderben, sie in Unruhe und in Erstaunen setzen" – diese Behauptung wird durch die Rezeptionsgeschichte des *Hyperion* gründlich widerlegt.

Bildungs- und Thesenroman

Das hohe Ansehen, das Hölderlins Werke heutzutage genießen, sollte allerdings auf sich warten lassen. Bedingt durch seine hypersensible Persönlichkeit, die spätere Erkrankung und schließlich das Missverständnis, mit dem ihm die deutschen Klassiker begegnen, gerät sein Werk weitgehend in Vergessenheit. Bezeichnenderweise ist über Hölderlins *Hyperion* zutreffend angemerkt worden, als Werk von weltliterarischem Rang sei er in Deutschland merkwürdig unbekannt. Für diese Zurückhaltung spricht seine vielschichtige Anlage, die jede eng gefasste Gattungsbestimmung sprengt. Denn der *Hyperion* ist nicht nur ein Bildungsroman, in den Hölderlins Erziehungskonzept einfließt. Er enthält auch ein existenzphilosophisches, geschichtstheoretisches, ästhetisches und antiaufklärerisches Programm, das je für sich genommen dazu berechtigt, von einem philosophischen Roman, einem Thesenroman und nicht zuletzt von einem gesellschaftskritischen Zeitroman zu sprechen.

Romanaufbau

Auch die drei Zeitebenen des *Hyperion* erschweren die Lektüre: Auf der ersten Ebene, im letzten Drittel des 18. Jahrhunderts angesiedelt, tauscht der etwa mittzwanzigjährige Hyperion mit seinem Freund Bellarmin eine Reihe von Briefen aus. Skeptisch erzählt er von seinen Erfahrungen mit den Deutschen. Nicht minder verhalten versucht er, sich vor- und zurückblickend seines eigenen Selbst zu vergewissern. Da er als Grieche aktiv am Befreiungskampf gegen die Türken teilgenommen hat, lässt sich die zweite Zeitebene, auf das Jahr 1770 datieren. Neben der beschriebenen Schlachteneuphorie gehört zu ihr auch die Liebe zu Diotima. Auf der dritten Erzählebene arbeitet Hyperion schließlich seine Kindheit und die Erziehung durch Adamas auf. Was nun das Unterscheiden aller drei Erzählebenen erschwert, ist die poetische Vergegenwärtigung des jeweils Berichteten. Zwar wechselt der Erzähler nicht willkürlich zwischen näherer und fernerer Vergangenheit. Aber durch entsprechenden Tempusgebrauch und sehr sparsam eingesetzte Kommentare des Erlebten entsteht bisweilen der Eindruck, als trete die Gegenwart des Briefschreibers vollkommen in den Hintergrund. Vergegenwärtigt er sich daher Diotimas Wesen oder seine Kämpfe, indem er sie ausschließlich im Geiste antiker Schönheitsideale und Heldentugenden schildert, so scheinen sich die beteiligten Charaktere in einer weit zurückliegenden Epoche zu bewegen.

> **Merksatz**
>
> Hyperion lässt den Leser ungeschminkt an den raschen Wechseln zwischen Leiden und Emphase teilhaben. Vor allem seine Ausführungen über Deutschland lassen erkennen, wie viel Vertrauen in die unzerstörbare Schönheit der Welt immer wieder aufgeboten werden muss, um das soziale Elend zu ertragen.

Muss sich der Leser angesichts der drei Zeitebenen immer vergegenwärtigen, dass er hier mit einer politisch aktuellen Notlage europäischen Ausmaßes konfrontiert wird, so verlangen die emotionalen Extreme, zwischen denen sich Hyperion bewegt, rasche Einfühlungswechsel. Kommentarlos konfrontiert Hyperion die Rezipienten mit solch widerstreitenden Gefühlen, dass allein deren abrupte Abfolge die Fallhöhe zwischen grenzenlosem Glück und einem sich bis zum Nihilismus versteigenden Weltschmerz erahnen lässt. Lediglich in den letzten Briefen an Bellarmin besinnt er sich noch einmal auf eine Natur, die ihm Trost und eine metaphysische Zuversicht spenden kann. Gleichwohl schwankt Hyperion bis zur letzten Zeile des Romans zwischen Euphorie und Desillusionierung: Zweifelt er zunächst noch an der Plausibilität seines Denkens, um wieder einmal seine endlose Sehnsucht nach der Natur zu begründen, so nimmt er mit dem in Aussicht gestellten Folgebrief umgehend die Gegenposition ein. Ein Verschmelzen mit der ewigen Natur ist dem Menschen eben verwehrt. Schließlich untergräbt sie seine intellektuelle Autonomie:

Schönheit der Welt! du unzerstörbare!

> Schönheit der Welt! du unzerstörbare! du entzükende! mit deiner ewigen Jugend! du bist; was ist denn der Tod und alles Wehe der Menschen? – Ach! viel der leeren Worte haben die Wunderlichen gemacht. Geschiehet doch alles aus Lust, und endet doch alles im Frieden. Wie der Zwist der Liebenden, sind die Dissonanzen der Welt. Versöhnung ist mitten im Streit und alles Getrennte findet sich wieder. Es scheiden und kehren im Herzen die Adern und einiges, ewiges, glühendes Leben ist alles. So dacht' ich. Nächstens mehr. (Hö 1, S. 760)

Vom Ende des Romans her betrachtet, fassen Hyperions abschließende Worte, „So dacht' ich. Nächstens mehr.", konzis die Verweigerungshaltung eines modernen Desillusionierungsromans zusammen. Beide Ewigkeitskonstrukte, mit denen er sich in den Briefen zuvor beschäftigt hat, werden damit hinfällig: Weder spricht er Diotima heilig, die mental ihr Selbst zerstört und damit die Natur überwindet, um in ein durchgeistigtes Jenseits einzukehren. Noch akzeptiert er eine Natur, die interesselos über das einzelne Individuum hinweggeht und damit als ewig Hervorbringende nur ihren Fortbestand sicherstellt.

Ältestes Systemprogramm

Mit diesem Identitätsproblem beschäftigt sich auch das berühmte, anonym in einer Handschrift Hegels überlieferte *Älteste Systemprogramm* (ver-

Identität und Selbst

mutlich 1797). Ob Hölderlin es mitverfasst hat, ist nie eindeutig geklärt worden. Zumindest aber kennt er es aus seiner Zeit im Tübinger Stift. Zieht man diese Gründungsschrift des Deutschen Idealismus zu Rate, so muss zunächst zwischen dem *Selbst* und dessen *Identität* unterschieden werden. Unter *Identität* ist dabei nicht einfach nur die Summe subjektiver Erfahrungen und individueller Merkmale zu verstehen. Im Diskurs der Moderne gründet *Identität* vielmehr auf der Frage nach den Möglichkeiten, sich im Kontingenten widerständig und dennoch ‚sich selbst gleichbleibend' zu verhalten. Das *Selbst* teilt sich demgegenüber in das ästhetische und das historische Subjekt. Hölderlin verdeutlicht diese komplexe Unterscheidung in dem Fragment *Der Gesichtspunct aus dem wir das Altertum anzusehen haben* am Beispiel einer kulturgeschichtlich überholten Kindheitsharmonie des Menschen: Obwohl der „zur Kunst geborene Mensch" eigentlich „das Ursprüngliche Natürliche zu vervollkommen" strebt, verliert er im Laufe des wissenschaftlich-technischen Fortschritts die ästhetische Fähigkeit, „das Rohe, Ungelehrte, Kindliche" zu „bilden" (Hö 1, S.62). Aufgrund dieser negativen Erfahrung, mit der er sich als historisches Subjekt auseinandersetzt, erlahmt auch seine autonome Widerständigkeit. Zunehmend sieht er sich einer mechanistischen Gesellschaftsordnung ausgesetzt.

In dieser schier ausweglosen Situation bleibt dem Einzelnen nach Auskunft des *Ältesten Systemprogramms* gar keine andere Möglichkeit, als schlimmstenfalls auch sozial isoliert seine Identität als eine Art ‚Für-sich-Sein' neuerlich zu überdenken. Hyperion entschließt sich zu diesem Schritt, als er sich dem drohenden Nichts und einer grenzenlosen Passivität ausgeliefert sieht. Mit dieser Identitätssuche verbindet sich das Programm einer Neuen Mythologie, in der die Kunst den Auftrag übernimmt, alle vermeintlich dauerhaften Sinnerklärungen radikal zu hinterfragen. Als Vernunftwesen hat sich der moderne Mensch ohnehin in einen kaum zu behebenden Erklärungsnotstand manövriert. Warum sollte ihm Literatur jetzt mit Fürsorglichkeit begegnen?

Dem Schicksal entlaufen

Die folgende Analyse geht von der These aus, dass Hölderlin den Menschen als ‚Schwärmer' begreift. Ursprünglich gleicht er einem Gott, dem alle Nützlichkeitserwägungen zuwider sind. Wohlgemut erfreut er sich eines Daseins, in dem alles geordnet scheint. In Hyperions Wortgebrauch wird diese Lebensphase als *Traum* bezeichnet. Was den Menschen jedoch in Widerspruch zu seiner ästhetischen Bestimmung setzt, ist sein Streben nach Bildung. Alsbald verliert er sich in theoretischen und pragmatischen Erörterungen seiner Zukunft. Solch ein Versuch, dem eigentlichen „Schiksaal zu entlaufen" (Hö 1, S. 756), charakterisiert nach Auskunft des Romans den tragischen Konflikt des modernen Menschen. Anstatt an seiner ‚Idee der Freiheit' festzuhalten, strebt der ‚fortschrittliche' Mensch nach wissenschaftlicher Wahrheit und ästhetisch nach „Originalität und Selbständigkeit" (Hö 2, S. 62).

Identität denken

Zu einem der quälendsten Gedankengänge gehört in Hölderlins *Hyperion* die Frage, inwieweit das *Denken* als kulturgeschichtliches Korrelat des Träumens etwas zur Herausbildung eines ästhetischen und doch modernen Subjekts beizusteuern vermag. Hyperion diskutiert mögliche Antworten ausgehend von der These, Identität sei nur in der Trennung möglich. Exemplarisch spielt er sie am Beispiel von Diotimas Liebestod durch: Sollte ihr schwärmerischer Freitod eine höhere Einheit mit Hyperion im Jenseits vorbereiten, so bliebe dem enttäuschten Freiheitskämpfer nur die Aussicht, nach einem Dasein voller Qualen sich dereinst wieder mit Diotima zu verbinden. Doch solch ein metaphysischer Ausblick, dies muss Hyperion bitter genug feststellen, untergräbt das im Alltag notwendige Selbstbewusstsein. Zynisch entwirft er trotzdem eine lebensfeindliche Perspektive auf ein Diesseits, das nur als Durchgangsstadium akzeptiert wird. Erst später wird Hyperion dann bewusst, dass ihn Diotimas Dahinscheiden daran hindert, sich auf Erden als historisches und ästhetisches Subjekt zu begreifen. Erst als er sich zu dieser nicht minder quälenden Einsicht durchgerungen hat, löst sich Hyperion von der Aussicht auf ein jenseitiges Wiedersehen und stellt sich fortan der Tatsache, dass dem Menschen alle eindeutigen Antworten auf existentielle und spirituelle Fragen versagt bleiben: „ein Gott ist der Mensch, wenn er träumt, ein Bettler, wenn er nachdenkt" (Hö 1, S. 615).

Was hier als scheinbar katastrophisches Schicksal formuliert wird – die Unmöglichkeit, das Leben nur als Traum von der göttlichen Existenz auf Erden zuzubringen – umschreibt einen der fundamentalen Konflikte, der sich Subjekt und Identität ausgesetzt sehen. Halten sich Träumen und Denken die Waage, dann lebt der Einzelne mit seiner Natur im Gleichgewicht. Jede Störung des empfindlichen Gleichgewichts droht die eigene Identität zu zerreißen. Tragisch dokumentiert Hyperions weiterer Lebensweg, dass ihn ein einseitiger Vernunftgebrauch in die Einsamkeit führt. Gibt er sich jedoch phantastischen Illusionen hin, so droht ihm intellektuelle Verarmung. Eine Lösung eröffnet demgegenüber der Traum als Korrektiv des Denkens: Orientiert Hyperion sein Denken an jenem Urzustand, da der Menschen noch ein Gott war, so vermag er auch in praktischer Hinsicht die ganze Misere seines Daseins zu erkennen und vor allem zu akzeptieren. Solch eine eher glücklose Revision des Lebens mag allen Glücksversprechen der ‚Spaßgesellschaft' zuwiderlaufen. Aber sie schützt nach Hyperions Worten zumindest vor deren wortgewaltigen Verheißungen. Ein entfesselter Verstand, der sich endgültig vom ästhetischen Naturzustand lossagt, verdammt den Einzelnen nämlich zu Passivität und Unselbstständigkeit.

Das Leben – kein Traum

Um diesen scheinbar resignativen Befund für das Selbstbewusstsein des modernen Menschen fruchtbar zu machen, beschreibt der Eremit angelegentlich die traumlos ihr Leben fristenden Deutschen. Einerseits aufgeklärt, vegetieren sie andererseits desillusioniert dahin:

> Es ist ein hartes Wort und dennoch sag' ichs, weil es Wahrheit ist: ich kann kein Volk mir denken, das zerrißner wäre, wie die Deutschen. Handwerker siehst du, aber keine Menschen, Denker, aber keine Menschen, Priester, aber keine Menschen [...]: es ist nichts Heiliges, was nicht entheiligt, nicht zum ärmlichen Behelf herabgewürdigt ist bei diesem Volk [...], und wenn es feiert und wenn es liebt und wenn es betet und selber, wenn des Frühlings holdes Fest, wenn die Versöhnungszeit der Welt die Sorgen alle löst, und Unschuld zaubert in ein schuldig Herz, wenn von der Sonne warmem Strale berauscht, der Sclave seine Ketten froh vergißt und von der gottbeseelten Luft besänftigt, die Menschen-

feinde friedlich, wie die Kinder, sind, [...], so bleibt der Deutsche doch in seinem Fach' und kümmert sich nicht viel ums Wetter! (Hö 1, S. 754ff.)

Das Bild des Sklaven, der sich im warmen Sonnenschein für einen Moment seiner Gefangenschaft enthoben wähnt, umschreibt metaphorisch die Paradoxie des Menschen, der nur als Gott einen Anspruch darauf hat, frei und glücklich zu leben. Um seine bedrückende Lage durchschauen zu können, müsste sich der Sklave zuvor daran erinnern, welche Vorzüge ein Leben in Freiheit besessen hat. Das träumerische Vergessen seiner Ketten befreit ihn also, sich auf seine himmlischen Rechte zu besinnen. Freilich bleibt dieser Traum eine bloße Illusion, solange der Sklave sein armseliges Grübeln nicht mit der Option auf ein zu überwindendes Leiden beflügelt.

Geistes- und Herzensschönheit

Mit dem hier geschilderten Dilemma beschäftigt sich der erste Band des *Hyperion*. In Anlehnung an das *Älteste Systemprogramm* entwirft Hyperion eine ästhetische Anthropologie, die auf den Zielsetzungen der aufgeklärten Vernunftlehre aufbaut, sie aber um die Erinnerung an die Göttlichkeit des Menschen ergänzt. So räumt er der Vernunft ein, die Freiheit des Menschen einzufordern, macht aber im Gegenzug geltend, dass lange Zeit einseitig gebrauchte Geisteskräfte erst wieder angelernt werden müssen, sich mit der Autonomie des Menschen zu beschäftigen. Solch eine Überzeugungsarbeit leistet die Erinnerung an das eigentliche Menschsein, wobei dem Eingedenken zugebilligt wird, im Traum sowohl den Verstand als auch die Vernunft von ihren mechanistischen Zwecken abzuziehen: „Verstand ist ohne Geistesschönheit, wie ein dienstbarer Geselle [...]. Vernunft ist ohne Geistes-, ohne Herzensschönheit, wie ein Treiber, den der Herr des Hauses über die Knechte gesezt hat" (Hö 1, S. 686f.).

Reästhetisierung

In der Sprache des *Ältesten Systemprogramms* wird dieser Traum als Reästhetisierung des Intellekts beschrieben. Ausgangspunkt der Überlegungen ist das natürliche Schönheitsempfinden des Menschen, denn nur der schön empfindende Mensch strebt danach, die „*gleiche* Ausbildung *aller* Kräfte, des Einzelnen sowohl als aller Individuen" umzusetzen. Erst im Verbund mit einer freiheitlich orientierten Vernunft erschließt sich das Subjekt jedoch jenen Zustand, in dem es keines „höheren Geistes vom Himmel gesandt" bedarf.[39] Übertragen auf den *Hyperion*, stärkt folglich das ausbalancierte Träumen und Denken auch die Kraft, allen allmächtigen Autoritäten zu entsagen. Solchermaßen frei von jeder Bevormundung, nimmt Hyperion den Menschen in die Pflicht, sich „bei unendlich vervielfältigten und verstärkten Bedürfnissen und Kräften" wieder jene „*Organisation*" zu erschließen, „*die wir uns selbst zu geben im Stande sind.*" (Hö 1, S. 489)

O hätt' ich doch nie gehandelt!

Im ersten Band des *Hyperion*, der auch von der Liebe zu Diotima erzählt, ist der Protagonist von solchen Einsichten noch weit entfernt. Immerhin weiß er aber der Freundin schon darzulegen, dass es ihm als noch gleichsam göttlich naivem Menschen an praktischen Fähigkeiten mangelt, um das Leben zu meistern: „Ich bin ein Künstler, aber ich bin nicht geschikt. Ich bilde im Geiste, aber ich weiß noch die Hand nicht zu führen – " (Hö 1, S. 693). Allerdings widerstrebt es ihm, sich auf jene Strategien des Kalkulierens und Übervorteilens einzulassen, unter denen seine Umgebung

7.4 | Der klassische Roman als bürgerliche Desillusionierung

leidet. Als er sich dann doch vorübergehend mit ihnen abgibt, klagt er wenig später:

> O hätt' ich doch nie gehandelt! um wie manche Hoffnung wär' ich reicher! [...] Ach! wär' ich nie in eure Schulen gegangen. Die Wissenschaft, der ich in den Schacht hinunter folgte, von der ich, jugendlich thöricht, die Bestätigung meiner reinen Freude erwartete, die hat mir alles verdorben. Ich bin bei euch so recht vernünftig geworden, habe gründlich mich unterscheiden gelernt von dem, was mich umgibt, bin nun vereinzelt in der schönen Welt, bin so ausgeworfen aus dem Garten der Natur (ebd., S. 614f.).

Trotz dieses Eingeständnisses durchlebt Hyperion nun ein Martyrium aus blindem Aktionismus, hochfahrendem Engagement und Liebesleid. Schrittweise verliert er die Fähigkeit des Träumens, muss sich gleichzeitig aber eingestehen, dass zum Menschsein die Erfahrung gehört, sich aktiv in der Welt behaupten zu müssen. Ohne sie verschlösse sich der Einzelne die Möglichkeit, nach Phasen des persönlichen Scheiterns wieder die Göttlichkeit des Menschen einzufordern. Mit diesem Bekenntnis zur empirischen Wirklichkeit beginnt der zweite Band des *Hyperion*:

> Ists nicht genug, Einmal das Sterbliche durchwandert zu haben? warum bleib' ich im Frieden meines Geistes nicht stille? Darum, mein lieber Bellarmin! weil jeder Athemzug des Lebens unserm Herzen werth bleibt, weil alle Verwandlungen der reinen Natur auch mit zu ihrer Schöne gehören. Unsre Seele, wenn sie die sterblichen Erfahrungen ablegt und allein nur lebt in heiliger Ruhe, ist sie nicht, wie ein unbelaubter Baum? (Ebd., S. 706)

Sich wieder auf das Träumen einzulassen, ohne dabei auf das Handeln zu verzichten, impliziert für das ästhetische Subjekt, sich mit wiederkehrenden Lebensprozessen und deren antagonistischen Bedingungen auszusöhnen. Jedes weitergesteckte Lebensziel bedroht dagegen das empfindliche Gleichgewicht zwischen Träumen und Denken. Aus diesem anthropologischen Blickwinkel lässt sich nun auch die Frage beantworten, warum es kulturgeschichtlich nicht möglich ist, eine Epoche wie die griechische Antike wieder aufleben zu lassen.

Um diese Absage an das zeitlose Vorbild der Klassik eingehender begründen zu können, differenziert Hyperion jetzt erstmals zwischen ästhetischem und historischem Subjekt. Den Gott im Menschen ordnet er dabei aus ästhetischer Sicht dem „freieren Schattenreich" des athenischen Staat zu: „es war ein göttlich Leben", so erklärt er Diotima vor den Ruinen Athens, „und der Mensch war da der Mittelpunct der Natur. [...] Die Natur war Priesterin und der Mensch ihr Gott" (vgl. Hö 1, S. 624f. u. 688). Auf Diotimas Heimatinsel Kalaurea atmet Hyperion außerdem wieder die „heilige Luft" (ebd., S. 655), mit dem die Natur einst den verherrlichten Menschen labte. Beide, das Idyll und die „schrökende Herrlichkeit des Altertums", verschmelzen in Hyperions ästhetischer Perspektive zu einer ideellen „Heimath aller Menschen" (ebd., S. 624 u. 757). Doch was dem Träumer gestattet ist, verbietet sich dem historischen Subjekt. Die Einswerdung mit der ‚göttlichen Natur' birgt nicht nur allerlei Risiken. Ohne das eigene Erfahrungswissen manövriert sich der Einzelne in eine infantile ‚Seeligwerdung'.

Kalaurea

Infantiler Hochmut

Wieder ist es der letzte Brief an Bellarmin, in dem sich Hyperion nach einem Anflug enthusiastischer Naturbegeisterung von solchen Schwärmereien distanziert. Welche Folgen ein Traum zeitigt, der das ästhetische Subjekt sozusagen ‚selbstlos' in die Vergangenheit entführt, veranschaulicht Hyperion an seiner psychischen und mentalen Reaktion. Während seine Vernunft schläft, verflüchtigt sich der notwendige Widerstand gegen all die verlockenden Traumbilder:

> So gab ich mehr und mehr der seeligen Natur mich hin und fast zu endlos. Wär' ich so gerne doch zum Kinde geworden, um ihr näher zu seyn, hätt' ich doch weniger gewußt und wäre geworden, wie der reine Lichtstral, um ihr näher zu seyn! [...] Die Menschen waren weggegangen, am häuslichen Tische von der Arbeit zu ruhn; allein war meine Liebe mit dem Frühling, und ein unbegreiflich Sehnen war in mir. [...] Ein sanfter Schreken ergriff mich und mein Denken entschlummerte in mir. (Hö 1, S. 759)

Nicht minder tragisch gestaltet sich die erträumte Flucht für das historische Subjekt. Als er versucht, sich mit der ewigen Natur auszusöhnen, vergisst sich Hyperion vorübergehend als Wesen, das sich eben auch über sein Handeln definiert. Prompt verfällt er in einen Größenwahn, verwechselt sich gar mit dem „Baum des Lebens" und blickt schließlich auf die „Menschen wie faule Früchte" herab. Wird also die Grenze zwischen dem historisch bedingten, aber dennoch selbst gestalteten Dasein in Richtung einer solchen Naturseligkeit überschritten, dann entwickelt sich aus dem historisch entgrenzten Subjekt ein Heilsbringer, der sein „Elysium" durch „eine Räuberbande" errichten lässt (vgl. ebd., S. 760 u. 720). Diese gefährliche Illusion prägt Hyperions Zeit als Freiheitskämpfer. Erst viel später wird er einsehen, dass sich ein denkendes und handelndes Subjekt vor solchen Fluchtoptionen nur schützen kann, wenn es sich auf seine eigene Lebensgeschichte als unverzichtbaren Bestandteil seiner Identität besinnt.

Merksatz

> Hyperion unterscheidet zwischen dem ästhetisch träumenden und dem historisch handelnden Subjekt. Inwieweit es dem Einzelnen gelingt, beide in Übereinklang zu bringen, entscheidet über ihn als modernes, autonomes Subjekt.

Der Freiheitskampf

Wie viel Anstrengung es kostet, rückwärtsgewandten Sehnsüchten nicht zu erliegen, lernt Hyperion an der Seite Alabandas und des Bundes der Nemesis kennen. Mit ihnen begegnet er Freischärlern, die Griechenlands Besatzer terroristisch zu lähmen und das griechische Volk im Gegenzug von ihren eigenen politischen Zielen zu überzeugen versuchen. Im Rückblick muss sich Hyperion freilich gestehen, statt die Griechen für die Freiheit zu begeistern, hätten die Terrorakte das Land in einen Blutrausch gestürzt. Hatte ihm Diotima einst aufgetragen, sich als „Erzieher unsers Volks" zu bewähren, so versuchte Hyperion an der Seite Alabandas, die angestammte Souveränität Griechenlands im Zustand eines euphorischen Wahns wieder herzustellen.

Bezeichnenderweise heißt es über den geistesverwandten Freund, zwar wolle er nur das seinem Volk widerfahrene Unrecht rächen. Doch bei allem Edelmut sucht er „in der Wooge nach Beute" (Hö 1, S. 693 u. 699). Charismatisch begabt, schwelgt Alabanda in jener verführerischen Heldenrhetorik, mit der ein Krieg als Verjüngungskur oder reinigendes Gewitter umschrieben wird. An Hyperions Seite sieht er sich sogar in der Tradition griechischer Göttersöhne, deren glückliches Schicksal vorherbestimmt ist. Von dieser Beschwichtigungsmetaphorik und Alabandas Entschlossenheit lässt sich Hyperion noch ein zweites Mal anstecken. Als die Freunde unter russischer Federführung in den Krieg ziehen, schlägt er in den Briefen an Diotima umgehend den gleichen Ton an, mit dem sein kriegerisches Vorbild „die Langeweile des Jahrhunderts" verspottet. Für den Gott im Menschen findet er dagegen kaum noch Worte, und auch die ‚starre Natur' will sich nicht zu seinem Titanismus fügen. Doch die Bereitwilligkeit, mit der sich Hyperion von Alabandas Kriegspathos verführen lässt, und jene Ignoranz, mit der er die Mordlust seiner Soldaten übersieht, dokumentieren eindrücklich, wie blind der Schicksalsglaube macht. Wieder müssen erst Wochen blutigen Metzelns verstreichen, bis sich Hyperion zu der Erkenntnis durchringt, dass es Freiheit unter einem festgefügten Fatum nicht geben kann: „Seit langer Zeit ist mir die Majestät der schiksaallosen Seele gegenwärtiger, als alles andre gewesen [...]. Sind wir denn, wie leibeigene Knechte, an den Boden gefesselt, den wir pflügen?" (Ebd., S. 717 u. 724f.)

Ähnlich wie Hyperion sich von Alabandas Begeisterung anstecken lässt, reagiert auch Diotima auf alles, was ihr der Geliebte über Griechenlands Größe und den bevorstehenden Kampf erzählt. Ohnehin schicksalsgläubig, nimmt sie seine Ausführungen auf, als stammten sie aus dem Munde eines „Gottes der Begeisterung". Ihren eigenen Worten zufolge ‚empfängt' sie seine Lehren und verehrt fortan das „kindlich Leben der Natur!" Mit gleichem Impetus verkündet Diotima später, sie habe Hyperion schon zu Lebzeiten von allem Leiden erlöst. In den folgenden Briefzeilen liegt ihr tragisches Lebensende begründet. Was Hyperion gelingt – den Traum einer schon im Diesseits überwundenen Trennung zu durchschauen – bleibt Diotima nämlich verwehrt. Vertraut sie daher sowohl ihn als sich selbst dem „Schicksaal" an, so entsagt Diotima so passiv wie ungeduldig dem Leben:

Dein Feuer lebt' in mir, dein Geist war in mich übergegangen [...]. Zu mächtig war mir meine Seele durch dich, sie wäre durch dich auch wieder stille geworden. Du entzogst mein Leben der Erde, du hättest auch Macht gehabt, mich an die Erde zu fesseln, du hättest meine Seele, wie in einen Zauberkreis, in deine umfangenden Arme gebannt [...], Eine deiner Liebesreden hätte mich wieder zum frohen gesunden Kinde gemacht (Hö 1, S. 748).

Fasziniert von der „künftigen Schöne" Hyperions, hält Diotima nichts mehr von ihrem Einzug „in die Heimath der Natur" ab. Ob ein Zusammenleben mit Hyperion sie vor diesem Liebestod bewahrt hätte, diese Frage verneint sie energisch. Auch wenn er sie auf Zeit noch „vest gehalten" hätte, so ist Diotima nach ihrer „göttlicherfriedlichen" Erweckung davon überzeugt, alles Leben erhalte seinen Sinn nur vom Ende her, von der Rückkehr in die

„Götterfamilie" (ebd., S. 748ff.). Dass Diotima sich „aufwärts" getrieben sieht und „kaum zur Erde sehen mag", dass sie ferner die „Sclavenwelt" so verachtet wie die gewöhnliche Natur, charakterisiert sie als schwärmerisches Wesen, dem es an jener Bereitschaft zum Handeln mangelt, mit der sich das historische Subjekt für das Leben entscheidet (ebd., S. 733). Darin gleicht sie Alabanda, der nach verlorenen Schlachten an der Größe seiner Seele leidet.

Alabanda

Anfangs erinnert Alabanda allerdings noch an einen Hasardeur, dem die eigene Freiheit im Leben genug zu sein scheint. Mit teils nationalistischen, teils heroischen Vokabeln verklärt er den Wunsch, sein Schicksal herauszufordern, und mit der gleichen pathetisch überfrachteten Rhetorik sucht er schließlich ‚ein edles Ende'. Auf welch tragische Weise Alabanda in sich ein auf Außenwirkung bedachtes Denken mit hoffnungslosem Idealismus vereinigt, offenbaren zwei Szenen: Mit Verve vergleicht er die letzte Racheaktion, die Bestrafung der Bruderschaft, mit einem „Göttergebot". Entsprechend souverän gibt Alabanda dem niedergeschlagenen Freund zu verstehen, die „Reise nach dem Blutgericht" gründe auf „ein Recht [...] und kein gemeines! ehre das!" Wie wenig die „Große Seele" sich allerdings selbst über den Weg traut, verrät Alabanda, als er die gemeinsame Reise nach Kalaurea ablehnt: „Um Diotimas willen würd' ich dich betrügen und am Ende mich und Diotima morden." (vgl. ebd., S. 741f.) Trotz seiner unbescheidenen Worte vermag es Alabanda in beiden Situationen freilich nicht, seine großspurigen Worte zu konkretisieren. Weil es insbesondere ihm an ästhetischer Distanz fehlt, bemüht er beinah hilflos antikisierende Umschreibungen, die ihn als rückwärtsschauenden Menschen ausweisen. Obwohl er die Befreiung Griechenlands als legitim erkennt, mangelt es ihm an jener intellektuellen Weitsicht, mit der zwischen einer hohen Zielsetzung und gefährlicher Maßlosigkeit unterschieden wird.

Unseliger Stolz

Im Ergebnis erinnert sein Glaube an die eigene Erwähltheit dem voreiligen Liebestod Diotimas. Aus identitätsphilosophischer Perspektive handelt es sich um zwei Fluchtoptionen, die Diotima den Part weiblicher Seelenreinheit und Alabanda den des planlosen Heroen antragen. Dass beide am Leben leiden, darf nicht übersehen lassen, wie edel und unbeirrbar sie ihre Rolle zu Ende spielen. Für solch eine Unbedingtheit prägt das Bürgertum im 18. Jahrhundert den Begriff der Gesinnungstreue. Deren Hohlheit verrät sich allerdings erst im Kontrast zu Hyperion. Solange er zwischen Selbst- und Fremdbestimmtheit schwankt, verkörpert der Eremit einen seit dem späten 18. Jahrhundert entsprechend unpopulären Identitätsentwurf. Diotima und Alabanda halten dagegen ein für das Bürgertum hohes Identifikationspotential bereit – der Liebestod gehört in den bürgerlichen Medien fortan zu den andächtigsten und beliebtesten Motiven. Alabandas Heldenattitüde präformuliert dagegen einen deutschtümelnden Patriotismus. Um sich von solchen Phrasen distanzieren zu können, muss sich Hyperion zu der Einsicht durchringen, dass die Werte, an denen sich die Geliebte und der Freund orientieren, zwar soziale Akzeptanz gewährleisten. Darauf berechnet, sich in jeder Situation treu zu bleiben, macht sie ihre Lebensführung intellektuell jedoch vollkommen immobil. Den Preis, den Hyperion

7.4 | Der klassische Roman als bürgerliche Desillusionierung

für seine Abkehr von diesem „unseeligen Stolz" (vgl. ebd., S. 642) zahlen muss, bleibt freilich hoch bemessen. Wer sich den Verhaltensnormen der Bürgerwelt verweigert, wird für seine Freigeistigkeit mit Verachtung gestraft:

> Neide die Leidensfreien nicht, die Gözen von Holz, denen nichts mangelt, weil ihre Seele so arm ist [...], weil sie nichts haben, was der Pflege bedürfte. Ja! ja! es ist recht sehr leicht, glüklich, ruhig zu seyn mit seichtem Herzen und eingeschränktem Geiste. [...] Nur müßt ihr euch bescheiden, liebe Leute, müßt ja in aller Stille euch wundern, wenn ihr nicht begreift, daß andre nicht auch so glüklich, auch so selbstgenügsam sind, müßt ja euch hüten, eure Weisheit zum Gesez zu machen, denn das wäre der Welt Ende, wenn man euch gehorchte. (Hö I, S. 644)

Angesichts der allerorten drohenden Vereinnahmungen wirft Hyperion mit diesem Schreiben noch einmal die Frage nach der Sinnfälligkeit autonomer Identität auf. Präziser als bislang ergänzt er jetzt das ästhetische und historische Subjekt um den Aspekt des persönlichen Selbstbewusstseins. Letzteres gleicht dabei einem widerständigen Rekurs auf das eigene Ich. In dessen Verlauf entzieht sich der Einzelne allen sozialen Normierungen: „Bestehet ja das Leben der Welt im Wechsel des Entfaltens und Verschließens, in Ausflug und in Rückkehr zu sich selbst" (ebd., S. 642). Im Unterschied zum ‚Für-sich-Sein' des sich als Identität begreifenden Menschen bezeichnen das ästhetische und das historische Subjekt zwei Modi des ‚Für-andere-Seins'. Zur persönlichen Identitätsbildung tragen sie insofern bei, als sich das Subjekt nicht zum gesinnungstreuen Selbst stilisiert, sondern erst im Dasein für andere seine historische und ästhetische Identität entwerfen kann. Das ‚Für-andere-Sein' des historischen Subjekts setzt dabei ständig neue Erfahrungen mit der eigenen Umwelt voraus. Über diesen Zuwachs begreift sich das Selbst als etwas Eigenes. Als etwas oszillierend Eigenes, das die Welt mitgestaltet, statt sie nach Maßgabe vorgefertigter Gesinnungen zu betrachten, vermag sich aber erst das ästhetische Subjekt zu bestimmen. Hat es erst einmal die Unbestimmtheit des Alltäglichen akzeptiert, so beginnt es sie schließlich mit seinem Ungehorsam gegenüber vorgefertigten Gesinnungen zu potenzieren.

Um sich in solchen Kontingenzerfahrungen nicht zu verlieren, um das Eigene ferner nicht zuungunsten rohen Eigensinns zu verspielen, bedarf es des Selbst als Rückzugsort. Nur im bewussten ‚Für-sich-Sein' erschließt sich eine Freiheit von der Welt, ohne die Identität nicht denkbar ist.

Selbstbewusstsein

Merksatz

> Wie Hyperion erkennt, lässt sich mit Hilfe institutionalisierter Sicherheiten keine Identität formulieren. Werden sie hinterfragt, so gestaltet sich das Leben um ein Vielfaches komplexer.

Die Bestimmung der eigenen Identität schließt im *Hyperion* eine Diskussion über den Stellenwert der Kunst mit ein. Zu dieser Einsicht gelangt der

Ästhetische Rekapitulation

Eremit, als er während des Briefeschreibens erkennt, dass er soeben sein Selbst dem Werden und Vergehen entreißt: „Das erste Kind der menschlichen, der göttlichen Schönheit ist die Kunst. In ihr verjüngt und wiederholt der göttliche Mensch sich selbst." (Hö 1, S. 683) Dass die schriftliche Rückbesinnung ein Für-sich-Sein begünstigt, mag Hyperion zugestehen. Wie aber lässt sich Identität ohne diese ästhetische Rekapitulierung im Alltag aufrecht erhalten? Im *Hyperion* beantwortet Hölderlin diese Frage, indem er seinen Protagonisten sich wieder auf die Kunst des Träumens besinnen lässt – eine ‚Kunst', mit der er sich mit allen Menschen als Objekten identifiziert. Nur aus dieser teils träumerischen Distanz und teils ästhetischen Nähe heraus wird es Hyperion möglich, ‚für andere' an der Utopie einer geeinten Nähe festzuhalten. Für die Umsetzung solcher Träume bedarf es allerdings wie in der Kunst eines entgrenzten Verstandes, aber auch, wie Hyperion ergänzt, einer gewissen ‚Regellosigkeit':

> Eines zu seyn mit Allem, was lebt, in seeliger Selbstvergessenheit wiederzukehren in's All der Natur, das ist der Gipfel der Gedanken und Freuden [...]. Eines zu seyn mit Allem, was lebt! Mit diesem Worte legt die Tugend den zürnenden Harnisch, der Geist des Menschen den Zepter weg, und alle Gedanken schwinden vor dem Bilde der ewigeinen Welt, wie die Regeln des ringenden Künstlers vor seiner Urania, und das eherne Schicksal entsagt der Herrschaft (Hö 1, S. 614f.).

Urania

Mit dem Beinamen Urania ehrt der antike Mythos Aphrodite als Himmelsgöttin. Nach der Überlieferung ist Urania auch eine der neun Musen. Hyperion bedient sich beider Zuschreibungen, wenn er mit dem Göttinnennamen sowohl eine allumfassende Menschenliebe als auch die kosmische Ordnung umschreibt. Verglichen mit einem so weitgefassten Reflexionshorizont, relativieren sich Maß und Form, an denen sich die Kunst phasenweise immer wieder orientiert. Ebenso kleinlich mag sich aus Uranias menschheitsumspannender Perspektive eine singuläre Identität ausnehmen. Als Synonym für eine ursprüngliche, idealische Schönheit figuriert Urania im *Hyperion* auch für das Unerreichbare. Zwar ist es das an sich Schöne, welches Hyperion dazu bewegt, die Kluft zwischen Innen- und Außenwelt zu überbrücken. Aber solange die Menschheit in konformistischen Ordnungsstrukturen und Kategorien denkt, bleibt ihr die Rückkehr in den Zustand ihres ureigensten Menschseins, der göttlichen Schönheit, versagt.

Antike und Gegenwart

An der Unerreichbarkeit eines solch exklusiven Schönheitsideals bemisst sich für Hölderlin auch der Stellenwert der Antike im gegenwärtigen Selbstverständnis. Strenger als Hyperion wirft er seinen Zeitgenossen vor, sie begegneten der hellenischen Vergangenheit stets maßlos. Entweder, so heißt es im Journal-Aufsatz *Der Gesichtspunct aus dem wir das Altertum anzusehen haben*, verehren sie alles, was aus der Antike überliefert wurde. Oder sie misstrauen grundsätzlich einer überkommenen Kultur. Vor allem unter Gelehrten und Künstlern soll diese Skepsis das eitle Streben nach Eigenständigkeit kaschieren: „wir glauben lauter Neues zu sagen, und alles diß ist doch Reaction, eine milde Rache gegen die Knechtschaft, womit wir uns verhalten haben gegen das Altertum" (Hö 2, S. 62). Dass solch ein Streben nach Eigenständigkeit eher für ein verzweifeltes Epigonentum als die begründete Abkehr von den ästhetischen Maßstäben vergangener Epochen spricht, darauf verweist nach Hölderlin jene Emphase, mit der Originalgenies und Fortschrittsenthusiasten gegen die Antike polemisieren. Wie hinter so manchem Rigorismus versteckt sich hinter ihr das Unvermögen, sich als historisch gewordenes Subjekt zu akzeptieren.

Ihren ästhetischen Ursprung leugnen dagegen all die Schwärmer, die sich gegen den konstruktiven Umgang mit dem Formlosen stemmen. Doktrinär klammern sie sich an ein klassisches Griechenland, um von diesem superioren Standpunkt aus zu übersehen, dass einst auch Hellas an der Ignoranz volkstümlicher Kunst zugrunde ging. Unmissverständlich heißt es über die Griechen im Gedicht *Der Archipelagus*, sie hätten zwar ein ‚Reich der Kunst' gegründet, darüber aber das ‚Vaterländische' so sehr vernachlässigt, dass Griechenland wieder untergehen musste.

Aus dem Kontext gerissen, haben solche Liedzeilen und verwandte Äußerungen die chauvinistische Vereinnahmung Hölderlins begünstigt. Wie auch die jüngere Forschung nachweist, grenzt er sich mit dieser Forderung nach ‚vaterländischer' Kunst jedoch von Winckelmanns Antikerezeption ab. Warum sich eine irrationale Lesart seiner Ausführungen eigentlich verbietet, erhellt wiederum aus dem identitätsphilosophischen Kontext, in dem Hyperion über noch kaum differenzierte Ausdrucksformen der Kunst nachdenkt: Weil das Schöne nur als idealer Näherungswert gedacht werden kann, setzt jede postantike Kunst die selbstbewusste Distanz zum Unerreichbaren voraus. Aus ihr erwächst dann eine ästhetische Dynamik, mit der sich sklavisch befolgte Regelästhetiken und Geschmacksdoktrin widerlegen lassen. Mahnt Hölderlin daher an, nicht den eigenen Kunstgeschmack zu vernachlässigen, so steht dies in keinem Widerspruch zu seinem Ausruf: ‚Hin nach Hellas'. Und auch für Hyperion verhalten sich Antike und Gegenwart wie das ästhetische und das historische Subjekt zueinander. Während die Vergangenheit an den göttlichen Künstler im Menschen erinnert, der nur seiner selbst bedarf, kann nur aus der Jetztzeit heraus ermessen werden, warum Kunst zu stagnieren beginnt und welche Fremdimpulse sie zu neuem Leben erwecken. So etwas wie eine künstlerische Identität erschließt sich freilich erst im Rückgriff auf das eigene Selbst. Nur hier formiert sich der Widerstand gegen Regulative wie die edle Einfalt und stille Größe. Nur ein vom ‚heiligen Pathos' der Griechen und dem neuzeitlichen Bestimmtheitsdenken befreites Selbstbewusstsein schafft die Voraussetzung, um zwischen Nachahmung und angemaßter Originalität den stets drohenden Identitätsverlust des Einzelnen zu vereiteln. So gerade noch einmal einer entsagungsvollen Himmelssehnsucht und dem quälenden Weltschmerz entlaufen, fasst Hyperion mit nur wenigen Worten die wohltuenden Konsequenzen dieser regellosen Identität für den Einzelnen zusammen. Programmatisch im Sinne einer Leseanweisung für das Folgende notiert er bereits im zweiten Schreiben an Bellarmin: „Ich habe nichts, wovon ich sagen möchte, es sei mein eigen." (Hö 1, S. 614)

_{Hin nach Hellas}

Zusammenfassung

Von der Epik als eigenständiger Gattung spricht man erst seit dem ausgehenden 18. Jahrhundert. Obwohl Romane und Erzählungen schon seit mehreren Jahrzehnten hoch in der Publikumsgunst stehen, scheiden sich die Meinungen der Klassiker über die noch immer der Trivialität verdächtige Gattung. Mit Blick auf die Artifizialität des in gebundener Rede abgefaßten Epos vergleicht Schiller das Erzählen in Prosa mit einem ‚Halbbruder' des Dichters. Herder und Hölderlin verweisen demgegenüber auf die Gestaltungsmöglichkeiten, die sich dem Romancier hinsichtlich der Handlungsführung und einer differenzierteren Figurencharakterisierung ergeben. Einen modernen Romanbegriff reklamiert Goethe mit dem Argument, elitäre literarische Gattungen und Belehrungsabsichten in der Tradition der Aufklärung entführten die zeitgenössischen Leser in eine Fluchtwelt jenseits der andrängenden Gegenwart. Mit konsequenter Ironie entlässt er seinen Wilhelm Meister nach dessen Lehr- und Wanderjahren in die Obhut bürgerlicher Sicherheiten, die freilich um den Preis einer ästhetischen Desillusionierung und allgegenwärtiger Kontrollmechanismen erkauft werden.

An ihrer Gegenwart leiden auch die Antihelden anderer klassischer Romane. Wer sich den mit sentimentalem Pathos gelebten Konventionen nicht unterzuordnen vermag, muss ein Dasein als Eremit leben; wer sich dagegen mit besonderer Inbrunst auf die Kunst des Entsagens bescheidet, wird von den wahlverwandten Mitmenschen gleich als Heilige verehrt. Entsprechend unversöhnlich stehen sich beide romanhaften Lebensentwürfe gegenüber. Während Hölderlins Hyperion zumindest seine Identität zu wahren versteht, entzieht sich Goethes Ottilie den *Wahlverwandtschaften*, um den Romanleser mit der Frage allein zu lassen, inwieweit sich ihr selbst provoziertes Entschwinden mit dem zuvor noch postulierten Ideal allumfassender Menschenliebe verträgt.

Als Angriff auf die subjektive Autonomie empfinden auch die Figuren kleinerer Erzählformen ihre von Revolution und Krieg geprägte Gegenwart. Die Sehnsucht nach dem bürgerlichen Idyll wird dennoch als eine nur noch in der Literatur mögliche Option entlarvt. Oder die Dialogpartner besinnen sich wie in Goethes Novellenzyklus *Unterhaltungen deutscher Ausgewanderten* auf Möglichkeiten des Kommunizierens, die der platten politischen Rhetorik ebenso widerstehen wie der grassierenden, aber darum nicht minder flachen Sensationsgier. An diese sich abzeichnende Trivialisierung einer ehedem noch aufklärenden Öffentlichkeit knüpft auch Johann Peter Hebel mit seinen Kalendergeschichten an. Das Belehren mittels moralischer Überbietungen parodierend, rückt er das Ungeheuerliche ins Zentrum seiner Erzählungen, ohne freilich dem Erzähler die Gelegenheit einzuräumen, solche außerordentlichen Ereignisse rational beschwichtigen zu können.

Literatur

Blumenberg, Hans, „Wirklichkeitsbegriff und Möglichkeit des Romans", in: *Nachahmung und Illusion*, hg. v. Hans Robert Jauß, München, 1964, S. 9 – 27.

Knopf, Jan, *Geschichten zur Geschichte. Kritische Tradition des ‚Volkstümlichen' in den Kalendergeschichten Hebels und Brechts*, Stuttgart, 1973.

Müller, Klaus-Detlef, *Autobiographie und Roman. Studien zur literarischen Autobiographie der Goethezeit*, Tübingen, 1976.

Blessin, Stefan, *Die Romane Goethes*, Königstein/Ts., 1979.

Träger, Christine, „Novellistisches Erzählen bei Goethe", in: Goethe-Jahrbuch 101 (1983), S. 182 – 202.

Hollmer, Heide u.a. (Hg.), *Deutsche Erzählungen des 18. Jahrhunderts von Gottsched bis Goethe*, München, 1988.
Lämmer, Eberhard u.a. (Hg.), *Romantheorie 1620 – 1880. Dokumentation ihrer Geschichte in Deutschland*, Frankfurt am Main, 1988.
Selbmann, Rolf, *Der deutsche Bildungsroman*, Stuttgart, 1984.
Aust, Hugo, *Novelle*, Stuttgart, 1990.
Spiess, Bernhard, *Politische Kritik, psychologische Hermeneutik, ästhetischer Blick. Die Entwicklung bürgerlicher Subjektivität im Roman des 18. Jahrhunderts*, Stuttgart, 1992.
Engel, Manfred, *Der Roman der Goethezeit,* Bd. I Anfänge in Klassik und Frühromantik, Stuttgart, 1993.
Bee, Guido, *Aufklärung und narrative Form. Studien zu den Kalendergeschichten Johann Peter Hebels*, Münster, 1997.
Honold, Alexander, *Nach Olympia. Hölderlin und die Erfindung der Antike*, Berlin 2002.

Fragen

31. Mit welchem Grund kann Herder den Demokratisierungsprozess in Großbritannien mit dem Roman in Verbindung bringen?

32. Welche Vorbehalte bringt Schiller gegen den Roman vor?

33. Mit welchen Einsichten erschüttert Hölderlins *Hyperion* das bürgerliche Bestimmtheitsdenken?

34. Was versteht die Baronesse in den *Unterhaltungen deutscher Ausgewanderten* unter gepflegter Konversation?

35. Welchen Beitrag leisten Hebels Kalendergeschichten zur Modernität der deutschen Klassik?

Arbeitsaufgaben

Arbeitstext I

aus: Johann Gottfried Herder: *Briefe zu Beförderung der Humanität*
Man sagt zwar, daß in ihren besten Zeiten die Griechen und Römer den Roman nicht gekannt haben; dem scheint aber nicht also. *Homers* Gedichte selbst sind Romane in ihrer Art; *Herodot* schrieb seine Geschichte, so wahr sie sein mag, als einen Roman; als einen Roman hörten sie die Griechen. [...] Daß mit der Zeit der Roman einen größeren Umfang, eine reichere Mannigfaltigkeit bekommen, ist natürlich. Seitdem hat sich das Rad der Zeiten so oft umgewälzt und mit neuen Begebenheiten auch neue Gestalten der Dinge zum Anschauen gebracht; wir sind mit so vielen Weltgegenden und Nationen bekannt worden, von denen die Griechen nicht wußten; durch das Zusammentreffen der Völker haben sich ihre Vorstellungen an einander so abgerieben, und überhaupt ist uns der Menschen Tun und Lassen selbst so zum Roman worden, daß wir ja die Geschichte selbst beinah nicht anders als einen philosophischen Roman zu lesen wünschen. (HFA 7, S. 548)

Aufgabe:

Fast scheint es, als bediene sich Herder im neunundneunzigsten seiner *Briefe zu Beförderung der Humanität* einer polemischen Volte, um mit Winckelmanns Nachahmungspostulat zu brechen. Doch welches Verständnis des Romanhaften berechtigt ihn, die Geschichte der Gattung mit Homer und Herodot beginnen zu lassen? Warum eignet sich der Roman in besonderem Maße, das moderne Wissen ‚philosophisch' aufzubereiten?

Arbeitstext II

aus: Johann Wolfgang Goethe: *Wilhelm Meisters Lehrjahre*
Im Roman wie im Drama sehen wir menschliche Natur und Handlung. Der Unterschied beider Dichtungsarten liegt nicht bloß in der äußern Form, nicht darin, daß die Personen in dem einen sprechen, und daß in dem andern gewöhnlich von ihnen erzählt wird. Leider viele Dramas sind nur dialogisierte Romane, und es wäre nicht unmöglich, ein Drama in Briefen zu schreiben. Im Roman sollen vorzüglich *Gesinnungen* und *Begebenheiten* vorgestellt werden; im Drama *Charaktere* und *Taten*. Der Roman muß langsam gehen und die Gesinnungen der Hauptfigur müssen, es sei auf welche Weise es wolle, das Vordringen des Ganzen zur Entwickelung aufhalten. Das Drama soll eilen, und der Charakter der Hauptfigur muß sich nach dem Ende drängen, und nur aufgehalten werden. Der Romanenheld muß leidend, wenigstens nicht im hohen Grade wirkend sein; von dem dramatischen verlangt man Wirkung und Tat. Grandison, Clarisse, Pamela, der Landpriester von Wakefield, Tom Jones selbst sind, wo nicht leidende, doch retardierende Personen, und alle Begebenheiten werden gewissermaßen nach ihren Gesinnungen gemodelt. [...] So vereinigte man sich auch darüber, daß man dem Zufall im Roman gar wohl ein Spiel erlauben könne; daß er aber immer durch die Gesinnungen der Personen gelenkt und geleitet werden müsse; daß hingegen das Schicksal, das die Menschen, ohne ihr Zutun, durch unzusammenhängende äußere Umstände zu einer unvorhergesehenen Katastrophe hindrängt, nur im Drama statt habe; daß der Zufall wohl pathetische, niemals aber tragische Situationen hervorbringen dürfe; das Schicksal hingegen müsse immer fürchterlich sein, und werde im höchsten Sinne tragisch, wenn es schuldige und unschuldige, von einander unabhängige Taten in eine unglückliche Verknüpfung bringt. (GFA I 9, S. 675f.)

Aufgabe:

Wie wird in diesem Textauszug in gattungstypologischer Hinsicht zwischen Zufall und Schicksal unterschieden? Warum kann der leidende Mensch im Roman nicht als tragische Figur beschrieben werden?

Arbeitstext III

aus: Johann Peter Hebel: *Schatzkästlein des Rheinischen Hausfreundes*
Einmal ist Keinmal. Dieß ist das verlogenste und schlimmste unter allen Sprichwörtern, und wer es gemacht hat, der war ein schlechter Rechnungsmeister oder ein Boshafter. Einmal ist wenigstens Einmal und daran läßt sich nichts abmarkten. Wer Einmal gestohlen hat, der

kann sein Lebenlang nimmer mit Wahrheit und frohem Herzen sagen: Gottlob! ich habe mich nie an fremdem Gut vergriffen. und wenn der Dieb erhascht und gehenkt wird, alsdann ist Einmal nicht Keinmal. Aber das ist noch nicht alles, sondern man kann meistens mit Wahrheit sagen: *Einmal ist Zehnmal* und *Hundert- und Tausendmal.* Denn wer das Böse Einmal angefangen hat, der setzt es gemeiniglich auch fort. Wer A sagt, der sagt auch gern B, und alsdann tritt zuletzt ein anderes Sprichwort ein, *daß der Krug so lange zum Brunnen gehe, bis er bricht.* (Hebel II 1, S. 43f.)

Aufgabe:

Diese Episode aus dem *Schatzkästlein* ist mit *Mancherlei gute Lehren VII* überschrieben, und wie Hebels Zählung signalisiert, findet sich in der Sammlung eine Reihe ähnlich lautender Merksätze, Aphorismen und praktischer Ratschläge, die Hebel schon im 19. Jahrhundert den Ruf des biedermeierlichen Moralisten eingetragen haben. Welche Wirkungsabsicht könnte hinter dem Changieren zwischen ‚guten Lehren' und solchen Kalendergeschichten wie die der *Heimlichen Enthauptung* stehen? Welchen Zweck könnte Hebel zudem mit der ‚Serialisierung' solcher Sprichworte verfolgen?

8 Lyrik

8.1 Elegien, Epigramme und Xenien
8.2 Oden und Hymnen
8.3 Balladen
8.4 Lehrdichtung
8.5 Ausblick

Abb. 8: Yngve Berg: Illustration zu Goethes *Römischen Elegien*, 1928.

Schicksalsschläge, juristische Fehltritte, unreflektierte Eigenmächtigkeiten, aber auch Unheimliches gehören zu den bevorzugten Motiven der klassischen Lyrik. Vorgetragen werden sie entweder mit einem strengen Versmaß oder im Stile volkstümlicher Gedichtformen. Was die im Rückgriff auf die Antike gewählten Gattungen – Elegie, Ode und Hymnus – miteinander verbindet, ist die formalästhetische Vorgabe, das behandelte Thema antithetisch zu reflektieren. So sieht das Epigramm eine möglichst tragfähige Lösung der diskutierten Widersprüche vor. Hieraus erklärt sich die Neigung zahlreicher Gedichte der deutschen Klassik zum Sentenzhaft-Belehrenden. Einige ihrer Schlusswendungen gehören bis heute zu den geflügelten Worten der deutschen Sprache. Für die abwägende Erörterung eines komplexen Sachverhalts experimentieren die Klassiker aber auch mit anderen dialektischen Gattungen wie dem Sonett. Das allen vorgegebene strenge Metrum unterstreicht die Ernsthaftigkeit des Vorgetragenen. Allerdings wird ihr antithetischer Aufbau, der sich in Versmaß, Zäsuren und Strophenbau niederschlägt, der deutschen Sprache angepasst. Dieser manchmal elegische, ebenso oft aber auch dynamische Sprechrhythmus erschließt sich erst beim lauten Lesen. Wo sich die Sprache nur ungelenk zum Metrum fügt, dort entlarven Sprünge oder Brüche im Vortrag die Fadenscheinigkeit gar zu humaner oder idealisierender Ratschläge.

Einen hohen Bekanntheitsgrad besitzen bis heute die volkstümlichen Balladen der Klassiker. Umfassender als die streng gebauten Gedichte nach antikem Vorbild thematisieren sie den Einfluss metaphysischer Mächte auf das menschliche Schicksal oder einen gefährlichen Konflikt, der eine sittliche Entscheidung seitens der Handlungsträger erzwingt. Für diese Wertevermittlung eignet sich das um 1800 hoch geschätzte Lehrgedicht nur bedingungsweise. Von dem Wunsch getragen, die Phänomene der Natur aus einem einzigen Gesetz zu erklären, tritt es in poetische Konkurrenz zum naturwissenschaftlichen Weltmodell.

In pädagogischer und kultureller Absicht verfolgt die klassische Lyrik ein doppeltes Ziel. So soll der Mensch physisch der ‚Form' unterworfen werden. Denn, so betont Schiller immer wieder in den Briefen *Über die ästhetische Erziehung*, nur aus einem „ästhetischen Zustand" lasse sich ein ‚moralischer' entwickeln. Klar strukturiert und rhythmisiert, eignen sich das gewählte Versmaß und der Strophenbau zahlreicher klassischer Gedichte für die Vertonung. Erscheinen sie in Schillers *Horen* oder im eigens gegründeten *Musen-Almanach*, so wird die Klavierbegleitung renommierter Musiker gleich mit abdruckt. In geselliger Runde gesungen, befördern solche Gedichte nicht nur den gepflegten Liederabend. Sie erinnern darüber hinaus an die ‚urpoetische' Tradition oraler Literatur (s. Kap. 5).

<small>Heitere Geselligkeit</small>

In seinem um 1800 niedergeschriebenen Sonett *Natur und Kunst* greift Goethe den später an die klassische Lyrik herangetragenen Bildungsabsichten mit dem Hinweis vor, nur die Kunst ermögliche es dem Einzelnen, sich seiner historischen und zwischenmenschlichen Grenzen bewusst zu werden. Nur in der Kunst eröffnen sich für Goethe aber auch die Freiräume, um den Blick für die unendliche Vielfalt natürlicher Erscheinungen zu öffnen. Das später in klassizistischer Lesart so eifrig bemühte Ideal der Maßhaltung erweist sich damit als Banalisierung eines anspruchsvollen Gedankens: Wo die Lyrik mit formalen Gestaltungsmitteln das Individuelle zur Anschauung bringt, dort zwingt sie nicht eine unbändige Natur ins Korsett ästhetischer Regeln. Sie hebt es vielmehr aus dem Allgemeinen, um den Menschen daran zu erinnern, dass er sich als Subjekt eine ‚Form' geben muss, will er sich nicht im Beliebigen verlieren. Dieses *Maß* gehört zu den elementaren und immer widerständig gedachten Gesetzen der Natur:

<small>Natur und Kunst</small>

> Natur und Kunst, sie scheinen sich zu fliehen
> Und haben sich, eh' man es denkt, gefunden;
> Der Widerwille ist auch mir verschwunden,
> Und beide scheinen gleich mich anzuziehen.

> Es gilt wohl nur ein redliches Bemühen!
> Und wenn wir erst in abgemess'nen Stunden
> Mit Geist und Fleiß uns an die Kunst gebunden,
> Mag frei Natur im Herzen wieder glühen.
>
> So ist's mit aller Bildung auch beschaffen:
> Vergebens werden ungebundne Geister
> Nach der Vollendung reiner Höhe streben.
>
> Wer Großes will muss sich zusammenraffen;
> In der Beschränkung zeigt sich erst der Meister,
> Und das Gesetz nur kann uns Freiheit geben.
> (GFA I 1, S. 838f.)

Dichter in dürftiger Zeit? Klassische Lyrik ist in hohem Maße selbstreflexiv und beschäftigt sich immer wieder mit ihrer Bedeutung für das öffentliche Leben. Auf die in zahlreichen Oden gestellte Frage, „wozu Dichter in dürftiger Zeit?", findet Hölderlin beispielsweise die Antwort, nur der ästhetische Wille stifte wieder Harmonie zwischen einzelnem Subjekt und Kosmos. Daneben finden sich aber auch Klagen über den unglücklichen Dichter, der schon deshalb dilettiere, weil ihm seine Gegenwart nur unsägliche Themen und Motive darbiete. So schimpft Goethe in den Künstlergedichten der *Venezianischen Epigramme* (1796) über die in Deutschland traditionelle Missachtung der Dichtung. Auf sie sei der gänzliche Mangel an ästhetischen Qualitätsmaßstäben zurückzuführen. Aus diesem Unvermögen der Leser resultiert für den Dichter ein tragischer Konflikt. Im Wissen um die eigene „Meisterschaft [...]: Deutsch zu schreiben", muss er sich von ignoranten Laien vorhalten lassen, im Lyrischen zu ‚pfuschen' (vgl. GFA I 1, S. 449).

Künstlergedichte Solche Klagen spitzen sich in Künstlergedichten zu, in denen der Dichter in der Rolle des Götterboten die Kluft zwischen einer vom Untergang bedrohten Himmelswelt und der lebensweltlich zerrissenen Gegenwart ausmisst. In Hölderlins Hymnen findet der wortmächtige Mittler im banalen Alltag bisweilen noch Spuren einer olympischen Weltordnung und Schönheit. Als Prophet oder Erlöser meldet er bei Schiller und Goethe aber auch massive Zweifel an der Notwendigkeit einer metaphysischen Allmacht an. In den entsprechenden Gedichten werden die alten und neuen Götter als Projektionen menschlicher Ängste entlarvt, die es ästhetisch zu überwinden gilt. Von den Zeitgenossen wird diese häretische Proklamation als frivol empfunden. Auf kreative Weise missverstanden wird dagegen der von Schiller vorgeschlagene Vergleich des Dichters mit einem in die ‚Mysterien des Schönen, Edlen und Wahren' eingeweihten Priesters, der sich zwar anschickt, die Menschen zu belehren, dabei aber niemals seine himmlische Herkunft vergisst. (Künstler-)Gedichte, in denen sich Schiller zu solchen präklassizistischen Anflügen versteigt, provozieren schon bald eine ‚klassische' Widerständigkeit in Form deftiger Parodien. Spöttisch wird in ihnen das gar zu weihevolle Selbstverständnis des Dichters verlacht, aber auch jener manchmal frömmelnde, manchmal treuherzige Sittenkodex, wie ihn Schiller in seinen Tugendballaden *Der Taucher* oder *Das Lied von der Glocke* einfordert.

Elegien, Epigramme und Xenien 8.1

Aus der griechischen und römischen Antike sind Spruchdichtungen und Zweizeiler (Distichen) überliefert, die kurz und prägnant menschliche Schrullen oder politische Winkelzüge kritisieren. Die Neigung zu bitterem Spott ist ihnen ebenso gemeinsam wie die Pointierung erotischer Konflikte. Berühmte antike Epigrammatiker sind Simonides von Keos und Martial, dessen satirische Sinngedichte noch im 18. Jahrhundert in hohem Ansehen stehen. Als elegische Kurzform entwickelt sich das eher klagende Distichon parallel zur Elegie. Beide Gedichttypen neigen ursprünglich zu resignativer Wehmut und besingen meist den unvermittelten Liebesentzug. Aus diesen griechischen Vorläufern entwickelt sich ferner die erotisch frivole Elegie. Ihre Hauptvertreter sind die römischen Dichter Catull, Tibull, Properz und Ovid, deren Werke den deutschen Klassikern wohlvertraut sind.

Als formal kleinste Einheit der Elegie und Spruchdichtung setzt sich das meist reimlose Distichon aus einem Hexameter und einem Pentameter zusammen. Der Hexameter besteht aus sechs metrischen Einheiten. Aus Daktylen und Spondeen zusammengesetzt, ergibt sich folgendes metrische Schema: – v v – v v – v v – vv – v v – v. Für die letzte Senkung wird in der deutschen Literatur meist ein kürzerer Trochäus (– v) verwendet. Der daktylische Pentameter weist auf den ersten Blick ebenfalls sechs Metren auf, doch werden in der antiken Verslehre die beiden unvollständigen Halbfüße im dritten und im letzten Metrum als eine Einheit gezählt: – vv – v v – || – v v – v v –. Die starke und formal verbindliche Zäsur in der Versmitte nötigt dem Sprecher eine Pause auf und verleiht dem Pentameter einen nachdenklichen, präzisierenden Sprachrhythmus. Aus dieser Tradition erklärt sich, dass der Pentameter vorzugsweise für die Formulierung einer Antithese oder einer Schlussfolgerung gebraucht wird. Im Zusammenspiel mit dem Hexameter kontrastiert er also die Argumente zweier verschiedener Standpunkte. Aus der Reihung solcher Distichen entsteht die mehrstrophige Elegie als Langform mit ihrem oft betrachtend-monologischen Grundton.

Distichon

Die Elegien der deutschen Klassiker schließen sich der römischen Tradition an und setzen sich damit von Puristen wie Heinrich Voß, August Wilhelm Schlegel oder August von Platen ab, die auf eine exakte Befolgung des griechischen Versmaßes pochen. Da sich in der deutschen Sprache aber insbesondere Spondeen nur schwer nachbilden lassen, umgehen die Klassiker solche Vorgaben. Der lange geführte Disput zwischen beiden Parteien wird verschärft durch elegische Gedichtzyklen wie Goethes *Römische Elegien* (1788/90). Nach damaligen Wertvorstellungen thematisieren sie nicht nur unverblümt das partnerschaftliche Liebesleben. Noch bedenklicher erscheint manchen Zeitgenossen die Behauptung, erst diese erotische Stimmung erschließe dem lyrischen Ich die sinnliche Lebendigkeit antiker Kunst. Als Teile der *Römischen Elegien* in Schillers *Horen* erscheinen, zeigen sich selbst die Bewunderer Goethes indigniert. Hatte er bislang seine hexametrischen Verse vor ihrem Erscheinen von philologischen Ratgebern prüfen lassen, so tritt jetzt eine Geliebte auf, die das rechte ‚Maß' auf intime Weise finden hilft:

Römische Elegien

> Raubt die Liebste denn gleich mir einige Stunden des Tages,
>   Gibt sie Stunden der Nacht mir zur Entschädigung hin.
> Wird doch nicht immer geküßt, es wird vernünftig gesprochen;
>   Überfällt sie der Schlaf, lieg ich und denke mir viel.
> Oftmals hab' ich auch schon in ihren Armen gedichtet
>   Und des Hexameters Maß, leise, mit fingernder Hand
> Ihr auf den Rücken gezählt
> (GFA I 1, S. 407).

Sinnliche Anschauung — Der Tatsache, dass sich Goethe mit den *Römischen Elegien* erstmals formal klar umrissenen Gattungsgesetzmäßigkeiten unterstellt, ist viel Bedeutung zugesprochen worden. Weiterführende Beachtung findet der ursprünglich *Erotica Romana* betitelte Zyklus allerdings erst im 20. Jahrhundert. Zu Recht ist seither geltend gemacht worden, erst die sinnliche Liebe und das Eintauchen in den lebensprallen südländischen Alltag ermöglichten dem lyrischen Ich die Auseinandersetzung mit den Zeugnissen römischer Vergangenheit. Die bereits zitierte fünfte Elegie erhebt diese lebendige Anschauung zum Programm und verdeutlicht damit auch, welcher vitalen Voraussetzungen es bedarf, um die stummen Überreste über die trennende Kluft der Zeiten hinweg genießen zu können:

> Froh empfind' ich mich nun auf klassischem Boden begeistert,
>   Lauter und reizender spricht Vor- und Mitwelt zu mir.
> Ich befolge den Rat, durchblättre die Werke der Alten
>   Mit geschäftiger Hand täglich mit neuem Genuß.
> Aber die Nächte hindurch hält Amor mich anders beschäftigt,
>   Werd ich auch halb nur gelehrt, bin ich doch doppelt vergnügt.
> Und belehr ich mich nicht? wenn ich des lieblichen Busens
>   Formen spähe, die Hand leite die Hüfte hinab.
> Dann versteh ich erst recht den Marmor, ich denk', und vergleiche,
>   Sehe mit fühlendem Aug', fühle mit sehender Hand.
> (GFA I 1, S. 405)

Goethes Ausführungen zu dieser intimen Sinnesschulung referieren unverkennbar auf Winckelmanns Beschreibungen antiker Statuen und Herders Aufsatz *Plastik. Einige Wahrnehmungen über Form und Gehalt aus Pygmalions bildendem Traume* (1778), in welchem der belebende Einfluss eines geschulten Tastsinns auf eine ästhetische Wahrnehmung erörtert wird. Doch während Winckelmann den marmornen Körper zum Anlass nimmt, sich in die antike Welt der Götter und Heroen zurückzuversetzen, und Herder die erotische Komponente antiker Statuen nicht weiter berücksichtigt, ersetzt Goethe die gräzisierende Beschäftigung mit dem Altertum durch ein zeitloses, aber dennoch sehr subjektives Bedürfnis nach sinnlicher Nähe. Nicht die Antike, sondern die menschliche Natur gibt hier eine anschauungsreiche Perspektive vor; nicht das Studium alter Kunstwerke, sondern die leibhaftige Nähe der Geliebten verleiht den Überresten längst vergangener Zeiten eine Präsenz, die körperlich erlebt und mit keineswegs musealem Respekt gesehen sein will.

Metrisches Schema — Mit Hilfe des akzentuierenden (nicht des silbenzählenden) Versprinzips lässt sich das metrische Schema der *Römischen Elegien* erschließen. Dabei wird ersichtlich, dass in der ersten Zeile verseinleitend und versausleitend zwei stimmungsvolle Adjektive betont werden. Sie rahmen das sich mitteilende, ebenfalls betonte ‚ich', das sich selbstbewusst vor der Nennung des Handlungsortes thematisiert. Das ebenfalls mit einer Hebung versehene ‚nun' verstärkt als Zeitangabe den Eindruck, eine lang gehegte Sehnsucht habe sich endlich erfüllt: „Fröh empfind ĭch mich nŭn auf klăssischem Bŏden begĕistert". Der sich anschließende Pentameter verdeutlicht dann metrisch, dass sich die Empfindung nicht nur auf die Wahrnehmung antiker Gegenwart beschränkt. Ebenso eindringlich und wohlklingend teilt sich nämlich der römische Alltag mit. Und dass es sich hier um ein ganz singuläres Erleben handelt, signalisiert das versabschließende Personalpronomen: „Lauter und reizender spricht Vor- und Mitwelt zu *mir*."

Mit dieser deutlichen Positionierung des lyrischen Ich verliert das Bemühen, aus antiken Baudenkmälern und Kunstwerken ästhetische Vorschriften abzuleiten, an Überzeugungskraft. In der dreizehnten Elegie werden solche Bemühungen sogar energisch zurückgewiesen. Kein Geringerer als Amor teilt dem Reisenden mit: „Nicht so altklug getan! Munter! Begreife mich wohl! / Das Antike war neu, da jene Glückliche lebten!" Die ganze Ironie dieses monologischen Geplänkels verrät sich im dann folgenden Pentameter. Mit dem Ratschlag, „Lebe glücklich und so lebe die Vorzeit in dir!", bietet der römische Liebesgott – mitten im Zentrum der christlichen Macht – ein Grundgesetz des Lebens gegen die Wirkmacht antiker Denkmäler auf. Demgemäß bewährt sich die Antike nicht als „Stoff zum Liede", sondern als Garantin der Liebe „ohne prosodisches Maß". Stammelnd muss denn auch das lyrische Ich die Elegie mit den Worten beschließen: „O nein! Laßt auf der Bildung mich ruhn! / Bleibt geschlossen! ihr macht mich verwirrt und trunken, ihr raubet / Mir den stillen Genuß reiner Betrachtung zu früh." (GFA I 1, A. 419ff.)

Mit einer wehmütigen Klage hat diese höchst agile Wiederkehr der Liebe und Fruchtbarkeit, für die in den *Römischen Elegien* Demeter einsteht, wenig gemeinsam. Fernab von den zürnenden Göttern der antiken Mythologie genießt der Dichter seinen erotischen und ästhetischen Anschauungsunterricht in vollen Zügen. Gleichwohl ist sein hedonistisches Bekenntnis aus der Rückschau geschrieben. Sowohl die Nähe zur Geliebten als auch die Schönheit vergangener Zeugnisse lassen sich eben nur noch lyrisch vergegenwärtigen. Doch der Charakter einer elegischen Nachbetrachtung wird durch beinah hymnisch beschworene Zeit- und Ortskontraste umgehend wieder überboten. Das häufig gebrauchte ‚nun' beispielsweise unterstreicht den Unterschied zwischen Norden und Süden, zwischen damals und jetzt. Spannungsvoll lässt es erahnen, wie befreiend schon die Abreise nach Rom erfahren wird. Hieran knüpfen auch die Künstlergedichte der *Römischen Elegien* an, in denen es nicht nur um die klimatisch ungünstigen Lebensbedingungen eines deutschen Dichters geht. Als Zyklus betrachtet, ist die Erinnerung an das heitere südländische Dasein freilich einer Wehmut gewichen, und auch das gebetsartige Flehen, die Götter mögen den Dichter bis zum Tod in Rom verweilen lassen, wurde offensichtlich nicht erhört. Diese Gewissheit, dass ein sinnliches und ästhetisches Glück nicht von Dauer sein kann, grundiert den Gedichtzyklus.

Das Liebesgesetz

Elegische Rückschau

> O wie fühl ich in Rom mich so froh! Gedenk ich der Zeiten,
>   Da mich ein graulicher Tag hinten im Norden umfing,
> Trübe der Himmel und schwer auf meinen Scheitel sich neigte,
>   Farb' und gestaltlos die Welt um den Ermatteten lag,
> Und ich über mein Ich, des unbefriedigten Geistes
>   Düstre Wege zu spähn, still in Betrachtung versank.
> [...]
> Dulde mich Jupiter hier und Hermes führe mich später,
>   [...] leise zum Orcus hinab.
> (GFA I 1, S. 409ff.)

Brod und Wein — Hölderlins Elegie *Brod und Wein* gehört um 1800 zu den radikalsten Abrechnungen mit einem auch christlich geprägten Fortschrittsoptimismus. Zynisch zieht er eine Parallele zwischen zivilisatorischer Verderbnis und einem monotheistischen Gott, der seit seinem Machtantritt den Menschen mit doppeltem Ungemach straft: Neben seiner drohenden sozialen Isolation ereilt den Erdbewohner ein gnadenloses Schicksal, dem er nicht entrinnen kann. Auch die jenseitige Erlösung erweist sich als ungewiss. Trost spendet in dieser metaphysischen Misere allein der Dichter. In der Rolle des aufklärenden Vermittlers lässt er schrittweise die Hoffnung aufkeimen, Gott wenigstens im Medium der Kunst an den Ursprung aller Kultur zurückversetzen zu können. Dafür aber muss der Allmächtige sein Herrscheramt an eine Natur abtreten, die allein dauerhafte Ordnung zu garantieren vermag:

> [...]; es sei um Mittag oder es gehe
>   Bis in die Mitternacht, immer bestehet ein Maas,
> Alles gemeinhin, doch jeglichem auch ist eignes beschieden,
>   Dahin gehet und kommt jeder, wohin er es kann.
> [...]
> Drum an den Isthmos komm! dorthin, wo das offene Meer rauscht
>   Am Parnaß und der Schnee delphische Felsen umglänzt,
> Dort ins Land des Olymps, dort auf die Höhe Cithärons,
>   Unter die Fichten dort, unter die Trauben, von wo
> Thebe herunter und Ismenos rauscht, im Lande des Kadmos
>   Dorther kommt und da lachet verpflanzet, der Gott.
> (Hö 1, S. 375)

Hölderlins Relativierung der christlichen Heilszusage räumt dem antiken Griechenland im Gegenzug ein, über ein grundlegendes Maß an Wissen geboten zu haben, das vor unberechtigten Naturängsten und zudringlichen Göttern schützte. Gleichwohl kann der Mensch nicht dauerhaft auf diese Sicherheiten vertrauen. So muss er sich naturbedingt weiterentwickeln, zahlt dafür aber auch bis auf weiteres den Preis eines immer strengeren Gehorsams gegenüber den metaphysischen Mächten. Von ihnen sagt sich erst eine aufklärungskritische Kunst los, die sowohl den Jenseits- als auch den Vernunftmythos als faden Trost über einen eher blinden denn progressiven Fortschritt konterkariert. Dass Lyrik dafür ein antikes Versmaß aufbietet, konfrontiert die gräzisierende Schönheit des Metrums mit dialektischen und unversöhnlichen Reflexionen. Aus diesem Spannungsverhältnis schöpft die Modernität des Gedichtes seine Überzeugungskraft.

> **Merksatz**
>
> In Goethes und Hölderlins Elegien konkurrieren zwei Grundstimmungen miteinander: die Wehmut über ein zeitlich begrenztes Glück und das Erleben der eigenen Freiheit. Reflexiv werden beide überboten durch die Gewissheit, dass ein Mensch, der sich selbst zum Gott wird, einen zerstörerischen Fortschritt überwinden kann.

Die polemische Schlagkraft solcher scharf geschliffenen und metrisch rhythmisierten Argumente nutzen Goethe und Schiller auch im sogenannten Xenienstreit des Jahres 1797. Xenien sind eigentlich kleine Geschenke, die in der Antike den Gästen des Hauses nach einer gemeinsamen Mahlzeit überreicht wurden. Hier jedoch bezeichnet der Begriff epigrammatische Distichen, mit denen die beiden Dichter auf verschiedene literarische Anfeindungen, aber auch auf die Folgen der Französischen Revolution und eines sich wandelnden Sozialgefüges reagieren. Zurück geht die Sammlung, die in Schillers Endredaktion im *Musen-Almanach* auf das Jahr 1797 erscheint, auf zwei Briefäußerungen Goethes vom 28. Oktober und 23. Dezember 1795. In ihnen gibt er zu erkennen, dass es nun an der Zeit sei, sich der zahlreichen hämischen Einwürfe zu erwehren und eine Reihe unliebsamer Spötter nach dem Vorbild Martials öffentlich bloß zu stellen.

Xenien

Entstanden sind dann fast tausend Xenien: teils solche, in denen die Dichter sich auf humorvolle Weise um Aussöhnung mit einzelnen ihrer Gegner bemühen, teils aber auch bitterböse Invektiven, die eine bewusste Verletzung oder Demütigung der Angegriffenen in Kauf nehmen. Vor einer so scharfen Fehde, die im literarischen Diskurs um 1800 keinesfalls selten ist, hatten sich beide Dichter bislang gescheut. Jetzt aber geißeln sie Popularphilosophen wie den angesehenen Breslauer Christian Garve oder den streitbaren Buchhändler Friedrich Nicolai: „Nicolai reiset noch immer, noch lang wird er reisen, / Aber ins Land der Vernunft findet er nimmer den Weg." (GFA I 1, S. 522) Nicht minder wütend attackieren Schiller und Goethe die Hoffnung auf eine geeinte Nation: „Zur *Nation* euch zu bilden, ihr hofft es, Deutsche, vergebens. / Bildet, ihr könnt es, dafür freier zu Menschen euch aus!" (Ebd., S. 595) Kompromisslos übergeht der einleitende Hexameter die im 18. Jahrhundert entworfenen Optionen auf ein geeintes Volk, um dann im sich anschließenden Pentameter nur ein einziges Angebot zu unterbreiten – den Sprung über Generationen nationaler und nationalistischer Großmannssucht hinweg in eine menschheitliche, von allen kleinkarierten Vorurteilen befreite Zukunft.

Xenienstreit

Dieses berühmt gewordene Distichon bildet die Folie, vor der die anderen Xenien gelesen werden müssen. Gleichzeitig fasst es bündig den Anlass und Zweck des sogenannten Xenienstreits zusammen. Sowohl die politischen Debatten vor als auch nach der Französischen Revolution werden mit dem Argument abgegolten, die aufgeregte Polemik, mit der sich die Verfechter verschiedener Gesellschaftsmodelle seither bekriegen, habe die Öffentlichkeit zu sehr emotionalisiert und den vernünftigen Dialog zwischen den

Parteien vereitelt. Dass nun zahlreiche dieser Streithähne in den Xenien bloßgestellt werden, scheint nicht eben dazu angetan, dem kritisierten Politpathos entgegenzuarbeiten. Doch die Xenien überbieten dessen zwar wortgewaltigen, aber inhaltsleeren Argumente um die Einsicht, dass sich Klugheit manchmal eben nur mit entsprechender verbaler Schärfe vom polemischen Allerlei absetzen kann. Auf die Frage, ob die deftig gewürzten Xenien dem heimischen Gusto entsprächen, wird daher die Antwort erteilt: „Nicht doch! Aber es schwächten die vielen wäßrigten Speisen / So den Magen, daß jetzt Pfeffer und Wermut nur hilft." (Ebd., S.603)

Kasualdichtung Viele der Xenien, und gleiches gilt für andere Spruchdichtungen und Epigramme der Klassiker, erschließen sich heute nur noch über ihren konkreten Entstehungskontext. Ihr beißender Spott hat für heutige Leser daher an Intensität verloren, weshalb sie gelegentlich als Kasualdichtung abgegolten werden. Mal polemisch gehalten, mal zu feierlichen Anlässen niedergeschrieben, verknüpfen die antithetischen Miniaturen jedoch ihr Urteil über Personen und Zeitläufe mit einer distanzschaffenden Aussage, die das Bild einer später elegisch beschworenen Epoche um ironische, kämpferische und tagesaktuelle Facetten ergänzt. In den Venezianischen *Epigrammen* fasst Goethe diese Gattungstypologie in die Worte: „Epigramme seid nicht so frech!' Warum nicht? Wir sind nur / Überschriften, die Welt hat die Kapitel des Buchs." (GFA I 1, S. 456)

8.2 Oden und Hymnen

Oden und Hymnen sind feierliche Preisgesänge, die in der Antike gesungen und musikalisch begleitet wurden. Ihr Versmaß ist meist der Hexameter. Verbindendes Merkmal beider Gattungen ist ihr triadischer Aufbau, wobei in der Ode zwei Ereignisse oder Standpunkte mit hohem Pathos gewürdigt und in einem Abgesang dann miteinander versöhnt werden. Im Hymnus folgt auf die einleitende Anrufung Gottes eine Schilderung mythischer Themen, an welche sich ein Gebet anschließt.

Diese strophenschematischen Vorgaben entscheiden mit über die Inhalte der Hymnen und Oden sowie ihren Verwendungszusammenhang. Da Hymnen seit altersher Götter oder Helden preisen, finden sie sich schon früh sowohl auf dem Theater als auch im Gottesdienst. Während das hymnische Chorlied das Bühnengeschehen aus einer religiösen Perspektive reflektiert, verleiht der gemeinsam von Prediger und Gemeinde gesungene Hymnus der liturgischen Handlung eine besondere Würde. Aus diesem uralten und übrigens in zahlreichen Kulturen bekannten Brauch erklärt sich die literaturgeschichtlich lange Tradition des sakralen Hymnus.

Die chorlyrische Ode Zu feierlichen Anlässen von Rhapsoden gesungen, lobpreist die von Pindar geprägte chorlyrische Ode die Taten und Eigenschaften mythischer Figuren. Daneben finden sich weltliche Gesänge zu Ehren eines sportlich erfolgreichen Wettkämpfers oder eines hohen Würdenträgers. Zur glanzvollen Ausstaffierung des jeweiligen Anlasses werden oft mythische Vergleiche mit dem Sonnengott oder sakrale Metaphern benutzt. Auf formaler

Ebene wird der Gestaltung einzelner Strophen, die einen Sachverhalt prächtig und ausführlich darlegen sollen, mehr Gewicht beigemessen als dem strengen Versmaß. Dies zeigt sich an zahlreichen Zeilensprüngen, die das Augenmerk eher auf den strophischen Aussagegehalt lenken und die Bedeutung des in sich strukturierten Verses in den Hintergrund treten lassen. Unterschieden werden drei Odenstrophen: die alkäische, die asklepiadeische und die sapphische Strophe. Diese Differenzierung ist von besonderem Belang, weil sich Klopstock als Odendichter der zweiten Hälfte des 18. Jahrhunderts für die Verbreitung der alkäischen und sapphischen Ode in der deutschen Literatur eingesetzt hat und auch Hölderlin seinen Hymnen das alkäische und asklepiadeische Versmaß zugrunde legt.

Die älteste Odenstrophe, die alkäische, setzt sich aus zwei Elfsilblern, einem Neunsilbler und einem Zehnsilbler zusammen. Ihr Metrum besteht aus Jamben und Daktylen, wobei die beiden ersten Verse in zwei Halbverse gegliedert werden, die jambisch anheben und daktylisch enden; der dritte Vers wiederholt Jamben, der vierte Vers beginnt mit zwei Daktylen, denen sich zwei Jamben anschließen:

```
v – v – v | – v v – v v
v – v – v | – v v – v v
v – v – v – v –
– v v – v v – v – v
```

Diesem Versmaß folgen beispielsweise Klopstocks Oden *An J. H. Voß* und *An Fanny*. Der asklepiadeische Vers (von ihm gibt es wiederum fünf Unterformen) kennt ebenfalls den Wechsel von Lang- und Kurzversen, deren Metrum baut jedoch auf dem antiken Choriambus, einer metrischen Verbindung von Trochäus und Jambus, nach dem Muster – v v – auf. Kaum strophisch gegliedert, wiederholt die asklepiadeische Strophe diese Grundstruktur auf folgende Weise:

```
– – –v v– | – v v – v –
– – –v v– | – v v – v –
– – –v v – v
– – –v v – v v
```

Die charakteristischen mittleren Zäsuren gehen auf Horaz zurück und betonen den dialektischen Aufbau der einleitenden Verse. Im Unterschied zur alkäischen Ode, die rhythmisch forciert klingt und zügig voranschreitet, nimmt sich die asklepiadeische melancholischer aus. Inhaltlich neigt sie zur ruhigen, melancholischen Betrachtung. Ludwig Hölty, ein volkstümlicher Dichter des Göttinger Hainbunds, und Klopstock haben dieses Odenmaß in die neuere Literaturgeschichte eingeführt. Zu den bekanntesten Beispielen gehört das Gedicht *Der Zürchersee* von Klopstock.

Die sapphische Strophe besteht aus drei Elfsilblern und einem fünfgliedrigen antiken Versfuß mit dem Schema – v v – v. Aufgrund seiner Herkunft aus den griechischen Totenklagen wird dieser Versfuß häufig für (klagende) Schlussbetrachtungen eingesetzt. Mit Blick auf die strophische Gliederung ergibt sich folgendes Schema für die sapphische Ode:

Die sapphische Ode

```
– v – v – v v – v – v
– v – v – v v – v – v
– v – v – v v – v – v
– v v – v
```

Wie für die anderen Odenformen gilt auch für die sapphische, dass ein Aufeinandertreffen von zwei Hebungen bzw. Senkungen in der deutschen Sprache ungewöhnlich klingt. Vor allem in der Versmitte droht der vortragende Rezitator oder Sänger zu stocken. Auch hinsichtlich der Vorstellung dessen, was eine feierliche Stimmung auszeichnet, unterscheiden sich Antike und Neuzeit. Weder verträgt sich der gewollt strenge und statische Grundton sakraler Oden und Hymnen mit dem empfindsamen Natur- und Menschenbild des späten 18. Jahrhunderts noch mit der psychologischen Bestimmung moderner Individualität. Um daher dem Problem eines eintönigen Rhythmus aus dem Wege zu gehen, löst schon Klopstock die Abfolge aufeinanderprallender Hebungen und Senkungen zugunsten alternierender Wechsel auf. Ferner entwickelt er eigene Strophenformen, verwendet freie Rhythmen und lässt sich in der Wahl mythischer Bilder und naturhafter Metaphern von den alttestamentarischen Psalmen Davids inspirieren. Bei seinen Oden handelt es sich also um aktualisierte Nachbildungen antiker Muster.

Hoher Odenton Aufgrund manchmal befremdlicher Sprachbilder und des hohen Odentons erschließen sich auch die antikisierenden Neologismen oder Metaphern in den Oden der deutschen Klassiker heute nur noch philologisch. Um 1800 bezeugen sie jedoch poetische Kreativität im Verbund mit einer elegant gebundenen Sprache. Auch die binnendramatische Anlage, ihre variantenreiche, sich komplex entfaltende Argumentationsstruktur erschweren den Nachvollzug. Eben diese Verbindung von metrischer Strenge und inhaltlichen Gestaltungsmöglichkeiten ermuntert indes den jungen Herder, die Ode als Gedichtform zu würdigen, deren einziger Ordnungsmaßstab die enthusiasmierte Einbildungskraft des Dichters sei.

Fragmente einer Abhandlung über die Ode Solch eine Einschätzung deckt sich im wesentlichen mit der europäischer Odentheoretiker wie Edward Young oder Heinrich Füssli. Mit der Ode entdecken sie eine ursprünglich volkstümliche Gedichtform, in der sich poetischer Gestaltungswille mit den natürlichen Sinnesempfindungen des Menschen verbindet. Für Herder gleicht sie einem „Proteus unter den Nationen", jenem Meeresgott aus der griechischen Mythologie, der die Gabe der Prophetie besitzt, sich dieser Aufgabe aber dank seiner Wandlungsfähigkeit immer wieder entzieht (HFA 1, S. 79). Herder wählt diesen Vergleich, um den vielgestaltigen Einfluss der Ode auf die Entwicklung anderer literarischer Gattungen zu verdeutlichen. Wie ein Keim birgt sie seinen Worten zufolge nicht nur deren ästhetische Anlagen, sondern auch die kulturspezifischen Besonderheiten nationaler Literatur.

Hölderlins Oden Unter den Dichtern des späten 18. Jahrhunderts ist dieses urpoetische Potential der Ode weitgehend Konsens. Vor allem im territorial zersplitterten Deutschland wird ihr ein hohes Maß nationaler Identitätsstiftung angetragen. Im vaterländischen Nationaldiskurs des 19. und frühen 20. Jahrhunderts sorgte diese Erwartungshaltung freilich für erhebliche Missverständnisse und Fehleinschätzungen. Bisweilen nur als Entwurf überliefert, werden insbesondere Hölderlins Oden nationalistisch vereinnahmt. Später geraten sie dann weitgehend in Vergessenheit. Erst im letzten Drittel des 20. Jahrhunderts wird Hölderlin als Übersetzer der Oden Pindars und Horaz' wiederentdeckt, gleichzeitig wird wieder der dualistischen Argumentationsstruktur der Ode und ihrer damit verbundenen Neigung zur Dialogizität mehr Beachtung geschenkt.

Über jeden Verdacht chauvinistischer Engstirnigkeit erhaben, arbeitet Hölderlin in seinen Preisgesängen möglichst prägnant den ästhetischen Kontrast zwischen Antike und Moderne heraus. Statt sich jedoch in der elegischen Rückschau zu verlieren, ringt sich das lyrische Ich meist zu der Einsicht durch, das Leben sei als Abfolge von Freuden und Schmerzen zu akzeptieren. Der schmerzlich empfundene Gegensatz von Vergangenheit und Gegenwart wird mit dem Bekenntnis zu einem ‚erdentreuen' Dasein überwunden. In der zweiten Fassung seiner Ode *Die Heimath* (um 1800) heißt es diesbezüglich, wer sich selbst zu erkennen strebe, müsse sich zunächst mit der eigenen, nicht mehr von antiken Bedingungen geprägten Weltgegend vertraut machen:

Die Heimath

> Denn sie, die uns das himmlische Feuer leihn,
>   Die Götter schenken heiliges Laid uns auch,
>   Drum bleibe diß. Ein Sohn der Erde
>   Schein' ich; zu lieben gemacht, zu leiden.
>
> (Hö 1, S. 323)

Formal baut diese letzte Strophe der Ode auf der alkäischen Strophe auf. Zwei Versen mit je elf Silben schließt sich ein Vers mit neun und ein weiterer mit zehn Silben an. Auch das Metrum wird genau nachgebildet, so dass in den beiden ersten Zeilen das ‚sie' und das ‚uns' gleichermaßen betont werden und nach der Zäsur hinter ‚das' dann noch einmal die jeweils einleitenden Silben von ‚himmlische Feuer'. Schon im zweiten Vers wird das den Menschen vertretende Personalpronomen ‚uns' jedoch nicht mehr betont, auch das ‚ich' in der letzten Zeile bleibt unbetont, was prosodisch eine Unterordnung unter das ewige Gesetz des ambivalenten, göttergeschenkten Lebens metrisch veranschaulicht. Der mit einer Hebung versehene ‚Sohn' sowie die anklingend betonten Worte ‚Erde' und ‚lieben' setzen indes im Vergleich mit dem unbetonten ‚leiden' eine deutliche Prämisse: Die Konstellation Götter – Sohn scheint einerseits zwar als Rangfolge charakterisiert, erinnert andererseits aber auch an den christlichen Sohn Gottes. Doch im Unterschied zu Jesus reklamiert das lyrische Ich in der Ode für sich, eher liebend als leidend der Erde treu zu bleiben. Zwar wird das abschließend erwähnte ‚Leiden' akzeptiert, doch die Verbindung ‚lieben gemacht' dominiert sprachrhythmisch deutlich das Strophenende und rückt das Erdenhafte der menschlichen Existenz in den Vordergrund. Demgegenüber verliert das metaphysisch aufgeladene Leiden seine religiöse Bedeutung, wofür auch die Tatsache spricht, dass in den Strophen zuvor Leid als Liebesschmerz thematisiert wird. Insofern preist die Ode zwar ohne jegliches Aufbegehren den Ratschluss der Götter. Aber schon formalästhetisch lässt diese alkäische

Strophe erkennen, dass die mythische Vorherrschaft nicht bedingungslos akzeptiert wird.

Lebenslauf Die duale Struktur der asklepiadeischen Ode nutzt Hölderlin in der zweiten Fassung des Gedichts *Lebenslauf* (um 1800), damit er in den ersten beiden Strophen die hochfahrenden Ziele des Menschen zu relativieren vermag. Doch zweimal wird auch darauf hingewiesen, dass Liebe und Leid nicht ungleich auf einzelne verteilt werden. Dass solch eine fast schon platitüdenhafte Lehrmeinung nicht einfach harmonistisch über andrängende Alltagssorgen hinwegtäuscht, erhellt dann die dritte Strophe. In ihr sind es nämlich die Götter, welchen nun nachgewiesen wird, nie „mit Vorsicht / Mich des ebenen Pfads geführt" zu haben. Folglich müssen sie sich auch den Vergleich gefallen lassen, sie glichen hinsichtlich ihrer Aufsichtspflicht eher „sterblichen Meistern". Die vierte Strophe schließlich feiert einen besonderen Aspekt des irdischen Glücks:

> Álles prüfe der Ménsch, | ságen die Hímmlischen,
>   Dáß er, kräftig genährt, | dánken für Álles lérn',
>   Und verstéhe die Fréiheit,
>   Áufzubréchen, wohin ér wíll.
>
> (Hö 1, S. 325)

Fast stakkatohaft werden hier die Pflichten, aber auch die Rechte des Menschen betont, wobei das abschließend hervorgehobene ‚er will' überdeutlich macht, welche Grenzen den himmlischen Ratschlägen gezogen sind. Darin unterscheidet sich die Schlussstrophe der Ode wesentlich von der gattungstypologischen Binnendramaturgie. Werden ansonsten in den einleitenden Elfsilblern zwei Aussagen gegenübergestellt, so lesen sich die beiden letzten Halbverse dieser Zeilen wie eine Einschränkung der göttlichen Macht. Schon quantitativ überwiegen in den ersten beiden Versen die Hebungen und Senkungen vor der Zäsur, womit der alles prüfende Mensch in den Vordergrund gestellt wird. Senkt man beim lauten Lesen zudem nach der Zäsur die Stimme, so erhalten die Halbverse einen unüberhörbar ironischen Unterton. Die Himmlischen mögen daher raten und verlangen – ob ihnen der Mensch folgt oder ob er sich bewusst wird, dass es eben nur Empfehlungen sind, darüber entscheidet, wie ja auch die beiden letzten Verse hervorheben, allein sein freier Wille. Um den Menschen als Vernunftwesen ferner vor den Forderungen der Götter zu schützen, müssen diese als unvollkommene Projektion menschlicher Hoffnungen und Ängste in die Schranken gewiesen werden. Damit hat sich ihr Dasein nicht grundsätzlich überholt, aber es bedarf einer dringenden Revision. Für die Menschwerdung sind nun einmal solche metaphysischen Reibungsflächen unerlässlich. Nur sie lenken den Fokus auf die Freiheit als Ziel aller irdischen Bemühungen.

Merksatz

> Nach Herder gehört die Ode zur Urpoesie einer Kultur, aus der sich später alle anderen literarischen Gattungen entwickeln. Für Hölderlin überwindet die sich in einer Ode manifestierende Einbildungskraft des Dichters die Konkurrenz zwischen Antike und Moderne.

8.2 | Oden und Hymnen

Hölderlins Hymnen stammen überwiegend aus der Jugendzeit und sind von revolutionärem Pathos getragen. Ob daher Liebe, Freundschaft oder Wahrheit hymnisch bejubelt werden – als Leitwerte figurieren sie für den historischen Auftrag, des „alten Chaos Woogen" zu glätten und einen gesellschaftlichen Neuanfang vorzubereiten (Hö 1, S. 99). Verantwortlich für die politisch aufgepeitschte Stimmung unter einem alten Unrechtsregime zeichnen „Wahn und Stolz", „Übermuth" und „Hader". Seit sie den Menschen aus dem „Paradies" getrieben haben, sieht er sich einer existentiellen Grenzerfahrung ausgesetzt: Metaphysisch verlassen und von brutalen Leidenschaften regiert, steht der Einzelne hilflos dem „Nichts" ausgeliefert. Bar jeder Hoffnung, bleibt ihm nur der Tod „im Schrecken" (vgl. ebd., S. 108f.).

Hölderlins Hymnen

Welche Folgen diese Konfrontation mit dem Nichts zeitigt, mit dieser Frage beschäftigt sich die *Hymne an die Freiheit* (zwischen 1790/91). Melancholie und psychische Defekte als Reaktion auf fehlende Orientierungshilfen gehören ebenso dazu wie perspektivenlose Freiheitsparolen. Nur in Andeutungen verrät die siebte Strophe, dass weder Gesetze noch die Künste in der Lage sind, den „schwarzen Ungewittern" irgendetwas entgegenzusetzen. Um so überraschender liest sich die Lösung des Problems in der darauf folgenden Strophe: „Kehret nun zu Lieb' und Treue wieder – / Ach! es zieht zu langentbehrter Lust / Unbezwinglich mich die Liebe nieder – ". Doch dieser emphatisch vorgeschlagene Ausweg ist keineswegs so naiv gedacht, wie es auf den ersten Blick scheinen mag. Für Hölderlin gleicht die Natur nämlich einer unermesslichen Potenz. Darin sowohl der Liebe des Menschen als auch seinem Freiheitsrecht ähnlich, mag man sie vorübergehend unterjochen. Langfristig jedoch behauptet sie sich wieder mit der Notwendigkeit elementarer Gesetzmäßigkeiten:

Hymne an die Freiheit

> Froh und göttlichgroß ist deine Kunde,
> Königin! dich preise Kraft und That!
> Schon beginnt die neue Schöpfungsstunde,
> Schon entkeimt die seegenschwang're Saat:
> Majestätisch, wie die Wandelsterne,
> Neuerwacht am off'nen Ozean,
> Stralst du uns in königlicher Ferne,
> Freies kommendes Jahrhundert! an.
> (Hö 1, S. 109)

Der unverstellte Blick auf die über dem Meer aufgehende Sonne präzisiert auf bildhafte Weise, mit welcher Macht sich der Neubeginn bereits ankündigt. Nach Auskunft der nächsten drei Strophen darf der Mensch aber nicht untätig auf ihn hoffen. Vielmehr muss er einen See von grenzenlosen Machenschaften überqueren, die er seiner rationalen und sittlichen Hybris verdankt. Zu den ärgsten Gegnern gehört der gleich zweimal erwähnte Übermut, mit dem die alten Herrscher, die Könige und Tyrannen, die bislang Unterdrückten verlachen.

Für die Würdigung ‚des großen Stamms' der Deutschen bemüht Hölderlin all jene Metaphern (Eiche, Held, deutsches Blut), die heute zu Recht im Verdacht vaterländischer Umtriebe stehen. Als Umschreibung für ein politisch und kulturell geeintes ‚Volk' setzen solche Vergleiche jedoch ein orga-

Nationales Pathos?

nisches Geschichtsmodell voraus. Alle Kulturen müssen ihm zufolge erst eigene Konturen ausbilden, um einen Beitrag zum vielstimmigen Konzert der Nationen ableisten zu können. Ein politisch zersplittertes und tyrannisch heruntergewirtschaftetes Deutschland behindert demgegenüber eine Zukunft, in der sich kulturelle Mannigfaltigkeit unter dem Gesetz der Freiheit eint. Diese transnationale Perspektive ist auch dann mitzudenken, wenn Hölderlins Hymnen als Plädoyer für ein nationales Selbstbestimmungsrecht gelesen werden. Bis in die vermeintlich deutschtümelnde Schlussstrophe der *Hymne an die Freiheit* hinein bleibt insofern unzweifelhaft, dass es einen sonnengleichen Neubeginn in Deutschland nur geben wird, wenn zuvor die „Tirannenstühle" und „Tirannenknechte" eliminiert werden.

Von diesem Anspruch getragen, partizipieren die Oden und Hymnen der deutschen Klassik an einem gattungstypologischen Wandel. Dienten sie einst dazu, den Privilegierten und Siegern mit Hilfe göttlicher Vergleiche zu huldigen, so vertrauen sie jetzt alle Freiheits- und Freundschaftswerte der Natur an. Vom Vertrauen auf deren Allmacht getragen, relativieren die klassischen Oden und Hymnen nicht nur den „grauen Wahn" überkommener Machtstrukturen. Deren Repräsentanten wird ihr sicherer Niedergang vor Augen geführt (Hö 1, S. 110f.).

8.3 Balladen

Der Erlkönig, *Die Braut von Korinth*, *Der Zauberlehrling* oder *Der Taucher* – von allen Gedichten der deutschen Klassik gehören diese Balladen bis heute zu den bekanntesten. Und selbst für den Fall, dass sie nicht mehr landläufig gelesen werden, so bestimmen sie doch immer noch die Vorstellung, was deutsche Klassik eigentlich sei. Dazu beigetragen hat nicht zuletzt die im Übrigen nicht immer anspruchsvolle Mischung aus Unterhaltung und sentenzhafter Belehrung. Lässt man diese Einschätzung gelten, dann hätte sich freilich eine lyrische Gattung ins Epochenbewusstsein eingeschrieben, die keine antiken Vorläufer besitzt, sondern zur romanisch-christlichen Ritterkultur gehört. Warum die Klassiker mit reißerischen Stoffen ihre Popularität zu steigern versuchen, erklärt sich aus der Hoffnung, als lyrische Urform könne die Ballade das Interesse für andere lyrische Formate und Inhalte wecken. Dass sie den Begriff Ballade weder regelpoetisch noch antikisierend gebrauchen, sondern gerade deren volkstümliche Vielgestaltigkeit zum Anlass für lyrische Experimente nehmen, dokumentieren Goethes *Die Braut von Korinth* und der *Erlkönig*. Während ersteres ausdrücklich als Romanze bezeichnet wird, bearbeitet er im letzteren Gedicht ein Sujet der nordländischen Mythologie.

Erzählende Gedichte

Als Goethe im August 1797 in Frankfurt weilt, berichtet er Schiller mehrfach über die dortige Kunstszene. Merklich irritiert gesteht er dem Freund in Jena, hohe sittliche Ideale oder eine ästhetisch exklusive Anspruchshaltung erschienen ihm inzwischen denkbar ungeeignet, um ein großstädtisches Publikum vom intellektuellen Führungsanspruch der Kunst zu überzeugen. Ohnehin nur noch am ‚Sonderbaren' interessiert, erreiche man die

Leser eher mit ‚erzählenden Gedichten', in denen Abenteuerliches oder seltsame Begebenheiten schwungvoll und spannend dargeboten werde. Hatten die Freunde schon in den Wochen zuvor eifrig über ihr Balladenprojekt diskutiert, so entschließt sich nun auch Schiller, die Menschen auf etwas rustikalere Weise von der „Existenz einer Poesie" zu überzeugen. Kämpferisch antwortet er Goethe am 17. August 1797:

> Soviel ist auch mir bei meinen wenigen Erfahrungen klar geworden, daß man den Leuten, im Ganzen genommen, durch die Poesie nicht wohl, hingegen recht übel machen kann, und mir däucht, wo das eine nicht zu erreichen ist, da muß man das andere einschlagen. Man muß sie incommodieren, ihnen ihre Behaglichkeit verderben, sie in Unruhe und in Erstaunen setzen. Eins von beiden, entweder als ein Genius oder als ein Gespenst muß die Poesie ihnen gegenüber stehen. (SNA 29, S. 117)

Bei dieser programmatischen Bestimmung der Ballade lassen es die Freunde bewenden. Nur hinsichtlich ihrer gattungspoetischen Freiheiten setzt Goethe angelegentlich noch hinzu, die Ballade erweitere ‚den Kreis der poetischen Gegenstände' auf produktive Weise. Mit dieser Aufwertung erschließt sich die Klassik einmal mehr ein Verständnis von Volksliteratur, das sich von normativen Forderungen an einzelne Gedichtformen ebenso frei weiß wie von der klassizistischen Beschränkung auf antike Musterliteratur.

Literarisch gehört die Wiederentdeckung der Volksballade zu den literarisch aufsehenerregenden Ereignissen des 18. Jahrhunderts. Ein erster und bedeutender Impuls geht von Bischof Thomas Percys 1765 erscheinender Balladensammlung *Reliques of Ancient English Poetry* aus. Bereits fünf Jahre zuvor veröffentlichte der schottische Dichter James Macpherson die *Fragments of Ancient Poetry collected in the Highlands of Scotland*: fingierte Übersetzungen angeblich 1500 Jahre alter Bardengesänge des gälischen Sängers Ossian, der für Jahrzehnte die Phantasie und Begeisterung der europäischen Kunstszene beflügelt. Beide Sammlungen prägen auch die theoretische Balladendebatte. Wenngleich sich recht bald schon abzeichnet, dass die fast schon kultische Verehrung der ossianischen Gesänge einem Scherz aufsitzt, so können doch renommierte Volksliedforscher wie Herder geltend machen, Macpherson sei es auf originäre Weise gelungen, die poetische Authentizität früher keltischer Lyrik wiederzubeleben. Erstmals scheint nach Herder also eine ästhetische Rückführung nationaler Kunst auf ihre Ursprünge gelungen. Wie sehr Herder mit dieser Rechtfertigung den Nerv der Zeit trifft, zeigen die in ganz Europa in den nächsten Jahrzehnten erscheinenden Balladensammlungen und Nachdichtungen landestypischer und alter mythischer Stoffe. Parallel dazu beginnt die systematische Erforschung alter Volkslieder, zu denen neben Helden- und Ereignisliedern auch die so genannte Volksballade gezählt wird. 1778/79 erscheint Herders Sammlung *Volkslieder*, die eine Reihe dänischer, englischer und skandinavischer Balladen enthält; 1806/08 die von Achim von Arnim und Clemens von Brentano besorgte Ausgabe *Des Knaben Wunderhorn* und 1811 schließlich Wilhelm Grimms *Altdänische Heldenlieder, Balladen und Märchen*.

Volksballaden

Ballade als Naturform

Durch Herder angeregt, setzt sich in Deutschland rasch die Annahme durch, die in Balladen nachwirkende ‚Muttersprache des Menschengeschlechts' beweise die ursprünglich ästhetische Bestimmung des Menschen. Als Teil des ältesten Liedguts und damit auch als ‚Naturform' mische die Ballade ferner erzählende und berichtende Elemente mit einem dramatisch erzeugten Spannungsbogen. Zudem noch als Lied gesungen, bezeugt sie auch den deutschen Klassikern ein ursprüngliches Kunstempfinden, dem die Trennung der Künste in streng separierte Gattungen zuwiderläuft. Als volkstümlich gelten ferner die strophische Gliederung, der Verzicht auf kunstvolle Metren sowie ein eher unkompliziertes Reimschema.

Bürgers *Lenore*

An diese gattungstyplogische Bestimmung knüpft sich im letzten Jahrhundertdrittel die Hoffnung, in alten Ballade überlebe ein ‚naives', künstlerisch zeitloses Geschmacksempfinden, das auch auf die aktuelle Volksliteratur inspirierend wirke. Welcher Impuls von dieser Balladenästhetik ausgeht, zeigt die Lyrik des Sturm und Drang ebenso wie die zur gleichen Zeit verfassten Kunstballaden Ludwig Höltys und Bürgers. Mit einer bewusst einfachen Sprache knüpft Bürger mit seiner berühmten *Lenore* (1793) an die Gattungsmerkmale der Volksballade an und wählt eine einfache Sprache für die Beschreibung naturmagisch-düsterer Szenerien. Mit der Einführung des bis dahin literarisch kaum hoffähigen Wiedergängermotivs wirkt die *Lenore* stilbildend weit über die deutsche Klassik hinaus.

Das ‚Ur-Ei'

Balladengeschichtlich bringt dann Goethes erstmals in seiner Zeitschrift *Über Kunst und Altertum* veröffentlichte Definition, die Ballade fasse alle Literaturformen „wie in einem lebendigen Ur-Ey zusammen", die ästhetische Faszination, die Volksballaden im 18. Jahrhundert auf Dichter und Forscher ausüben, auf den Punkt (GFA I 21, S. 38). Denn, so heißt es ergänzend in den *Noten und Abhandlungen*, unter allen „Naturformen der Dichtung" zeichne sich die Ballade durch die „Vereinigung" dreier Dichtweisen „im engsten Raume" aus. Außerdem finde sich „das herrlichste Gebild" in den „schätzenswerthesten Balladen aller Völker". Im Kontext seiner skeptischen Ausführungen über die „Ordnung" von Gattungspoetiken tritt die Volksballade damit den entscheidenden Beweis an, wie „wunderlich" sich die literarischen Ausdrucksformen „verschlingen" und die „Dichtarten [sich] bis ins Unendliche mannigfaltig" steigern können. Mit ihrem naturästhetischen Potential steht die Ballade insofern für eine Dichtung, die sich jeder Klassifikation entzieht (GFA I 3/1, S. 207).

> **Merksatz**
>
> Mit der Volksballade entdecken die deutschen Klassiker eine weitere literarische ‚Naturform'. Ihr Kennzeichen ist die Mischung epischer, dramatischer und lyrischer Gestaltungsmittel. Die im sogenannten Balladenjahr 1798 entstandenen Balladen gehören bis heute zu den populärsten Werken der deutschen Klassik.

Als Schiller sich gemeinsam mit Goethe im Sommer an die Konzeption des nächsten *Musen-Almanachs* begibt, sind sich beide schnell einig, dass ihre Balladen nur dann ein breites Publikum ansprechen, wenn sie statt abstrakter Gedanken nur solche Themen und Motive darstellen, die einer ‚volkstümlichen' Weltanschauung nahestehen. In rascher Folge entstehen bis zum Herbst verschiedene Entwürfe, über die man sich brieflich austauscht und Vorschläge unterbreitet, wie der volkstümliche Ton eingängiger zu realisieren sei. Der *Musen-Almanach auf das Jahr 1798* bringt dann Goethes *Der Schatzgräber*, *Legende*, *Die Braut von Korinth* und *Der Gott und die Bajadere*. Hierauf folgen Schillers *Der Taucher*, *Der Handschuh* und *Der Ring des Polykrates* sowie Goethes *Zauberlehrling* und Schillers *Ritter Toggenburg*, *Die Kraniche des Ibycus* und *Der Gang nach dem Eisenhammer*. Als ‚Balladenalmanach' ist diese Ausgabe in die Literaturgeschichte eingegangen.

Das Balladenjahr 1798

Vergleicht man die Beiträge Goethes mit denen Schillers, so fällt rasch auf, dass beide den Begriff ‚Ideenlyrik' unterschiedlich interpretieren. So erzählt Goethe vor einem naturmagischen Hintergrund von Geistererscheinungen, mysteriösen Beschwörungen und unheimlichen Begegnungen. Schiller dagegen beschreibt ein Verbrechen, waghalsigen Heroismus oder den asketischen Liebesverzicht und unterlegt seinen Balladen ein strenges Rechtsbewusstsein.

Ideenballaden

Exemplarisch sei auf die Ballade vom *Ritter Toggenburg* verwiesen, die er am 31. Juli 1797 fertigstellt. Formal betrachtet, handelt es sich um eine Romanze, also ein kürzeres Erzähllied, das sagen- oder legendenhafte Stoffe behandelt. Metrisch folgt sie dem vierhebigen spanischen Trochäus, wobei jeder der achtsilbigen Verse mit einer Betonung einsetzt. Der elegische Ton verleiht dem Ganzen eine andächtige Stimmung, welche sowohl die Entscheidung der Geliebten als auch Toggenburgs stoische Entsagung in den Rang höchster christlicher Tugendhaftigkeit erhebt. Woher Schiller den Stoff genommen hat, ist nicht mit Sicherheit zu sagen. Überliefert ist die alpenländische Sage der Ida von Toggenburg, die in eine Abtei im Thurgau übersiedelt, nachdem ihr Mann Heinrich sie der Untreue verdächtigt hat. Als ihre Unschuld erwiesen ist, begibt sich der Ritter reumütig in eine Einsiedelei. Ähnliche Begebenheiten werden in den Ritterromanen des späten 18. Jahrhunderts erzählt, meist aber in Verbindung mit dem Heimkehrermotiv. Dass ein aus der Schlacht kommender Ritter wie Schillers Toggenburg seine Geliebte als „Himmels Braut" antrifft, ist eher ungewöhnlich. Ausgangspunkt der in *Ritter Toggenburg* dargestellten Begebenheit ist die folgende Bitte:

Ritter Toggenburg

> „Ritter, treue Schwesterliebe
>   Widmet Euch dieß Herz,
> Fodert keine andre Liebe,
>   Denn es macht mir Schmerz.
> Ruhig mag ich euch erscheinen,
>   Ruhig gehen sehn.
> Euer Augen stilles Weinen
>   Kann ich nicht verstehn."
> (SNA 1, S. 368)

Nachdem Toggenburg diesen Wunsch akzeptiert hat, nimmt er erfolgreich an einem Kreuzzug teil, um schließlich voller Sehnsucht nach der Geliebten zurückzukehren. Hier aber muss er erfahren, dass er einen Tag nach ihrem Eintritt in den Nonnenstand wohl keine Chance mehr hat, neuerlich erhört zu werden. Die folgenden fünf Strophen schildern mit hohem Pathos, wie sich Toggenburg vom Aristokratenleben verabschiedet und sich gegenüber dem Kloster auf viele Jahre in einer kargen Hütte einrichtet. Von dort aus kann er tagtäglich das Stubenfenster der Angebeteten beobachten. Ob sich Schiller der Tatsache bewusst ist, dass seine Version der Geschichte eher sentimental als sentimentalisch wirkt, darüber lässt sich trefflich spekulieren. In der Forschung werden solche Fragen mit dem Hinweis auf seinerzeit populäre Bearbeitungen des Stoffs beantwortet. Den ‚Grundton' einer Zeit, die sich für moritatenhafte wie weihevolle Lyrik in gleichem Maße begeistert, hat Schiller trotzdem nicht getroffen. Schon kurz nach dem Erscheinen des *Toggenburg* liegen erste Parodien vor, die den Widerspruch zwischen Rittergeist und christlicher Entsagung aufs Korn nehmen. Bis heute gehört die Ballade zu den meistparodierten Gedichten der deutschen Klassik.

Die Braut von Korinth

Ob Schiller solch eine Provokation geplant hat, scheint zweifelhaft, wenngleich *Ritter Toggenburg* im Kontext des Balladenalmanach durchaus einen experimentellen Charakter annimmt. Zwischen Goethes *Zauberlehrling* und der Entdeckung eines Mordfalls in Schillers *Die Kraniche des Ibycus* angeordnet, liest sich die Ballade so bieder, als gewähre man dem Leser zwischen all dem turbulenten Treiben vorübergehend Entspannung. Noch weltfremder wirkt Ritter Toggenburgs Liebesschmachten im Vergleich mit Goethes erstem ‚Vampyrischen Gedicht', *Die Braut von Korinth*. Immerhin bemüht Goethe eine blutsaugende Vampirin, darüber hinaus attestiert diese dem zu ihrer Zeit noch jungen christlichen Glauben, er habe „Lieb' und Treu' / Wie ein böses Unkraut ausgerauft." Doch damit nicht genug: Vom gleichen „kranken Wahn" angesteckt, soll die Mutter den Tod ihrer Tochter verschuldet haben (GFA I 1, S. 686ff.). Als sie die verstorbene Wiedergängerin mit dem Liebhaber entdeckt, heißt es:

> Mutter! Mutter! spricht sie hohle Worte:
> So mißgönnt Ihr mir die schöne Nacht!
> Ihr vertreibt mich von dem warmen Orte.
> Bin ich zur Verzweiflung nur erwacht?
> Ist's Euch nicht genug.
> Daß in's Leichentuch,
> Daß Ihr früh mich in das Grab gebracht?"
> (Ebd., S. 691)

Die Radikalität, mit der ausgerechnet eine christliche Mutter für einen bestialischen Religionseifer verantwortlich gemacht wird, entlarvt die monotheistische Religion als historischen Rückschritt. So gestaltet Goethe die Affinität des Christentums zum Menschenopfer so doppeldeutig, dass sie als Anspielung auf den symbolischen Verzehr des Leibes Christi beim Abendmahl oder als Vorgriff auf die Brutalität der christlichen Feldzüge gelesen werden kann:

> Und der alten Götter bunt Gewimmel
> Hat sogleich das stille Haus geleert.
> Unsichtbar wird Einer nur im Himmel,
> Und ein Heiland wird am Kreuz verehrt;
> Opfer fallen hier,
> Weder Lamm noch Stier,
> Aber Menschenopfer unerhört.
> (Ebd., S. 688)

Die der Ballade zugrunde liegende Geschichte stammt aus antiken und barocken Quellen, dort jedoch steht das Wiedergängertum der Braut im Vordergrund. Das Motiv des Blutsaugens und die religionskritischen Anspielungen sind also Zusätze Goethes, der auch den verschiedenen Dialogen einen teils naturmagischen, teils ‚volkstümlichen' Anstrich verleiht. In weiten Kreisen der Bevölkerung hat sich nämlich der Glaube an irrationale Kräfte in der Natur nie ganz verloren. Selbst im aufgeklärten Jahrhundert stellt die Vampirin keinen Anachronismus dar. Goethes Entzauberung der christlichen Friedensbotschaft geht dagegen über den damaligen Religionsbegriff hinaus.

Aus der bräutlichen Rückschau vorgetragen, hat ihr erzwungener Übertritt zum christlichen Glauben die Heirat mit dem ungetauften Freund vereitelt. Als der Geliebte daher auf Besuch im Hause ihrer Eltern weilt, kommt sie aus dem Totenreich herauf, um ihn über ihr Schicksal zu unterrichten. Ihre äußere Erscheinung wird von der vierten Strophe an schrittweise und in vorsichtigen Andeutungen beschrieben. Zunächst ist von einem „seltnen Gast" die Rede, später dann von ihrem weißen Teint und der eiskalten Haut (vgl. ebd., S. 687). Ein besonderes Augenmerk richtet der Erzähler auf ihre Vorliebe für Blut. Als ihr der Freund Wein einschenkt, verzichtet sie zwar darauf, seinen Leib auszusaugen, sondern schlürft stattdessen „mit blassem Munde, / Nun den dunkel blutgefärbten Wein; / Doch vom Weizenbrot, / Das er freundlich bot, / Nahm sie nicht den kleinsten Bissen ein." (Ebd., S. 689) Mit diesen wenigen Hinweisen wird die Braut als Vampirin und Liebende eingeführt. Gleichwohl gestaltet Goethe auch diese Szene ambivalent: Teils ist die Braut so „gierig" nach „seines Mundes Flammen", weil sie sich nach seiner Liebe sehnt; teils braucht sie freilich auch das fremde Blut, um sich noch für eine geraume Zeit bei ihm aufhalten zu können (vgl. ebd., S. 690). Im Unterschied zur späteren Vampirdichtung lässt Goethe allerdings die Liebe einer Heidin über ihren Bluttrieb siegen. Freiwillig entscheidet sie sich für den Feuertod, der sie mit dem Geliebten wieder vereinen soll:

Vampirismus

> Höre, Mutter, nun die letzte Bitte:
> Einen Scheiterhaufen schichte du;
> Öffne meine bange kleine Hütte,
> Bring' in Flammen Liebende zur Ruh'!
> Wenn der Funke sprüht,
> Wenn die Asche glüht,
> Eilen wir den alten Göttern zu.
> (Ebd., S. 692)

Himmlischer Eros

Das Verbrennen als Übergang von einer alten, starren Lebensform zu einer neuen symbolisiert in Goethes Dichtung die Bereitschaft, sich aus immer wieder anderen Perspektiven auf die vielgestaltige Wirklichkeit einzulassen. Auf solch eine ‚Metamorphose' weisen auch andernorts Formulierungen wie ‚Stirb und Werde' oder ‚Dauer im Wechsel' hin. In *Die Braut von Korinth* bleibt das Motiv des Flammentods eng an religionsskeptische Vorbehalte geknüpft: Weil es für die Liebenden eine gemeinsame Zukunft im christlichen Himmel nicht geben kann – dort existieren im Unterschied zum antiken Hades nur leiblose Seelen: ein Aspekt, den Goethe im Übrigen wieder im *Faust II* aufgreift –, weil beide Liebenden aber auch nach dem Tod nicht auf körperliche Lust verzichten wollen, entscheiden sie sich wieder für die liebestolleren Götter der Antike. Nachdrücklich beschwört die Braut der „Venus' heitren Tempel" als Ort der Wiederbegegnung, denn dort kommt auch des „Liebesstammelns Raserei" zu ihrem Recht (vgl. ebd., S. 690f.).

Formale Gestaltung

Dieses Bekenntnis formuliert eine selbstbewusste Frau mit Worten, die im 18. Jahrhundert noch unerhört klingen. Auch metrisch wird ihr Aufbegehren forciert. Alle Strophen setzen sich aus sieben Versen zusammen, wobei es sich bei den jeweils ersten vier um fünfhebige Trochäen handelt, die durch Kreuzreime miteinander verbunden sind. Der fünfte und sechste Vers folgen ebenfalls diesem Versmaß, doch bleibt die dritte, abschließende Hebung unvollständig. Ihr folgt dann in der jeweils nächsten Zeile eine weitere Hebung, was den dramatischen Konflikt, die Drohung oder den Liebesschwur, um den es in diesen Versen geht, im lauten Vortrag pointiert. Wie sich das Selbstbewusstsein der Braut allmählich behauptet, dokumentieren auch die im Mittelteil der Ballade betonten Verben oder Konjunktionen: „Dóch sie wídersteht". Als sie dann ihre Mutter in die Schranken weist, werden die sie bezeichnenden Personal- und Possessivpronomen bzw. Substantive mit Hebungen versehen: „déine", „méine", „Líebendé" (vgl. ebd.).

8.4 Lehrdichtung

Als eigenständige Gattung umfassen Lehrgedichte seit der Antike alle Dichtarten, in denen das Wissensspektrum einer Kultur poetisch vermittelt wird. Dabei muss es sich nicht explizit um lyrische Verse handeln, auch epische Kleinformen wie die Fabel oder Legende, das Märchen oder Spruchdichtungen werden ihr zugeordnet. Das thematische Spektrum der erhaltenen *Lehrdichtung* erstreckt sich von Göttergenealogien bis hin zu landwirtschaftlichen, medizinischen oder biologischen Abhandlungen. In poetisch eleganter und gefeilter Sprache dargeboten, wendet sie sich an ein laienhaftes, volkstümliches Publikum. Mit den *Lehrgedichten* soll überdies die ästhetische Kompetenz der Leser erweitert werden. Herder, Goethe, Schiller und der ihnen nahestehende Knebel orientieren sich später an hexametrischen Vorbildern. Zu deren bekanntesten gehört Lukrez' Lehrgedicht *De rerum natura* aus dem ersten christlichen Jahrhundert.

8.4 | Lehrdichtung

Inhaltlich beschäftigen sich die Lehrgedichte der deutschen Klassiker mit einer Natur, die den zeitlosen Rhythmus des Werdens und Vergehens in Gang hält, den Menschen aber gleichzeitig über die Einsicht hinwegtröstet, Sittenideale oder Vernunftmaximen nur unvollkommen umsetzen zu können. Ästhetisch erheben sie einen doppelten Anspruch. Ähnlich wie in antiken Lehrgedichten soll naturwissenschaftliches Wissen in eine literarische Kosmologie eingebettet werden. Doch im Unterschied zu den älteren Vorläufern verzichten die Klassiker auf alle unterrichtenden Ansprüche und treten damit in direkte Konkurrenz zur akademischen Erkenntnislehre. An die Stelle einer lehrhaften Vermittlung zwischen Dichtung und Wahrheit tritt eine hermetische Symbolik, die auf anspruchsvolle Weise poetische Natursicht mit moderner Aufklärungskritik verbindet.

Poetische Natur

Mit dem Aufstieg der neuzeitlichen Naturwissenschaften im 18. Jahrhundert gerät die Lehrdichtung zunehmend in Verdacht, komplexe Erkenntnisse populistisch zu verfälschen und damit Halbwahrheiten unters Volk zu bringen. Dass mit solchen Diffamierungen der wissenschaftliche Anspruch auf Wahrheit erzwungen werden soll, diese Beobachtung formuliert unter den deutschen Klassikern erstmals Herder in seinem *Journal meiner Reise*. Kritisch hinterfragt er zeitgenössische Inhalte der Wissensvermittlung, ferner wird der Plan einer ästhetisch ambitionierten Pädagogik unterbreitet. Diese Repoetisierung wissenschaftlicher Erkenntnisse leitet die Wende zu einer aufklärungskritischen Moderne ein und prägt das klassische Lehrgedicht nachhaltig. Herder selbst hat dann die zeitlebens protegierte Lehrdichtung in seinem letzten Zeitschriftenprojekt, der von 1800 bis 1803 erscheinenden *Adrastea*, umgesetzt und in heiter-ironischen Beiträgen die akademischen Leistungen des 18. Jahrhunderts sondiert. Mit zahlreichen polemischen Spitzen attackiert er eine hoch spezialisierte Forschung, deren Ergebnisse sich zu einem abstrakten Naturmodell ergänzen:

Herders Theorie der Lehrdichtung

> Ist Dichtkunst die reinste, vollste Darstellung der Wahrheit: so muß sie *jede* Wahrheit darstellen können [...]. Der Orpheus der Natur wird, wenn die Wissenschaft reif ist, *seine* Leier rühren. Das Schnittgericht (haché) eurer Paragraphen haltet ihr für die einzig-beste Methode der Wissenschaft? Für eure Lehrlinge mag es solche sein; der Überblick des Ganzen wird von selbst eine andre Darstellung fodern. [...] Die stärkste, reinste Aussprache der Wahrheit wird ihrer Natur nach allenthalben *Dichtkunst* (HFA 10, S. 232).

Wie auch immer man solche wissenschaftskritischen Invektiven bewerten mag – historisch durchleuchten sie eine Konsolidierungsphase, in deren Verlauf sich die akademische Praxis zunehmend der öffentlichen Kontrolle entzieht. Unter diesen Vorzeichen sind sowohl Herders Einwände gegen die Gelehrtenrepublik und ihr terminologisch geschütztes Expertenwissen zu verstehen als auch die Forderung, die Wissenschaft als Herrschaftsinstrument wieder in eine ‚freiere' und ‚dichterische Weltansicht' aufzulösen. Den Gedanken, mit Hilfe von Lehrgedichten an eine liberalere Wahrheitstradition anzuknüpfen, greift auch Goethe in verschiedenen Beiträgen auf. Zu den prominentesten Beispielen gehört das Lehrgedicht *Die Metamorphose der Pflanzen*. Mit ähnlichen Argumenten wie zuvor Herder beschäftigt sich

Dichterische Weltansichten

Goethe mit der These, die intellektuelle Vorrangstellung der Naturwissenschaften behaupte sich schon deshalb nur vorübergehend, weil die menschliche Vernunft langfristig komplexere Anforderungen an Wahrheiten erhebe. Um ihrer Repoetisierung vorzuarbeiten, hat die Lehrdichtung nach Goethe zwei Aufgaben zu erfüllen: Soll der erkenntnistheoretische Absolutismus der Naturwissenschaften überwunden werden, dann muss sich die diskursive Logik an der Vielschichtigkeit des menschlichen Anschauungsvermögens messen lassen. Dies geschieht, indem die künstlich gewählten, kleinteiligen Naturausschnitte, an denen die Wissenschaften ihre Gesetze beweisen, wieder in den poetischen Kosmos integriert werden.

Die Metamorphose der Pflanzen

In dem 1798 entstandenen Lehrgedicht ist es ein Gelehrter, der sich im Eingangsgespräch mit seiner Geliebten die Vorzüge einer poetischen Naturbetrachtung erschließt. Zuvor, noch in der Rolle des Botanikers, benennt das lyrische Ich die ihn umgebende Flora mit Fachbegriffen. Als er bemerkt, dass er die helle Freude seiner Freundin an den zahllosen Farben und Düften stört, sucht er nach einer Perspektive auf die Natur, die naturwissenschaftliche Kenntnisse mit der Empfindung des Schönen vereint:

> Dich verwirret, Geliebte die tausendfältige Mischung
> Dieses Blumengewühls über dem Garten umher;
> Viele Namen hörest du an und immer verdränget,
> Mit barbarischem Klang, einer den andern im Ohr.
> [...]
> Freue dich auch des heutigen Tags! die heilige Liebe
> Strebt zu der höchsten Frucht gleicher Gesinnungen auf,
> Gleicher Ansicht der Dinge, damit in harmonischem Anschaun
> Sie verbinde das Paar finde die höhere Welt.
> (GFA I 1, S. 639ff.)

Botanische Metamorphose

Mit vielen Metaphern umschreibt der Mittelteil des Lehrgedichts Goethes naturwissenschaftliche Suche an einem Urprinzip, das sowohl die morphologische Variabilität im Pflanzenreich als auch das alle Pflanzen verbindende Wesen erklärt. Solch ein elementares Gesetz scheint den skeptischen Vorbehalten gegenüber rationalistischen Erklärungsansätzen insofern zu widersprechen, als ja auch die zeitgenössischen Wissenschaften nach universalen Gemeinsamkeiten suchen, die beispielsweise *den* Menschen charakterisieren. Doch Goethes Wesensbestimmung der Pflanzen basiert auf massiven Zweifeln an einer Systematik, wie sie der schwedische Naturforscher Carl von Linné Mitte des 18. Jahrhunderts entwickelt hatte. Da Pflanzen nach dieser Nomenklatur nur nach äußerlichen Merkmalen begutachtet und bestimmten Arten zugeordnet werden, verliert sich solch eine klassifizierende Methode für Goethe in oberflächlichen Beschreibungen. Um der Gefahr botanischer Kleinkrämereien zu entgehen, wählt Goethe eine frühidealistische Perspektive und führt die Vielfalt an Blättern und Blüten auf die Fähigkeit der Pflanzen zurück, unter normalen Bedingungen die ihnen eigene Gestalt hervorzubringen, in besonderen Situationen aber auch eine andere Erscheinungsform anzunehmen. So können sich aus einzelnen Pflanzenteilen bei Verletzungen andere Segmente der Pflanze entwickeln, oder aus einem Keim entsteht eine Varietät der eigentlichen Pflanze. Dieses Vermögen bezeichnet Goethe als Metamorphose – als eine ur-organische Fähigkeit, entweder den allgemeingültigen oder den individuellen Habitus bestimmter Pflanzen hervorzubringen.

Was im Lehrgedicht zunächst am Beispiel der Blumen demonstriert wird, formuliert das lyrische Ich schließlich als Gesetz des Individuellen unter den Bedingungen des Allgemeinen: „Alle Gestalten sind ähnlich und keine gleichet der andern". Mit diesem Bekenntnis zur individuellen Mannigfaltigkeit hat sich die wissenschaftliche Klassifikation anhand von Äußerlichkeiten überholt, denn dass „ewge Gesetz" berücksichtigt die empirische Realität und wird insofern auch dem Besonderen, Einzigartigen der organischen Natur gerecht (ebd.). Im Unterschied zu allen abstrakten Gemeinplätzen berücksichtigt es ferner die Möglichkeit des inneren und äußeren Wandels jeder einzelnen Existenz. Aufgrund dieser doppelten Perspektive auf das Individuelle taugt es nach Auskunft des Lehrgedichts auch für höher organisierte Lebensformen: „Bildsam ändre der Mensch selbst die bestimmte Gestalt." (Ebd., S. 641) Dafür bedarf es neben der freien Willenstätigkeit auch der Bereitschaft, festgefahrenen Ansichten und vermeintlichen Lebensgesetzen zu entsagen.

Humane Metamorphosen

Wie solch ein organischer Entwicklungsprozess auf zwischenmenschlicher Ebene aussehen könnte, wird am Beispiel der Liebe veranschaulicht. Zugrunde liegt ihr ein „Keim der Bekanntschaft". Aus ihm entsprießt „holde Gewohnheit" oder „Freundschaft" und unter Umständen auch „heilige Liebe" (ebd.). Ob es sich dabei um körperliche Lust oder eine von Humanität geprägte Menschenliebe handelt, spielt nach Auskunft des Lehrgedichts insofern keine Rolle, als das Gesetz des Individuellen die natürlichen Grundlagen wiederherstellt, unter denen sich Menschsein in all seinen Ausprägungen entfalten kann. Als Handlungsorientierung fordert es nach Goethes Worten dazu auf, allen künstlichen Schranken mit ‚Willkür' und, wie es im verwandten Gedicht *Metamorphose der Tiere* ergänzend heißt, jedem abstrakten ‚Maß' mit ‚beweglicher Ordnung' zu begegnen.

Bewegliche Ordnung

Merksatz

> Seinem Gedicht *Die Metamorphose der Pflanzen* legt Goethe den mit der Lehrdichtung verbundenen Anspruch zugrunde, wissenschaftliche Erkenntnisse in poetische Wahrheiten aufzulösen. Als grundlegendes Gesetz der Natur, das auch für höher organisierte Lebewesen gilt, wird das der ewigen Variabilität anerkannt.

Dass nur eine solch lebendige Annäherungsweise die Bedeutung der Natur für die kulturelle Entwicklung des Menschen erschließt, diesen Gedanken erwägt auch Schiller in seinem ersten, in Distichen abgefassten Naturgedicht *Der Spaziergang*. 1795 in den *Horen* veröffentlicht, verdankt es sich einem regen Austausch mit Wilhelm von Humboldt, von dem auch der Vorschlag stammt, es der Gattung didaktischer Lyrik zuzuordnen. Regen Anteil an seiner Entstehung und Verbreitung nimmt auch der Naturforscher Alexander von Humboldt. Wie sehr er Schillers Naturbetrachtung teilt, ist

Der Spaziergang

seiner Abhandlung *Versuche über die gereizte Muskel- und Nervenfaser* zu entnehmen, in welcher er den für eine ‚widerständige' Naturbetrachtung zentralen Vers zitiert: ‚Sucht den ruhenden Pol in der Erscheinungen Flucht'. Schiller selbst äußert sich mehrfach über die dem Gedicht zugrunde liegende Idee und erwähnt verschiedentlich, es habe von all seinen Arbeiten schon deshalb weniger ‚poetische Bewegung', weil wie in einem ‚Naturlaut' den Schmerz über das Mitgeteilte ausdrücke, statt einem ästhetischen ‚Schöpfungsdrang' zu folgen.

Soviel Bescheidenheit ist freilich unbegründet, denn das lyrische Ich entflieht in der Rolle des Wanderers einem ungesunden städtischen Klima und dem drückenden Alltagsgeschäft auf Stunden. Gleich eingangs wird damit die Unversöhnlichkeit von Zivilisation und Natur herausgearbeitet:

> Sey mir gegrüßt mein Berg mit dem röthlich strahlenden Gipfel,
>   Sey mir Sonne gegrüßt, die ihn so lieblich bescheint,
> Dich auch grüß ich belebte Flur, euch säuselnde Linden,
>   Und den fröhlichen Chor, der auf den Aesten sich wiegt,
> Ruhige Bläue dich auch, die unermeßlich sich ausgießt
>   Um das braune Gebirg, über den grünenden Wald,
> Auch um mich, der endlich entflohn des Zimmers Gefängniß
>   Und dem engen Gespräch freudig sich rettet zu dir,
> Deiner Lüfte balsamischer Strom durchrinnt mich erquickend
> (SNA 2/1, S. 308)

Natur als Rekreationsraum Mit dem Motiv der Flucht aus pragmatischen Zwängen widmet sich Schiller einem Thema, dem in den Künsten des 18. Jahrhunderts vermehrt Beachtung geschenkt wird: der Natur als Ort mentaler und physischer Rekreation. Die Darstellung erhabener Prospekte (Alpen, Meeresufer) oder die Natur als Gegenentwurf zur kulturellen Überfeinerung werden zwar schon zuvor behandelt. Doch entweder nobilitieren Menschen die Szenerie durch ihre Anwesenheit, oder die weitgehend menschenleeren Aussichten dokumentieren eine grandiose, aber noch immer bedrohliche Natur. Werden Wiesen, Bäume oder Berge, antike Ruinen und Stadtansichten beschrieben, so handelt es sich um domestizierte Staffagen, die dem eigentlichen Geschehen als schmückender Hintergrund dienen. Als wohltuende, mit allen Sinnen zu erlebende Landschaft werden bestimmte Naturausschnitte erst am Ende des 18. Jahrhunderts entdeckt. Darauf weist auch der Titel des Lehrgedichts, *Der Spaziergang*, hin. Aus heutiger Sicht eher wohlvertraut, ist der erholsame Ausflug in eine eigens dafür gewählte Landschaft noch immer etwas Ungewöhnliches. Seine Vorläufer – die aristokratische Promenade im gepflegten Park oder das kurzweilige Lustwandeln – erfüllen noch einen anderen Zweck. Während solcher Besuche einer künstlich arrangierten Natur versichert man sich der eigenen Wohlhabenheit und kulturellen Geborgenheit. Spaziergänge dienen demgegenüber der körperlichen und geistigen Erholung. Seit der Industrialisierung und deren zunehmend mechanisierten Arbeitsprozessen sollen gute Luft und Sonnenschein nach den Werktagsmühen möglichst Entspannung bieten.

Natur und Kultur Eine Natur, in der Sinne und Verstand gleichermaßen auf ihre Kosten kommen, sucht auch Schillers Wandersmann. Zweimal eröffnet sich ihm der Anblick weiter Fernen, beim dritten Mal hebt er den Blick dann in einen grenzenlosen Äther. Zweimal überschaut er dabei Stationen der Menschheitsgeschichte und muss miterleben, wie sich Kulturen von der Natur entfernen und in künstlichen Gesetzesnormen erstarren: „Regel wird alles und alles wird Wahl und Bedeutung / [...] / Des Gesetzes Gespenst steht an der Könige Thron, / Jahre lang mag, Jahrhunderte lang die Mumie dauern, / Mag das trügende Bild lebender Fülle bestehn" (SNA 2/1, S. 310 u. 313). Noch recht idyllisch nehmen sich die frühen Agrarkulturen aus. Zwar trennen schon „Linien" die Äcker voneinander. Doch als Markierungen des persönlichen „Eigentums" beherrschen diese Begrenzungen noch nicht den Naturraum. Zur Bestätigung lässt der Wanderer seinen Blick über einen Weg gleiten, der „in freieren Schlangen durchkreuzt die geregelten Felder" und „die Länder" verknüpft (vgl. ebd., S. 309). In diesem der Welt aufgeschlossenen Kosmos herrschen lediglich die Rhythmen der Gestirne und Jahreszeiten. Was spätere Zeiten politisch einfordern, verliert auf dieser Kulturstufe seine Berechtigung: „Glückliches Volk der Gefilde! Noch nicht zur Freiheit erwachet, / Theilst du mit deiner Flur fröhlich das enge Gesetz. / Deine Wünsche beschränkt der Aernten ruhiger Kreislauf, / Wie dein Tagwerk, gleich, windet dein Leben sich ab!" (Ebd., S. 310)

Aber diese Beschaulichkeit ist nur von kurzer Dauer. Wie in einem Film schließt sich an diese Szene das nächste Bild, auf dem bereits sich absondernde „Stände" und „stolze Geschlechter" zu sehen sind, jetzt freilich in festgefügten Sozialordnungen erstarrend. An die Stelle der Dörfer treten die Türme einer Stadt und wird „Wildniß hinaus [...] verstoßen" (ebd.). Was bereits im Idyll angelegt ist, der Kontakt zur Außenwelt, verbindet sich abrupt mit weniger humanitären Zielen: ausfallende Heere, vaterländische Helden und imperialistische Unternehmer drängt es über einst völkerverbindende Straßen, um jetzt „Afrikas Boden" zu plündern. Auf machtstrategisch verwandten Maximen gründet auch der sich parallel entfaltende Welthandel. Bevor jedoch der Wanderer seine Sorgen über dieses Treiben konkretisieren kann, überblendet ein Zeitensprung das Bild dieser Kulturstufe. Was sich jetzt vor seinen Augen entfaltet, ist das Jahrhundert des Lichts, in dem allein Maßlosigkeit regiert:

Kultur als Unnatur

> Da zerrinnt vor dem wundernden Blick der Nebel des Wahnes,
>   Und die Gebilde der Nacht weichen dem tagenden Licht.
> Seine Fesseln zerbricht der Mensch. Der Beglückte! Zerriß er
>   Mit den Fesseln der Furcht nur nicht den Zügel der Schaam!
> Freiheit ruft die Vernunft, Freiheit die wilde Begierde,
>   Von der heil'gen Natur ringen sie lüstern sich los.
> [...]
> Hinter Wolken erlöschen des Wagens beharrliche Sterne,
>   Bleibend ist nichts mehr, es irrt selbst in dem Busen der Gott.
> (SNA 2/1, S. 312)

In Schillers metaphorischer Schau auf das aufgeklärte Säkulum wird nur eine einzige Leistung der Epoche, die Befreiung der Vernunft, lobend erwähnt. Ihr schließen sich sechsunddreißig Langverse an, in denen die Auswüchse einer epochalen Umorientierung des Denkens aufgelistet sind. Statt

Freiheit als Unfreiheit

Weitsicht und Humanität herrschen Habgier, Neid und Eigennutz. Und je rigoroser persönliche Interessen vertreten werden, desto energischer müssen künstliche Gesetze das Zusammenleben regulieren. Wie der Wanderer anmerkt, entlässt die Freiheit den Menschen folglich in einen dünkelhaften Eigennutz, vor dem selbst die Götter erblassen. Erhebt der Wanderer daher seinen Blick in einen von Wolken verhangenen und längst götterleeren Himmel, so sieht er die auf sich gestellte Welt in ein alles verschlingendes Nichts taumeln. Wieder aber rettet ihn ein sich überlagerndes Bild davor, diesen tristen Weltprospekt länger anschauen zu müssen.

Natur als Aporie? Diesmal ist es die Natur selbst, die den Blick des Wanderers nicht nur hinauf zum Himmel schweifen lässt, sondern ihn ins Elysium zu erheben scheint. Noch benommen von den Abgründen des 18. Jahrhunderts, erwacht er alsbald aus seinem fürchterlichen Traum und findet sich in der eingangs beschriebenen Landschaft wieder. Mit dieser Rückkehr ins Idyll lässt der Historiker Schiller den Gang durch die Menschheitsgeschichte in einer Aporie enden. Zwar feiert der Spaziergänger ‚das alte Gesetz' der Natur mit der Begründung, der menschliche Wille suche sich ständig neue Zwecke und unterstehe deshalb nur dieser einen geschichtlichen ‚Regel'. Allerdings arrangiert er sich mit diesem Relativismus, den er der ihn umgebenden Landschaft entnimmt, mit der Historie der Mächtigen. Umgehend verliert die vorgetragene Hoffnung auf eine geeinte Menschheit jede Überzeugungskraft.

> **Merksatz**
>
> In Schillers Lehrgedicht *Der Spaziergang* durchschreitet ein Wanderer verschiedene Stationen der menschlichen Fortschrittsgeschichte. Am Ende steht er vor den Auswüchsen einer kolonialistischen, ausbeuterischen Zivilisation.

Eine zukunftsweisende Alternative zur gescheiterten Aufklärung bietet das elegische Lehrgedicht folglich nicht an. Dagegen spricht auch die sonntägliche Verehrung der Natur. Da der Wanderer sie wie einen heiligen Text studiert, entnimmt er ihr nur den Aufruf zu stoischer Demut. Mit diesem Bekenntnis zu schülerhafter Unbedarftheit fällt die kulturskeptische Durchsicht der Menschheitsgeschichte hinter die Modernität einer aufklärungskritischen Aufklärung zurück. Während diese die Überwindung mythischer Erstarrungen einfordert, feiert Schiller die Natur in *Der Spaziergang* abschließend als spirituellen Fluchtraum, in dem sich eine widerspruchslos ertragene Wirklichkeit überdauern lässt.

8.5 Ausblick

West-östlicher Divan Wie schon das Beispiel der Ballade zeigt, charakterisiert sich die Lyrik der deutschen Klassik keineswegs nur durch die Adaption antiker Versmaße oder Motive. Mit Goethes Sonettenkranz werden vielmehr weitere romanische und mit dem *West-östlichen Divan* (1819) arabische Gattungstraditionen in die deutsche Literatur eingeführt. In den Abhandlungen zum *Divan* rechtfertigt Goethe diese produktive Annäherung an andere ‚klassische' Literaturen im Dienste der Notwendigkeit, das Denken in nationalen Kategorien auch weiterhin zugunsten einer welterschließenden Anschauung zu überwinden: „Aber freilich, wenn wir Deutschen nicht aus dem engen Kreise unserer eigenen Umgebung hinausblicken, so kommen wir gar zu leicht in diesen pedantischen Dünkel."[40] Mit dem Aufkommen eines alsbald gefährlichen Chauvinismus endet für Goethe damit auch eine Phase, in der er zu politischen Themen nur indirekt Stellung nimmt. Ohne selbst mythische Vergleiche zu bemühen, entlarvt er das dämonische Wesen machtstrebender Tyrannen, indem er sie einerseits dem Gesetz des Werdens und Vergehens unterstellt. Andererseits konfrontiert er im *Divan* die Folgen ihrer weltumspannenden Kriege mit dem harten Dasein der Entrechteten und Unterdrückten.

Vor ihrem aggressiven Einfluss ist auch die Liebe nicht geschützt, mit der sich zahlreiche *Divan*-Gedichte beschäftigen. Mit Suleika lässt Goethe die Geliebte Marianne von Willemer zu Worte kommen und nimmt deren chiffrierte Gedichte in den artifiziell arrangierten und doch ‚unabschließbaren' Reigen seiner Gedichte mit auf. Gedichte wie das berühmte *Ginko Biloba* thematisieren darüber hinaus den Anspruch, dichterische Identität nicht von Gattungsfragen oder ästhetischen Normen abhängig zu machen, sondern sich als ‚eins' im Spiel mit anderen Aspekten des eigenen und auch des fremden Wesens zu begreifen.

Überall dort, wo Subjektivität sich demgegenüber abzuschotten beginnt, muss sie wie alles Einseitige, Eigennützige oder Inhumane überwunden werden. Programmatisch heißt es dazu im ersten Buch des *Divan*, im Gedicht *Selige Sehnsucht* aus dem *Buch des Sängers*:

Selige Sehnsucht

> Sag es niemand, nur den Weisen,
> Weil die Menge gleich verhöhnet,
> Das Lebend'ge will ich preisen,
> Das nach Flammentod sich sehnet.
>
> [...]
>
> Und solang du das nicht hast,
> Dieses: Stirb und werde!
> Bist du nur ein trüber Gast
> Auf der dunklen Erde.
> (GFA I 2, S. 24f.)

Wie Arabesken sind die Divan-Gedichte miteinander verschlungen, knüpfen inhaltlich spielerische Bezüge oder variieren einen bestimmten Gedanken aus unterschiedlicher Perspektive. Statt aber wie in den Elegien, Balladen oder Hymnen einzelne Positionen zu polarisieren und durch eine idealische Lösung zu versöhnen, erinnert die Anordnung der Gedichte an orientalische Plaudereien, in denen scheinbar willkürlich Themen gewechselt und an bewusst befremdender Stelle wieder aufgegriffen werden. Hieraus erklärt sich auch der gelassene Charakter des *West-östlichen Divans*, dem eine ‚skeptische Beweglichkeit' statt eines rigoristischen Urteilvermögens zugrunde liegt.

Alemannische Gedichte

Wie sich der Blankvers des klassischen Dramas oder der homerische Hexameter für die damals nur aus der Volksliedforschung bekannte Mundartdichtung fruchtbar machen lässt, veranschaulicht Johann Peter Hebel in seinen *Alemannischen Gedichten* (1804). Um das „Gute und Schöne" auch an provinziellen Motiven herauszuarbeiten, wählt Hebel Szenen aus dem ländlichen Alltag und lässt sein lyrisches Personal im alemannischen oder Baseler Dialekt über eher unspektakuläre Dinge plaudern. Der ‚klassischheimelige' Grundton des Gedichtzyklus, welcher sich dem gekonnten Zusammenspiel von Versrhythmus und rustikalen Sujets verdankt, geht jedoch in der Übersetzung verloren. Die ohnehin expressivere Mundart gewinnt nämlich durch das klassische Metrum an originärer Ausdrucksfähigkeit, die im Hochdeutschen kaum nachgeahmt werden kann.

Dass Hebel mit seinen *Alemannischen Gedichten* ein eher provinzielles Publikum erreicht, korrespondiert seinem literarischen Selbstverständnis als Kalenderautor. Doch seine Leistung erschöpft sich nicht in der ‚klassischen' Gestaltung einer aufklärerischen Lehrdichtung. Hebels Gedichte unterlaufen vielmehr eine abstrakte Hochsprache und dokumentieren am Beispiel des Dialekts, welche Mitteilungsintensität und klangliche Variabilität der Mundart eigen ist. Andererseits schließen die *Alemannischen Gedichte* alle Nicht-Alemannen zunächst einmal von der Lektüre aus und fördern insofern das kulturelle Selbstbewusstsein der Sprachgemeinschaft. Dieses Spiel mit dem Eigenen und Fremden, das Changieren zwischen Norm und Nonkonformismus realisiert damit ebenfalls eines der Hauptanliegen der deutschen Klassik. Anerkennend äußert sich Goethe über die *Alemannischen Gedichte*, Hebel habe „auf die naivste, anmutigste Weise" das Weltall „verbauert" (vgl. GFA I 18, S. 974 u. 979).

Zusammenfassung

In zahlreichen klassischen Gedichten werden Widersprüche oder existentielle Probleme dialektisch erwogen. Formal werden dafür antike Gedichtformen wie die Elegie oder Ode bevorzugt. Bis in das Metrum hinein sind sie so angelegt, dass zwei entgegengesetzte Sichtweisen nebeneinander gestellt werden können. Eine streng gebundene Sprache verleiht den Erwägungen die notwendige Würde, wobei nicht übersehen werden darf, dass nicht alle in Rede stehenden ‚Ideen' zu einer Lösung gebracht werden und es insofern einer hoch artifiziellen Lyrik angetragen bleibt, den in der Moderne noch nicht überwundenen Gegensatz von Kunst und Leben herauszuarbeiten.

Wie die Ode gehört auch die Ballade nach Auskunft der deutschen Klassiker zur Urpoesie, allerdings verbindet sie im Unterschied zur Gedankenlyrik episches Erzählen mit einem dramatischen Geschehen und lyrischer Formgebung. Dass in den klassischen Volksballaden verschiedentlich Mythisches oder Schauerliches thematisiert wird, versteht sich weniger als Rekurs auf einen nie gänzlich überwundenen Aberglauben in weiten Teilen der Bevölkerung,

> sondern opponiert, wie Goethes *Die Braut von Korinth* zeigt, in durchaus aufklärungskritischer Absicht gegen die Beschränkungen, welche die christliche Heilsbotschaft einer ‚natürlichen' Weitsicht auferlegt.
> In den umfangreichen Lehrgedichten werden der zeitgenössische Wissensdrang und Fortschrittsoptimismus hinterfragt. In ihnen verwirklicht die Lyrik den ästhetischen Anspruch, eine wissenschaftlich katalogisierte Dingwelt zu repoetisieren. Dem entgegen steht der eher desillusionierende Ausblick auf eine Vernunftlehre, mit der Freiheit als Abkehr von der Natur umgesetzt und zugleich eine maßlose Herrschaftskultur legitimiert wird. So sieht sich der Wanderer in Schillers *Der Spaziergang* abschließend mit den Auswüchsen einer kolonialistischen und ausbeuterischen Zivilisation konfrontiert.

Literatur

Dyck, Martin, *Die Gedichte Schillers. Figuren der Dynamik des Bildes*, Bern, 1967.
Suppan, Wolfgang, *Volkslied*, Stuttgart, 1969.
Wünsch, Marianne, *Der Strukturwandel in Goethes Lyrik*, Stuttgart, 1975.
Mecklenburg, Norbert (Hg.), *Naturlyrik und Gesellschaft*, Stuttgart, 1977.
Laufhütte, Hartmut, *Die deutsche Kunstballade*, Heidelberg, 1979.
Müller-Seidel, Walter (Hg.), *Balladenforschung*, Königstein/Ts., 1980.
Hinderer, Walter (Hrsg.), *Geschichte der deutschen Lyrik vom Mittelalter bis zur Gegenwart*, Stuttgart, 1983.
Wild, Reiner, *Goethes klassische Lyrik*, Stuttgart, 1999.
Witte, Bernd, „Roma – Amor. Antike Tradition und moderne Erfahrung in Goethes ‚Römischen Elegien'", in: *Spuren, Signaturen, Spiegelungen. Zur Goethe-Rezeption in Europa*, hg. v. Bernhard Beutler u. a. Köln, 2000, S. 499–513.
Wild, Reiner, „Die moderne Form. Goethes Balladen von 1797 als Teil des ‚Projekts Klassik'", in: *Klassik und Anti-Klassik*, hg. v. Ortrud Gutjahr u. Harro Segeberg, Würzburg, 2001, S. 63–88.

Fragen

36. Wie lässt sich die Selbstreflexivität zahlreicher Gedichte der deutschen Klassiker und ihre Neigung zu Künstlergedichten erklären?

37. Welche Bedeutung kommt dem antiken Versmaß in den verschiedenen Gattungen der klassischen Lyrik zu?

38. Mit welchem Ziel greifen die Oden- und Hymnendichter auf die duale Struktur beider Gattungen zurück?

39. Aus welchem Grund gehört die Volksballade zu den ‚Naturformen' der Lyrik?

40. Welche Aufgabe übernimmt das Lehrgedicht in der klassischen Lyrik?

Arbeitsaufgaben

Arbeitstext I

aus: Friedrich Schiller: *Über Bürgers Gedichte*
[...] ein Dichter nehme sich ja in Acht, mitten im Schmerz den Schmerz zu besingen. So, wie der Dichter selbst bloß leidender Teil ist, muß seine Empfindung unausbleiblich von ihrer idealischen Allgemeinheit zu einer unvollkommenen Individualität herabsinken. Aus der sanftern und fernenden Erinnerung mag er dichten, und dann desto besser für ihn, je mehr er an sich erfahren hat, was er besingt; aber ja niemals unter der gegenwärtigen Herrschaft des Affekts, den er uns als *schön* versinnlichen soll. Selbst in Gedichten, von denen man zu sagen pflegt, daß die Liebe, die Freundschaft u.s.w. selbst dem Dichter den Pinsel dabei geführt habe, hatte er damit anfangen müssen, sich selbst fremd zu werden, den Gegenstand seiner Begeisterung von seiner Individualität loszuwickeln, seine Leidenschaft aus einer mildernden Ferne anzuschauen. Das Idealschöne wird schlechterdings nur durch eine Freiheit des Geistes, durch eine Selbsttätigkeit möglich, welche die Übermacht der Leidenschaft aufhebt. [...] Nur die heitre, die ruhige Seele gebiert das Vollkommene. Kampf mit äußern Lagen und Hypochondrie, welche überhaupt jede Geisteskraft lähmen, dürfen am allerwenigsten das Gemüt des Dichters belasten, der sich von der Gegenwart loswickeln und frei und kühn in die Welt der Ideale emporschweben soll. Wenn es auch noch so sehr in seinem Busen stürmt, so müsse Sonnenklarheit seine Stirne umfließen. (SNA 22, S. 256ff.)

Aufgabe:

Eingedenk des von Schiller beschriebenen Kontrastes zwischen Ideal und Wirklichkeit, werden hier sentimentalische und naive Stilelemente zusammengeführt, um die ‚Klassizität' der Lyrik herauszuarbeiten. Um welche Elemente handelt es sich, und warum soll sich der lyrische Dichter im Unterschied beispielsweise zum Romancier von der ‚Gegenwart loswickeln'?

Arbeitstext II:

Erlkönig

Wer reitet so spät durch Nacht und Wind?
Es ist der Vater mit dem Kind;
Er hat den Knaben wohl in dem Arm,
Er faßt ihn sicher, er hält ihn warm.

Mein Sohn, was birgst du so bang dein Gesicht? –
Siehst, Vater, du den Erlkönig nicht?
Den Erlenkönig mit Kron' und Schweif? –
Mein Sohn, es ist ein Nebelstreif. –

„Du liebes Kind, komm geh mit mir!
Gar schöne Spiele spiel' ich mit dir;
Manch' bunte Blumen sind an dem Strand;
Meine Mutter hat manch gülden Gewand." –

Mein Vater, mein Vater, und hörest du nicht,
Was Erlenkönig mir leise verspricht? –
Sei ruhig, bleibe ruhig mein Kind;
In dürren Blättern säuselt der Wind. –

„Willst, feiner Knabe, du mit mir gehen?
Meine Töchter sollen dich warten schön:
Meine Töchter führen den nächtlichen Reihn,
Und wiegen und tanzen und singen dich ein." –

Mein Vater, mein Vater, und siehst du nicht dort
Erlkönigs Töchter am düsteren Ort? –
Mein Sohn, mein Sohn, ich seh' es genau;
Es scheinen die alten Weiden so grau. –

„Ich liebe dich, mich reizt deine schöne Gestalt;
Und bist du nicht willig, so brauch' ich Gewalt." –

Mein Vater, mein Vater, jetzt faßt er mich an!
Erlkönig hat mir ein Leids getan! –

Dem Vater grauset's, er reitet geschwind,
Er hält in Armen das ächzende Kind,
Erreicht den Hof mit Mühe und Not;
In seinen Armen das Kind war tot.
(GFA I 1, S. 303f.)

Die Launischen

Hör' ich ferne nur her, wenn ich für mich geklagt,
   Saitenspiel und Gesang, schweigt mir das Herz doch gleich;
      Bald auch bin ich verwandelt,
         Blinkst du, purpurner Wein! mich an

Unter Schatten des Walds, wo die gewaltige
   Mittagssonne mir sanft über dem Laube glänzt;
      Ruhig siz' ich daselbst, wenn
         Zürnend schwerer Belaidigung

Ich im Felde geirrt – zürnen zu gerne doch
   Deine Dichter, Natur! trauern und weinen leicht,
      Die Beglükten; wie Kinder,
         Die zu zärtlich die Mutter hält,

Sind sie mürrisch und voll herrischen Eigensinns;
   Wandeln still sie des Wegs, irret Geringes doch
      Bald sie wieder; sie reißen
         Aus dem Gleise sich sträubend dir.

Doch du rührest sie kaum, Liebende! freundlich an,
   Sind sie friedlich und fromm; fröhlich gehorchen sie;
      Du lenkst, Meisterin! sie mit
         Weichem Zügel, wohin du willst.

(Hö 1, S. 227)

Aufgabe:

Goethes *Erlkönig* stammt zwar aus dem Jahr 1782 und gehört insofern nicht der im engeren Sinne klassischen Literatur an. Doch hier wie in Hölderlins *Die Launischen* (1799) werden zwei Formen der Naturbetrachtung bestimmten Figuren zugeordnet. Jeweils eine entscheidet dabei über den Tod des Knaben bzw. das launische Verhalten. Um welche Art der Naturwahrnehmung handelt es sich? Wie wird sie, auch mit Blick auf die Gattungszugehörigkeit der Gedichte und ihre formale Gestaltung, transparent gemacht?

Antwortteil

Antworten

1. Wird der Begriff ‚Klassik' geographisch mit dem Weimarer Musenhof und literarästhetisch mit der zehnjährigen Dichterfreundschaft Goethes und Schillers in Verbindung gebracht, dann gehören nur diese beiden Autoren der deutschen Klassik an. Zu solch einer reduktionistischen Lesart hat die klassizistische Verehrung der ‚Dioskuren' ebenso beigetragen wie die Engführung der deutschen Klassik auf die Ideale des Humanen und einer den Menschen veredelnden Bildung.

2. Moderne als epochenübergreifender Diskurs nimmt ihren Anfang im späten 18. Jahrhundert. Ohne sich von den Freiheitsimplikaten der Aufklärung zu distanzieren, wendet sich Moderne gegen den Rationalismus und das wissenschaftlich versimplifizierte Menschenbild der Vernunftphilosophie. Im Gegenzug beschäftigt sie sich mit den Widersprüchen des modernen Menschen und der wachsenden Erfahrung eines kontingenten Lebens. Moderne ist dieser Bestimmung zufolge also immer aufklärerisch und aufklärungskritisch ausgerichtet.

3. Als Aufklärer der Aufklärung verstehen sich auch die deutschen Klassiker. Da sie den Menschen nicht länger einer nur logischen Ordnung unterstellt sehen, begreifen sie ihn als künstlerisch begabtes, ästhetisch wahrnehmendes Subjekt. Allerdings verwehren sich die deutschen Klassiker energisch dagegen, als ‚klassische' Autoren gelesen zu werden. Denn ästhetische Normen, idealische Themen und Motive sowie ein elitäres Stilempfinden, für welche die ‚klassische' Epoche einer Nationalliteratur einsteht, würden den Menschen in gleichem Maße disziplinieren wie das aufgeklärte, fortschrittsorientierte Weltmodell. Im Gegenzug beschäftigen sie sich nicht zuletzt auch mit ‚volkstümlicher' Literatur, von der ein Impuls auf die Repoetisierung der Wirklichkeit erhofft wird.

4. Vorbehalte der Aufklärung gegenüber werden schon im Sturm und Drang und später von den Romantikern erhoben. Was die deutsche Klassik von der Genieästhetik ihrer unmittelbaren Vorgänger unterscheidet, ist die Forderung nach der ästhetischen Autonomie jedes einzelnen Subjekts. Ähnlich wie in der Romantik wird das Dasein ferner als zunehmend irrationale Kontingenzerfahrung begriffen. Doch statt sich ausschließlich mit dem ‚Wunderbaren' oder den ‚Nachtseiten' des Menschen zu beschäftigen, hinterfragen die deutschen Klassiker generalisierte Leitwerte wie das Menschliche oder Menschheitliche.

5. Angesichts einer von vermeintlich universalen Wahrheiten und Normen regulierten Wirklichkeit macht die Literatur der deutschen Klassik auf die ästhetische und moralische Verrohung des Menschen im Verlauf des sogenannten Kulturfortschritts aufmerksam. Fordert Schiller daher für die Beiträge zu seinen *Horen*, die Autoren sollten sich um die ästhetische Veredelung der Menschheit bemühen, so darf dies nicht als Abkehr von politischen Tagesereignissen gelesen werden. An der Unvereinbarkeit von programmatischem Anspruch und unüberschaubarer Wirklichkeit bemisst sich vielmehr die Rückschrittlichkeit einer Gesellschaft, die sich einerseits von Vernunftmaximen abhängig macht, andererseits aber weigert, sich über ihren Gehorsam gegenüber solchen neuen Mythen aufklären zu lassen.

6. Im ausgehenden 18. Jahrhundert ist Deutschland noch immer in mehr als dreihundert Staaten und freie Städte zersplittert. Weder gibt es eine gemeinsame Hochsprache noch kulturelle Zentren. Um das aufwendige Leben der Adeligen zu finanzieren, muss der dritte Stand hohe Abgaben aufbringen. Nur wenige Menschen können lesen und verfügen über eine solide Bildung.

7. Vor allem unter den Intellektuellen, aber auch auf Seiten rebellischer Bauern wird die Französische Revolution zunächst euphorisch begrüßt. 1793, mit Anbruch der Terrorherrschaft kühlt das Interesse an der gewaltsamen Befreiung vom absolutistischen Herrschaftsapparat jedoch merklich ab. Diese skeptische Haltung schlägt auch den Mainzer ‚Klubisten' entgegen, die 1793 unter dem Schutz französischer Revolutionstruppen die erste deutsche Republik gründen.

8. Mit dem Sammeln und Ausstellen eigener Artefakte oder der Aufführung bürgerlicher Theaterstücke verbindet sich der Anspruch, als aufstrebende Bildungsschicht eine eigene, dem feudalen Geschmack entgegengesetzte Kultur etablieren zu können. Medien wie die Bühne oder das Buch tragen dabei zur politischen Aufklärung der Bevölkerung bei. Gleichzeitig unterstreichen sie die geistige Souveränität des Bürgertums.

9. Bücher und Zeitschriften gehören in einem politisch zersplitterten Land zu den wichtigsten Verständigungsmedien des sich emanzipierenden Bürgertums. Unabhängig von staatlichen Grenzen tauscht man sich in ihnen über soziale, politische und wissenschaftliche Fragestellungen aus. In den Printmedien konstituiert sich auch jene kritisch räsonierende Öffentlichkeit, die anstehende politische Reformen erörtert und mit ihrem kultivierten Dialog ein Gegenmodell zur absolutistischen Willkür pflegt.

10. In Lesegesellschaften werden Bücher und Zeitschriften gemeinsam angeschafft, gelesen und diskutiert. Aufgrund der finanziell überschaubaren Mittel, die das einzelne Mitglied aufbringen muss, leisten auch diese Zirkel einen wichtigen Beitrag zur Verbreitung des Lesens. Das Publikum der literarischen Salons stammt vorwiegend aus dem Bildungsbürgertum und aus Künstlerkreisen. In geselliger Konversation tauscht man sich über Kunst und Literatur aus, zudem werden Musiker und Literaten eingeladen, um aus ihren Werken vorzutragen.

11. Nach Kants berühmter Definition will die Vernunftphilosophie den Menschen über seine selbstverschuldete Unmündigkeit aufklären. Unter Unmündigkeit wird dabei die Duldung überkommener Glaubens- und Herrschaftsstrukturen verstanden. Sie ist selbstverschuldet, weil man sich aus Bequemlichkeit und falschem Gehorsam mit geltendem Unrecht oder sozialen Missständen arrangiert. Ziel aller Aufklärungsbemühungen ist die emanzipierte und vernunftbefähigte Menschheit. Ob diese Hoffnung auch gewaltsam eingelöst werden darf, darüber debattieren die deutschen Aufklärer im Verlauf der Französischen Revolution kontrovers. Mit dem Anbruch der jakobinischen

Terrorherrschaft wird verstärkt über Möglichkeiten nachgedacht, die Ziele der Aufklärung auf dem Wege verbesserter Bildung und politischer Reformen einzulösen.

Nach Kant bleibt der Mensch solange unmündig, wie er sich vollkommen unkritisch mit Gesellschaftsstrukturen abfindet, die ihn an der Entfaltung seiner Vernunft und an der Verwirklichung individueller Freiheitsrechte hindern. Aber auch Triebe und eigennützige Neigungen halten ihn davon ab, seine Vernunft mit Rücksicht auf die Freiheit anderer und der ganzen Menschheit zu gebrauchen. **12.**

Ohne sich von den politischen Zielen der Aufklärung loszusagen, sind es der Rationalismus, sein sinnesfeindliches Menschenbild und die universalgültig gedachten Vernunftgesetze, die unter den deutschen Klassikern als Fundament eines wirklichkeitsverachtenden Fortschrittsmythos abgelehnt werden. Weder lassen sich mit ihrer Hilfe die Widersprüche erklären, denen sich der Mensch in einer zunehmend kontingenteren Wirklichkeit ausgesetzt sieht, noch können sie auf eine empirisch anders geartete Realität oder auf fremde Kulturen angewendet werden. Beharrt die Vernunftphilosophie trotzdem auf ihrem an Gesetzmäßigkeiten geschulten Bestimmtheitsdenken, übersieht sie ferner, dass Begriffe wie Vernunft, Natur oder Erkenntnis in anderen Weltteilen mit anderen Inhalten assoziiert werden, so wird sie sich selbst zum Mythos und muss demgemäß über ihre Weltferne aufgeklärt werden. **13.**

Anatomisch ragt der Mensch nach Herder aus der Schöpfung heraus. Sein aufrechter Gang, die Anordnung seiner Gesichtssinne und schließlich der alle anderen Organe überragende Sitz seiner Geisteskräfte charakterisieren ihn als weitschauendes und lernfähiges Wesen. Da ihn die Natur mit einem freien Willen ausgestattet hat, untersteht er nicht ‚sklavischen Instinkten', sondern kann sich überall in der Welt orientieren. Herders bildhafter Vergleich trägt indes noch weiter, denn als ‚Freigelassener' formuliert der Mensch eigene Vernunftgesetze, zugleich begreift er sich am Ursprung der Kultur als ein zur Kunst geborenes, als sinnliches, kreativ wahrnehmendes Subjekt, das sich seine Welt ästhetisch aneignet. **14.**

Obwohl der Mensch unter dem Druck eines sich zum Mythos gewordenen Fortschritts das Vertrauen in seine ursprünglich ästhetische Natur verliert, kann ihm die Freiheit von Instinkten und Trieben nie gänzlich genommen werden. Auf diese Prämisse baut die Annahme der deutschen Klassiker auf, angeleitet von einem ästhetischen Weltentwurf, begreife sich der Einzelne wieder als autonomes Subjekt und als Schöpfer seiner selbst. Sowohl die aufklärerischen als auch die aufklärungskritischen Implikate dieses ‚Erziehungsprogramms' widerlegen die klassizistische Engführung der deutschen Klassik auf das Ideal einer wie auch immer gearteten Humanität. Indem die Klassiker in der Auseinandersetzung mit der aufgeklärten Philosophie den Freiheitsbegriff für ihre ästhetische Anthropologie fruchtbar machen, klären sie die Vernunftphilosophie über ihre systemisch bedingte Weltfremdheit auf. Mit dieser Abkehr von unumstößlichen Wahrheiten etablieren sich die deutschen Klassiker im Diskurs der Moderne, die das einzelne Subjekt und seine Selbstbestimmung in den Mittelpunkt ihres philosophischen und ästhetischen Denkens rückt. **15.**

16. Ähnlich wie die sture Nachahmung antiker Schönheitsideale schränken ästhetische Normen, enge Gattungsgrenzen und mechanische Ausführungsvorschriften die Schaffenskraft des einzelnen Künstlers ein. Ausgehend von ihrer Bestimmung des ästhetisch und sinnlich autonomen Subjekts, widerlegen die deutschen Klassiker auch die zahlreichen Regelästhetiken immanente Behauptung, nur die Konzentration auf bewährte Themen und Formprinzipien verhindere im Publikum modische Geschmacksverirrungen. Weil die Vorstellung dessen, was schön oder zeitgenössisch aktuell ist, einem steten Wandel unterliegt und sich beispielsweise im Austausch mit fremden Kulturen ändert, beschäftigen sich die deutschen Klassiker in ihren Werken mit Sujets und Darstellungsformen, mit denen sich der moderne Leser identifizieren kann. Schon aus diesem Grund kann klassische Kunst nicht ‚zweckfrei' gedacht werden.

17. Ohne die außerordentliche Leistung der antiken Kunst zu schmälern, teilen die deutschen Klassiker nur bedingungsweise die von Winckelmann erhobene Forderung, sich in einer Zeit des sinkenden Geschmacks an den Schönheitsidealen der Griechen zu orientieren. Mit dieser Skepsis verbindet sich zum einen die Einsicht, dass sich die antike Kunst geoklimatischen und sozialen Bedingungen verdankt, die in dieser Form hierzulande nicht reproduziert werden können. Außerdem wird mit der bedingungslosen Verehrung fremder Kunst das eigene urästhetische Schönheitsempfinden vernachlässigt. Zum anderen distanzieren sich die deutschen Klassiker von der ebenfalls von Winckelmann vertretenen Ansicht, seit der Renaissance falle die Kunst hinter das Leistungsniveau ihrer griechischen Vorgänger zurück. Solch eine Behauptung, so drückt es vor allem Herder aus, kann auch dahingehend umformuliert werden, dass mit Hilfe antiker ästhetischer Normen hierzulande eine freie Kunstentfaltung vereitelt werden soll.

18. Im Zusammenspiel seiner Sinne orientiert sich der Mensch in einem ‚Ozean' aus Empfindungen, indem er *aisthetisch* gewonnene Eindrücke kreativ zu ästhetischen ‚Bildern' ausgestaltet. Auf die gleiche Weise setzt sich der Einzelne mit dem Kunstwerk auseinander. Statt sich aber, wie noch Karl Philipp Moritz annimmt, vom Kunstwerk alle kunstfremden Erwartungen ‚aberziehen' zu lassen, verzichtet er aus Sicht der deutschen Klassiker für sein ‚ästhetisches Urteil' freiwillig auf außerästhetische Bewertungskriterien. Der Unterschied zwischen beiden Positionen ist für die ästhetische Bestimmung der Kunst auf Seiten der deutschen Klassiker kaum zu unterschätzen. Um den *ganzen*, also auch den sinnlich autonomen Menschen künstlerisch anzusprechen, darf Kunst ihn nicht ‚dressieren'. Vielmehr muss sie ihn auf der Sinnes- und der Vernunftebene gleichermaßen an seine Freiheit von allen Geschmacksregulativen erinnern.

19. Nur im ästhetischen Spiel überwindet der Mensch nach Schiller seine innere, von Fortschritt und einem einseitigen Vernunftgebrauch verschuldete ‚Zerrüttung'. Als *ganzer Mensch* befriedigt er dann sowohl seinen sinnlichen Stofftrieb als auch seinen geistigen Formtrieb, denn solange Kunst nicht an politische Zwecke oder pädagogische Absichten gebunden ist, gestattet sie es dem Rezipienten auch, sich ihr ‚spielerisch' zu nähern. Im Spiel überwindet der Mensch damit auch seine selbstverschuldete Unmündigkeit. Im Kunstwerk nämlich entdeckt sich ihm immer auch, dass unhinterfragte Regeln und Gesetze zur ‚Selbsttäuschung' verleiten.

In seiner sinnlichen und intellektuellen Weltaneignung ursprünglich ohnehin frei, muss **20.** der moderne Mensch nach Goethe wieder zu der Einsicht befähigt werden, dass alles, was er ästhetisch wahrnimmt, stets auch das Ergebnis einer selbstständigen und gestalterischen Anschauung ist. Ein ästhetisch autonomes Subjekt kann demzufolge nicht als ‚Produkt' andrängender Außenreize begriffen werden, vielmehr verhält es sich den Dingen gegenüber ästhetisch distanziert. Dass diese Perspektive auf die Welt einigermaßen ‚ungenau' ist, schützt den Menschen nach Goethe vor der furchtsamen Pedanterie, mit der sich allzumal Gelehrte in einen ‚policirten', überschaubaren Mikrokosmos flüchten.

Aus der Urpoesie einer Kultur entwickeln sich ihre Vernunft-, Kunst- und Glaubenslehren. **21.** Auch Sprache, Erkenntnis, Wissenschaften nehmen hier ihren Anfang. Als ästhetischer Ausdruck weltbejahender Sinneseindrücke und erster Erfahrungen im Umgang mit der je vorgefundenen Natur unterliegt die Urpoesie noch keinen Reglementierungen. Stattdessen sprechen sich in diesen ersten künstlerischen Versuchen ein ursprüngliches Rhythmusgefühl und das spontane Bedürfnis nach gemeinschaftlich geteilter Freude am Leben aus. Mit der Ode oder dem Rundgesang, mit Märchen und Sagen beginnt sich die Urpoesie dann auszudifferenzieren. Im Unterschied aber zu den regelpoetisch begründeten Gattungsbestimmungen späterer Zeiten sind sie noch so konzipiert, dass sich alle Hörer aktiv am Vortrag beteiligen können. Ob sie nun Erzähl- oder Wortlücken schließen, wie Herder annimmt, oder das Dargebotene mit Gesängen begleiten – alle urpoetischen Genres befördern den geselligen Austausch. Gemessen an soviel Expressivität, mangelt es Künsten, die sich einer systemischen Ordnung beugen müssen, an Anschaulichkeit und Dialogbereitschaft.

In engem Zusammenhang mit dem Begriff ‚Urpoesie' verstehen die deutschen Klassiker **22.** unter ‚Volk' eine noch wenig ausdifferenzierte Gesellschaft, die sich nicht von abstrakten Vernunft- und Schönheitsidealen leiten lässt, sondern sich im ästhetischen Dialog über ihre Erfahrungen austauscht. Dafür nutzt sie eine noch unreglementierte Volksliteratur, die sich als ein Verständigungsmedium in Teilen der Kultur über Jahrhunderte hinweg am Leben erhält. In diesem erweiterten Sinne bezeichnet der Begriff ‚Volk' im Sprachgebrauch der deutschen Klassik auch jene Schichten, die sich erfolgreich gegen die Domestizierungen einer fortschreitenden Kulturentwicklung wehren. Unter ‚Volk' wird drittens jene Menschheit verstanden, die sich am Ende der Nationen- und Kulturgeschichte von allen Bevormundungen emanzipiert haben wird.

Nicht ohne idealistischen Impetus sammeln die deutschen Klassiker Zeugnisse einer **23.** urpoetischen Liedtradition, die im Zeitalter der Aufklärung zu verschwinden droht. In ihr spricht sich noch jene ästhetische Spontaneität und Geselligkeit aus, auf welcher die eigene Kunst- und Kulturgeschichte gründet. Von dieser Ursprünglichkeit inspiriert, soll sich die zeitgenössische Literatur wieder landestypischen Themen und Ausdrucksformen zuwenden. Dass damit nichts Folkloristisches oder Volkstümelndes gegen einen starren Literaturbegriff aufgeboten wird, erhellt aus der Verwendung des Begriffes ‚Volk': Zum einen müssen alle Völker ihre ästhetisch je individuelle Besonderheit entwickeln, um so ihren Beitrag zu einer vielgestaltigen und freien Menschheit zu leisten. Zum anderen trägt eine Literatur, die sich auf ihre urpoetischen Anfänge besinnt, nicht unerheblich zur Repoetisierung einer logisch verwalteten Gegenwart bei.

24. In naiver Dichtung spricht sich nach Schiller noch eine unverstellte, nicht von Normen und Gesetzen okkupierte Freiheit aus. Gleichzeitig dokumentiert sie die Unabhängigkeit des ästhetisch autonomen Subjekts von der Natur. Demgegenüber reflektiert sentimentalische Literatur über die Naturferne und die heterogenen Voraussetzungen des modernen Lebens. Was beide Dichtungsformen miteinander verbindet, ist das poetische Bestreben, die Natur als Ursprungsort menschlicher Freiheit und Erfahrungsvielfalt zu ‚bewahren'.

25. Während in der Volksliteratur eine noch ursprüngliche Ästhetik überlebt, pointiert der Nationaldichter nach Goethe die kulturspezifischen Glaubens- und Wertvorstellungen seines Landes. Aus lakonischer Distanz trägt er damit zur schrittweisen Überwindung der Nation als eines historischen Durchgangsstadiums bei. Ob seine Werke zur Weltliteratur gehören, bleibt dabei unerheblich, denn als Verständigungsmedium polyglotter Menschen setzt sich Weltliteratur nicht aus ‚klassischen' Werken unterschiedlicher Nationen zusammen. Vielmehr gleicht sie einem Bewusstseinshorizont, an dem sich eine freie und dialogbereite Menschheit ankündigt.

26. Welchen Anteil tragische Handlungselemente im modernen Drama haben sollten, wird unter den deutschen Klassikern kontrovers diskutiert. Während Schiller und Kleist nicht vor grausamen Szenen zurückschrecken, verzichtet Goethe in seinen klassischen Dramen fast vollständig auf entsprechende Sequenzen. Stattdessen rückt er die tragische Widersprüchlichkeit des Menschen und seine latente Inhumanität in den Vordergrund. Goethe begründet seine Zurückhaltung mit Blick auf den modernen Zuschauer: Obwohl er seine Freiheit erkannt hat, unterwirft er sich den Gesetzen der Vernunftphilosophie, die ihn als Sinneswesen weiterhin entmündigen. Für Schiller greift dieses Argument nur bedingungsweise, denn seinen Ausführungen über das Erhabene zufolge muss der zeitgenössische Zuschauer gegen das Tragische immunisiert werden. Nur so erwerbe er schrittweise jene Erhabenheit, die ihn vor Angriffen auf seine sinnliche und intellektuelle Widerständigkeit schützt.

27. Während der Mensch in der Antike noch den Sollensgesetzen des Mythos gehorcht, verfügt er in der Moderne über einen freien Willen. Da er aber auch nicht mehr jenseitigen Schicksalsmächten untersteht, stehen seine Wünsche und Begehrlichkeit oft nicht mehr im Verhältnis zu seinen individuellen Möglichkeiten. Diese Selbstüberschätzung gehört nach Goethe zu den tragischen Widersprüchen des modernen Menschen.

28. Iphigenie handelt listig, als sie Apollons Befehl, Orest solle das Tempelbild der Diana auf Tauris wieder nach Hause holen, Thoas gegenüber so interpretiert, als habe der Gott explizit auch ihre Heimkehr angeordnet. Gegen diesen Zusatz mag der König schon deshalb nichts einwenden, weil Iphigenie als Priesterin ja das Recht zusteht, den Ratschluss der Götter zu deuten. Insofern nutzt die innerlich emanzipierte Iphigenie ihr Amt und ihre Macht aus, um Thoas zu übertölpeln. Dass sie ihm vordergründig die Wahrheit über die bevorstehende Flucht des Bruders erzählt, darf nicht darüber hinwegsehen lassen, wie inhuman die Priesterin Thoas auch als dummen Barbaren stigmatisiert. Mit ihrer List bestätigt Iphigenie, was Thoas zuvor ironisch als Maßlosigkeit der Griechen angeprangert hat: Weil sich der ‚Wilde' intellektuell nicht mit der griechischen

Lesart des Menschlichen auseinanderzusetzen vermag, wiegt ein inhumanes Vergehen an ihm nicht so schwer.

29. In Schillers *Die Braut von Messina* und Kleists *Amphitryon* lernt der Zuschauer Menschen einer Übergangszeit kennen, die noch zwischen Schicksalsglauben und eigenverantwortlichem Handeln schwanken. Mit dem heroisch verbrämten Selbstmord Don Cesars und mit der tumben Eitelkeit Amphitryons wird dem bürgerlichen Publikum indes auch ein Spiegel vorgehalten, in dem es die Immobilität des eigenen Werte- und Normensystems erkennen soll. So, wie die theologischen Sicherheiten in beiden Bühnenwerken versagen, weil sich die Götter und Gläubigen als wortgewandte Egoisten überführen, so droht auch auf Zuschauerseite eine Gesinnung zu scheitern, die sich einem moralischen Rigorismus verdankt.

30. Obwohl Kleist in seinen Komödien humorvoll menschliche Eitelkeiten verlacht, bedient er sich nicht mehr des psychologisch wenig charakterisierten Figurenensembles der Typenkomödie. Sein Sosias im *Amphitryon* beispielsweise gleicht nur noch vordergründig dem dummen Knecht, der Schmiere steht für seinen liebestollen Herrn und dafür noch Prügel bezieht. Was der Diener unter den Schlägen Merkurs durchleidet, verweist *en miniature* auf die Identitätskrisen des modernen Menschen. Wer darüber noch lachen kann, kollaboriert mit jenen listigen Potentaten, die sich für ihre Eigennützigkeiten auf die Unvollkommenheit des Menschen berufen.

31. Gemeinsam mit Goethe begreift Herder den Roman als genuin bürgerliche Gattung. Weil sich das moderne Leben nicht mehr mit den mythischen Implikaten des antiken Epos darstellen lässt, muss der Roman schon aus Gründen einer völlig gewandelten Weltanschauung das Erbe älterer Erzählformen antreten. Neben zeitgenössischen Themen eröffnet er nach Herder Freiräume, um mit individuierten Figuren und einer bewegten Handlung die Verwicklungen des modernen Lebens nachzugestalten. Den Beweis liefern Herder britische Romane, die seinen Worten zufolge das gesammelte Wissen der bürgerlichen Kultur poetisch reflektiert und damit in aufklärerischer Absicht die Demokratisierung des Landes befördert haben.

32. Schillers Vorbehalte dem bürgerlichen Roman gegenüber gründen einerseits in der Beobachtung, dass ‚empfindsame' Literatur nur die Unterhaltungssucht rührseliger Leser befriedigt. Als Langerzählung halte er das Publikum davon ab, sich aktiv in eine kritisch räsonierende Öffentlichkeit einzubringen. Andererseits begreift Schiller die Marktmechanismen des modernen Buchmarktes als gezielte Ablenkungsmanöver: Indem die Verlage massenhaft billige Romane verbreiten, verschulden sie eine neuerliche Unmündigkeit des Publikums mit.

33. Begriffe wie ‚Nation' oder ‚Volk', so muss Hyperion schmerzlich erfahren, sind längst zu parteipolitischen Phrasen verkommen, mit denen blutige Kriege legitimiert oder, wie ihn das Beispiel Alabandas lehrt, ein eigennütziges Vorteilsstreben kaschiert werden. Weite Teile der deutschen Bevölkerung sind demgegenüber in einem Zustand befangen, in dem sie leidenschaftlich alles Irrationale aus ihrem Leben verbannen und sich damit prompt in eine kunstferne Apathie manövrieren. Als Gegenbild zu beiden Krisenerfahrungen lernt Hyperion mit Diotima eine Freundin kennen, die dem diesseitigen Leben freiwillig entsagt und auf eine Reunion mit dem Geliebten in einem klassizistischen Hellas hofft. Angesichts dieses teils desaströsen, teils mystisch inspirierten Perspektivenverlustes begreift Hyperion schließlich, dass sich der eremitengleiche Mensch auch im Leiden als autonomes ästhetisches Subjekt entwerfen muss. Sicherheiten aber darf er in der solchermaßen akzeptierten Moderne dafür nicht erhoffen.

34. Statt sich in ihren Unterhaltungen auf ein Bildungsideal zu berufen, demzufolge sich im geselligen Ton eine hässliche Realität vergessen lässt, fordert die Baronesse sowohl für die Dialogbeiträge als auch für die erzählten Geschichten, dass sie vom Besonderen aus Rückschlüsse auf allgemeine Tendenzen der Gegenwart gestatten. Nur deshalb werden Anspielungen auf eine ohnehin nur in der Literatur auszusparende Revolution gemieden. Gleichzeitig schützt dieses implizite Wissen die Unterhaltenden davor, sich einer idyllischen Chimäre anzuvertrauen. Dazu tragen freilich auch die Binnenerzählungen und Novellen selbst bei. Mit Hilfe des Mysteriösen, Bedrohlichen stellen sie einen ‚stillschweigenden' Bezug zur unüberschaubaren Außenwelt her. Gleichzeitig grenzen sie sich symbolisch von jener Sensationslust und Redseligkeit ab, mit der sich die Öffentlichkeit in den Tagen weltbewegender Umstürze mit einem nichtssagenden Politgeplapper gemein macht.

35. Teils im Dialekt erzählt, wenden sich Hebels Kalendergeschichten mit ihren eher einfachen Figuren und einer scheinbar noch intakten Welt an ein ländliches Publikum. Doch diese Idyllik trügt, denn was den Protagonisten bisweilen geschieht, nimmt sich so ungeheuerlich aus, dass auch dem Erzähler die Erklärungen ausgehen. Mit diesem Verzicht konterkariert Hebel geschickt die immer wieder eingestreuten Belehrungen. Auf diese Weise entzieht er sich als Erzähler gleichsam das Vertrauen und nimmt seine Leser im Gegenzug in die Pflicht, sich nicht auf fremde Autoritäten zu verlassen. Diese selbstkritische Haltung teilt er mit anderen Erzählerfiguren der deutschen Klassik, die institutionalisierte Sicherheiten hinterfragen und auf diese Weise die ästhetische Autonomie des Lesers herausfordern.

36. Ihre Selbstreflexivität verdanken zahlreiche Gedichte der deutschen Klassiker dem Befund, dass ihre Zeitgenossen sich in weiten Teilen von der Kunst zurückgezogen haben. Um die von Hölderlin aufgeworfene Frage zu beantworten, ‚wozu Dichter in dürftiger Zeit', wird die drohende Sinnlosigkeit des Schreibens ebenso thematisiert wie die Rolle des Autors in einer Gesellschaft, die Literatur entweder als unstatthafte Einmischung empfindet oder in ihr einen Religionsersatz sieht.

37. Was Elegien, Oden und Xenien miteinander verbindet, ist ein von Zäsuren gekennzeichnetes Versmaß, das es gestattet, einen Sachverhalt aus verschiedenen Perspektiven zu beleuchten. Mit Rücksicht auf die deutsche Sprache werden die Versmaße nicht exakt übernommen, sondern dem Sprechrhythmus angepasst. Der ‚hohe Ton' der Oden oder Hymnen verleiht dem Gesagten einen feierlichen Charakter, betont aber zugleich auch mit Hilfe von entsprechend gesetzten Hebungen die Position des Subjekts in einer längst nicht mehr sakralen Wirklichkeit.

38. In der Antike werden in Hymnen die Götter und in Oden berühmte Persönlichkeiten verherrlicht. Ihre Stelle nimmt in der Oden- und Hymnendichtung der deutschen Klassiker eine Natur ein, die dem Menschen unverzichtbare Freiheitsrechte gewährt. Ihr gegenüber stehen tyrannische Machtstrukturen, die sich lange Zeit zwar erfolgreich behaupten. Aber so, wie sich die Natur bisweilen vom Unrat reinigt, so müssen sich auch Potentaten angesichts immer zahlreicher sich zu Worte meldender ‚Freiheitskundiger' einst überholen.

In der Volksballade, die epische, dramatische und lyrische Elemente miteinander verbindet, lebt noch jene ‚unpolicirte', regellose Urpoesie nach, mit welcher der Mensch ehedem seine Freiheit von der Natur und sein Bedürfnis nach Geselligkeit zum Ausdruck gebracht hat. Als ‚Naturform' spricht aus ihr zugleich eine ‚Muttersprache', die über nationale und kulturelle Grenzen hinweg auf eine freie und vereinte Menschheit vorausweist. An diese gattungssprengende Dynamik soll die Balladendichtung der deutschen Klassiker ebenso anknüpfen wie an den ‚volkstümlichen' Wunsch, abstrakte Naturerkenntnis wieder einem laienhaften Publikum zugänglich zu machen.

In antiker Tradition überführt ein Lehrgedicht das seinerzeit bekannte Wissen in einen poetischen Weltentwurf. Da sich insbesondere Herder und Goethe vehement gegen ein akademisches Spezialistentum wehren, wird dem Lehrgedicht die Hoffnung angetragen, den Wissenschaften ihre ‚Geheimnisse' zu entreißen und sie im Stile eines Lukrez auch für Nichteingeweihte anschaulich zu erklären. Damit einher geht der Anspruch, das aufgeklärte Bestimmtheitsdenken als gleichsam arkane Wissenschaftspraxis zu entlarven, mit welcher die rationalistische Logik vor dem Verdacht geschützt wird, sie gründe nicht auf einer weltumspannenden Vernunft, sondern auf ehedem regional notwendigen Erkenntnisinteressen.

Glossar

Ästhetische Erziehung	In der Auseinandersetzung mit Kant und den Folgen der Französischen Revolution entwickelt Schiller in seiner Abhandlung *Über die ästhetische Erziehung des Menschen* (1795) einen Schönheitsbegriff, demzufolge beide Grundtriebe, der ‚sinnliche Trieb' und die Vernunft, gleichermaßen entwickelt werden müssen, um den Menschen für das Schöne empfänglich zu machen. In einer von politischen Konflikten und mechanischen Arbeitsprozessen ‚zerstückten' Gesellschaft obliegt es nach Schiller der Kunst, den sinnlichen Menschen ‚zur Form und zum Denken' zu erziehen und den geistigen Menschen wieder für die ‚Materie' zu interessieren (18. Brief).
Ballade	Ursprünglich ein Tanzlied, unterteilt sich die volkstümliche Ballade in Strophen, in denen über spektakuläre oder naturmagische Begebenheiten berichtet wird, und den Refrain, der das Geschehen manchmal derbe, bisweilen aber auch subjektiv oder spontan kommentiert. Für die deutschen Klassiker verbindet die Ballade programmatisch die drei literarischen Gattungen: Epik, Drama und Lyrik. Goethe bezeichnet sie daher als ‚Ur-Ei' der Poesie.
Deutscher Idealismus	Ausgehend von Kants in der *Kritik der reinen Vernunft* (1781) entwickelten Forderung, die Philosophie habe sich verstärkt den menschlichen Erkenntnisvorgängen im Umgang mit der erfahrbaren Welt zu stellen, beschäftigen sich die maßgeblichen Vertreter des Deutschen Idealismus, Hölderlin, Hegel, Fichte und Schelling, mit dem Problem, ob sich zwischen den beiden Ausgangspunkten idealistischen Denkens, der subjektiven Freiheit und einer tätigen Natur, eine verallgemeinerbare Wirklichkeit annehmen lasse. Schon die Gründungsschrift des Deutschen Idealismus, das in Hegels Handschrift überlieferte, im Tübinger Stift zwischen 1796/97 verfasste *Älteste Systemprogramm*, beantwortet diese Frage dahingehend, als ‚selbstbewusstes Wesen' entfalte jedes einzelne Subjekt aus dem ‚Nichts' heraus eine ‚Idee' von sich und der Welt. Im Verlauf der nächsten vierzig Jahre, die bis zu Hegels Tod (1831) in etwa auch die Hochphase des Deutschen Idealismus umspannen, wird die Möglichkeit eines ‚absoluten' oder verbindlichen Wissens heterogen reflektiert, gleichwohl beeinflusst das grundsätzliche Spannungsverhältnis zwischen freiem Subjekt und einer nicht mehr ‚an sich' gültigen Natur maßgeblich auch das Naturverständnis der deutschen Klassiker.
Distichon	Ein Zweizeiler, der sich aus einem daktylischen Hexameter (sechs Hebungen) und einem daktylischen Pentameter (fünf Hebungen) zusammen-

setzt. In der deutschen Klassik wird die für das elegische Distichon typische Verbindung eines zunächst ‚ansteigenden' und dann wieder ‚absteigenden' Versmaßes (Schiller) genutzt, um entweder Gefühlsschwankungen oder widersprüchliche Sichtweisen nachzugestalten.

In seinen *Gedanken über die Nachahmung der griechischen Werke in der Malerei und Bildhauerkunst* (1755) charakterisiert Winckelmann mit dem berühmten Begriffspaar die zeitlose Eleganz und Schlichtheit antiker Kunstwerke. Zugleich führt er ihre Einfalt und Größe auf ein bevorzugtes Klima, eine demokratische Verfassung und jene ungezwungene Nacktheit der griechischen Wettkämpfer zurück, an der die Maler und Bildhauer frei von späteren Schamgefühlen natürliche Körperformen und Bewegungsabläufe studieren konnten.

Edle Einfalt, stille Größe

Ein Gedicht in → Distichen, in der eine ursprünglich klagende Gemütsstimmung zum Ausdruck gebracht wird. In der Tradition Ovids transzendiert Goethe den ‚elegischen' Grundton in seinen *Römischen Elegien* zugunsten einer erotisch prallen Weltverbundenheit. Schiller beschreibt in seinem auch als Lehrdichtung konzipierten, formal aber elegischen Gedicht *Der Spaziergang* die Trauer über einen zivilisatorisch verschuldeten Verlust an Naturnähe und Menschlichkeit.

Elegie

Komplementär zur Philosophie der Aufklärung entwickelt sich die Empfindsamkeit in Deutschland in Anlehnung an den britischen Empirismus und den französischen Sensualismus. Neben pietistischen Einflüssen charakterisiert diese Geistesströmung die Frage nach dem moralisch integren Menschen, der sich im Alltagsleben trotz aller politischen und sinnlichen Anfeindungen bewährt. Zu seiner Vollkommenheit gehört die Ausbildung ‚zärtlicher' Gefühle, die das Einfühlungsvermögen für die Leiden und Nöte anderer ‚empfindsam' macht. Die deutschen Klassiker, unter ihnen insbesondere Herder und Goethe, entwickeln diese Empathielehre aufklärungskritisch weiter und rechtfertigen mit ihr die Vorbehalte einer sinnesverachtenden Vernunftphilosophie gegenüber.

Empfindsamkeit

Umfangreiche Heldenerzählung in Strophen, die sich in zahlreichen Kulturen findet. In das Epos fließen meist Schöpfungsmythen ein, ferner Herrscherlegenden sowie ein mythisches Welt- und Naturwissen. Als stilbildend gelten bis ins 18. Jahrhundert hinein Homers *Ilias* und die *Odyssee* (8. Jhd. v. Chr.). Aus Sicht der Romantheoretiker des ausgehenden 18. Jahrhunderts tritt die ‚bürgerliche Epopoee', der → Roman, als zeitgemäße Langerzählung das Erbe des Epos an.

Epos

Humanität	Wie schwer sich die deutschen Klassiker mit dem scheinbar so selbstverständlichen, kulturvergleichend aber so vagen Begriff ‚Menschlichkeit' tun, dokumentiert Herder in Abhandlungen wie den *Briefen zu Beförderung der Humanität* (1793ff.). Spöttisch zählt er die unterschiedlichsten Deutungen auf, die der Begriff im 18. Jahrhundert erfahren hat. Herder selbst hintertreibt diese Willkür, indem er mal aus indianischer Perspektive, mal aus Sicht eines Afrikaners offenlegt, dass weder die christliche Kirche noch die aufgeklärte Philosophie ein überzeitlich und kulturübergreifend gültiges Verständnis des Menschlichen für sich reklamieren können. Menschlichkeit, und im Ergebnis schließen sich ihm die anderen Klassiker an, kann infolgedessen nach Herder nur als inhaltsleere Setzung zurückgewiesen, nicht aber als Ideal proklamiert werden. Wenn überhaupt, so folgert Herder, dann kann unter Humanität allenfalls das *Menschheitliche* im Sinne einer Gesellschaftsutopie begriffen werden, die sich aus der Gesamtheit aller kulturellen und individuellen Lebensentwürfe zusammensetzt.
Hymne	Formalästhetisch anspruchsvolles und inhaltlich preisendes Heroen- und Götterlied, das aus vielen Religionen und Kulturen bekannt ist. Meist wurden Hymnen von Sängern zu festlichen Anlässen oder von Priestern im Wechselgesang mit der Gemeinde vorgetragen. In den Hymnen der deutschen Klassiker feiert sich das seiner Freiheit bewusste Subjekt, oder es wird die Unabhängigkeit des Menschen von einem göttlich verhängten Schicksal gepriesen.
Ideal	Wortgeschichtlich leitet sich der Begriff vom altgriechischen Wort ‚idea' her und bedeutet soviel wie Urbild oder Idee. In dieser Vollkommenheit liegen auch die philosophischen und ästhetischen Schwierigkeiten begründet, die das Ideal schon bei Platon mit sich bringt. Wenn es nämlich, wie Platon behauptet, nur der Erkenntnis zugänglich ist, dann kann ein Ideal künstlerisch allenfalls näherungsweise umgesetzt werden. Mit dieser Fragestellung befasst sich die europaweit geführte *Querelle des anciens et des modernes* während des gesamten 18. Jahrhunderts, bringt sie jedoch mit dem Gedanken der → Nachahmung in Verbindung: Sollte es der antiken Kunst gelungen sein, zeitlose Schönheitsideale ästhetisch zu realisieren, dann müssen sich die modernen Künstler nur an diesen Vorbildern schulen, wollen sie das wirklich Schöne hervorbringen. Ist vollkommene → Schönheit dagegen nur das Ideal einer historisch bedingten Geschmackskultur, überholt sich ihre normative Bedeutung in späteren Kunstdiskursen. Die deutschen Klassiker nehmen in diesem Streit eine vermittelnde Position ein. Statt sich nur auf die Antike zu berufen, entdecken sie in den → Urpoesien der Völker je eigene Schönheitsideale, die ein höchst vielfältiges Streben nach dem Idealischen über Jahrhunderte prägen. Und weil sich dieses kulturimmanente Schönheitsempfinden nicht einfach ignorieren lässt, kann sich eine nachantike Kultur auch nicht problemlos mit überkommenen Vollkommenheitsvorstellungen arrangieren.

Kalendergeschichte

Ihren Namen verdanken diese volkstümlichen, meist kurzen Erzählungen ihrem Ursprungsort: Seit dem 16. Jahrhundert werden sie in Kalendern abgedruckt, die neben praktischen Hinweisen für ihr jeweiliges Publikum (Landleute, Handwerker) auch allerlei Unterhaltsames und Belehrendes enthalten. In dieser Tradition widmet sich auch Johann Peter Hebel der Kalendergeschichte, allerdings konterkariert er ihren vermeintlich schlichten Verwendungszweck ebenso wie die heile, überschaubare Welt seiner Protagonisten.

Klassizismus

Schon früh im 19. Jahrhundert zeichnet sich eine teils weltanschaulich geprägte, teils apolitische Klassikerverehrung ab, in deren Folge vor allem die Werke Goethes und Schillers zu ästhetisch zeitlosen Mustern erhoben werden. Als Ausweis hoher Bildung und Menschlichkeit wird die zehnjährige Zusammenarbeit beider Dichter zum idealischen Vorschein eines Volkes der Dichter und Denker stilisiert. Neben einer bedenkenlosen Glorifizierung zweier ‚Dioskuren' setzt sich diese klassizistische Engführung der deutschen Klassik aus weiteren Widersprüchen zusammen. So werden die aufklärungskritischen Vorbehalte der Klassiker ebenso konsequent übergangen wie jene Werke, deren ironische Brechungen sich nicht zum Verständnis reiner Nachahmung antiker Kunst fügen wollen. Dass chauvinistische Klassizisten des späten 19. und 20. Jahrhunderts solche Regelverstöße später als Beweis heimischer Geistesgröße interpretieren, widerlegt wohl kaum die Einschätzung, mit der Hochschätzung Goethes und Schillers würden ferner auch Dichter aus der klassischen Phase der deutschen Literatur ausgegrenzt, die als ‚unsichere Kantonisten' durchaus Einflüsse angrenzender Epochen aufgreifen.

Lehrgedicht

Obwohl das Lehrgedicht traditionell der didaktischen Gattung der Lehrdichtung angehört, gebrauchen die deutschen Klassiker den Begriff in Anlehnung an Lukrez' in Hexametern abgefasstes *De rerum natura* (1. Jhd. v. Chr.). Ähnlich wie der römische Dichter, der sich mit dem seelischen und körperlichen Wohlbefinden des Menschen, mit Naturkunde, Religion und Philosophie beschäftigt, erheben auch die Lehrgedichte der deutschen Klassiker den Anspruch, wichtige Wissensbereiche ihrer Zeit einem weniger fachkundigen Publikum zugänglich zu machen. Mit ihrer poetischen Darbietung wird in aufklärungskritischer Absicht zudem ein Wissenschaftsbetrieb hinterfragt, der sein Erkenntnisinteresse mit der Behauptung einer universal gültigen Logik kaschiert. Goethes *Die Metamorphose der Pflanzen*, Schillers *Der Spaziergang* und Herders Zeitschrift *Adrastea* widmen sich dieser Aufgabe, indem sie das Belehrende zugunsten eines ästhetischen Makrokosmos überbieten.

Moderne

Im weiteren Sinne wird der Begriff in den Literatur- und Kunstwissenschaften gebraucht, um die Abkehr von künstlerischen Traditionen zu beschreiben. Erstmals diskutiert wird die Frage, unter welchen Voraussetzungen Kunst als modern zu bezeichnen sei, in einer Ende des 17. Jahrhunderts beginnenden Kunstdebatte, die unter dem Namen *Querelle des anciens et des modernes* berühmt geworden ist. Der Begriff ‚Modernes' steht hier für Kunst, die sich von antiken Vorbildern abgrenzt und sich zeitgenössischen Themen und Ausdrucksformen zuwendet. Von dieser Begriffsverwendung zu unterscheiden ist die als Geistesströmung verstandene Moderne, die verschiedene literarische und künstlerische Epochen zwischen 1880 und 1930 insofern grundiert, als sie gemeinsam die Umbrüche im Gesellschaftsleben und den Verlust eines traditionellen Wertesystems reflektieren.

Die im Klassik-Handbuch verwendete Bezeichnung ‚Moderne' weicht sowohl vom engeren als auch vom weiteren Wortgebrauch ab und bezieht sich auf einen Kunstdiskurs, der mit dem → Sturm und Drang beginnt und in der deutschen Klassik, aber auch in der → Romantik fortgeführt wird. Was diese modernen Kunstrichtungen miteinander verbindet, ist ein aufklärungs- und wissenschaftskritisches Denken, demzufolge der Mensch als ästhetisch autonomes Subjekt und das empirische Leben als Kontingenzerfahrung zu begreifen ist. Die Moderne als Kunstdiskurs versteht sich indes nicht als Gegenbewegung zur, sondern als Komplement der Aufklärung. Statt sich also vom Freiheitspostulat der Vernunftphilosophie zu verabschieden, klärt sie das rationalistische Bestimmtheitsdenken über sein Erstarren in mythischer Weltfremdheit auf.

Nachahmung | Die Frage, wie sich die empirische Wirklichkeit mit künstlerischen Gestaltungsmitteln nachahmen lasse, beschäftigt die Kunsttheorien seit der Antike. Während Platon die Künste mit Hilfe eines eng gefassten Nachahmungsbegriffes als wesensverfälschende Kopien überführt, gesteht ihnen Aristoteles zu, aus Rücksicht auf gattungsspezifische Erfordernisse sei es Malern, Bildhauern oder Dichtern gestattet, von den mythischen Vorlagen moderat abzuweichen. Im 18. Jahrhundert empfiehlt Winckelmann die Nachahmung griechischer Kunstwerke, um sich ohne den Umweg eigener Wirklichkeitsstudien am vollkommenen Edelmaß und Schönheitsempfinden der Antike zu schulen. Karl Philipp Moritz wirft in *Über die bildende Nachahmung des Schönen* (1788) später die Frage nach dem Verhältnis des ‚an sich' Schönen zu einer Wirklichkeit auf, deren kunstfeindliche Beschaffenheit nur mittels ästhetischer Abstraktionen ‚nachgeahmt' werden sollte. Ohne die damit postulierte Autonomie des schönen Kunstwerks zu hinterfragen, haben sich die deutschen Klassiker distanzierter mit der Nachahmung als ästhetischem Grundprinzip auseinandergesetzt. So gelangt Goethe in seiner Studie *Einfache Nachahmung der Natur, Manier, Stil* (1789) zu dem Ergebnis, im Unterschied zu einem eigenständigen ästhetischen Stil oder zur künstlerischen Manier, mit welcher einzelne ‚Erscheinungen' schon mit einer gewissen Leichtigkeit dargestellt werden, verharre die einfache Naturnachahmung bei einem ‚genauen und tiefen Studium der Gegenstände'.

Naiv

Wie Schiller in seiner Abhandlung *Über naive und sentimentalische Dichtung* (1795f.) ausführt, steht der naive Dichter noch in einem von Regeln und Geschmacksdoktrin freien Verhältnis zur Natur. Im Vertrauen auf die von ihr ewig neu hervorgebrachten Sujets und das eigene künstlerische Gestaltungsvermögen, sind ihm die Zweifel fremd, an denen sich der → sentimentalische Dichter in einer von Naturferne und Widersprüchen gekennzeichneten Wirklichkeit abarbeitet.

Ode

Wurden in der Antike noch alle von Musik begleiteten Gedichtformen als Ode bezeichnet, so charakterisiert die Gattung seit Klopstocks Adaption ein ‚hoher Odenton', der sich formalästhetisch und inhaltlich streng von allem Prosaischen abgrenzt und mit antikisierendem Versmaß elementare Stimmungen wie die Liebe oder die Freude am Schönen besingt. Aufgrund ihrer Nähe zur Musik und einer noch ungekünstelten Euphorie gehört die Ode für Herder zur → Urpoesie einer Kultur. Auch Hölderlin versucht in seinen Oden die befreiende Wirkung des Heiteren oder Vertrauten auf den im Alltag verzweifelnden Menschen nachzugestalten, allerdings liegt bei ihm der Schwerpunkt auf dem potentiell freien, in seinem ästhetischen Urteil autonomen Subjekt.

Roman

Sowohl im Umfang als auch hinsichtlich des Handlungsgefüges und einer ausführlicheren Figurencharakterisierung unterscheidet sich der Roman von anderen Erzählungen in Prosa. Zu seinen Vorläufern gehört thematisch das antike → Epos, das in Versform den Lebensweg und die Abenteuer eines ‚Helden' erzählt. Im 18. Jahrhundert behauptet sich der Roman allmählich auch im → System der Künste und gilt unter den Kunst- und Romantheoretikern fortan als Gattung, mit der sich vor allem das aufstrebende Bürgertum identifiziert. Dass sich die Romanliteratur schon seinerzeit allen Normierungs- und Systematisierungsversuchen entzieht, dass sie mit ihrer raschen Verbreitung zugleich eine Vielzahl von Genres (Abenteuer-, Ritter-, Künstler- oder Zukunftsroman) und gattungseigenen Erzählformen hervorbringt, wird unter den deutschen Klassikern unterschiedlich bewertet. So verweist Herder darauf, der britische Roman habe die Aufklärung und Demokratisierung zunächst in Großbritannien und dann auch in anderen europäischen Ländern entscheidend befördert. Demgegenüber akzeptiert Schiller den Roman nur als ‚Halbbruder' traditionell anspruchsvoller Gattungen wie der des Dramas.

Romantik

Im ausgehenden 18. Jahrhundert wird der Begriff noch ambivalent gebraucht. So bezeichnen August Wilhelm und Friedrich Schlegel zunächst die christliche deutschsprachige Literatur des Mittelalters als romantisch. Später wird der Begriff von solchen historischen Zuschreibungen entbunden, so dass nun unter das Romantische alle literarischen, bildnerischen oder musikalischen Ausdrucksformen subsumiert werden können, die sich ‚progressiv' einer gattungsüberschreitenden ‚Universalpoesie' annähern. Diesem ‚Werden' (F. Schlegel) gemäß, das alle ästhetischen Typologien hinter sich lässt, mischt romantische Kunst unterschiedliche Stile, Epochenmerkmale oder Theorieansätze und reflektiert sie gleichzeitig aus ‚ironischer' Perspektive. Als Beitrag zur Moderne versteht sich die Romantik als aufklärungskritische Geistesströmung, die sich für eine Zukunft der emanzipierten Menschheit, aber gegen das Bestimmtheitsdenken des Rationalismus verwendet. Bevorzugte Themen und Motive sind die ‚Nachtseiten' des Menschen: das Irrationale, Wunderbare, Phantastische und Märchenhafte. Provokant reißen sie eine Kluft zur normierten Wirklichkeit der Leser auf und tragen als produktiver ästhetischer Widerspruch gleichzeitig zur Repoetisierung des Realen bei.

Mit dieser Romantisierung kündigt sich nach Friedrich Schlegel eine Neue Mythologie an, die einst alle Widersprüche im Gesellschafts- und Geistesleben lösen wird. Die deutschen Klassiker haben diese Kunstutopie als reaktionäre Flucht in einen christlichen Dogmatismus gedeutet und mit diesem Missverständnis die Einschätzung begünstigt, das Romantische sei das ‚Kranke' (Goethe). Zu solchen Engführungen gehört auch die Gleichsetzung des Romantischen mit einer chauvinistischen Volkstümelei, die ihren Ausdruck beispielsweise in explizit deutschen Märchen- und Sagensammlungen finden soll. Insbesondere das Interesse an den urpoetisch regellosen Anfängen einer Kultur verbindet jedoch beide Epochen miteinander. Mit gutem Grund unterscheidet die angloamerikanische Literaturwissenschaft deshalb auch nicht zwischen beiden Epochen, sondern betrachtet sie im Kontext einer gesamteuropäischen Romantik.

Sentimenta-lisch	Sentimentalische Dichtung ist nach Schiller moderne Reflexionskunst und unterscheidet sich aufgrund ihrer nur noch ‚künstlichen Naturanschauung' von der → naiven Literatur.
Schönheit	Die Frage nach dem Wesen der Schönheit und ihrem kulturübergreifenden Geltungsanspruch steht im Mittelpunkt des Kunstdiskurses des 18. Jahrhunderts. Dabei wird die Frage, ob sich Schönheit ästhetischer Harmonie und edlem Maß verdankt oder ob es sich bloß um ein Abbild geistiger oder metaphysischer → Ideale handelt, schon deshalb divergent erwogen, weil sich Setzungen wie die in Antike und Mittelalter noch akzeptierte Behauptung, privilegierte Herrschaft sei gottgewollt und deshalb als schön anzusehen, in der Aufklärung überholt haben. Mit der Absage an solche metaphysischen Bestimmungsversuche wird Schönheit mit dem Begriff des ‚Kunstschönen' und gleichzeitig mit Fragen nach einem sich wandelnden Geschmack oder der Möglichkeit eines begriffsfreien, ‚interesselosen Wohlgefallens' (Kant) in Beziehung gesetzt. In diesem durchaus relativistischen Problemkontext ist auch der Einfluss Winckelmanns, der Schönheit als zeitlos gültiges Erbe antiker Kunst ausweist, auf die deutschen Klassiker zu sehen. Ihre Ausein-

andersetzung mit dem Schönen gründet nicht zuletzt auf der Annahme, das Kunstschöne sei zunehmend vor dem Diktat des Nützlichkeitsdenkens zu schützen. Das Schöne taugt demzufolge nicht als Korrektiv einer pragmatischen Weltsicht, das gleichsam in sich genug Überzeugungspotential besitzt. Es kann als kulturbedingte und zugleich idealistische Anspruchshaltung vielmehr nur im Sinne einer aktiven Repoetisierung der zunehmend wissenschaftlich verwalteten Wirklichkeit begriffen werden.

Ihren Namen verdankt die Epoche dem gleichnamigen Theaterstück von Friedrich Maximilian Klinger aus dem Jahr 1777. Was die meist noch jungen Stürmer und Dränger wie Herder, Goethe, Klinger oder Lenz miteinander verbindet, ist ihre aufklärungskritische Forderung nach dem sich selbst bestimmenden Individuum, das sich im Zusammenspiel von Leib und Geist auf seine eigene Schöpferkraft beruft und als künstlerisches ‚Genie' darüber hinaus keinen ästhetischen Regeln oder Geschmackskonventionen untersteht. Ihren Ausgangspunkt nimmt die Epoche mit Herders *Fragmenten über die neuere deutsche Literatur* (1777) und dem *Journal meiner Reise im Jahr 1769*, europaweite Impulse gehen dann von Goethes Briefroman *Die Leiden des jungen Werthers* (1774) aus. Zu den bevorzugten Gattungen gehören die Tragödie und die Tragikomödie. In ihrem Mittelpunkt steht der Konflikt zwischen gesellschaftlicher Moral und individueller Leidenschaft. Formal bestimmt die Auflösung der Einheit von Ort, Zeit und Handlung das Geschehen. Exemplarisch für die eher lose aneinandergereihten ‚Fetzenszenen' können Goethes *Goetz von Berlichingen* (1773), Lenz' *Der Hofmeister* (1774) und Schillers *Die Räuber* (1781) stehen. Zu den typischen Tatmenschen der Zeit gehört Johann Jacob Wilhelm Heinses gleichnamiger Protagonist im Roman *Ardinghello und die glückseligen Inseln*. Das Erscheinungsjahr dieses Künstlerromans markiert 1787 einerseits den Schlusspunkt des Sturm und Drang, andererseits kulminieren in Ardinghello noch einmal die bevorzugten Themen: der in Renaissancetradition künstlerisch und menschlich vollendete und dennoch singuläre Mensch, der gemeinsam mit seinen Gefolgsleuten eine sinnlich-ästhetische Utopie auszuleben versucht.	Sturm und Drang

Im Gefolge der gesamteuropäischen Ossian-Verehrung charakterisiert sich der Sturm und Drang ferner durch eine Hinwendung zur Volksliteratur und zum urpoetisch Regellosen. Damit einher geht die Beschäftigung mit Gattungen wie dem einfachen, naturhaften Lied oder auch der Ballade mit ihren naturmagischen Sujets. Diese literarische Tradition entwickeln die ehemaligen Stürmer und Dränger, Herder, Goethe und Schiller, in ihrer klassischen Phase ebenso weiter wie die Grundlegung des modernen, ästhetisch autonomen Subjekts.

In Anlehnung an naturwissenschaftliche Ordnungsmodelle entwickelt, soll das im 18. Jahrhundert diskutierte System der Künste eine präzise Unterscheidung grundlegender ästhetischer Ausdrucksformen (Musik, Malerei, Literatur), ferner die Bestimmung einzelner Gattungen (z. B. Roman) sowie	System der Künste

deren Subgenres ermöglichen. Gleichzeitig legt es hierarchisch die Leitkunst innerhalb des Kunstensembles fest. Darüber entbrennt eine europaweit geführte Debatte, denn es ist keineswegs immer die Literatur, die den Primat über alle anderen Künste beanspruchen kann. In Deutschland gehört Lessing zu den prominenten Theoretikern, die sich um eine Klärung jener expressiven und darstellungstechnischen Wesensunterschiede bemühen, die beispielsweise die Malerei der Dichtung nachordnen soll. Ins Umfeld der Kunstsystematiken gehören auch die Bemühungen, zwischen antiker und zeitgenössischer Kunst oder zwischen hoher Kunst und Kunsthandwerk zu differenzieren. Im Verlauf dieser Systematisierungsversuche wird dann auch die Frage nach dem autonomen Kunstwerk und schließlich nach dem Wesen der Kunst an sich aufgeworfen. Der moderne Kunstdiskurs stellt im ausgehenden 18. Jahrhundert einen Gegenentwurf zu jenen Kunstsystemen dar, die vielfach noch in der Tradition älterer Regelpoetiken stehen und Kunst demgemäß immer auch auf technische Fertigkeiten zurückführen. Zwar entwickeln auch der → Sturm und Drang, die deutsche Klassik und die → Romantik eigene Kunstlehren, doch da alle drei Epochen dem naturwissenschaftlichen Denken kritisch gegenüberstehen, lehnen sie präzise Gattungsmerkmale ebenso ab wie ästhetische Regulative.

Urpoesie

Unter Urpoesie versteht Herder eine noch nicht von Gattungsgrenzen und ästhetischen Normen beherrschte Ausdrucksform früher Kulturen. Ob Rundgesänge, die zur Arbeit angestimmt werden, → Oden, Märchen oder → Volkslieder – ihnen ist als Urpoesie allen gemeinsam, dass sie Geselligkeit stiften und gemeinsam oder wechselweise vorgetragen werden. Aus ihnen entwickeln sich die Sprache, Religion, Philosophie und Wissenschaft einer Nation, die daher niemals ihren kulturgeschichtlichen Ursprung verleugnen können. Dazu gehört nach Herder auch die Beobachtung, dass sich in der Urpoesie und demgemäß in allen späteren Wissensbereichen regionale, geoklimatische Besonderheiten niederschlagen. Von diesem Korrektiv universaler Gesetzmäßigkeiten gehen wichtige Impulse auf die aufklärungskritischen Vorbehalte der deutschen Klassik aus. Überdies setzt Herder mit seinen Abhandlungen zur Urpoesie ein Signal für die Volkslied-, Märchen- und Sagensammlungen des späten 18. und des 19. Jahrhunderts.

Volkslied

Im Unterschied zum heutigen Wortgebrauch beschreibt erstmals Herder 1773 die Volkslieder als ‚Grundgesänge' einer Kultur, die allen späteren Ausdifferenzierungen wie Religion, Philosophie oder Wissenschaften vorangehen und demgemäß das Weltbild eines ‚Volkes' präfigurieren. Dass sich Volkslieder durch fehlende Erzähllogik auszeichnen oder durch den Wechsel von Heiterkeit und Trauer, spricht nach Herder einerseits für die urpoetische Expressivität des Volksliedes, denn Menschsein bleibt ursächlich an klimatische Besonderheiten, den Jahreszeitenwechsel, an Arbeitsprozesse sowie die natürliche Abfolge des Lebens gebunden. Aufgrund ihrer Nähe zu elementaren Lebensbedingungen können Volkslieder andererseits als Korrektiv einer ‚fortgeschrittenen' Vernunftkultur verstanden werden. An ihrer Ursprünglichkeit lässt sich aufzeigen, welche sozialen, ästhetischen und kognitiven Folgen eine vermeintliche Kulturentwicklung mit sich bringt. Angeregt von Herders programmatischer Bestimmung des Volksliedes, die stets auch als Spitze gegen eine elaborierte oder antikisierende Poesie zu verstehen ist, edieren die deutschen Klassiker und die Romantiker in den nächsten Jahrzehnten weitere Volksliedsammlungen. Hinzu kommen Neubearbeitungen und Nachdichtungen, die sich ebenfalls großer Beliebtheit erfreuen.

Xenien

Ursprünglich heißen in der Antike kleine Gastgeschenke, die man als Dank für eine Einladung mitbringt, Xenien. Der römische Dichter Martial veröffentlicht dann 84/85 n. Chr. unter dem Titel *Xenia* eine Sammlung spöttischer Epigramme. Von ihnen angeregt, verfassen Goethe und Schiller seit Ende des Jahres 1795 insgesamt 926 ‚Xenien', in denen sie sich aggressiv und polemisch vorzugsweise mit Personen des damaligen Geisteslebens und mit ihren eigenen Kritikern, aber auch mit ästhetischen, philosophischen und politischen Zeitthemen auseinandersetzen. Der Großteil dieser Sprüche erscheint im Oktober 1796 in dem von Schiller herausgegebenen *Musenalmanach auf das Jahr 1797* und löst unter den Angegriffenen den sogenannten Xenienstreit aus.

Kurzbiografien

Abb. 9: Ölgemälde von Anton Graff, 1800

Johann Gottfried Herder

Am 25. August 1744 wird Herder in Mohrungen (Ostpreußen) geboren. Mit 18 Jahren beginnt er sein Studium der Theologie an der Universität Königsberg, wo er auch Vorlesungen Immanuel Kants hört. Zwei Jahre später, 1764, tritt Herder seine erste Stelle als Aushilfslehrer an der Domschule zu Riga an. In den nächsten Jahren folgen verschiedene Ämter als Reiseprediger und Fürstenerzieher. Zeitgleich beginnt Herder über theologische, philosophische, literaturtheoretische und ästhetische Fragestellungen zu publizieren: 1767 erscheinen die Fragmente *Ueber die neuere deutsche Literatur*, im gleichen und im darauf folgenden Jahr die *Kritischen Wälder*. Beide Abhandlungen beeinflussen ebenso die Epoche des Sturm und Drang wie Herders *Auszug aus einem Briefwechsel über Ossian und die Lieder alter Völker* (1773) und die Sammlung *Volkslieder; erster Teil* (1778). Herders berühmte Abhandlung *Über den Ursprung der Sprache* wird 1772 von der Berliner Akademie ausgezeichnet. Drei Jahre später wird Herder zum Oberprediger und Konsistorialrat nach Bückeburg berufen, 1776 schließlich erhält er auf Betreiben Goethes die Stelle des Generalsuperintendenten und Oberhofpredigers in Weimar. Zu den wichtigsten Schriften, die er in den beiden folgenden Jahrzehnten veröffentlicht, gehören die zwischen 1784 und 1791 in vier Teilen erscheinenden *Ideen zur Philosophie der Geschichte der Menschheit* und die 1793 publizierten *Briefe zu Beförderung der Humanität*. Neben zahlreichen theologischen Abhandlungen (*Christliche Schriften*), Rezensionen und Übersetzungen (*Der Cid*) nimmt Herder in seinem letzten Lebensjahrzehnt mehrfach aus aufklärungskritischer Perspektive Stellung zu Kants Philosophie, insbesondere in der 1800 erscheinenden *Kalligone*. Doch in den 1790er Jahren droht Herder auch zunehmend zu vereinsamen, wozu nicht zuletzt seine Meinungsverschiedenheiten mit Goethe beitragen. Krank und von Arbeit überlastet, stirbt er am 18. Dezember 1803 in Weimar.

Abb. 10

Johann Wolfgang von Goethe

Am 28. August 1749 in Frankfurt am Main geboren, legt Goethe den Grundstein für seinen internationalen Ruhm bereits als junger Stürmer und Dränger: 1773 mit seinem Drama *Götz von Berlichingen mit der eisernen Hand*, insbesondere aber mit seinem ein Jahr später erscheinenden Briefroman *Die Leiden des jungen Werthers* (1774). Ende 1775 folgt er dann einer Einladung des Herzogs Karl August nach Weimar, wo er kaum ein halbes Jahr später zum Geheimen Legationsrat berufen wird und fortan eine Reihe bedeutender Regierungsämter übernimmt. In den nächsten zehn Jahren leidet darunter allerdings seine literarische Arbeit. Erst im Verlauf der ersten Italienreise, 1786 bis 1788, findet er wieder Zeit, sich mit den Dramenentwürfen zu *Egmont, Tasso* und *Faust* sowie dem *Wilhelm Meister*-Roman zu beschäftigen. Ende der 1780er Jahre widmet sich Goethe dann wieder vermehrt seinen naturwissenschaftlichen Studien, 1792/93 begleitet er den Herzog auf dem Frankreichfeldzug und nimmt an der Belagerung von Mainz teil. Die Freundschaft mit Schiller beginnt im August des Jahres 1794. In den nächsten zehn Jahren, dem sogenannten ‚klassischen Jahrzehnt‘, veröffentlicht Goethe *Wilhelm Meisters Lehrjahre* (1795/96), ihm folgen das Versepos *Hermann und Dorothea*, zahlreiche Balladen und die gemeinsam mit Schiller verfassten *Xenien*. Deutliche Anklänge an diese Zeit der engen Zusammenarbeit bezeugen der erste Teil des *Faust*, 1808, drei Jahre nach Schillers Tod, veröffentlicht, und der im Jahr darauf erscheinende Roman *Die Wahlverwandtschaften*. Bedeutende naturwissenschaftliche Studien wie die *Farbenlehre*, die Fortsetzung des *Wilhelm Meister*, der *West-östliche Divan* oder der zweite Teil des *Faust*-Dramas entstehen in Goethes nachklassischer Phase, die von zahlreichen literarischen, wissenschaftlichen und politischen Kontakten geprägt bleibt. Goethe stirbt am 22. Mai 1832 in Weimar.

FRIEDRICH SCHILLER

Nach seinem Medizinstudium reüssiert der am 10. November 1759 in Marbach am Neckar geborene Schiller 1782 mit seinem in Mannheim uraufgeführten Schauspiel *Die Räuber*. Ebendort tritt er im gleichen Jahr die Stelle des Theaterdichters an. 1783 werden in Mannheim auch *Die Verschwörung des Fiesco zu Genua* und *Kabale und Liebe* aufgeführt. Bis zum Ende der 1780er Jahre veröffentlicht Schiller umfangreiche historische Abhandlungen, die ihm 1789 eine Professur für Philosophie in Jena eintragen. Längst berühmt für seine *Räuber*, gehören Schillers Vorlesungen für Monate zu den gesellschaftlichen Ereignissen der Stadt. Erste Versuche, im benachbarten Weimar einen Kontakt mit Goethe herzustellen, schlagen dagegen fehl. Erst als Schiller im berühmten Geburtstagsbrief vom 23. August 1794 Goethes herausragende Stellung als Literat würdigt, reagiert der bewunderte Dichter wohlwollend. Im gleichen Jahr wirbt Schiller auch bei ihm für die Mitarbeit an den *Horen*, zu denen Goethe Beiträge zusagt. Fortan tauschen sich beide intensiv über anstehende literarische Arbeiten und gattungsästhetische Fragen aus, schreiben gemeinsam an den *Xenien* und konzeptionieren schließlich den so erfolgreichen ‚Balladen-Almanach‘ auf das Jahr 1798. Schiller selbst hatte sich zu Beginn der 1790er Jahre vermehrt mit philosophischen und ästhetiktheoretischen Fragestellungen auseinandergesetzt und 1793 seine Studien *Über Anmut und Würde* und schließlich die Briefe *Über die ästhetische Erziehung des Menschen* publiziert, denen 1795/96 die Abhandlung *Über naive und sentimentalische Dichtung* folgt. Im Verlauf der Zusammenarbeit mit Goethe greift er dann wieder dramatische Pläne auf, so dass 1798 *Wallensteins Lager* und ein Jahr später *Wallensteins Tod* uraufgeführt werden können. Ihnen folgen bis 1805 noch die *Jungfrau von Orleans* (1801), *Die Braut von Messina* (1803) und schließlich der *Wilhelm Tell* (1804). Anfang des Jahres 1805 erkrankt Schil-

Abb. 11: Ölbild von Anton Graff, 1791

ler ernsthaft. Am 12. Mai stirbt er in Weimar, wohin er drei Jahre zuvor übergesiedelt war.

Abb. 12

FRIEDRICH HÖLDERLIN

Am 20. März 1770 in Lauffen am Neckar geboren, ist Hölderlin schon früh für das Theologiestudium bestimmt, das er 1788 im Tübinger Stift aufnimmt. Hier lernt er in den nächsten Monaten Hegel und Schelling kennen, mit denen er Grundfragen der idealistischen Philosophie erörtert. 1791 veröffentlicht Hölderlin seine ersten vier Gedichte in Gotthold Friedrich Stäudlins *Musenalmanach fürs Jahr 1792*. Nach Abschluss seines Studiums tritt er 1793 eine Hofmeisterstelle bei Charlotte von Kalb in Waltershausen an. Mit deren Sohn Fritz wird im November 1794 eine Reise nach Jena unternommen, wo sich Hölderlin mit Schiller und Goethe bekannt macht. Noch im gleichen Jahr übersiedelt er mit den Kalbs nach Weimar. Anfang des Jahres 1796 übernimmt Hölderlin eine neue Hofmeisterstelle bei dem Frankfurter Bankier Gontard und verliebt sich in dessen Gattin Susette, die er liebevoll mit dem Namen einer Hohepriesterin bei Platon, mit Diotima anredet. Mit ihr und den Kindern flieht er im Sommer 1796 vor den französischen Revolutionstruppen über Kassel nach Bad Driburg. Im April des folgenden Jahres erscheint nach verschiedenen Vorstufen und Entwürfen der erste Band des *Hyperion*. In den Jahren darauf arbeitet Hölderlin an einer Reihe philosophischer Aufsätze und am *Empedokles*, leidet jedoch zunehmend unter einer Nervenkrankheit, die sich 1802, als Susette Gontard stirbt, verschlimmert. Inzwischen bei seiner Mutter in Nürtingen wohnend, attestieren die Ärzte 1805 bei Hölderlin ‚Wahnsinn' und therapieren ihn für einige Monate erfolglos in Tübingen. 1807 wird Hölderlin als unheilbar entlassen und der Pflege des Tübinger Tischlermeisters Zimmer anvertraut, bei dem er den Rest seines Lebens im sogenannten Hölderlinturm verbringt und am 7. Juni 1843 verstirbt.

Abb. 13

HEINRICH VON KLEIST

Ganz in der militärischen Tradition seiner Familie erzogen, tritt der am 18. Oktober 1777 in Frankfurt an der Oder geborene Heinrich von Kleist bereits mit fünfzehn Jahren in das Potsdamer Garderegiment ein, mit dem er unter anderem auch am Rheinfeldzug gegen die französischen Revolutionstruppen teilnimmt. Auf eigenen Wunsch wird er 1799 aus der Armee entlassen und nimmt im April in seinem Heimatort das Studium der Fächer Mathematik, Physik, Kulturgeschichte und Latein auf. Im gleichen Jahr verlobt er sich mit Wilhelmine von Zenge, deren Familie von Kleist erwartet, dass er nach dem Studium ein hohes Staatsamt bekleidet. Als Kleist nach drei Semestern sein Studium abbricht, arbeitet er 1800 ‚in geheimer Mission' vorübergehend beim Berliner Wirtschaftsministerium. In diese Zeit fällt auch die sogenannte Kant-Krise – Kleists völliger Vertrauensverlust in die Vernunft als Ordnungsmacht, der ihn in den nächsten Jahren an bislang nie hinterfragten Wahrheiten verzweifeln lässt. Diese Krise findet insbesondere in den Briefen an die Schwester Ulrike ihren Niederschlag, aber auch in seinen Dramen, Novellen und Erzählungen, die in den nächsten Jahren entstehen. Immer wieder gehen in ihnen Menschen an ihrer Weltordnung (*Die Familie Schroffenstein, Die Marquise von O ..., Das Bettelweib von Locarno*) irre, sehen sich harten Schicksalsschlägen (*Das Erdbeben in Chili*) ausgesetzt oder verzweifeln wie *Michael Kohlhaas* an staatlichem Unrecht. Nach verschiedenen Anstellungen in Königsberg und Dresden übersiedelt Kleist 1810 nach Berlin, wo er sich mit Achim von Arnim, Clemens von Brentano und anderen Romantikern anfreundet. Mit seinen Werken eckt er seinerzeit mehrfach an, wird mit Aufführungsverboten (*Der Prinz von Homburg*) belegt oder trifft wie im Falle des *Käthchen von Heilbronn* auf das Unverständnis zeitgenössischer Theaterregisseure. Zusammen mit Henriette Vogel erschießt sich Kleist am 21. November 1811 am Kleinen Wannsee.

Siglenverzeichnis

GFA: Goethe, Johann Wolfgang, *Sämtliche Werke, Briefe, Tagebücher und Gespräche*, hg. v. Friedmar Apel u. a., 40 Bde., Frankfurt am Main, 1985ff.

HFA: Herder, Johann Gottfried, *Werke in zehn Bänden*, hg. v. Martin Bollacher u. a., Frankfurt am Main, 1985ff.

Hö: Hölderlin, Friedrich, *Sämtliche Werke und Briefe*, hg. v. Michael Knaupp, 3 Bde., Darmstadt, 1998.

KFA: Kleist, Heinrich von, *Werke und Briefe in vier Bänden*, hg. Ilse-Marie Barth u. a., Frankfurt am Main, 1991ff.

SNA: Schiller, Friedrich, *Werke. Nationalausgabe*, 1940 begr. v. Julius Petersen, hg. im Auftrag der Stiftung Weimarer Klassik und des Schiller-Nationalmuseums in Marbach v. Norbert Oellers, Weimar, 1943ff.

Anmerkungen

1. Nietzsche, Friedrich, „Unzeitgemäße Betrachtungen", in: ders., *Werke in drei Bänden*, hg. v. Karl Schlechta, München, 1954, Bd. 1, S. 144.
2. Vgl. Szondi, Peter, „Antike und Moderne in der Ästhetik der Goethezeit", in: ders., *Poetik und Geschichtsphilosophie I. Studienausgabe der Vorlesungen*, Bd. 2, hg. v. Senta Metz u. Hans Hagen Hildebrandt, Frankfurt am Main, 1974, S. 131f.
3. Vgl. Szondi, a.a.O., S. 85.
4. Oellers, Norbert u. Robert Steegers, *Treffpunkt Weimar*, a.a.O., S. 128 [s. weiterführende Literatur].
5. Kant, Immanuel, „Über den Gemeinspruch: Das mag in der Theorie richtig sein, taugt aber nicht für die Praxis", in: ders., *Werke in sechs Bänden*, hg. v. Wilhelm Weischedel, Wiesbaden, Frankfurt am Main, 1956 – 1964, Bd. 6, S. 146.
6. Vgl. Knigge, Adolph Freiherr Knigge, „Über den Umgang mit Menschen", in: ders., *Ausgewählte Werke in zehn Bänden*, hg. v. Wolfgang Fenner, Hannover, 1991ff., Bd. 6, S. 391f.
7. Wieland, Christoph Martin, „Über die Rechte und Pflichten der Schriftsteller", in: ders., *Werke*, hg. v. Fritz Martini u. Hans Werner Seiffert, München, 1964ff, Bd. 3, S. 485f.
8. Pomian, S. 92 [s. weiterführende Literatur].
9. Forster, Georg, *Werke, Sämtliche Schriften, Tagebücher, Briefe*, hg. v. der Akademie der Wissenschaften der DDR, Berlin, 1986ff., Bd. 17, S. 125 – 128.
10. Wieland, *Werke*, a.a.O., Bd 3, S. 723.
11. Lessing, Gotthold Ephraim, „Leben und Leben und leben lassen. Ein Projekt für Schriftsteller und Buchhändler", in: ders., *Werke und Schriften in zwölf Bänden*, hg. v. Wilfried Barner u. a., Frankfurt am Main, 1989ff, Bd. 10, S. 235f.
12. Kant, Immanuel, „Beantwortung der Frage: Was ist Aufklärung?", in: ders., *Werke*, a.a.O., Bd. 6, S. 53f.
13. Kant, Immanuel, „Zum ewigen Frieden", in: ders., *Werke*, a.a.O., Bd. 6, S. 203f.
14. Ebd., S. 203.
15. Vgl. hierzu Herder, HFA 6, S. 934f.
16. Kant, Immanuel, „Anthropologie in pragmatischer Hinsicht", in: ders., *Werke*, a.a.O., Bd. 6, S. 399f.
17. Ebd., S. 399.
18. Winckelmann, Johann Joachim, „Gedanken über die Nachahmung der Griechischen Werke in der Mahlerey und Bildhauer-Kunst", in: ders., *Kleine Schriften, Vorreden, Entwürfe*, hg. v. Walther Rehm, Berlin, 1968, S. 43.
19. Moritz, Karl Philipp, „Über die bildende Nachahmung des Schönen", in: ders., *Werke*, hg. v. Horst Günther, 2 Bde., Frankfurt am Main, 1981, Bd. 2, S. 551f.
20. Goethe, Johann Wolfgang, „Einfache Nachahmung der Natur, Manier, Stil", in: ders.: *Berliner Ausgabe*, hg. von einem Autorenkollektiv, 22 Bde., Berlin und Weimar, 1960ff., Bd. 19, S, 78ff.
21. Moritz, *Werke*, a.a.O., Bd. 2, S. 557.
22. Vgl. Cassirer, a.a.O., S. 405ff.
23. Mayer, Hans, *Goethe. Ein Versuch über den Erfolg*, Frankfurt am Main 1974, S. 16.
24. Schelling, Friedrich Wilhelm Joseph, „Erster Entwurf eines Systems der Naturphilosophie", in: ders., *Schriften von 1794 – 1798*, Darmstadt, 1967, S. 371f. Vgl. dazu Greif, Stefan, „Jenseits von Arkadien. Natur- und Landschaftsästhetik bei Goethe und Schelling", in: Zeitschrift für Ästhetik und Allgemeine Kunstwissenschaft 44/2 (1999), S. 5 – 23.
25. Schlegel, Friedrich, „Über das Studium der griechischen Poesie", in: ders., *Kritische Friedrich Schlegel-Ausgabe*, hg. v. Ernst Behler, 35 Bde., München u. a., 1958ff., I. Abtlg, Bd. 1, S. 211f.
26. Ebd., S. 210 u. 214f.
27. Schlegel, *Kritische Friedrich Schlegel-Ausgabe*, a.a.O., I. Abtlg, Bd 4, S. 182f.
28. Vgl. das Nachwort Ulrich Gaiers in HFA 3, S. 865ff.

29 Adorno, Theodor W., „Zum Klassizismus von Goethes Iphigenie", in: ders., *Noten zur Literatur*, Frankfurt am Main, 1985, S. 500.
30 Vgl. dazu Deiters, Franz Josef, „Goethes klassische Dramen", in: *Deutsche Klassik*, hg. v. Rolf Selbmann, a.a.O., S. 124 – 148 [s. weiterführende Literatur].
31 Berghahn, Klaus L., „‚Das Pathetischerhabene'. Schillers Dramentheorie", in: *Deutsche Dramentheorien. Beiträge zu einer historischen Poetik des Dramas in Deutschland*, hg. v. Reinhold Grimm, 3 Bde., 3. verb. Aufl., Wiesbaden 1980, Bd. I, S. 207.
32 Kant, Immanuel, „Kritik der Urteilskraft", in: ders., *Werke*, a.a.O., Bd. 5, S. 333u. 335f.
33 Zitiert nach Hebel, Johann Peter, *Sämtliche Schriften*. Kritisch herausgegeben von Adrian Braunbehren u. a., Karlsruhe, 1990, Bd. II 1, S. 208.
34 Hebel II 1, S. 209
35 Ebd., S. 211.
36 Ebd.
37 Vgl. Hegel, Georg Wilhelm Friedrich, *Ästhetik*, hg. v. Friedrich Bassenge, 2 Bde., Frankfurt am Main o. J., Bd. 2, S. 468.
38 Vgl. Hegel, a.a.O., S. 468.
39 Vgl. „Ältestes Systemprogramm", in: Hölderlin, Friedrich, *Sämtliche Werke und Briefe in drei Bänden*, hg. v. Jochen Schmidt, Frankfurt am Main, 1992ff., Bd. 2, S. 577.
40 Eckermann, Johann Peter, *Gespräche mit Goethe in den letzten Jahren seines Lebens*, Zürich o. J., S. 229.

Personenregister

Adorno, Theodor W. (1903-1969, dt. Philosoph) 128

Aristoteles (384-322 v. Chr., griech. Philosoph) 134, 250

Arnim, Achim von (1781-1831, dt. Dichter) 219, 259

Augustenburg, Herzog Friedrich Christian v. (1765-1814, schleswig-holsteinisch-dänischer Erbprinz) 51

Baumgarten, Alexander (1714-1762, dt. Aufklärungsphilosoph) 76, 77, 84

Becker, Rudolph Zacharias (1752-1822, dt. Volksaufklärer, Schriftsteller und Publizist) 36

Bellomo, Joseph (1753/54-1833, ital. Theaterleiter, spielte von 1784 bis 1791 mit seinem Ensemble in Weimar) 25

Benjamin, Walter (1892-1940, dt. Philosoph, Schriftsteller u. Übersetzer) 181

Berkeley, George (1685-1753, brit. Philosoph) 87

Blankenburg, Christian Friedrich von (1744-1796, Romantheoretiker) 167, 184

Bloch, Ernst (1885-1977, dt. Philosoph) 181

Boccaccio, Giovanni (1313-1375, ital. Dichter u. Humanist) 175, 176

Böhlendorff, Casimir Ulrich von (1775-1825, dt. Schriftsteller u. Historiker) 104

Brecht, Bertolt (1898-1956, dt. Dichter) 180

Brentano, Clemens von (1778-1842, dt. Dichter) 219, 259

Bürger, Gottfried August (1747-1794, dt. Dichter) 109, 220

Burke, Edmund (1729-1794, brit. Philosoph u. Politiker) 134

Braunschweig-Wolfenbüttel, Anna Amalia von (1739-1807, Herzogin von Sachsen-Weimar-Eisenach) 25, 43

Calderon (1600-1681, span. Dichter) 111

Carlyle, Thomas (1795-1881, brit. Historiker) 111

Catull (1. Jhd. v. Chr., röm. Dichter) 207

Claudius, Matthias (1740-1815, dt. Dichter u. Journalist) 38

Cotta, Johann Friedrich (1764-1832, dt. Verleger) 39, 40

Dante Alighieri (1265-1321, ital. Dichter) 100

Descartes, René (1596-1650, franz. Philosoph) 76

Dubos, Jean Baptiste (1670-1742, franz. Ästhetiker u. Historiker) 87

Eichendorff, Joseph von (1788-1857, dt. Dichter) 33

Engel, Johann Jakob (1741-1802, dt. Philosoph) 167

Eschenburg, Johann Joachim (1743-1820, dt. Schriftsteller u. Übersetzer) 167

Euripides (um 480-406 v. Chr., griech. Dichter) 122

Fichte, Johann Gottlieb (1762-1814, dt. Philosoph) 33, 246

Forster, Georg (1754-1794, dt. Naturforscher u. Schriftsteller) 10, 51

de la Motte Fouqué, Friedrich (1777-1843, dt. Dichter) 33

Foucault, Michel (1926-1984, franz. Philosoph) 15

Franz II. (Franz Joseph Karl von Habsburg-Lothringen) (1768-1835, dt. Kaiser) 34

Friedrich II. (1712-1786, preuß. König) 34

Friedrich, Caspar David (1774-1840, dt. Maler) 144

Füssli, Johann Heinrich (1741-1825, schweiz.-brit. Maler u. Publizist) 214

Garve, Christian (1742-1798, dt. Philosoph) 211

Gellius, Aulus (2. Jhd. n. Chr., röm. Schriftsteller) 16

Gontard, Susette (1769-1802, Frankfurter Bankiersgattin, in deren Haus Hölderlin von 1795 bis 1798 als Hauslehrer lebte) 258

Göschen, Georg Joachim (1752-1828, dt. Verleger) 40

Goethe, Johann Wolfgang von (s. Kurzbiografie) 9, 10, 12, 13, 14, 16, 17, 18, 20, 21, 22, 25, 28, 29, 30, 38, 39, 42, 43, 44, 45, 47, 48, 49, 52, 55, 60, 66, 67, 69, 71, 75, 79, 80, 81, 83, 85, 87, 88, 89, 90, 91, 94, 96, 98, 100, 105, 106, 107, 108, 110, 111, 114, 116, 117, 118, 119, 120, 121, 122, 123, 126, 129, 130, 131, 132, 147, 148, 150, 160, 164, 165, 166, 168, 169, 170, 171, 172, 174, 175, 176, 178, 179, 181, 183, 185, 186, 187, 200, 202, 205, 206, 207, 208, 211, 212, 218, 219, 220, 221, 222, 223, 224, 225, 226, 227, 230, 231, 232, 233, 235, 237, 240, 241, 242, 243, 245, 246, 247, 249, 250, 252, 253, 255, 256, 257, 258

Gottsched, Johann Christoph (1700-1766, dt. Literaturtheoretiker) 133
Grimm, Wilhelm (1786-1859, dt. Sprach- und Literaturwissenschaftler) 219
Grimmelshausen, Hans Jakob Christoph von (um 1621-1676, dt. Dichter) 180

Hebel, Johann Peter (1760-1826, alemann. Dichter) 10, 20, 36, 115, 165, 169, 180, 181, 183, 200, 202, 232, 244, 249
Hegel, Georg Wilhelm Friedrich (1770-1831, dt. Philosoph) 185, 186, 246, 258
Heinse, Wilhelm (1746-1803, dt. Dichter) 12, 47, 253
Herder, Johann Gottfried (s. Kurzbiografie) 10, 23, 25, 38, 42, 58, 59, 60, 61, 62, 63, 64, 67, 69, 70, 71, 77, 79, 84, 98, 99, 100, 101, 102, 110, 113, 148, 154, 166, 167, 170, 171, 172, 181, 200, 201, 208, 214, 216, 219, 220, 224, 225, 239, 241, 243, 245, 247, 248, 249, 251, 253, 254, 255, 256
Herz, Henriette (1764-1847, dt. Schriftstellerin, unterhielt einen bed. literarischen Salon in Berlin) 42
Heyne, Christian Gottlob (1729-1812, dt. Altertumswissenschaftler) 51
Hölderlin, Friedrich (s. Kurzbiografie) 10, 13, 20, 22, 23, 65, 67, 95, 104, 113, 183, 187, 188, 190, 198, 199, 200, 206, 210, 211, 213, 215, 216, 217, 218, 235, 244, 246, 251, 258
Hölty, Ludwig Heinrich Christoph (1748-1776, dt. Dichter) 213, 220
Hoffmann, Ernst Theodor Amadeus (1776-1822, dt. Dichter) 48
Homer (8. Jhd. v. Chr., griech. Dichter) 80, 98, 104, 166, 247
Horaz (65-8. v. Chr., röm. Dichter) 213, 215
Humboldt, Alexander von (1769-1859, dt. Naturforscher) 227
Humboldt, Wilhelm von (1767-1835, dt. Gelehrter u. Staatsmann) 42, 142, 145, 157, 171, 227
Hume, David (1711-1776, brit. Philosoph) 87

Iffland, August Wilhelm (1759-1814, dt. Dramaturg u. Schauspieler) 149

Jean Paul (Johann Paul Friedrich Richter) (1763-1825, dt. Dichter) 10, 12, 20, 36, 48, 184, 185

Kant, Immanuel (1724-1804, dt. Philosoph) 21, 23, 32, 34, 49, 54, 55, 56, 57, 58, 62, 63, 67, 68, 69, 70, 76, 77, 128, 133, 134, 135, 162, 238, 239, 246, 252, 256, 258

Kleist, Heinrich von (s. Kurzbiografie) 10, 12, 20, 56, 57, 65, 69, 118, 119, 147, 148, 149, 150, 151, 152, 153, 154, 155, 156, 157, 160, 164, 181, 242, 243, 258
Klinger, Friedrich Maximilian (1752-1831, dt. Dichter) 10, 184, 253
Klopstock, Friedrich Gottlieb (1724-1803, dt. Dichter) 35, 38, 213, 251
Knebel, Karl Ludwig von (1744-1834, dt. Lyriker u. Übersetzer) 25, 172, 224
Knigge, Adolph Freiherr (1752-1796, dt. Schriftsteller) 37
Kotzebue, August von (1761-1819, dt. Schriftsteller) 149

La Roche, Sophie von (1730-1807, dt. Dichterin) 36
Lenz, Jakob Michael Reinhold (1751-1792, dt. Dichter) 253
Lessing, Gotthold Ephraim (1729-1781, dt. Dichter) 10, 13, 19, 38, 44, 52, 74, 75, 76, 133
Linné, Carl von (1707-1778, schwed. Naturforscher) 226
Lord Byron (George Gordon Byron) (1788-1824, brit. Dichter) 46, 111
Lukrez (1. Jhd. v. Chr., röm. Dichter u. Philosoph) 100, 171, 172, 224, 249

Manzoni, Alessandro (1785-1873, ital. Dichter) 111
Martial (um 40-104 n. Chr., röm. Dichter) 207, 255
Macpherson, James (1736-1796, brit. Schriftsteller u. Politiker) 98, 219
Metternich, Clemens Wenzel Fürst von (1773-1859, österr. Staatsmann) 33
Meyer, Johann Heinrich (1760-1832, Schweizer Maler u. Kunstschriftsteller) 80
Milton, John (1608-1674, brit. Dichter) 100
Molière (Jean-Baptiste Poquelin) (1622-1673, franz. Dichter) 152, 153
Moritz, Karl Philipp (1756-1793, dt. Dichter u. Kunsttheoretiker) 19, 38, 78, 82, 83, 184, 185, 240, 250
Mozart, Wolfgang Amadeus (1756-1791, österr. Komponist) 100

Napoleon Bonaparte (1769-1821, franz. Staatsmann u. Kaiser) 19, 33, 47
Nicolai, Friedrich (1733-1811, dt. Schriftsteller u. Verleger) 211
Nietzsche, Friedrich (1844-1900, dt. Philosoph) 13, 15

Ovid (43 v. Chr.-17. n. Chr., röm. Dichter) 207, 247

Percy, Thomas (1728-1811, brit. Dichter) 219
Perrault, Charles (1628-1703, franz. Dichter) 73
Pindar (um 522 um 445 v. Chr., griech. Dichter) 215
Platen, August von (1796-1835, dt. Dichter) 207
Platon (427-347 v. Chr., griech. Philosoph) 248, 250
Plautus (um 254-um 184 v. Chr., röm. Dichter) 152
Poe, Edgar Allen (1809-1849, amerik. Dichter) 181
Properz (1. Jhd. v. Chr., röm. Dichter) 207

Reclam, Anton Philipp (1807-1896, dt. Verleger) 41
Robbespierre, Maximilien de (1758-1794, franz. Jakobiner) 32
Rousseau, Jean-Jacques (1712-1778, franz. Philosoph u. Pädagoge) 166, 167

Sappho (zw. 630/612-um 570 v. Chr., griech. Dichterin) 99
Schelling, Friedrich Wilhelm Joseph (1775-1854, dt. Philosoph) 90, 246, 258
Schiller, Friedrich (s. Kurzbiografie) 9, 10, 12, 13, 18, 19, 20, 22, 24, 25, 26, 29, 30, 39, 40, 44, 45, 47, 51, 52, 55, 56, 66, 67, 68, 69, 79, 80, 83, 85, 86, 87, 91, 92, 93, 108, 109, 114, 117, 118, 119, 130, 131, 132, 133, 134, 135, 136, 137, 142, 145, 146, 147, 148, 149, 160, 162, 163, 166, 167, 168, 169, 171, 179, 187, 188, 200, 205, 206, 207, 211, 218, 219, 221, 222, 224, 227, 228, 229, 230, 233, 234, 237, 240, 241, 242, 243, 246, 247, 249, 251, 252, 253, 255, 257, 258
Schlegel, August Wilhelm (1767-1845, dt. Literaturhistoriker, Philosoph u. Indologe) 39, 207, 251
Schlegel, Friedrich (1772-1829, dt. Philosoph, Literaturhistoriker u. Übersetzer) 10, 39, 47, 91, 92, 93, 96, 144, 251, 252
Schopenhauer, Johanna (1766-1838, dt. Schriftstellerin u. Dichterin) 43
Seume, Johann Gottfried (1763-1810, dt. Schriftsteller u. Dichter) 142
Shakespeare, William (1564-1616, brit. Dichter) 100, 111, 120, 121, 131, 132
Simonides von Keos (557/76-468/67 v. Chr., griech. Dichter) 207
Spinoza, Baruch de (1632-1677, niederld. Philosoph) 89
Stäudlin, Gotthold Friedrich (1758-1796, dt. Dichter) 258
Sulzer, Johann Georg (1720-1779, Schweizer Philosoph u. Ästhetiker) 184, 185

Tibull (um 55-19/18 v. Chr., röm. Dichter) 207
Tieck, Ludwig (1773-1853, dt. Dichter) 144

Varnhagen von Ense, Rahel (1771-1833, dt. Schriftstellerin) 42
Vergil (70-19 v. Chr., röm. Dichter) 166
Voß, Johann Heinrich (1751-1826, dt. Dichter u. Übersetzer) 207

Wezel, Johann Karl (1747-1818, dt. Dichter u. Schriftsteller) 166, 167
Wieland, Christoph Martin (1733-1813, dt. Dichter, Übersetzer u. Publizist) 10, 19, 20, 25, 32, 38, 39, 51, 170, 183
Winkelmann, Johann Joachim (1717-1768, dt. Archäologe u. Kunsthistoriker) 10, 19, 63, 64, 73, 74, 75, 79, 208, 240, 247, 250, 252

Young, Edward (1683-1765, brit. Dichter) 214